3 (Réserve)
6 1364

Double de O. (Réserve)
1064.
A.1-2.

Inventé et gravé par M. Tuscher, Academie Etrusque.

VOYAGE D'EGYPTE ET DE NUBIE,

PAR

Mr. FREDERIC LOUÏS NORDEN,
CAPITAINE DES VAISSEAUX
DU ROI.

Ouvrage enrichi de Cartes & de Figures deſſinées ſur les lieux, par l'Auteur même.

TOME PREMIER.

A COPENHAGUE,
DE L'IMPRIMERIE DE LA MAISON ROYALE
DES ORPHELINS.

MDCCLV.

AU ROI.

SIRE,

'Ouvrage du feu Capitaine Norden, que nous mettons aux pieds de VOTRE MAJESTE, a déjà l'avantage précieux de Lui appartenir. Non seulement c'étoit par ordre & sous

les

les auspices du Roi CHRETIEN VI. de glorieuse memoire, que l'Auteur avoit entrepris le Voyage d'Egypte & commencé à en revoir la Relation, pour la donner au Public, quand la mort nous l'enleva; mais c'est VOTRE MAJESTE Elle-même, qui, toûjours attentive à ce qui peut avancer les progrès des connoissances utiles, a jetté un regard favorable sur les Memoires du Défunt & confié à notre Societé le soin de les mettre en état de paroitre. Si l'interêt, que deux Monarques eclairés ont daigné prendre à la publication de cet Ouvrage, est un grand prejugé pour lui, il faut convenir aussi, que, devenu un monument durable de la munificence & de l'auguste caractere des Rois ses Protecteurs, il contribuera à en transmettre la memoire à la Posterité la plus reculée & à lui inspirer pour Eux les mêmes sentimens de gratitude

titude & d'admiration, que notre âge est empressé à faire éclater. Et quelle idée ne se formera-t-on pas un jour de l'état florissant des Lettres & des Arts sous leur paisible domination, lorsqu'à l'ouverture de ce Recueil, on verra le Dannemarc avide de lumières nouvelles & certaines sur les Regions de notre Globe les plus fécondes en objets interessans, envoyer un de ses Citoyens jusqu'en Egypte, pour s'instruire à fond d'une Contrée autrefois si célébre; tandis que cette Egypte, qui traitoit fierement de barbare la reste de la Terre, est à son tour plongée dans l'ignorance au point de méconnoitre ces pompeux débris de sa prémiére gloire, qui font l'objet de la curiosité & des recherches d'une Nation si éloignée. Heureuse revolution, qui, reculant les bornes de l'Empire de la Raison & de Gout, a repandu generalement

ment en Europe & fait passer jusques à nous les connoissances jadis renfermées dans un coin de l'Afrique! Que ne doit pas notre Patrie à la Maison glorieusement regnante, dont les soins bienfaisans ont tant influé sur le progrés des Arts & des Lettres parmi nous; à **VOTRE MAJESTE** sur tout, qui, persuadée qu'ils font la gloire d'un Etat, regarde le pouvoir d'en procurer l'avancement, comme le plus beau de ses Droits! Pour s'en convaincre on n'a qu'à arreter sa vûe sur ce Palais, qu'Elle à habité Elle-même & qu'aujourd'hui Elle a consacré à la culture des Beaux-Arts; Asile glorieux, où le Talent, après tout ce que **VOTRE MAJESTE** a fait pour lui, n'a plus rien à souhaiter, que de voir toûjours ses productions remplir la juste attente du Souverain, qui le protége & le comble de bienfaits.

Quel

Quel préfage pour les Sciences & l'étude de la Nature! Nous le difons avec confiance: il n'y a point de faveurs & d'encouragemens qu'elles n'ayent à fe promettre d'une Main, qui s'eft montré fi liberale envers les Arts & dont elles tiennent dès-à préfent des fécours effentiels de plus d'une efpèce. Les vrais Savans & les Genies inventeurs de la Nation peuvent-ils trop s'empreffer à feconder par des efforts redoublés les intentions d'un Prince, qui va au devant de tout ce qui peut les animer d'une nouvelle ardeur? Que leurs fuccès repondent, SIRE, aux grandes vûes de VOTRE MAJESTE! Que l'étude des objets dignes d'intereffer les Hommes fixe fon féjour dans ce Royaume & y foit à l'abri des tems & des viciffitudes! Qu'un Regne enfin fi cher au Dannemarc & fi glorieux aux yeux des Sages foit cité dans les Faftes de

l'Eul'Europe, comme une de ces Epoques de genie & de lumière, qui par des productions marquées au sceau de l'immortalité illustrent à jamais les Nations!

Nous sommes avec le plus profond Respect,

SIRE,
DE VOTRE MAJESTE,

Les très-humbles, très-obeïssans & très-fidéles
Sujèts & Serviteurs

Les Président & Membres
de la Societé Royale
des Sciences.

Desiné par J.M. Preisler.   *Gravé par I. Haas. Copenh. 1755.*

PRÉFACE.

es Egyptiens se vantent d'être un des Peuples les plus anciens de l'Univers. Peu de Nations en effet pourroient leur disputer cette prérogative. Leurs prétensions à cet egard se fondent sur une multitude de Monumens marqués au coin de l'antiquité la plus reculée; titres d'autant plus respectables, que les Auteurs de tous les siècles en ont parlé avec admiration.

    Un Pays rendu fameux par tant de merveilles de l'Antiquité n'a pu que s'attirer l'attention des Curieux & dévenir

PREFACE.

nir un des objets favoris de leur étude. Ces derniers tems sur tout ont produit nombre de Voyageurs & de Savans de différentes Nations de l'Europe, dont les relations & les recherches ont beaucoup plus contribué à nous faire connoître l'Egypte & à en eclaircir les Antiquités, que tous les Ouvrages publiés auparavant sur cette matiére.

Mais avec tant de secours il s'en faloit bien encore qu'on fut parfaitement instruit de tout ce que l'Egypte renferme d'important & de singulier. Les Connoisseurs, loin de trouver leur curiosité pleinement satisfaite, rencontroient divers défauts dans toutes les Descriptions de cette Contrée, sans en excepter les plus modernes. Ils jugeoient, que certains articles n'étoient pas traités avec assés d'exactitude & de fidelité, que plusieurs autres avoient été totalement omis, ou que du moins, si l'on y avoit touché, ce n'avoit été que très superficiellement; en sorte qu'on étoit bien éloigné de pouvoir regarder ces relations comme achevées & en tout point dignes de foi.

L'Ouvrage de feu Mr. NORDEN, que nous présentons aujourd'hui au Public, nous paroit suppléer en partie à ce que les Descriptions précedentes de l'Egypte avoient laissé à désirer. Plusieurs Personnes illustres & des Savans du prémier ordre dans les Pays étrangers en ont pensé comme nous, & leur suffrage n'a pas peu contribué au plaisir que nous avons senti en nous voyant chargés du soin de mettre au jour ce nouveau Voyage d'Egypte.

Avant que d'entrer dans quelque détail au sujet de l'Ouvrage même & de ce qui y a rapport, nous nous croyons

PREFACE.

yons dans l'obligation d'inſtruire le Public des principales circonſtances de la Vie de l'Auteur. Nous les dévons à Mr. de Roemeling, Commandeur des Armées Navales du Roi, Ami intime de notre Auteur, & aux eclairciſſemens fournis par Mr. Norden, Frére de celui, dont il eſt actuellement queſtion.

Frederic Louïs Norden nâquit à Gluckſtadt le 22. Oct. 1708. Son Pere, George Norden, Lieutenant Colonel d'Artillerie, s'étoit marié à Catherine Henrichſen, originaire, auſſi bien que lui, de la Ville de Rensbourg, & en avoit cinq Fils. Comme il ſe propoſoit de leur faire embraſſer à tous la profeſſion des Armes, il prit un ſoin particulier de les y préparer de bonne heure, & leur fit apprendre les Langues, l'Hiſtoire, la Géographie, le Deſſein & les Mathematiques. Une mort prématurée emporta le troiſiéme & le cadet, dejà Officiers d'Artillerie. L'ainé mourût Capitaine d'Artillerie en 1733. Le puisné & le quatriéme nous reſtérent. L'un, ci-devant Capitaine d'Infanterie, a quité le ſervice, & l'autre eſt ce Voyageur, qui s'eſt diſtingué ſi avantageuſement par l'Ouvrage, que nous annonçons.

Deſtiné à la Marine, il entra en 1722. dans le Corps des Cadets; etabliſſement, où une Jeuneſſe d'élite eſt élevée aux fraix du Roi & inſtruite dans tous les Arts & Sciences, qui contribuent à former des bons Officiers de marine.

Mr. Norden fit dans une telle Ecole tous les progrès qu'on dut attendre d'un ſi beau Genie, ſur tout dans les Mathématiques, dans l'Art de conſtruire les Vaiſſeaux & dans le Deſſein. L'étude du Deſſein en particulier faiſoit

PREFACE.

fon principal amufement & il s'y prit d'une façon, qui déceloit déjà un talent hors du commun. La Nature étoit à fon gré le meilleur Original qu'on put fuivre. Cétoit elle auffi qu'il imitoit conftamment & qu'il fe plaifoit à répréfenter dans toutes fortes d'objets qui s'offroient à fa vûe, ne s'arretant à copier les ouvrages d'autrui, que pour faifir le goût & s'approprier la maniére des grands Maitres.

La mort le priva de fon Pere en 1728. mais fa fortune n'en fouffrit point. Feu Mr. de Lerche, Chevalier de l'Ordre de l'Elephant, Grand-Maitre des Cerémonies, demela fes heureufes difpofitions & les jugea dignes d'être encouragées & mifes en oeuvre. Le feu Roi CHRETIEN VI. de glorieufe mémoire ayant remis à ce Seigneur un recueil de cartes & de plans topographiques, pour qu'il en fit retoucher une partie & refaire l'autre, il donna cette tache au jeune Norden & eut lieu d'être fatisfait du foin & de l'intelligence, qu'il y apporta. Mais un travail de cette efpèce ne faifant que le diftraîre des occupations attachées à fon état, il obtint par l'interceffion de fon Protecteur d'en être difpenfé, pour entrer dans une route plus conforme à fon génie & plus propre à le perfectionner dans le métier qu'il avoit embraffé. Mr. de Lerche l'ayant préfenté au Roi vers la fin de l'an 1732. S. M. refolut de le faire voyager & le gratifia dans cette vûe d'une penfion. Il fut nommé de plus Lieutenant en fecond. L'Amirauté lui prefcrivit de s'appliquer dans fes Voyages à l'Art de conftruire les Vaiffeaux & en particulier à ce qui concerne la conftruction des Galéres & des bâtimens à rame, dont on fe fert principalement dans la Mediterranée.

PREFACE.

Il partit peu après pour la Hollande, où les secours que ce Pays offroit en tous les genres, qu'il s'étoit proposé de cultiver, l'engagèrent à prolonger son séjour. Il s'y lia avec divers Amateurs des Antiquités & des Beaux Arts, avec lesquels il a toûjours entretenu depuis un commerce d'amitié & de lumières. Il ne manqua pas aussi d'y faire connoissance avec plusieurs Artistes distingués, dont nous ne nommerons que Jean de Ryter, Dessinateur & Graveur habile, qui, charmé de son ardeur à s'instruire, se fit un plaisir de lui apprendre à graver à l'eau forte.

Il quitta enfin l'an 1734. la Hollande, pour se rendre à Marseille. Après s'y être exactement instruit de tout ce qui pouvoit avoir rapport au but principal de son voyage, il s'y embarqua pour Livourne, où il redoubla d'application pour bien remplir la tâche qu'on lui avoit imposée. Il y fit faire des Modéles de différentes espèces de bâtimens à râme, qu'on voit encore dans la Chambre des Modéles au vieux Holm. (*)

Il passa près de trois ans en Italie, où au milieu de tous les plaisirs, dont on jouït en ce séjour, il ne fut sensible qu'a celui de perfectionner son goût & d'étendre ses lumières. Les liaisons qu'il y forma avec quantité de Personnes de consideration étoient d'autant plus flatteuses pour lui, qu'il ne les devoit qu'à son merite personel, & l'accès qui lui fut ouvert dans les Cabinets d'Antiquités, de Medailles & d'Ouvrages de Peinture & de Sculpture, sur tout à Rome & à Florence, fut un nouveau secours, dont il ne manqua pas

---

(*) Lieu dans l'enceinte de la Ville de Copenhague, où sont les chantiers & les arseneaux de l'Amirauté.

PRÉFACE.

pas de profiter. Ses talens reconnus lui valurent la diſtinction d'être aſſocié à l'Academie de Deſſein à Florence.

Ce fut en cette Ville qu'il reçut du feu Roi l'an 1737. un Ordre de paſſer en Egypte; époque de ſa vie, ſur laquelle nous nous étendrons plus au long dans la partie de cette Préface, où nous rendrons compte de l'Ouvrage, que nous donnons au Public, & des circonſtances, qui l'ont fait naître. Il ſuffira de dire ici, que Mr. NORDEN revint d'Egypte en 1738. après y avoir paſſé près d'un an, qu'il débarqua à Livourne, ayant en route pris terre à Meſſine, & qu'après avoir fait un tour à Veniſe, où il ne s'arreta que peu de tems, il retourna par terre dans ſa Patrie, pour y faire le rapport du ſuccès de ſes Voyages.

Pendant ſon abſence le Roi l'avoit avancé d'un grade. Lorsque Mr. le Comte de Danneſkiold-Samſoe, qui étoit à la tête des affaires de la Marine, le préſenta à S. M. Elle le nomma Capitaine-Lieutenant, & peu de tems après il fut fait Capitaine des Vaiſſeaux du Roi, & nommé Membre de la Commiſſion établie pour la Conſtruction des Vaiſſeaux.

A peine avoit il pris poſſeſſion de ce nouvel emploi que la Guerre s'alluma entre l'Angleterre & l'Eſpagne. Dans cette conjoncture Mr. le Comte de Danneſkiold-Samſoe, toûjours occupé de la gloire & du bien de l'Etat, propoſa au Roi de permettre à divers Officiers de ſa Marine d'aller ſervir en qualité de Volontaires dans les Flottes des Puiſſances belligerantes, pendant que la Patrie jouïſſoit des douceurs de la Paix. Il aſſocia, avec l'agrement de S. M., Mr. NORDEN à ſon Neveu le Comte Ulric Adolphe

de

PREFACE.

de Danneskiold-Samsoe, alors Capitaine des Vaisseaux, pour faire ensemble quelques campagnes sur les Escadres Angloises. Nous regrettons encore ce jeune Seigneur, que la mort nous a ravi à la fleur de son âge, dans le tems, que déjà parvenu au grade de Contre-Amiral, (*) il alloit remplir glorieusement les hautes esperances qu'on avoit conçues de lui.

Le Comte de Danneskiold & Mr. Norden partirent avec Mr. de Roemeling & arrivèrent à Londres en Fevrier 1740. Mr. NORDEN y fut d'autant plus favorablement reçu partout, que sa reputation de Voyageur instruit & éclairé l'y avoit dévancé. Diverses Personnes des plus distinguées de la Cour & le Prince de Galles lui même, qui voulut voir les Desseins de son Ouvrage sur l'Egypte, lui temoignérent autant de bonté que les Gens de lettres lui marquérent d'estime dans un Païs, où le merite & les connoissances font des titres superieurs.

L'été suivant, nos trois Compatriotes allèrent s'embarquer sur la Flotte, commandée par le Chevalier Jean Norris. Ils eurent à se louër des politesses que leur firent les Amiraux & de l'accueil gracieux du Duc de Cumberland, qui s'étoit rendu à bord de l'Amiral dans le dessein de faire la campagne comme Volontaire. Tout le monde sait que l'expedition projettée n'eut pas lieu.

La Flotte étant rentrée dans les Ports d'Angleterre, le Comte de Danneskiold, Mr. de Roemeling & Mr. Norden en partirent de nouveau au mois d'Octobre 1740. sous les Ordres du Chevalier Chaloner Ogle, qui devoit se ren-

(*) Schout-by-nacht.

PRÉFACE.

dre en Amerique, pour y renforcer l'Amiral Vernon. Il s'agiſſoit du Siège de Cartagène. Mr. NORDEN eut été très en état de nous donner une relation exacte de cette entreprise. Il l'avoit même commencée & fait en conſequence divers Eſquiſſes. Mais d'autres occupations lui firent dans la ſuite perdre de vûe ce deſſein. L'expedition finie, nos Volontaires revinrent en Angleterre dans l'Automne de 1741.

De retour à Londres, Mr. NORDEN y fut plus agréablement que jamais. Son commerce avec les Anglois lui en avoit fait adopter les goûts ſolides & le fruit qu'il avoit ſû tirer de ſes campagnes, donnoit un nouveau luſtre à ſon merite. Il paſſa l'hiver & une partie de l'année ſuivante à Londres, & il y fut reçû Membre de l'Academie Royale des Sciences.

Ce fut à peu près vers ce tems là que ſa ſanté commença à s'affoiblir conſidérablement. Sa grande application au travail accabla bientot un corps déjà uſé par les fatigues de la guerre & de la mer, & dont la conſtitution foible & delicate ne repondoit pas à l'ardeur agiſſante de ſon ame. Il ſe trouva attaqué de la conſomption & fut en danger de la vie. Dans l'eſperance que le changement de climat contribueroit à le retablir, il ſe propoſa dans l'été de 1742. de faire un toùr en France, & de viſiter avec Mr. le Comte de Danneſkiold les Côtes & les Ports de ce Royaume.

Avant que de faire cette tournée, ils voulûrent voir Paris & y faire quelque ſéjour. Ce plaiſir fut troublé par une nouvelle attaque de la même maladie, dont Mr. NOR-

PREFACE.

DEN venoit à peine de rélever à Londres. La mort nous l'enleva enfin à Paris le 22. Sept. 1742. & interrompit le cours d'une vie, qui promettoit d'être encore si utile. Les regrets sincères de plusieurs Personnes de marque dans les Pays étrangers le suivirent au Tombeau & sa Patrie le mettra toujours au nombre de ces Hommes distingués, qui lui ont fait honneur.

Ce sont là les principaux evenemens de la Vie de notre Auteur. Faisons connoître à present aux Lecteurs l'Ouvrage qu'ils ont devant les yeux, & pour les instruire d'autant mieux de ce qui leur importe d'en savoir, commençons par leur rendre un compte plus particulier du Voyage en Egypte, qui en fait le sujet.

Ce fut par ordre du feu Roi CHRETIEN VI. de glorieuse memoire que le Voyage d'Egypte fut entrepris. Ce Prince, Fondateur de notre Societé & dont la memoire lui sera inviolablement sacrée, joignoit à l'amour qu'il avoit pour ses Peuples & à une application constante à faire fleurir ses Etats, un goût particulier pour les Arts & les Lettres, qu'il se plaisoit à encourager par une libéralité Royale. Dans l'idée d'enrichir la Litérature de nouvelles découvertes touchant l'Egypte, & de mettre à profit la connoissance exacte de cette Contrée pour donner plus d'étendüe à la Navigation de la Nation Danoise, S. M. souhaita que l'on eut une Relation circonstanciée de ce Pays si éloigné & si célèbre, mais une Relation, faite par un homme intelligent & dont on ne put révoquer en doute la fidélité. Personne n'étoit plus en état que Mr. NORDEN de remplir toutes les vûes du Roi.

PREFACE.

Il étoit alors à la fleur de son âge, vif, sage, éclairé, d'un courage qu'aucun peril ni aucune fatigue ne rebutoit, avec cela d'un goût fin & sûr, Observateur habile, grand Dessinateur & bon Mathématicien. Il y avoit plus encore: Une forte envie d'examiner sur les lieux les merveilles de l'Egypte, avoit prévenu en lui l'ordre du Maître.

Etant à Florence, il avoit trouvé occasion de lier commerce avec Mr. le Baron de Stosch, si connu par son savoir & par son beau Cabinet de Pierres gravées, de Médailles & d'autres Antiquités. La conformité de leurs goûts les unit bientôt plus étroitement. Les entretiens qu'ils avoient tous les jours ensemble, rouloient d'ordinaire sur les belles connoissances, & principalement sur l'Histoire & les Antiquités. Mr. de Stosch, plein d'admiration pour celles d'Egypte, regrettoit souvent l'incertitude & la defectuosité des Relations de cette Contrée, tant anciennes que modernes. Notre Voyageur entra sans peine dans les idées de son Ami. Insensiblement il se laissa aller au désir de voir les bords du Nil. La gloire qu'il trouvoit à instruire le Public de tant de singularités interessantes, faisoit disparoître à ses yeux toutes les difficultés qu'il auroit à surmonter pour y parvenir.

Dans cette disposition il reçût à Florence les Ordres de la Cour. Il leur obeït avec zèle & fit avec empressement les apprêts de son Voyage, guidé par les lumiéres de Mr. de Stosch & par les relations des temoins oculaires qu'il rencontra à Livourne.

Il s'y embarqua en 1737. pour Alexandrie, où il mit pied

PREFACE.

pied à terre au mois de Juin, après une navigation de trente jours.

Il vit ce qu'il y avoit de plus curieux à Alexandrie & dans le voisinage, & poursuivit sa route jusqu'au Caïre, où il arriva le 7. de Juillet. Obligé par une grande maladie, jointe à d'autres circonstances, d'y faire un séjour de plus de quatre mois, il ne manqua pas de tout examiner, soit dans la Ville, soit aux environs, & d'aller voir les Pyramides situées à quelque distance de cette Capitale.

Etant enfin parvenu le 17. de Novembre à s'y embarquer sur le Nil pour continuer son voyage, il traversa la Haute-Egypte en remontant le Fleuve, vit sur sa route Girge, Capitale de cette Contrée, & aborda à Essuaen où Syene, où il se fit conduire à la première cataracte du Nil. Il se remit ensuite à cotoyer les bords du Fleuve, resolu d'aller à la seconde cataracte, mais il ne vint que jusqu'à Derri en Nubie, où des obstacles insurmontables l'empechérent d'avancer plus loin.

Il réprit la route du Caïre le 6. de Janvier 1738. toûjours en navigeant sur le Nil, & mit pied à terre le 21. de Fevrier. En descendant le Fleuve, il ne negligea point de donner plus de justesse & d'étenduë aux observations qu'il avoit faites en le rémontant, & d'en faire des nouvelles. Il fit de même en répassant par la Basse-Egypte, principalement au Caïre & à Alexandrie, d'où il partit sur la fin du Mai pour retourner en Europe, pourvû de bons Memoires sur tout ce qui lui avoit parû interessant & digne d'attention dans les Pays qu'il avoit parcouru.

PREFACE.

Ces Memoires étoient composés d'observations écrites sur des feuilles detachées, dont la plûpart concernoit la Basse-Egypte, & d'un Journal suivi & circonstancié du Voyage de l'Auteur, depuis le 17. de Novembre 1737. qu'il s'embarqua au Caïre pour penetrer dans la Haute-Egypte, jusques à son retour le 21. de Fevrier 1738.

Mais ce qui rehaussoit extrémement le prix de ses Cahiers, étoit un ample recueil de Desseins & d'Esquisses faits sur les lieux mêmes, auxquels se trouvoient jointes les explications & les rémarques necessaires. Partout l'Auteur avoit pris des dimensions, dessiné des vûes & levé des plans. Nous l'avons dit Dessinateur exact. De plus, ses connoissances dans l'd'Architecture l'avoient mis à portée de répresenter au juste ces superbes Monumens de l'Egypte, & enfin l'étude qu'il avoit faite des Mathematiques, lui avoit fourni les moyens de dresser avec succès, & sur des observations de la derniere exactitude, la grande Carte du Nil que nous avons de lui. Elle occupe vint neuf Planches & nous osons avancer, qu'elle surpasse toutes celles qui en ont paru jusqu'ici.

De retour dans son Pays, tous ces sécours le mirent en état de rendre au Roi un compte exact & circonstancié des recherches qu'il avoit faites dans son Voyage, & d'entrer dans les plus grands détails pour éclaircir les points, qu'il croyoit les plus dignes d'intéresser ce Prince. Ses Desseins sur-tout lui donnèrent les moyens de mettre sous les yeux du Roi les objets les plus remarquables, & comme ils lui remirent en la memoire jusqu'aux moindres circonstances

PRÉFACE.

ces, les déscriptions, qu'il y ajouta, transportèrent presque sur les lieux.

S. M. lui en temoigna sa satisfaction dans les termes les plus gracieux & voulut qu'il mit incontinent en ordre la relation de son voyage, afin qu'elle put être publiée pour l'instruction des Curieux & des Gens de lettres.

Mr. Norden ne tarda pas à se mettre en devoir d'exécuter un ordre qui lui faisoit tant d'honneur. Il avoit établi avec Mr. le Baron de Stosch dépuis leur separation en 1737. un commerce de lettres, dont les Antiquités d'Egypte faisoient l'unique sujet. On ne sera pas fâché d'en trouver à la fin de cette Préface un échantillon tiré du prémier Tome des Nouvelles Literaires de Florence. Outre cette correspondance, qu'il continuoit d'entrétenir, il consulta encore plusieurs Personnes intelligentes de son Pays & fit tous ses efforts pour rendre l'Ouvrage, qu'il avoit en main, intéressant & instructif.

Il revit d'abord & retoucha les Desseins. Ensuite il se mit à arranger & à traduire de Danois en François ses observations sur la Basse-Egypte & les Remarques qu'il avoit faites pour l'éclaircissement des Desseins relatifs à cette Contrée, & à en composer une Relation dans les formes, qui renvoyoit aux Desseins & rectifioit les Relations connûes.

Les fonctions attachées à son état & l'assiduité avec laquelle il s'y livroit, durent naturellement retarder les progrés de l'Ouvrage.

A peine avoit il mis en ordre sa description d'Alexandrie

PREFACE.

drie & des Pyramides, que son Voyage d'Angleterre & les Campagnes, dont nous avons parlé, lui firent remettre ce travail à un tems plus tranquille. Il se chargea à la vérité d'une partie de ses Cahiers, comptant de trouver de tems à autre une heure de loisir pour continuër son ouvrage. Mais il fut obligé de laisser le tout à Londres, excepté son Journal, qu'il traduisit de Danois en François. Ce fut pourtant pendant sa prémiére Campagne qu'il composa ses remarques sur la Pyramidographie de John Greaves, que nous avons inférées dans le prémier Volûme.

Le Chevalier Martin Folkes, dont la Republique des Lettres regrettera long-tems la perte & à qui Mr. NORDEN adressa ces remarques, avoit vû quelques morceaux de son Ouvrage & en avoit parlé avec éloge à plusieurs Connoisseurs. Notre Auteur de retour en Angleterre ne tarda gueres à en sentir l'effet. Il fut, comme nous l'avons déjà dit, reçu Membre de l'illustre Societé, dont Mr. Folkes étoit alors le Président.

A cette occasion il jugea à propos de donner au Public une idée de quelques Ruïnes & Statûes Colossales de Thèbes en Egypte dans une Dissertation Angloise, dédiée à la Societé Royale, qui a pour titre: *Drawings of some Ruins and Colossal Statues at Thebes in Egypt, with an account of the same in a letter to the Royal Society. MDCCXLI.* Cet Essai, qui n'est proprement que le morceau de son Journal qu'on lit dans le second Volûme p. 165-173. avec les quatre Planches, qui y appartiennent, lui valut de nouveaux applaudissemens, & ranima le desir que le Public avoit témoigné de voir l'Ouvrage en son entier. Sa mort
pré-

PREFACE.

prématurée l'empecha de jouïr d'une gloire qu'il n'auroit pas manqué de s'acquerir par-là.

Quoique décedé loin de sa Patrie, ses Memoires sur l'Egypte nous ont été cépendant conservés. Lorsqu'il vit approcher sa fin, il eut la prevoyance de remettre tous les Cahiers qui pouvoient avoir rapport à son Voyage d'Egypte, en des mains sûres & fidéles. Mr. le Comte de Dannefkiold, Protecteur déclaré de l'Auteur pendant sa vie, se montra zélé pour sa gloire après sa mort & fit valoir le dépot précieux qui lui avoit été remis. Il en informa le Roi, & S. M. ordonna qu'on mit la derniére main à l'Ouvrage & que les Desseins fussent gravés par le célébre Marc Tuscher Nurenbergeois.

Cet habile homme joignoit à la Gravure & à la Peinture le goût des Belles-Lettres & de la bonne Antiquité, la connoissance des Mathématiques & sur tout un profond savoir en fait d'Architecture, ce qui lui donnoit une superiorité visible sur les Artistes ordinaires. Outre cela il étoit presque le seul qui eut pû s'acquitter avec succès de la tâche, dont il s'agissoit. Il avoit été depuis plusieurs années lié d'amitié avec l'Auteur. Cette amitié, dont les noeuds avoient été formés en Italie, se renouvella à Londres, où le Voyage d'Egypte faisoit le sujet ordinaire de leurs entretiens. Le Sr. Tuscher avoit saisi les idées de son Ami & les Desseins du Voyage d'Egypte lui étoient presqu'aussi familiers qu'à l'Auteur même. Aussi avoit-il, pour complaire à Mr. Norden, gravé les deux premiéres Planches de l'Essai imprimé à Londres en 1741.

PRÉFACE.

Une feule circonftance s'oppofoit à un choix fi convenable. Le Sr. Tufcher, quoique très habile dans l'Art de graver, s'étoit propofé de quiter le Burin & de s'en tenir déformais au Pinceau, qu'il lui avoit de tout tems préferé. Il confentit pourtant à fe charger d'un travail, qui contribueroit à illuftrer la memoire de fon Ami, & vint pour cet effet à Copenhague, où deftiné à être Profeffeur de l'Academie Royale de Peinture, de Sculpture & d'Architecture, il auroit vû accroître fa réputation déjà fi bien établie, fi la mort ne l'eut enlevé au milieu de fa carriére.

A fon arrivée à Copenhague les Deffeins lui furent remis pour qu'il en commençat la gravure, & il fe mit à y travailler avec ardeur, animé par cette tendre amitié qu'il avoit eu pour le Defunt.

L'Ouvrage en étoit là, quand le Roi FREDERIC V. aujourd'hui glorieufement regnant, peu après fon avénement au Throne, donna ordre à notre Societé de fe charger du foin de le mettre en état de paroitre. Nous pleurions encore notre Augufte Fondateur. L'amour du Fils pour les Sciences fe manifefta d'abord, & les Beaux-Arts en Dannemarc reconnurent que le Pays avoit changé de Roi, mais que le même Protecteur leur reftoit.

La gravure des Planches n'exigea que la moindre partie de notre attention. Le travail du Sr. Tufcher avancoit toûjours. A fa mort toutes les Planches fe trouvèrent gravées, à l'exception de la derniére ou 159ème, qui répréfente la vûe de Derri, & qu'on a été obligé de confier à d'autres mains. Il avoit même déjà deffiné le Portrait de l'Auteur

&

PREFACE.

& orné la Planche d'une médaille, qu'il avoit imaginée pour faire honneur à la memoire de son Ami. Mais les infirmités qui précedérent sa mort, ne lui permirent pas d'en achever lui-même la gravure.

Les Memoires demandoient plus d'application pour être redigés & mis au net. Il faloit rassembler soigneusement les lambeaux épars de l'Ouvrage, les disposer de la maniére la plus conforme au plan, traduire en François ce qui n'étoit encore qu'en Danois, retoucher le stile, quand il se trouvoit négligé, & faire enfin de son mieux pour porter le tout au point de perfection que les circonstances permettoient d'atteindre.

Lorsqu'il fut question d'examiner les choses en détail, on vit trop bien la différence qu'il y auroit entre les articles revus & achevés par l'Auteur, & ceux, auxquels il n'avoit pû donner la derniére main. Cependant quelque forte que put être la tentation de suppléer aux vuides de sa relation, & d'en eclaircir les obscurités, au moyen des secours que d'autres Ecrivains anciens & modernes pourroient fournir, des raisons solides défendoient de prendre ce parti.

Nous avions déclaré en termes exprés dans le Plan de Souscription, qu'on suivroit scrupuleusement les Journaux de l'Auteur tels qu'il les avoit laissés, & il paroit, que le Defunt lui-même a voulu préserver son Ouvrage de tout mélange d'idées étrangeres, par une espéce d'acte de derniére volonté, qu'il à laissé écrit de sa propre main sur un de ses Cahiers, & que nous n'avons jamais perdu de vûe en arrangeant ses Memoires. Le voici:

"Si

PREFACE.

"Si ces Papiers tombent en d'autres mains, qu'on ne s'at-
"tende pas à y trouver une Defcription finie des Endroits
"que j'ai vûs. Ce ne font que des Memoires écrits fur les
"lieux & qui ne contiennent que le cours de mon Voya-
"ge, les accidens qui m'y font furvenus, & les remarques
"qu'il m'a été permis de faire. Si je rapporte quelque par-
"ticularité peu intereffante, on doit confiderer qu'elle
"pourra fervir à mettre bien au fait les perfonnes qui pour-
"roient avoir le même Voyage à faire. Le tout eft écrit à
"bonne intention & fans aucun embelliffement. La Vé-
"rité feule me guide. Je permets volontiers qu'on cenfure
"le ftile: il a befoin de correction. Mais je prie fort, qu'on
"ne touche pas au refte. Je ne prétens pas que mes obfer-
"vations foyent eftimées au de-là de leur jufte valeur. J'ai
"fait de mon mieux. Je n'ai pas écrit une fyllabe dont je
"ne fois entiérement convaincu. Je n'ai pas voulu me pré-
"valoir du Proverbe: *A beau mentir qui vient de loin.* On
"peut m'en croire fur ma parole & s'en repofer fur l'auten-
"ticité de mes Deffeins."

Determinés par ces confiderations, nous nous fommes fait une loi inviolable de donner les Memoires de l'Auteur dans toute leur pureté, fans y rien ajouter du notre,
& fans y faire aucun changement que par rapport au ftile
& à l'arrangement des articles.

Notre

PRÉFACE.

Notre attention scrupuleuse à ne point nous écarter de ce principe paroitra par une preuve évidente. Dans les remarques de l'Auteur sur la Pyramidographie de John Greaves, qui font partie du prémier Volume, il est question p. 91. du Sepulcre d'Osymandias & du Cercle d'or que Cambyse en emporta. Mr. NORDEN, après en avoir dit sa pensée, ajoute, qu'on pourra voir dans ses Desseins l'endroit où le Cercle peut avoir été attaché. Il avoit sans doute en vûe la CXII. Planche (*) qui réprésente les Ruines du Palais de Memnon, & où l'on voit en effet une figure tracée sur la terre, qui ressemble assés à l'empreinte d'un Cercle. Cependant dans l'endroit de la Relation de notre Auteur, qui se rapporte à cette Planche, on ne trouve pas un seul mot de la particularité, en question. Rien n'eut été plus facile que de la suppléer de notre chef. Mais plutôt que de rien preter à l'Auteur, nous avons laissé sur son compte cette légére omission, nous contentant d'en avertir ici les Lecteurs.

Nous ne saurions terminer cette Préface sans applaudir aux preuves que tant de Personnes soit d'ici soit des Pays étrangers ont donné de leur amour pour les Lettres & les Beaux-Arts, en favorisant la publication d'un Ouvrage, qui pourra n'être pas inutile à leur avancement. La Nation Angloise en particulier n'a pas eu besoin de s'aider des sentimens d'estime qu'elle avoit accordés à l'Auteur, pour nous rappeller dans cette occasion, que c'est à sa façon de penser génereuse & à son goût éclairé que le Monde savant devoit déjà la connoissance d'une grande partie

---

(*) C'est la IIIme de l'Essai imprimé à Londres en 1741. & la seule qui s'y trouve gravée de la main de notre Auteur.

PREFACE.

partie des plus beaux Monumens de l'Antiquité. Sensibles à un empreffement, qui fait honneur aux Lettres & à ceux qui les cultivent, nous n'avons eu de notre part devant les yeux, en dirigeant l'impreffion des Recueils de notre Auteur, que l'interêt du Public & la fatisfaction de n'avoir omis aucun foin pour remplir entiérement nos engagemens. Nous efperons qu'on le reconnoîtra à la vûe de cet Ouvrage & qu'en faveur de notre exactitude fur tous les points effentiels, on ufera de quelque indulgence pour un retard que diverfes circonftances accumulées & d'un trop long détail ont rendu malgré nous inévitable.

EXTRAIT
DES
NOUVELLES LITERAIRES
publiées à Florence l'an 1740. Tom. Ier Num. 30. 31.
col. 465-468. 481-485.

Traduit de l'Italien.

Num. 30.   Florence le 22. de Juillet
1740.

Mr. le Baron de S. qui se distingue par tant de rares qualités, nous a communiqué quatre Lettres qu'il a reçûes de Mr. le Capitaine N. Gentilhomme Danois très versé dans le Dessein & dans la Mécanique & d'un goût raffiné dans les Beaux-Arts, à qui, en considération de sa grande habilité & de son merite singulier, S. M. le Roi de Dannemarc donna ordre il y a quelques années de faire le Voyage d'Egypte, pour y observer & dessiner les Monumens les plus remarquables, & pour en faire ensuite une Description exacte & digne de foi. Les Lettres, dont il s'agit, contiennent des informations très curieuses, dont quelques unes tiennent lieu d'une critique de la Description de Maillet, du quel on peut dire en conséquence qu'il n'a pas été un Observateur diligent & précis. Nous donnerons ici ces Lettres traduites de leurs Originaux François, les partageant en deux Nouvelles. La premiére Lettre écrite de Mr. le Capitaine N. à Mr. le Baron de S. du Grand-Caïre en date du 28. de Juillet 1737. contient ce qui suit: "En Alexandrie je me suis occupé avec
"plaisir à examiner les précieux restes de l'Antiquité, qui s'y trouvent. Ils vous feront
"assés connus par les diverses Descriptions, qui en ont déjà été faites, mais vous pou-
"vés être persuadé qu'ils surpassent de beaucoup tout ce qu'on a jamais pû dire à leur
"sujet. Vous avés la Description de Maillet, s'il m'en souvient bien; mais c'est là un
"Auteur, qui fait des contes à dormir débout. Je ne saurois lui pardonner d'avoir si
"énormement estropié la belle Colonne de Pompée. A voir le Dessein qu'il en donne,
"on croiroit qu'elle n'est qu'un rien, au lieu qu'en la voyant, on y observe la plus belle
"proportion qui se puisse imaginer. J'en ai fait un Dessein exact, que j'aurai un jour
"le plaisir de vous montrer. Ce qu'il dit de la Base, quelle est fort ruinée & que toute
"la Colonne ne repose que sur une seule pierre, est une fausseté insigne. Ce n'est que
"d'un seul coté que les Arabes l'ont fait crouler: les trois autres sont quasi entiers &
"soutiennent fort-bien le grand poids de cette Masse magnifique. J'ai dessiné encore
"les quatre Faces de l'Obélisque, communement nommé de Cléopatre, & déjà décrit
"par Pline, avec l'autre, qui est actuëllement à terre, & qui, comme le prémier,
"étoit

"étoit jadis placé au Temple de Cefar. Les Hiéroglyphes de deux cotés contigus (*)
"font d'une grande beauté; mais les autres (**) ont beaucoup fouffert du vent & de
"l'humidité: c'eft pourquoi je les ai réprésentés tels qu'ils fe trouvent. Vous verrés
"tout cela un jour & jugerés, fi Mr. Maillet a été capable de donner une jufte idée de
"ces beaux Monumens. Le mal eft, qu'il fait de même à l'égard du refte, dont il ne
"m'eft pas permis pour le préfent de vous faire un ample détail. Je vous communi-
"querai un jour les remarques que j'ai faites & que je vais faire à ce fujet." Comme
Mr. le Baron de S. avoit, en reponfe à cette Lettre, communiqué à Mr. le Capitaine N.
diverfes obfervations déduites de l'Hiftoire ancienne, qu'il poffede en merveille, pour
les confronter, s'il feroit poffible, avec les Monumens de la Haute-Egypte, vers laquelle Mr. N. s'acheminoit, celui-ci après ce Voyage, étant parti du Lévant, pour
retourner en Dannemarc, & arrivé à Vénife, écrivit à Mr. le Baron de S. la Lettre fui-
vante en date du 20. de Septembre 1738. „Je vous ai écrit diverfes fois pendant mon
„féjour en Egypte; mais n'ayant reçu aucune reponfe, je n'ai pas voulu vous diftraire
„de vos occupations par une correfpondence peu intereffante & que l'éloignement ren-
„doit fi irreguliére. A prefent, que je me trouve ici, je ne veux pas me priver du
„plaifir de fatisfaire à mon dévoir par la préfente & de vous affurer, que les lumières,
„que vous m'avés données, m'ont été d'un grand fécours dans la vifite des Antiquités
„precieufes de ce fameux Royaume. J'en ai obfervé une grande quantité & j'en ai
„pareillement deffiné & mefuré la plus grande partie; le tout pourtant avec beaucoup
„de fatigue & grand peril, à caufe que, pour dire le vrai, les Pays que l'on rencontre
„au de-là du Caïre, font prefqu'impraticables aux Voyageurs. Nous y avons pour-
„tant penetré auffi avant qu'on peut naviger en barque fur le Nil, & comme cela fuc-
„cède jusques à la féconde cataracte, & tant qu'il y a quelque Antiquité à voir, cela
„m'a fourni un affés grand efpace pour léver avec toute l'exactitude poffible une carte
„géographique, depuis le Grand-Caïre jusqu'à Derry. Je pourrai peut-être travailler
„un jour à en mettre enfemble toutes les piéces & à faire ainfi un Ouvrage, qui dans
„mon opinion n'a pas paru jusqu'à préfent. J'ai rencontré diverfes chofes, dont parle
„Strabon, & entr'autres les deux grands Coloffes mentionnés dans fes Ecrits, dont les
„Deffeins fe trouvent auprès de moi, auffi bien que divers autres: & j'ai pareillement
„vû un refte de la Statue de Memnon, autant que je puis conjecturer. Le Palais de
„Memnon eft tout entier, & orné d'Hiéroglyphes fignificatifs d'une grande beauté, où
„les couleurs incruftées fe confervent auffi bien, que fi elles euffent été appliquées d'hier.
„J'aurois fouhaité de vous montrer tout ce petit recueil de plus de deux cent Deffeins,
„én paffant auprès de vous. Mais ma permiffion de faire le Voyage d'Egypte & l'ordre
„de retourner en mon Pays, & de voir en paffant Vénife, m'étant parvenus en même
„tems, je n'ai pas ofé me détourner de mon chemin, & je pars la fémaine prochaine
„pour continuër mon voyage jusques à Copenhague, fans m'arreter en route." Les
deux autres Lettres, qui font liées aux précédentes, paroitront dans une autre Nouvelle.

Num.

(*) Des cotés de l'Oueft & du Nord de l'Obélisque de Cléopatre. Voyés dans le Ier Volume les Planches VII. & VIII.
(**) Ceux des côtés de l'Orient & du Midi. Voyés au même Volume la Planche IX.

Num. 31. Florence le 29. de Juillet 1740.

Continuation de la correspondence de Mr. le Capitaine N. avec Mr. le Baron de S. dont il est fait mention dans le Numero 30. col. 465.

Mr. le Baron de S. en reponse à la derniére Lettre que Mr. le Capitaine N. lui avoit écrite de Vénise, lui envoya une notice des Auteurs qui ont fait la Description de l'Egypte, lui conseilla de faire graver ses Desseins, & lui démanda enfin, s'il avoit observé le fameux Temple de Céfar, dont parle Philon le Juif, & où celui-là faisoit sa demeure. La relation de ce grand Temple se trouve dans le Livre de Philon sur la Legation à Cajus, & commence par ces mots: οὐδὲ γὰρ τοιοῦτόν ἐστι τέμενος οἷον τὸ λεγόμενον Σεβάσιον, ἐπιβατήριος Καίσαρος νεώς: où l'Historien le décrit de la maniére la plus précise & la plus exacte, & en parle comme d'un des plus surprenans édifices, qui se soit vû dans l'Antiquité. Mr. le Capitaine N. repliqua ainsi à tous ces points le 25. d'Oct. 1738. à son passage par Hambourg, où il reçut la Lettre de Mr. le Baron de S. „Par l'hon-
„neur de la votre du 27. passé, qui m'a été rendue le 25. du courant à mon arrivée en
„cette Ville, j'ai senti un grand plaisir de me voir toûjours dans vos bonnes graces, &
„je vous fais bien de remerciemens des informations que vous m'avés fournies sur les
„Auteurs qui ont écrit de l'Egypte. Quant au conseil, que vous me donnés, de faire
„graver mes Desseins, la chose reste encore indécise, parce qu'outre que j'ignore si
„S. M. qui m'a fait voyager, comme vous savés bien, trouvera bon de le permettre,
„je ne voudrois pas non plus m'exposer avant que d'être certain, si mon travail est nou-
„veau, ou si la même tâche a déjà été fournie par d'autres. J'aurois pû apprendre à
„quoi m'en tenir à cet égard, me trouvant avec vous & vous montrant mes Desseins;
„mais je n'ai pas pû avoir cet avantage. Mr. Zanetti à Vénise, votre Ami, les a vûs;
„mais comme il les a extrémement loués, je ne sais ce que j'en dois croire: si vous vou-
„liés, vous lui en pourriés demander des nouvelles, & de cette façon je saurois peut-
„être en quelque maniére ce que j'en pourrois augurer. Le grand Temple, dont parle
„Philon, a été situé entre le Petit Pharillon & la Nouvelle Ville, à la main gauche en
„entrant dans le grand Port d'Aléxandrie. Aujourd'hui il n'y a que deux seuls Obé-
„lisques, dont l'un est encore débout en son ancienne place, mais l'autre est rompu &
„presqu'ensévéli dans les ruïnes. Outre celui-là, je n'ai pas trouvé d'autres Colonnes
„sur pied, mais bien une grande quantité en piéces, dont quelques unes sont dans l'eau
„& les autres se trouvent employées aux Tours du mur antique, élevé par les Sarazins
„pour servir d'enceinte à la Ville. Les Colonnes de la Foire, dont vous parlés, n'ont
„point de connexion avec ce Temple: il s'en voit une demi-douzaine dans la rûe de
„Rosette. On s'en est servi pour faire une Galerie, sur laquelle les maisons reposent,
„& où l'on peut se promener à couvert, comme à Padouë ou dans la Place de St. Marc
„à Vénise. J'ai dessiné les Obélisques & j'ai pris la vûe & le plan de tout cela." Ar-
rivé enfin à Copenhague, Mr. le Capitaine N. ecrivit encore à Mr. le Baron de S. une longue Lettre datée du 19. d'Avril 1739. dont nous donnons un Extrait. "J'éspere
"d'avoir l'Auteur Ecossois dont vous me parlés" (c'est Mr. Alexandre Gordon, que Mr. le Baron de S. lui avoit proposé pour l'illustration des Peintures antiques) "mais comme
„il ne traite que des Peintures, qui se trouvent sur les Cercueils des Momies, il ne me
„servira pas beaucoup à expliquer les Peintures merveilleuses que j'ai vûes sur une infi-
„nité d'anciens édifices, ou à en donner du moins l'idée. Imaginés vous dans c'étendûe
„d'une lieuë d'Italie des Palais à Colonnes de 32. pieds de France en circonférence, réve-
„tus

„tus de pierres fablonneufes taillées en quarré & tout couverts tant en dédans qu'au „déhors de quantité de Peintures, qui répréfentent le culte des Dieux du Pays, les rits „& les coutûmes des Habitans, leur manière de faire la guerre & de naviger, avec des „dévifes d'amour entremêlées. Imaginés vous encore que c'eft une manière de pein‑ „dre tout à fait differente de celle qui fe pratique aujourd'hui: de forte qu'il faut que „je Vous en communique une legère idée. Une Peinture de 80. pieds de hauteur, & „de largeur à proportion, eft partagée en deux rangs de Figures gigantesques en bas „relief & couvertes de très-belles couleurs, qui font appliquées félon que le requiert „l'habillement où la carnation de la Figure. Mais ce qu'il y a de plus merveilleux, „c'eft que l'azur, le jaune, le vert & les autres couleurs, qui y font employées, fe „voyent auffi bien confervées, que fi elles avoient été appliquées d'hier, & tiennent fi „fortement à la pierre, que jamais je n'en ai pû oter la moindre parcelle. L'efpace „qui fe trouve entre ces Figures coloffales eft plein d'une infinité d'autres Peintures & „d'Hiéroglyphes, dont une grande partie préfente un fens facile à chacun, & les autres, „qui font du goût de ceux qui fe voyent fur les Obélisques, & qui fans doute contien‑ „nent l'Hiftoire & la Defcription de ce qui fe voit dans la Peinture, font enfévélis dans „l'oubli. Grand changement que le tems a produit! Ce qui dévoit expliquer la Pein‑ „ture, n'eft plus connu que par la Peinture même. Le dédans des Temples & des „Palais ne contient pas à la verité des répréfentations d'une grandeur fi demefurée, „mais tout eft rempli de la même manière. Vous me démanderés fi le Deffein eft bon „& de bon goût? Oui, Monfieur, tout eft travaillé avec bien plus d'exactitude que ces „Idôles de Granit que nous avons vûes au Capitole. La raifon en eft tout fimple: c'eft „que la matiére de ces Idôles eft trop dure, au lieu que celle des Figures, que j'ai vûes „dépuis peu, eft plus traitable. Vous voudrés favoir encore, fi j'ai pris copie de quel‑ „cune d'entr'elles. Affurement: j'ai une petite ébauche qui répréfente une partie d'une „Grotte fépulcrale, qui eft tout hiftorique. (*) Mais pourquoi rien de plus, me dirés „vous. Mais, Monfieur, perfonne n'eft tenu à l'impoffible: j'ai été obligé de borner „mon ambition à traiter feulement en general cette magnificence de l'Antiquité. Si „j'avois voulu entrer dans un examen détaillé des beautés particuliéres, je n'aurois pû „en vénir à bout. Il eft vrai, que j'ai eu bien fouvent une forte tentation de l'en‑ „treprendre; mais, en reflechiffant fur mon Deffein, il m'arrivoit toûjours de ne rien „conclure, & les momens étoient fi précieux dans cette Contrée, que j'étois contraint „de me retirer tout enchanté. Je ne finirois point, fi je voulois me mettre en dévoir „de vous communiquer exactement ce que j'ai vû dans cette fource de toutes les Scien‑ „ces. Qu'on ne me parle plus de Rome, que la Grece fe taife, fi elle ne veut être „convaincûe qu'elle n'a jamais rien fu que par le moyen de l'Egypte. Quelle venerable „Architecture! Quelle magnificence! Quelle Mécanique! Quelle Nation enfin, qui a eu „le courage d'entreprendre des Ouvrages fi furprenans! Ils furpaffent en verité l'idée, „qu'on s'en peut former, & j'y trouve feulement à redire, qu'en m'exprimant fans la „moindre exaggeration à leur fujet, on aura toûjours peine à me croire." Ce Gentil‑homme Danois d'un efprit fi cultivé, Auteur des précédentes Lettres, fe trouve à pré‑fent en qualité de volontaire dans l'Efcadre de Mr. l'Amiral Haddock
à Port-Mahon. (**)

(*) Voyés le II. Volûme p. 186. Planche CXXV.
(**) C'étoit dans la Flotte de l'Amiral Norris que Mr. Norden fe trouvoit alors, comme on l'a dit dans la Préface, en rendant compte des particularités de fa Vie.

TABLE

TABLE DES PLANCHES.
PREMIER TOME.

* Frontispice.
* Portrait de l'Auteur.

I. Carte particuliére de la Vieille & de la Nouvelle Aléxandrie.
II. Carte & Plan du Port neuf d'Aléxandrie.
III. Vuë de la Ville d'Aléxandrie, & du Port neuf, depuis le grand Pharillon, jusqu'à la Tour à poudre.
IV. Vuë du petit Pharillon, ou Fanal, au vieux Port d'Aléxandrie.
V. Vuë de la Ville & du Pont neuf d'Aléxandrie, depuis la Tour à poudre jusqu'au Meidan.
VI. Vuë de la Vieille Aléxandrie.
VII. Obélisque, dit de Cléopatre, à Aléxandrie, vû du côté d'Ouest.
VIII. Obélisque, dit de Cleopatre, à Aléxandrie, vû du côté du Nord.
IX. Faces de l'Obélisque de Cleopatre, du côté de l'Orient, & du Midi.
X. Plan & Coupe d'un Reservoir, dans la Vieille Aléxandrie, près de l'Eglise de Ste Cathérine.
XI. Etat présent du Fondement de la Colonne de Pompée, dessinée du côté de l'Ouest, afin de voir les deux Pierres couvertes de Hiéroglyphes.
XII. Colonne, dite de Pompée, à Aléxandrie.
XIII. Plan & Coupe d'un Temple souterrein, à Negropole, au côté du vieux Port d'Aléxandrie.
XIV. Le Chateau de Bokier, avec son Port.
XV. Vuë de la Ville de Rosette, & du Village de Deruth.
XVI. Scheck Ghadder, à la gauche, sur le bord du Nil, quand on entre; & Carullo de Meresel, avec la Mosquée à quatre lieuës de Rosette.
XVII. Vuë du Vieux & du Grand Caire, *en deux feuilles*.
XVIII. Cérémonie pratiquée à l'occasion du Coupement de la Digue, pour faire entrer le Nil au Grand Caire.
XIX. Plan & Coupe du Puits de Joseph, au Grand Caire.

Table des Planches.

XX. Vuë du Vieux Caire, vis-à-vis le Mokkias, au milieu du Calis vers Boulac.

XXI. Perspective du Vieux Caire.

XXII. Vuë du Vieux Caire, & d'une Pyramide à perte de vuë.

XXIII. Vuë de la Ville de Gize, ci-devant Memphis, avec les trois Pyramides, & la Perspective du Mokkias, par dehors, à la pointe de l'Isle de Rodda, *en deux feuilles*.

XXIV. Plan de l'Isle de Rodda avec ses Environs.

XXV. Plan inférieur & supérieur du Mokkias, à la pointe de l'Isle de Rodda, au Vieu Caire, pour observer l'accroissement du Nil.

XXVI. Coupe du Mokkias, à la pointe de l'Isle de Rodda aux Vieux Caire.

XXVII. Cours du Nil, avec les Lieux situés sur ses bords, depuis Derri dans la Nubie, jusqu'au Delta, *en deux feuilles*.

XXVIII. Prémiére Partie de la Carte du Nil, contenant la Situation de ses bords, depuis le Vieux Caire jusqu'à Deir Abusaiffen.

XXIX. Four, dont on se sert en Egypte, pour faire éclorre les oeufs des Poulles.

XXX. Maniére de battre le Ris, & la façon dont les Femmes portent l'eau en Egypte.

XXXI. Merkeb, sorte de Barques, qui vont sur le Nil, depuis Essenay jusqu'au Caire, & la maniére de les pousser à l'eau.

XXXII. Sainte Sauterelle des Turcs en Egypte, & Radeau, avec des cruches ou des callabasses, & dont on se sert pour la pêche.

XXXIII. Figuier d'Adam, vulgairement Bannanas; Beau Cyprès au Vieux Caire; & Poulle de Pharaon, tenuë pour l'Ibis.

XXXIV. Différens Vases, & Vtensiles, dont on fait usage en Egypte.

XXXV. Vuë de la Grande Mosquée, Atter-Ennabi.

XXXVI. Vuë de la Grande Mosquée, Atter-Ennabi, & du Village de Deir-Etiin.

XXXVII. Perspective du Bourg Deir-Etiin, à une demi-lieuë au-delà du Vieux Caire.

Table des Planches.

XXXVIII. Giomez, ou Sicomore, avec fes Feuilles & fes Fruits.

XXXIX. Obélisque de Matareen, anciennement Héliopolis.

XL. Machine pour tirer l'eau, afin d'arrofer les terres.

XLI. Vuë des Pyramides, proche du Caire, telles qu'elles fe préfentent à Atter-Ennabi, ou la Grande Mofquée de Deir-Etiin.

XLII. Vuë des Pyramides de Memphis, à une lieuë de diftance.

XLIII. Plan & Situation des Pyramides, avec leurs Environs près de Gize, anciennement Memphis.

XLIV. Plans, Coupes & Profils des Ponts, près des Pyramides de Memphis.

XLV. Tête Coloffale du Sphinx, avec les trois Pyramides.

XLVI. Tête Coloffale du Sphinx, vuë en face, au devant de la feconde Pyramide.

XLVII. Profil de la Tête Coloffale du Sphinx.

XLVIII. Seconde Pyramide de Memphis, prife en vuë d'oifeau.

XLIX. Coupe de la feconde Pyramide de Memphis, avec les Canaux & les Chambres Sépulchrales.

L. Canaux & Chambres Sépulchrales de la feconde Pyramide de Memphis.

LI. Canaux & Chambres Sépulchrales de la feconde Pyramide de Memphis.

LII. Vuë des Villages de Menahuad & de Manjelmufa avec les fecondes Pyramides, appellées Pyramides de Dagjour.

LIII. Différentes Machines hydrauliques, dont on fe fert en Egypte, pour arrofer les terres.

LIV. La Caffe fiftulée.

LV. Urne antique, que l'Auteur à apportée avec lui.

LVI. Charruë Egyptienne, deffinée à Gamafe, dans l'Egypte Supérieure.

LVII. Fragment remarquable.

LVIII. Fragment d'un Bas-relief très-fingulier.

LIX. Repréfentation de la Plante appellée, en Arabe, Ofchar.

Table des Planches.

SECOND TOME.

LX. Seconde Partie de la Carte du Nil, avec ses Environs, depuis Deir-Abusaiffeen, jusqu'à Kofferlogad.

LXI. Différentes Pyramides, près de Sakkara.

LXII. LXIII. Vuë des Pyramides de Dagjour, qui sont les troisièmes qu'on trouve en venant du Caire, entre Schiim, Mesguna & Dagjour.

LXIV. Troisième Partie de la Carte du Nil, depuis Kofferlogad, jusqu'à Sauvied Elmasluub.

LXV. Vuë de l'Isle, & du Village d'Eutfeeg.

LXVI. Vuë de la Pyramide de Meduun & de ses Environs, *en deux feuilles*.

LXVII. Autre Vuë de la Pyramide de Meduun, & de ses Environs.

LXVIII. Quatrième Partie de la Carte du Nil, avec ses bords, depuis Sauvied Elmasluub, jusqu'à Tabaana.

LXIX. Vuë du Couvent Copte, appellé Deir Meymund, avec le Tombeau d'un Saint de la Mecque, proche du Couvent.

LXX. Maisons ordinaires des Arabes, ou plutôt leurs Colombiers, qui donnent une Idée générale de leur Architecture.

LXXI. Cinquième Partie de la Carte du Nil, depuis Tabaana, jusqu'à Schereina.

LXXII. LXXIII. Vuë & Perspective de Nezlet Abonour, & du Village de Bebe.

LXXIV. Vuë de Nezlet Abonour, avec ses Montagnes remarquables.

LXXV. Vuë de Tschibel Ell Deiir.

LXXVI. Sixième Partie de la Carte du Nil, avec ses Environs, depuis Schereina jusqu'à Garanduul.

LXXVII. Prospect de l'Isle de Metaghera, & de la Forêt de Palmiers, de trois lieuës de longueur.

LXXVIII. Vuë des Montagnes de Bennehassein, remarquables par les Grottes des Saints Anachorétes.

LXXIX.

Table des Planches.

LXXIX. Septième Partie de la Carte du Nil, depuis Garanduul, jusqu'à Misara.

LXXX. Huitième Partie de la Carte du Nil, avec les Environs, & païsages, depuis Misara, jusqu'à Sallaem.

LXXXI. Vuë des Montagnes, dites Abuffode, vis-à-vis du Village d'Um Ell Gusuer.

LXXXII. Vuë de la Ville de Monfaluuth.

LXXXIII. Neuvième Partie de la Carte du Nil, depuis Sallaem, jusqu'à Ell Motmar.

LXXXIV. Vuë de la Ville moderne de Siuuth, avec ses Grottes antiques, nommées aujourdhui Sababinath.

LXXXV. Vuë du Village de Schiub.

LXXXVI. Vuë de Rejeyna, & de ses Environs.

LXXXVII. Dixième Partie de la Carte du Nil, depuis Motmar jusqu'à Tagta.

LXXXVIII. Onzième Partie de la Carte du Nil, avec ses bords, depuis Tagta jusqu'à Gilfan.

LXXXIX. Douzième Partie de la Carte du Nil, depuis Gilfan jusqu'à Ell-Sauvie.

XC. Treizième Partie de la Carte du Nil, depuis Ell-Sauvie, jusqu'à Ell-Ghoraen.

XCI. Prospect de la Ville d'Akmin, Résidence d'un Prince de même nom.

XCII. Quatorzième Partie de la Carte du Nil, depuis Ell-Ghoraen, jusqu'à Bennier-akaep.

XCIII. Partie de l'Extrémité Orientale de Tschirche.

XCIV. Quinzième Partie de la Carte du Nil, avec la Situation de ses Environs, depuis Bennier Akaep, jusqu'à Sagh ell Bagjura.

XCV. Seizième Partie de la Carte du Nil, depuis Sagh ell Bagjura, jusqu'à Merafchdeh.

XCVI. Dix-septième Partie de la Carte du Nil, avec ses bords, depuis Merafchdeh, jusqu'à Tiuraet.

Table des Planches.

XCVII. Dix-huitième Partie de la Carte du Nil, avec ses bords, depuis Tiuraet, jusqu'à Ell Kerne.

XCVIII. Dix-neuvième Partie de la Carte du Nil, depuis Ell Kerne, jusqu'à Mahamiid.

XCIX. Portail antique, plein d'Hiéroglyphes en couleur, & dont les Arabes se sont servis pour une Porte de la Ville de Habu.

C. CI. Quatre diverses Vuës des Ruïnes de Carnac.

CII. Vuë des superbes Antiquités à Luxxor, qu'on tient pour être l'ancienne Thébes.

CIII. Autre Vuë des superbes Restes des Edifices de Luxxor.

CIV. Plan des Ruïnes remarquables de Luxxor.

CV. Coupe & Profil des magnifiques Bâtimens de Luxxor.

CVI. Les deux Colosses, avec la Vuë du Portail principal des Antiquités de Luxxor.

CVII. Superbes Restes de Luxxor.

CVIII. Carte particuliére des Ruines d'une Partie de Thébes, *en deux feuilles*.

CIX. Restes d'un Portique admirable de l'ancienne Thebes.

CX. Deux Statuës Colossales avec les Ruïnes du Palais de Memnon vis-à-vis de Carnac & de Luxxor.

CXI. Dessein particulier des Hiéroglyphes gravés sur les Chaises des Statuës Colossales, proche de Luxxor & de Carnac.

CXII. Ruïnes du Palais de Memnon, toutes chargées d'Hiéroglyphes.

CXIII. Plan des Statuës Colossales, & des Ruïnes du Palais de Memnon, dans l'ancienne Thébes.

CXIV. Vingtième Partie de la Carte du Nil, avec ses bords, depuis Mahamiid, jusqu'à Gascheile.

CXV. Ancien Temple, au milieu de la Ville d'Essenäy.

CXVI. Vingt & unième Partie de la Carte du Nil, avec ses bords, depuis Gascheile, jusqu'à Saide.

CXVII. Vingt-deuxième Partie de la Carte du Nil, avec ses bords, depuis Saide, jusqu'à Ell Gliid.

CXVIII.

Table des Planches.

CXVIII. Vuë de la Ville d'Edfu, avec ses Antiquités, que les Arabes d'à préfent ont converties en colombiers.

CXIX. Vuë de la Ville de Buéeb, autrement Seraik, préfentement toute ruinée.

CXX. Vuë de Tfchibal Effelfele, ou de la Montagne de la Chaîne.

CXXI. Repréfentation de la Pierre à laquelle, felon la tradition, étoit attachée une chaîne, pour fermer le paffage du Nil, avec la Vuë de la Ville d'Effenay.

CXXII. Tfchibal Effelfele, & Deffein particulier de la Pierre à laquelle étoit attachée la chaîne pour fermer le Nil.

CXXIII. Vuë des Chapelles taillées dans le Roc, près de la Pierre de la Chaîne à Tfchibel Effelfele.

CXXIV. Vuë générale des Grottes, qui fe trouvent à Tfchibel Effelfele, vis-à-vis de la Pierre où l'on attachoit autrefois une chaîne pour fermer le Nil.

CXXV. Le dedans d'une Grotte à Tfchibel Effelfele, avec les Epitaphes de ceux qui étoient enfermés dans cette Grotte.

CXXVI. Vingt-troifiême Partie de la Carte du Nil, avec fes Environs, depuis Ell Gliid, jufqu'à Ell Sag.

CXXVII. Vuë générale de Konombu, avec fes Antiquités.

CXXVIII. Vuës du Village de Scheck Hamer, & du Village de Girbe avec fes Antiquités.

CXXIX. Vuë de l'ancienne Siene, aujourdhui Effuaen, & de l'Isle Eléphantine, à l'Entrée de la prémiére Cataracte.

CXXX. Vuë des Rochers de Granit, au bord du Nil, qui fervoient de fondement à l'ancienne Siene, aujourdhui Effuaen.

CXXXI. Vuë des Tombeaux près de la Ville d'Effuaen.

CXXXII. Plan & Perfpective de l'ancien Temple du Serpent Knuphis, fur l'Isle Elephantine.

CXXXIII. Vingt-quatrième Partie de la Carte du Nil, avec fes bords, depuis Gafcheile jufqu'à Ubfchiir.

CXXXIV. Carte & Plan de la prémiére Cataracte du Nil.

CXXXV. Vuë de Morrada, ou du Port au deffus de la prémiére Cataracte du Nil.

CXXXVI. Vuë de l'Isle Ell Heiff, telle qu'elle fe préfente, quand on fort du Port de la prémiére Cataracte.

Table des Planches.

CXXXVII. Vuë & Perspective de l'Isle Ell Heiff, anciennement Phile.

CXXXVIII. L'Isle Ell Heiff, anciennement Phile, du côté du midi, avec ses admirables Antiquités.

CXXXIX. Plan des superbes Edifices, sur l'Isle Ell Heiff vis-à-vis de la prémiére Cataracte du Nil.

CXL. CXLI. Deux Coupes au travers des Ruïnes admirables du Temple d'Isis, sur l'Isle Ell Heiff.

CXLII. CXLIII. Deux Coupes sur la longueur de ces superbes Ruïnes.

CXLIV. Divers Chapiteaux employés aux Bâtimens, sur l'Isle Ell Heiff.

CXLV. Vingt-cinquième Partie de la Carte du Nil, avec ses bords, depuis Ubschiir, jusqu'à Berbetuud.

CXLVI. Antiquités de Deboude.

CXLVII. Ruïnes de Hindau, & anciens Bâtimens de Taëffa.

CXLVIII. Antiquités de Sahdaeb, vis-à-vis de Hindau, dans la Nubie.

CXLIX. Vingt-sixième Partie de la Carte du Nil, avec ses bords, depuis Berbetuud, jusqu'à Hokuer.

CL. Prospect du Village Garbe Merie dans la Nubie.

CLI. Plan & Perspective de l'ancien Temple de Garbe Dendour.

CLII. Vuë des Antiquités de Garbe Girsche.

CLIII. Vingt-septième Partie de la Carte du Nil, depuis Hokuer, jusqu'à Guad Ell Arrab.

CLIV. Deux Vuës différentes des Restes d'un Temple antique à Dekke, & qu'on appelle Ell Guraen.

CLV. Ruïnes remarquables de Sabua.

CLVI. Vingt-huitième Partie de la Carte du Nil, depuis Guad ell Arrab, jusqu'à Kudjuhed.

CLVII. Plan & Perspective d'un Temple antique à Amada, remarquable par les Peintures de la Trinité & des Saints, qu'on y voit exprimés.

CLVIII. Vingt-neuvième Partie de la Carte du Nil, depuis Kudjuhed, jusqu'à Derri.

CLIX. Vuë de Derri.

VOYAGE D'EGYPTE ET DE NUBIE,

PAR

Mr. F. L. NORDEN.

PREMIERE PARTIE,
Contenant la Description de l'ancienne
ALEXANDRIE.

ANCIENNE ALÉXANDRIE.

'ANCIENNE Aléxandrie a été sujette à tant de révolutions, & si souvent ruinée, qu'on auroit aujourdhui de la peine à la retrouver, si la situation de ses Ports, & quelques Monumens antiques ne nous en indiquoient pas la véritable place.

Ces guides infaillibles me serviront à décrire, avec une espéce d'ordre, ce que j'ai pu observer. Je ne prétends pas néanmoins donner une Description complette, ni écrire l'histoire entiére de l'accroissement & de la décadence de cette grande Ville. Mon unique but est de communiquer fidélement ce que j'ai vu, & ce que j'ai pu remarquer, touchant l'Etat présent de l'ancienne & de la nouvelle Ville. L'ordre, que je tiendrai, sera celui, que ma mémoire me fournira; & si, par hazard, je ne m'explique pas quelque-fois assez clairement, les desseins, que j'ai levés sur les lieux, achéveront de perfectionner l'idée, que le Lecteur aura conçuë par la Relation, que je vais donner.

Plan de la Ville & des Ports d'Aléxandrie.
Planche I.

Le Vieux, & le Nouveau Port, sont présentement à Aléxandrie ce qu'on appelloit autrefois les Ports d'Afrique & d'Asie. Le prémier est reservé pour les Turcs: le second est abandonné aux Européens. Ils différent l'un de l'autre, en ce que le Vieux est bien plus net & bien plus profond que le Nouveau, où on est obligé de mettre, de distance en distance, des tonneaux vuides sur les cables, afin qu'ils ne soient pas rongés par le fond, qui est pierreux. Mais si cette précaution garentit les cables, les vaisseaux ne laissent pas d'être toujours exposés aux risques de se perdre. L'ancre ne tenant pas si bien de cette façon, un gros vent détache aisément le vaisseau, qui, se trouvant une fois à la dérive, périt dans le Port même, parce qu'il n'a ni assez d'espace, ni assez de profondeur, pour faire tenir de nouveau ses ancres. Un vaisseau François se perdit, de cette maniére, l'année qui précéda mon arrivée à Aléxandrie.

Nouveau Port.
Planche II.

L'entrée du Nouveau Port est défenduë par deux Chateaux, d'une mauvaise construction Turque, & qui n'ont rien de remarquable, que leur situation; puisqu'ils ont succédé à des Edifices très-renommés dans l'Histoire.

Grand Pharillon.
Planche II.

Petit Pharillon.
Planche IV.

Celui qu'on appelle le Grand-Pharillon a au milieu une petite Tour, dont le sommet se termine par une lanterne, qu'on allume toutes les nuits; mais qui n'éclaire pas beaucoup, parce que les lampes y sont mal-entretenuës. Ce Chateau a été bâti sur l'Isle de Phare, qu'il occupe tellement, que, s'il y a encore quelques restes de cette Merveille du Monde, que Ptolomée y avoit fait élever, ils demeurent entiérement cachés pour les Curieux. Il en est de même de l'autre Chateau connu sous le nom de Petit-Pharillon. Il ne présente aucuns vestiges de la célèbre Bibliothéque, qui, dans le tems des Ptolomées, étoit regardée comme la plus belle qu'on eût jamais vuë.

Chacune de ces deux Isles est attachée à la terre-ferme par un Mole. Celui de l'Isle de Phare est extrêmement long. Il m'a paru avoir 3000. pieds d'étenduë, & fait, partie de briques, partie de pierres de taille. Il est voûté dans toute sa longueur: ses cintres sont à la Gothique, & l'eau peut passer dessous. Il ressemble en cela aux restes du mole de Pouzzol, qu'on donne communément pour le Pont de Caligula. Il n'est pas croyable, que les Sarazins, ni les Turcs, en ayent été les Inventeurs. S'ils y ont trouvé les ruines d'un ancien Mole, ils les ont tellement

défi-

défigurées, en les réparant, qu'on n'y remarque pas le moindre trait, qui ressente la belle Antiquité.

Le Mole, qui donne le passage au Petit-Pharillon, n'a rien de particulier que deux Ziczacs, qui, en cas de besoin, peuvent servir à sa défense.

Les Pharillons & leurs Moles, l'un à la droite, l'autre à la gauche du Port, conduisent insensiblement à terre; mais il est bon d'avertir, que précisément à l'entrée du Port, on a à passer des Rochers, dont les uns sont au dessous, & les autres au-dessus de l'eau. Il faut les éviter soigneusement. Pour cet effet on prend des Pilotes Turcs, préposés pour cela, & qui viennent à la rencontre des vaisseaux hors du Port. On est assuré alors d'arriver dans le Port, & d'y mouiller avec les autres vaisseaux, qui sont affourchés tout le long du grand Mole, comme dans l'endroit le plus profond. **Planche II.**

Rien n'est plus beau que de voir, de là, ce mêlange de Monumens antiques & modernes, qui, de quelque côté qu'on se tourne, s'offrent à la vuë. Quand on a passé le Petit-Pharillon, on découvre une file de grandes Tours, jointes l'une à l'autre par les ruïnes d'une épaisse muraille. Un seul Obélisque debout a assez de hauteur, pour se faire remarquer dans un endroit, où la muraille est abattuë. Si l'on se tourne un peu plus, on s'apperçoit que les Tours recommencent; mais elles ne se présentent que dans une espéce d'eloignement. La Nouvelle Aléxandrie figure ensuite avec ses Minarets; & au dessus de cette Ville, mais dans le lointain, s'éléve la colonne de Pompée, Monument des plus majestueux. On découvre aussi des Collines, qui semblent être de cendre, & quelques autres Tours. Enfin la vuë se termine à un grand bâtiment quarré, qui sert de Magasin à poudre, & qui joint le grand Mole. **Planche V.**

Magasin à poudre.
Planche III.

Après avoir mis pied à terre, nous traversâmes la Ville-neuve, & nous prîmes la route de l'Obélisque, où nous n'arrivâmes, qu'après avoir grimpé sur des murailles ruïnées, qui offrent, au travers d'une Tour de maçonnerie, un passage libre, jusqu'au pied de cet antique Monument; & à peine s'en est-on approché, qu'on en voit, à côté, un autre, qui a déja, depuis long-tems, été obligé de plier, & qui se trouve presque tout enterré.

L'Obélisque qui est debout, & qu'on appelle encore aujourd'hui l'Obélisque de Cléopatre, indique que c'est l'endroit, où a été le Palais de cette Reine, auquel

Voyage d'Egypte

Palais de Céfar.
Planche VI.

on donna auffi le nom de Palais de Céfar. Il ne refte d'ailleurs aucun veftige de ce fuperbe bâtiment; ce qui fait que je ne m'arrêterai qu'à l'Obélifque.

Obélifque de Cléopatre.
Planche VII. VIII. & IX.

Cet Obélifque de Cléopatre eft fitué, prefque au milieu, entre la nouvelle Ville & le Petit-Pharillon. Sa bafe, dont une partie eft enterrée, fe trouve élevée de 20. pieds au-deffus du niveau de la Mer. Entre ce Monument & le Port, regne une épaiffe muraille, flanquée, à chaque côté de l'Obélifque, d'une grande Tour; mais cette muraille a été tellement ruïnée, que fon haut eft prefque égal à la bafe de l'Obélifque. La partie intérieure de la muraille n'eft qu'à 10. pieds de ce Monument; & la partie extérieure n'eft qu'à 4. à 5. pas de la mer. Tout le devant de cette muraille, jufque bien avant dans le Port, eft rempli d'une infinité de débris de colonnes, de frifes, ou d'autres piéces d'Architecture, qui ont appartenu à un Edifice fuperbe. Ils font de diverfes fortes de marbres. J'y ai apperçu du Granite & du Verd antique. Du côté de la terre, l'Obélifque a derriére lui une affez grande plaine, qu'on a fi fouvent fouillée, que toute le terrein femble avoir été paffé au crible. Il n'y vient, par-ci par-là, qu'un peu d'herbe : encore eft elle de fi mauvaife fubftance, qu'elle fe féche d'abord.

Quant à l'Obélifque en lui-même, il eft d'une feule piéce de marbre granite. Les Planches VII. VIII. & IX. repréfentent les deffeins de fes quatre faces, avec leurs dimenfions. Il fuffit feulement de dire, qu'il n'y a que deux de ces faces, qui foient bien confervées; les deux autres font fruftes; & on y voit à peine les Hiéroglyphes, dont elles ont été couvertes anciennement.

Obélifque renverfé.
Planche VIII.

L'Obélifque renverfé paroît avoir été caffé; mais ce qu'on déchiffre de fes Hiéroglyphes fait juger, qu'il contenoit les mêmes figures, & dans le même ordre, que celles de l'Obélifque qui eft debout.

On s'étonnera fans doute, de ce que les Empéreurs Romains ne firent pas tranfporter à Rome cet Obélifque, plutôt que les autres, qu'il faloit aller chercher bien loin. Mais fi l'on confidére les deux faces, qui ont été gâtées par l'injure des tems, on trouvera, que c'étoit-là une raifon fuffifante pour ne le point emporter; & cette raifon difpenfe de recourir à d'autres.

Quelques Auteurs anciens ont écrit, que ces deux Obélifques fe trouvoient de leur tems dans le Palais de Cléopatre; mais ils ne nous difent point, qui les y avoit fait mettre. Il eft à croire, que ces Monumens font bien plus anciens, que la

Ville

Ville d'Aléxandrie, & qu'on les fit apporter de quelque endroit de l'Egypte, pour l'ornement de ce Palais. Cette conjecture a d'autant plus de fondement, qu'on fçait, que, du tems de la fondation d'Aléxandrie, on ne faisoit plus de ces Monumens couverts d'Hiéroglyphes, dont on avoit déja perdu long-tems auparavant & l'intelligence & l'usage.

Les deux côtés d'une pierre si dure, gâtés & effacés, nous font connoître la grande différence qu'il y a entre le Climat d'Aléxandrie, & celui de tout le reste de l'Egypte; car ce n'est ni le feu, ni une main brutale, qui a endommagé ces pierres. On voit clairement, qu'il n'y a que l'injure du tems, qui a rongé quelques-unes des Figures, & qui en a effacé d'autres, quoiqu'elles fussent gravées assez profondément.

Côtés de l'Obélisque effacés.
Planche IX.

Comme les desseins donnent au juste les contours des figures, qui couvrent les faces de cet Obélisque, je me dispense d'entrer dans un plus grand détail. Ainsi après avoir donné tout ce que je sçais, par rapport à ce Monument, je le quitte, pour examiner ce qui se trouve au pied des murailles, & le long de la mer, depuis l'Obélisque jusque vers le Petit-Pharillon.

J'ai déjà dit, qu'au devant de l'Obélisque, on trouve une grande quantité de divers marbres, qui paroissent avoir été employés à quelque Edifice superbe. On juge facilement que ce sont les débris du Palais, qui étoit situé dans l'endroit, où est l'Obélisque. Ce n'est que parce qu'ils sont dans la mer, qu'ils restent-là. L'accès en est trop difficile pour les retirer & pour les emporter. Il n'en a pas été de même de ceux, qui, en tombant, demeurérent sur la terre. On en a enlevé une partie, pour les transporter ailleurs; & le reste a été employé dans la nouvelle Aléxandrie. Il ny a donc point lieu d'être surpris, si, dans l'espace que nous allons parcourir, on ne trouve plus de ruïnes d'une matière si rare. On n'y apperçoit effectivement que des ouvrages de briques cuites au feu & très dures. Ils méritent pourtant notre attention, puis qu'ils se présentent avec un air d'antiquité. Quelques canaux voûtés, ouverts & en partie comblés: des appartemens à demi détruits: des murailles entiéres renversées, sans que les briques se soient détachées; tout cela prouve que ce ne sont pas des ouvrages d'une construction moderne. Par malheur, ces ruïnes forment un cahos si confus, qu'on ne sçauroit se faire une juste idée des Edifices, qui étoient dans ce quartier. Tout ce qu'on peut s'imaginer, c'est que ces bâtimens appartenoient au Palais, & qu'ils étoient employés à différens usages, comme pour servir d'égoûts, de maisons particuliéres, de Corps de garde, & autres choses semblables.

La curiosité ne va pas plus loin de ce côté-là. Il y auroit encore à examiner le Petit-Pharillon; mais la Garnison n'en permet point l'entrée. Il faut donc prendre le parti d'aller considérer ce que c'est que ces grandes Tours, jointes par des murailles si épaisses. On n'a nulle peine à concevoir, que c'est l'enceinte de l'ancienne Aléxandrie. Mais de quel tems est cette enceinte? C'est sur quoi on pourra hazarder un sentiment, après avoir examiné l'objet de près, & après l'avoir bien consideré.

Enceinte d'Aléxandrie.

Ces Tours, qui forment comme des Boulevards, ne sont pas toutes d'une égale grandeur, ni d'une même figure, ni d'une même construction. Il y en a de rondes: d'autres sont quarrées: d'autres ont la figure d'un Ellipse; & celles-ci se trouvent quelque-fois coupées par une ligne droite dans un de leurs côtés.

Ses Tours, ou Boulevards.

Elles différent de même dans leur intérieur. Il y en a qui ont une double muraille, & à l'entrée un escalier en colimaçon, qui conduit jusqu'au haut de la Tour. Quelques unes n'offrent, pour tout passage, qu'un trou dans la voûte, & par lequel il faloit passer à l'aide d'une échelle. Généralement parlant, les entrées de ces Tours sont fort petites & fort étroites, & donnent sur l'intérieur de la Courtine, ou muraille de jonction. Leurs différens étages sont formés par des voûtes, supportées quelque-fois par une colonne: quelque-fois par plusieurs; & il y en a même, qui sont soutenuës par un large pilier. Les embrasures, qui regnent tout à l'entour de ces Boulevards, sont étroites, & s'élargissent en dedans. Elles ressemblent à celles qu'on voit à plusieurs anciens Chateaux en Angleterre. On ne remarque aucuns puits dans ces Tours; & je ne doute point cependant qu'elles n'en ayent eu. Il y a apparence, qu'ils auront été abandonnés, & qu'ils se seront comblés avec le tems. Toutes les Tours sont bâties de pierres de taille, & d'une Architecture très-massive. Dans la partie la plus basse, on remarque, tout à l'entour, & de distance en distance, des fûts de colonnes, de différentes sortes de marbres; & on les y a placés de façon, que, quand on les voit de loin, on les prend pour des canons, qui sortent de leurs embrasures. On apperçoit encore, par-ci, par-là, quelques carreaux de marbre mis en oeuvre; mais tout le corps du bâtiment, comme je l'ai déja dit, est formé de pierres de taille; & elles sont d'une espéce sablonneuse, comme celles de Portland, ou de Bentheim.

Les

Les murailles, qui font la jonction des Tours, & qui avec elles ont composé l'enceinte de la Ville, ne sont pas non plus, par-tout, d'une même largeur, ni d'une même hauteur, ni d'une même construction. Quelques-unes peuvent avoir 20. pieds d'épaisseur, tandis que d'autres en ont plus ou moins. Leur hauteur va à 30. & à 40. pieds. On ne peut pourtant pas assurer, à la seule vuë de ces ruïnes, que toute l'enceinte de la Ville ait été bâtie de la maniére que je l'ai remarqué, en parlant de la muraille voisine de l'Obélisque; mais elle avoit, du côté intérieur, une allée presque dans le même goût, que celle qu'on voit dans l'enceinte du Palais d'Aurelien à Rome.

Il ne me reste plus qu'à dire, à l'égard de cette enceinte, que les Tours comme les murailles, au moins celles qu'on peut voir, sont toutes fort endommagées, & dans plusieurs endroits ruïnées entiérement. Après cela il n'est plus question que de sçavoir, si avec ce qui vient d'être observé, & avec ce que nous apprend l'Histoire, on peut décider, si cette enceinte est du tems de la prémiére fondation d'Aléxandrie, ou en quel tems elle peut avoir été construite.

Si nous devons croire l'Histoire, & ce qu'elle nous dit de la grandeur de l'ancienne Aléxandrie, il nous seroit bien difficile de la renfermer dans une enceinte de si peu d'étenduë. Cependant sans nous engager dans ce qu'on veut qu'elle ait été, nous pouvons nous en tenir à considérer ce qui reste de cette célébre Ville.

On apperçoit d'abord une Architecture très-massive, & telle qu'il convenoit qu'elle fût pour soutenir le choc des béliers. Mais cela peut être de tout tems. Attachons-nous donc à des particularités, qui soient capables de faire sentir la différence d'un tems à l'autre; &, dans ce cas, on ne sçauroit guére se prévaloir, que des colonnes, qui soutiennent les voûtes en dedans, & des fûts des colonnes, qui se montrent en dehors. Les colonnes ont des chapiteaux, qui absolument ne paroissent point être du Siécle d'Aléxandre. Le goût en est trop Sarazin, pour remonter leur origine si haut. Mais, dira-t-on, une voûte tombée, & réparée par les Sarazins, auroit pu faire le même effet. Il ne reste donc que les fûts des colonnes de différens marbres, qui témoignent, que l'ouvrage n'est ni de la prémiére fondation de la Ville, ni du tems des Ptolomées, ni de celui des Romains. Il n'y a que des Barbares, qui puissent avoir fait un usage si bizarre des piéces d'une matiére aussi précieuse en Egypte, que l'est le marbre étranger. Ces colonnes ont été, sans doute, tirées des ruïnes d'Aléxandrie; & peut être même du Palais de Cléopatre; car si elles avoient été apportées de Memphis, telles qu'elles sont, on y verroit des Hiéroglyphes; mais on n'en apperçoit, ni sur ces colonnes, ni sur les carreaux de marbre employés çà & là. Concluons donc, que cette enceinte n'a été faite, que, quand les Sarazins, après avoir ruïné Aléxandrie, se trouvèrent dans l'obligation de s'y fortifier, pour profiter de l'avantage des Ports; & que de tout le terrein de l'ancienne Ville, ils n'en renfermèrent qu'autant qu'il leur en faloit alors, pour leur défense, & pour la sureté de leur commerce.

Après avoir fait le tour de l'ancienne Ville, il convient de voir ce qui est renfermé dans son enceinte, où l'on ne trouve guère aujourd'hui que des ruïnes & des décombres, si on en excepte un très-petit nombre de Mosquées, d'Eglises, de Jardins, & quelques Citernes, qu'on peut regarder comme entiéres, puis qu'elles sont encore assez bien entretenuës, pour fournir de l'eau à la nouvelle Ville.

Eglises de St. Marc, & de Ste. Cathérine.

Nous connoissons si bien présentement l'Obélisque de Cléopatre, & sa situation, qu'il est à propos de partir de ce point, pour aller reconnoître les Eglises de St. Marc & de Ste. Cathérine, qui en sont les plus près. Ces deux Eglises appartiennent aux Chrétiens, & sont maintenant desservies par des Prêtres Grecs, & par des Prêtres Coptes. D'ailleurs, elles se ressemblent si fort l'une l'autre, qu'une seule description suffira pour toutes les deux. Elles n'ont rien de respectable, que le nom d'Eglise qu'elles portent; & elles sont si obscures, si sales, & si remplies de lampes, qu'on les prendroit plutôt pour des Pagodes, que pour des Temples, où le vrai Dieu est adoré.

Celle de St. Marc n'a rien de particulier qu'une vieille Chaire de bois, qu'on fait passer, si je m'en ressouviens bien, pour celle de l'Evangéliste, dont l'Eglise porte le nom. Je n'assure pourtant pas le fait, parce que je ne me le suis pas assez mis dans l'idée, pour me le rappeler au juste. Ce que je puis garantir, c'est que le St. Evangéliste est infiniment mieux logé, dans son Eglise à Venise, que dans celle d'Aléxandrie.

Dans l'Eglise de Ste. Cathérine, on montre, avec grande vénération, un morceau de Colonne, sur laquelle on prétend que cette Sainte eut la tête coupée; & quelques taches rouges, qu'on y fait remarquer, sont, dit-on, des gouttes de son sang.

Butte de Ste. Cathérine.

Au voisinage de cette Eglise, on rencontre la Butte de Ste. Cathérine, qui est une colline formée des ruïnes de la Ville. Il y en a encore une autre de même espéce & de même grandeur. Toutes deux ont été fouillées & refouillées si souvent, que ce ne

sont

font proprement que des tas de pouſſiére. On n'y trouve rien que quand il a plu. L'écoulement des eaux laiſſe alors à découvert quelques pierres gravées, ou autres petites choſes, qui ont échappé à la vuë de ceux, qui ont fouillé les prémiers, ou qu'ils ont rejettées, comme peu dignes de leur attention. Les Sarazins en ont uſé ici de la même maniére, que les Goths & les Vandales à Rome. Ils ont fait fauter la pierre de la bague, avec un fer pointu: ils ont pris l'or; & ont jetté la pierre, qu'on trouve ordinairement endommagée par cette violence. Il eſt rare qu'on y découvre maintenant quelque choſe de bon. J'ai vu une infinité de ces pierres: j'en ai même achetté quelques-unes, ſans pouvoir dire que j'en aye acquis une ſeule, qui ſoit de bonne main.

Avant que de ſortir de la Ville, je jettai les yeux ſur quelques fûts de colonnes de marbre granite, qui ſont encore debout par-ci par-là, ſur le chemin, qui conduit à la porte de Roſette. Il peut y en avoir une demi-douzaine; mais elles ne nous apprennent rien, ſi non, que toute cette longue ruë doit avoir eu, de chaque côté, des portiques pour ſe promener près des maiſons & à l'abri. Ce qui en reſte fait juger, qu'elles étoient toutes de même grandeur; mais il n'eſt pas auſſi facile de décider, ſi elles étoient de quelque ordre d'Architecture, ou faites dans le goût Egyptien. Elles ſont enfoncées d'un tiers dans la terre; & toutes ont perdu leur chapiteau. Elles ont la ſurface unie, & la circonférence plus grande vers le bas que vers le haut. Voilà ce que j'y ai remarqué; mais ce n'en eſt pas aſſez pour fonder quelque conjecture raiſonnable. Du reſte il n'y avoit pas moyen de me diſpenſer d'en parler, parce qu'elles ont certainement droit de tenir une place parmi les Antiquités, qui ſubſiſtent à Aléxandrie.

Reſtes d'un Portique.

Après avoir ſuivi le chemin, qui conduit à la porte de Roſette, je paſſai cette porte, pour me rendre à la belle Colonne, appellée communément la Colonne de Pompée. Elle eſt placée ſur une hauteur d'où l'on a deux belles vuës: l'une qui donne ſur Aléxandrie: l'autre ſur le terrein bas, qui s'étend le long du Nil, & qui environne le Caliſch, ou Canal creuſé au deſſus de Roſette, pour porter l'eau du Nil à Aléxandrie. Mais je parlerai plus bas de ce Canal: tenons-nous préſentement à la Colonne de Pompée.

Colonne de Pompée.
Planche XI.

Cette Colonne ne doit pas être proprement un Monument Egyptien, quoique la matiére, dont elle eſt faite, ait été tirée des carriéres du Pays. C'eſt apparemment la plus grande & la plus magnifique Colonne qu'ait produit l'Ordre Corinthien. Si on veut bien jetter les yeux ſur le deſſein que j'en donne, il me reſtera

Fondement de la Colonne.

restera fort peu de chose à dire, touchant ce superbe Monument. Un chacun est en état d'en juger par lui-même: sur-tout quand j'avertirai, que le fût est d'une seule piéce de marbre granite; que le chapiteau est d'une autre piéce de marbre; & le piedestal d'une pierre grise, approchante du caillou, pour la dureté & pour le grain. A l'égard des dimensions, on les trouve marquées sur la Planche, qui donne le dessein de cette Colonne.

Pour ce qui est du fondement sur lequel posent le piédestal & la colonne, on le trouve ouvert d'un côté. Un Arabe, dit-on, ayant creusé sous ce fondement, y mit une boite de poudre, a-fin de faire sauter la Colonne en l'air, & de se rendre maître des trésors, qu'il s'imaginoit être enterrés dessous. Malheureusement pour lui, il n'étoit pas bon Mineur. Son entreprise échoua. La mine s'éventa, & ne dérangea, que quatre pierres, qui faisoient partie du fondement, dont les trois autres côtés restèrent entiers. L'unique bien, qui en résulta, fut, que les Curieux étoient désormais en état de voir quelles pierres on avoit employé à ce fondement. J'y ai remarqué une piéce de marbre blanc Oriental, tout rempli d'Hiéroglyphes, si bien conservés, qu'il m'a été aisé de les dessiner exactement. Une autre grande piéce, qui n'est pas partie de sa place, & qui demeure cependant à découvert, est d'un marbre de Sicile, jaunâtre & tacheté de rouge. Il a également ses Hiéroglyphes, mais tellement endommagés, que je n'en ai rien pu tirer. Un morceau d'une petite colonne avoit encore servi à ce fondement, ainsi que quelques autres morceaux de marbre, qui n'ont rien de remarquable.

Fragment d'un marbre chargé d'Hiéroglyphes.
Planche XII.
Fig. 2.

J'ai déja dit, que le dommage n'a été fait que d'un côté. Ce qui a été enlevé du fondement laisse tout au plus un vuide de trois pieds, au dessous du piedestal; & le milieu, ainsi que les trois autres côtés, restent dans leur prémiére solidité. Cependant Paul-Lucas, qui ne s'est pas contenté de nous donner un dessein peu exact de cette Colonne, nous la représente encore, comme ne posant plus effectivement que sur la seule pierre du milieu. Dans le fonds on pourroit lui passer cette faute, comme tant d'autres; mais qu'un Consul général, qui a demeuré seize ans au Cayre, qui prétend avoir mieux vu qu'aucun autre Voyageur, & qui a demeuré assez longtems à Aléxandrie, pour pouvoir examiner cette Colonne, se soit contenté de copier le dessein qu'il a trouvé dans Paul-Lucas; c'est ce qui n'est pas concevable. Peut-être avoit-il des raisons de politique pour en user de la sorte. Il formoit le projet de transporter cette Colonne en France; & ne la représentant assise que sur une seule pierre, elle en paroissoit d'autant plus aisée à descendre, & à embarquer. J'avouerai

cepen-

cependant que ce qu'ils en difent l'un & l'autre eft plus exact que le deffein qu'ils donnent.

Après avoir confidéré la Colonne de Pompée & les autres objets dont j'ai fait mention, il ne s'offre plus d'ailleurs à la vuë, qu'une campagne rafe. On me dit néanmoins, qu'il y a dans le voifinage des Catacombes, & qu'un quart de lieue de chemin y conduit. C'en eft affez pour m'engager à faire cette traite. Nous arrivons bien-tôt au lieu indiqué: nous y entrons; & nous trouvons une longue allée fouterraine, qui n'a rien de particulier. Elle reffemble, pour la largeur, aux Catacombes de Naples. Cela ne valoit pas la peine de nous y arrêter davantage. Nous prîmes donc la route du Califch, ou Canal de Cléopatre, qui fournit de l'eau douce à Aléxandrie, pour tout le cours de l'année. *Catacombes.*

En defcendant la Colline, nous entrâmes dans une plaine, toute couverte de brouffailles, qui ne portent que des capres; & en avançant davantage, nous nous engageâmes dans un bois, ou dans une forêt de dattiers. Leur fertilité fait voir, qu'ils fe reffentent du voifinage du Califch, dont les eaux leur font portées par quelques canaux d'arrofement, pratiqués entre les arbres. Nous traverfâmes ce bois, & nous rencontrâmes enfin le Califch. *Bois ou Forêt de dattiers.*

Les bords de ce Canal font couverts de différentes fortes d'arbres, & peuplés de divers Camps volans de Bédouins, ou d'Arabes errans. Ils font-là pour faire paître leurs troupeaux, dont ils fe nourriffent, vivant d'ailleurs dans une grande pauvreté. Ils voudroient bien être plus à leur aife; & je n'ai pas oublié, qu'un jour, que je fortois de bon matin par la porte de Rofette, une vingtaine d'entre eux avoit grande envie de me dépouiller; & ils auroient mis leur deffein à éxécution, fi un Janiffaire, que j'avois avec moi, ne les en avoit empêché. Ces Arabes reffemblent aux Hirondelles: tant qu'ils jouïffent, dans un lieu, du beau-tems & de l'abondance, ils y demeurent; mais dès que la difette vient, ils délogent, & vont chercher des endroits plus fertiles. C'eft à ces changemens de demeures, auffi-bien qu'à leur pauvreté, qu'ils doivent la liberté, dont ils jouïffent. Il leur feroit fort difficile de la garder, s'ils avoient plus de bien qu'ils n'en ont. *Bédoins, ou Arabes errans.*

Le Califch, à ce que l'Hiftoire nous apprend, fut pratiqué pour faciliter le Commerce, & pour porter les marchandifes, du Cayre à Aléxandrie, fans les ex- *Le Califch, ou Canal de Cléopatre.*

poſer à paſſer le Bogas, ou l'embouchure du Nil, parce qu'elles auroient couru risque de s'y perdre. On y trouvoit encore une autre utilité, en ce que la ville d'Aléxandrie, dépourvuë d'eau douce, en pouvoit être pourvuë abondamment, par le moyen de ce Canal. Aujourdhui, il eſt hors d'état de répondre à tous ces deſſeins. Creuſé ſimplement dans la terre, ſans être ſoutenu d'aucun revêtement de maçonnerie, il s'eſt peu-à-peu comblé. La décadence du Commerce, & la ruïne du Pays, ne permettent plus aux Habitans de fournir à la dépenſe, qu'il faudroit faire tous les ans, pour tenir ce Canal dans le niveau requis. Il reſſemble aujourdhui à un foſſé mal entretenu; & à peine y coule-t-il aſſez d'eau, pour remplir les Reſervoirs néceſſaires à la conſommation de la nouvelle Aléxandrie. Je le paſſai à ſec dans le mois de Juin. On y remarque néanmoins un endroit revêtu de murailles. C'eſt où commence l'Aquéduc, qu'on peut ſuivre tout le long de la plaine, & même juſqu'à Aléxandrie. Car quoiqu'il ſoit ſous la terre, les ſoupiraux qu'il a, de diſtance en diſtance, font aſſez connoître la route qu'il prend,

Reſervoirs ou Citernes.

pour ſe rendre aux Reſervoirs ou Citernes, qui ne ſe trouvent que dans ce que nous avons vu être l'ancienne Ville. Du tems qu'elle ſubſiſtoit, tout le terrein qu'elle occupoit étoit creuſé pour des Reſervoirs, dont la plus grande partie ſe trouve maintenant comblée. Il n'en reſte qu'une demi-douzaine : encore ne ſont-ils pas trop bien entretenus.

Plan & Coupe d'un Reſervoir d'eau.
Planche X.

Il ſeroit ſuperflu d'entreprendre de faire ici la deſcription d'un de ces Reſervoirs. Un coup d'oeil jetté ſur le deſſein que j'en donne, en apprendra plus que tout ce que je pourrois dire. J'avertirai ſeulement d'une choſe, que le deſſein ne ſçauroit exprimer; c'eſt que toutes les voûtes paroiſſent être faites de briques, & couvertes d'une matiére impénétrable à l'eau. Cette matiére eſt préciſément la même que celle dont ſont couvertes les murailles & les PISCINARI, ou Reſervoirs, qu'on voit à Baïes, & à Rome, dans les Thermes des divers Empereurs.

La plus grande partie des colonnes, qui ſupportent les voûtes de ces Reſervoirs, ſont de différentes ſortes, & la plupart dans le goût Gothique, ou plutôt Sarazin. Il n'eſt pas concevable, qu'elles ayent été placées de la ſorte dès le commencement. Une entiére deſtruction a fait, ſans doute, que les unes ont pris la place des autres. On aura réparé les Reſervoirs, qui étoient le moins ruïnés, & on ſe ſera ſervi pour cela de ce qui coûtoit le moins à mettre en oeuvre. Jugeons de-là de quelle maniére le reſte doit avoir été traité.

De

De tous les Reſervoirs, dont on ſe ſert aujourd'hui, celui qui eſt voiſin de la porte de Roſette conſerve le plus long-tems ſon eau, apparemment parce qu'il eſt plus bas que les autres. Quand il y en a quelqu'un de vuide, on a ſoin de le nétoyer, vers le tems de l'accroiſſement du Nil; car il faut ſçavoir, que ces Reſervoirs ne peuvent pas ſe vuider d'eux-mêmes. Ils ſont faits pour recevoir l'eau & pour la conſerver, & non pour la laiſſer échapper. On les vuide par le moyen des pompes à chaînes, ou à chapelets; & lors qu'on veut tranſporter l'eau à la nouvelle Ville, on en remplit des outres, que l'on charge ſur le dos des Chameaux, ou des Anes. L'obligation, où l'on eſt de vuider, à la main, ces Reſervoirs, nous fait connoître la raiſon, pourquoi on en a comblé un ſi grand nombre. La conſommation, n'étant plus ſi grande dans la nouvelle Ville, qu'elle l'étoit dans l'ancienne, l'eau ſe feroit corrompuë, & auroit infailliblement cauſé des maladies par ſa mauvaiſe odeur. D'ailleurs il n'y avoit pas moyen de ſubvenir à la dépenſe, qu'il auroit falu faire pour les nétoyer tous les ans. Si on avoit bouché les canaux de l'Aqueduc, qui conduiſent l'eau, on auroit été en danger de faire un cloaque général. Enfin on remédioit à un autre inconvénient: la plupart des Reſervoirs étant à moitié ruïnés, il valoit mieux les combler, que s'expoſer aux accidens, que leur conſervation auroit fait naître, d'un jour à l'autre. Voilà tout ce que je puis dire, touchant les Reſervoirs d'Aléxandrie. Les deſſeins & les meſures, dont ils ſont accompagnés, achéveront d'en donner une idée complette.

Il ne nous reſte plus, dans l'enceinte de l'ancienne Aléxandrie, qu'à voir ce que c'eſt que la porte de Roſette, & une autre porte, par où on ſort de la Villeneuve, pour entrer dans la vieille, après qu'on a traverſé la grande place de cette derniére. Ces deux portes ſont bâties, dans le même goût, que le reſte de l'enceinte. Celle de Roſette a quelques petites tours à chaque angle : l'autre, qui eſt proche d'un Boulevard, n'à qu'une ſimple ouverture dans la muraille. Les battans de la porte ſont de bois, & couverts de placques de fer extrêmement rouillées.

Porte de Roſette.

Comme il vaut mieux achever de dire tout ce qui concerne l'antique, avant que de paſſer au moderne, il convient de faire un tour vers le vieux Port, au bord duquel nous rencontrerons des reſtes d'antiquités, appartenans à l'ancienne Aléxandrie, ou du moins à ſes fauxbourgs.

Le vieux Port, autrement le Port d'Afrique, a d'un côté le grand Pharillon, qui le défend, comme il fait la défenſe du nouveau Port. A l'oppoſite du grand Pha-

Pharillon, & sur la Langue de terre, qui forme le vieux Port, il y a un autre petit Chateau, pour la sureté du même Port de ce côté-là; & en front une partie de la nouvelle Ville se joint à la vieille. C'est de ce point d'où nous partons, pour aller examiner des restes d'antiquités, qui consistent en Grottes sépulcrales, en Temples souterreins, en petits Ports, ou Bains, &c.

Grottes sépulcrales.

Les Grottes sépulcrales commencent, dès l'endroit, où les ruïnes de la vieille Ville finissent; & elles suivent à une grande distance le long du bord de la mer. Elles sont toutes creusées dans le roc: quelquefois les unes sur les autres: quelquefois l'une à côté de l'autre, selon que la situation du terrein l'a permis. L'avarice, ou l'espérance d'y trouver quelque chose, les a fait toutes ouvrir. Je n'en ai pas vu une seule de fermée; & je n'ai absolument rien rencontré en dedans. On juge aisément, par leur forme, & par leur grand nombre, de l'usage, auquel on les avoit destinées. On peut dire, qu'en général elles n'ont, que la largeur qu'il faut pour contenir deux corps morts, l'un à côté de l'autre. Leur longueur va, tant soit peu au-delà de celle d'un Homme; & elles ont plus ou moins de hauteur, selon la disposition de la roche. La plus grande partie a été ouverte avec violence; & ce qui en reste d'entier n'est orné, ni de sculpture ni de peinture.

Bains & endroits de plaisance.

C'est-là un champ trop stérile, pour s'y arrêter davantage. Il vaut mieux jetter les yeux sur ces petits enfoncemens du rivage, dont on se servit, pour y pratiquer des retraites agréables, où l'on se divertissoit, en prenant le frais, & d'où sans être vu, que quand on le vouloit bien, on voyoit tout ce qui se passoit dans le Port. Quelques rochers, qui s'y avancent, fournissoient une charmante situation; & des Grottes naturelles, qu'ils formoient, donnoient lieu d'y pratiquer, à l'aide du ciseau, de véritables endroits de plaisance. On y trouve en effet des appartemens entiers faits de cette façon; & des bancs, ménagés dans le roc, offrent des places, où l'on est à sec; & où on peut se baigner dans l'eau de la mer, qui occupe tout le fond de la grotte. En dehors, on avoit de petits ports, par lesquels on abordoit, avec des batteaux, qui y étoient à l'abri de toutes sortes de vents. Si on vouloit jouïr de la vuë du Port, on trouvoit facilement sur le roc, au dehors de la Grotte, une place à couvert des rayons du Soleil. Toutes ces agréables retraites, qui sont en grand nombre, n'ont d'ailleurs aucun autre ornement. Les endroits, où le ciseau a passé, sont unis; & le reste a la figure naturelle du roc.

A trente,

À trente, ou quarante pas du bord de la mer, & à l'oppofite de la pointe de la presqu'isle, qui forme le Port, on trouve un Monument souterrein, auquel on donne communément le nom de Temple. On n'y entre que par une petite ouverture, sur la pente de la terre élevée, qui borde le Port de ce côté-là. Nous y entrâmes munis de flambeaux, & nous fûmes obligés de marcher courbés dans une allée fort basse, qui, au bout d'une vingtaine de pas, nous introduisit dans une sale assez large & quarrée. Le haut est un plafond uni comme les quatre côtés & le bas est rempli de sable, ainsi que des ordures des Chauve-Souris, & des autres Animaux, qui y ont leur retraite.

Ce n'est pas-là proprement ce qu'on nomme le Temple. On n'a qu'à passer une autre allée, & on rencontre quelque chose de plus beau. On trouve un Souterrein de figure ronde, dont le haut est taillé en forme de voûte. Il a quatre portes, l'une à l'oppofite de l'autre. Chacune d'elles est ornée d'un architrave, d'une corniche, & d'un fronton surmonté d'un croiffant. Une de ces portes sert d'entrée: les autres forment chacune une espéce de niche, bien plus basse que le souterrein, & qui ne contient qu'une caisse, épargnée sur le roc, en creusant, & suffisamment grande pour renfermer un corps mort.

Plan & Coupe d'un Souterrein.

Planche XIII.

Cette description, ainsi que le Plan, & la Coupe du Souterrein, mettent le Lecteur en état de juger, que ce qu'on donne, dans le Pays, pour un Temple, doit avoir été le tombeau de quelque Grand-Seigneur, ou peut-être même d'un Roi. Du reste, comme il n'y a, ni Inscription, ni Sculpture, qui fasse connoître à quoi cet édifice a servi, je laisse à un chacun à décider sur l'usage, auquel il étoit destiné. J'avertirai seulement, que la galerie, qui continuë au-delà de ce prétendu Temple, semble annoncer, qu'il y a plus loin d'autres Edifices de cette nature. L'opinion commune veut aussi qu'il y ait, dans le voisinage, d'autres semblables Souterreins; mais ils ne sont point connus: aparemment parce que l'entrée en est si bien fermée, qu'elle demeure interdite; ou parce qu'après les avoir ouverts, on les a tellement négligés, que le trou s'est bouché par le sable; & il en arrivera, selon les apparences, autant à celui, dont je viens de parler, puisque l'entrée devient, de jour en jour, plus petite, & l'allée plus basse. Je me félicite cependant d'en avoir vu assez, pour en donner une juste idée, & pour en conserver la mémoire.

En montant au dessus du même rocher, on rencontre de grands fossés, dont on ne sçait, ni la destination, ni le tems, où ils ont été creusés. Ils sont taillés perpendiculairement de la surface en bas, & peuvent avoir 40. pieds de profondeur sur

Fossés, dont on ignore la destination.

Tom. I.   E   50. de

50. de longueur, & fur 20. de largeur. Leurs côtés font fort unis ; mais le fond eſt ſi rempli de ſable, qu'à peine peut-on découvrir le haut d'un canal, qui, dans quelques-uns de ces foſſés, ſemble devoir mener à quelque Souterrein. On ſçait bien, ſans que je le diſe, qu'il eſt hors de la portée d'un Voyageur de faire nétoyer de pareils endroits, pour ſatisfaire ſa curioſité. Quiconque connoît le Pays, ne ſçauroit exiger une démarche ſi périlleuſe ; & ceux, qui, ſans avoir rien vu, prétendent qu'on faſſe tout ce qui leur ſemble practicable, n'ont qu'à voyager en Egypte, pour y apprendre, qu'il eſt plus aiſé de juger, que de faire par ſoi-même.

Il s'agiroit maintenant de paſſer à la deſcription de la nouvelle Aléxandrie ; mais avant que de quitter l'ancienne, j'ai encore bien des choſes à dire & des réfléxions à faire à ſon ſujet. Il ne ſuffit pas d'avoir fait le tour de cette ancienne Ville, d'être allé hors de ſon enceinte voir la Colonne de Pompée, d'être entré dans les Catacombes, qui ſont au voiſinage, d'avoir vu le Canal de Cléopatre, d'avoir parcouru les bords du vieux Port, & le terrein voiſin, qui avoit paru mériter nos recherches : on obmet toujours quelque choſe dans de pareilles occaſions, & quelque-fois on laiſſe trop entendre. Il ſembleroit par exemple, en liſant la deſcription, que j'ai donnée de l'enceinte de la vieille Ville, qu'on la peut ſuivre tout à l'entour, ſans qu'elle ſoit interrompuë nulle part. Il eſt pourtant certain, qu'il ſe trouve des eſpaces, où il ne reſte, ni Boulevards, ni murailles ; & ſi on veut connoître ces eſpaces, on n'a qu'à examiner le Plan : on les y verra d'un coup d'oeil. De plus, pour avoir une idée juſte de l'état du terrein, qui étoit occupé par l'ancienne Ville, il y a à connoître autre choſe que les antiquités, qui ſubſiſtent. Les Edifices modernes mêmes, la Butte de Ste. Cathérine, & la Plaine voiſine de l'Obéliſque, ne font pas, avec les antiquités, tout l'eſpace entier. Il convient encore d'ajouter, que le reſte ne différe guére du terrein, qui eſt près de l'Obéliſque ; que tout a été remué & fouillé ; que le meilleur a été emporté ; & que s'il y a encore quelque choſe qui en vaille la peine, il faudroit le chercher bien avant dans la terre, ou dans les Reſervoirs qu'on a comblés.

Planche I.

Queſtion curieuſe.

D'autre part, il ſe préſente naturellement quelques queſtions, qui méritent qu'on y réponde : D'où avoit-on tiré, dira-t-on, cette enorme quantité de marbre & de Granite, qu'on employa à la conſtruction de la prémiére Aléxandrie ; & qu'eſt-ce que tout cela eſt devenu, depuis la deſtruction de cette grande Ville ? Si je n'entreprends pas de répondre poſitivement à ces demandes, je hazarderai du moins des conjectures, qui ſoient tant ſoit peu raiſonnables.

Un

Un chacun, je pense, conviendra avec moi, qu'il n'auroit pas été sensé, d'aller chercher bien loin ce qu'on avoit en quelque maniére sous la main; & que si on l'eût entrepris, on n'auroit jamais pu porter cette Ville au degré de magnificence, où on la vit dès sa prémiére fondation, ou peu de tems après sous les Ptolomées. Il est donc naturel de supposer, que la prémiére Aléxandrie tiroit son plus grand lustre de la destruction de Memphis; & cette raison est d'autant plus probable, qu'il faut absolument un endroit, pour placer les ruïnes de cette grande Ville, dont il est resté à peine quelques foibles vestiges, capables d'indiquer la place où elle étoit. Il ne s'agit après cela que de lever quelques objections, qui se présentent d'elles-mêmes.

Réponse.

On dira d'abord, qu'il n'est pas concevable, qu'Aléxandre Guerrier si généreux ait pu se porter à détruire une Ville aussi superbe que Memphis, pour en construire une en son nom. Ce n'est pas non plus ce que je prétends. Je ne veux pas charger davantage la mémoire d'Aléxandre; que celle des Papes, qui n'ont point fait difficulté de permettre de détruire une partie des Antiquités de Rome, afin d'en construire des palais superbes pour leurs familles.

Objection contre cette reponse.

Memphis, ajoutera-t-on, sans doute, subsistoit encore du tems d'Aléxandre & sous les Ptolomées. J'en tombe d'accord, mais de quelle façon subsistoit-elle? A peu près comme l'ancienne Aléxandrie subsiste de nos jours, ou tout au plus comme elle subsistoit du tems des Sarazins. Est-il à croire effectivement, que les Perses ayent fait plus de grace à Memphis, qu'aux autres Villes de l'Egypte? Ceux qui exterminoient les Dieux auroient-ils épargné les Temples? Lors qu'Aléxandre entra dans l'Egypte, l'éclat de la Religion n'étoit-il pas éclipsé dans Memphis? Les principaux Prêtres s'étoient retirés dans les deserts, & Cambyse avoit emporté les Idoles. Jugeons par-là de l'état, où se trouvoient des Temples, qu'on ne fréquentoit plus, qui étoient en horreur aux Perses, & qu'ils employoient aux plus vils usages. Dans ce cas, Aléxandre, & ses Successeurs, ont bien pu y toucher, sans devenir sacriléges, & sans s'attirer la haine des Peuples, qui devoient même voir avec plaisir, que les matériaux de leurs Temples ruïnés fussent employés à des Edifices, où devoit se retablir le culte de leurs anciens Dieux.

Replique à cette objection.

Cette grande objection ainsi levée, il ne s'agit plus que d'examiner, comment on a pu transporter cette quantité immense de matériaux. Mais le Nil, & le Canal de Cléopatre, n'offroient-ils pas des passages bien faciles? Le Canal, dira-t-on, y étoit-il déja? Il n'y a point de doute à cela. On ne pouvoit pas faire le projet de bâtir une Ville dans un tel quartier, sans penser d'abord au Canal. L'endroit étoit dé-

Origine du Calisch, ou Canal de Cléopatre.

E 2   pourvu

pourvû d'eau douce, & il n'y avoit pas moyen de lui en procurer, qu'en la tirant du Nil, au deſſus de Roſette, où le Canal commence; car l'eau de ce Fleuve, mêlée à ſon embouchure, avec l'eau de la mer, n'eſt pas potable; & pour l'aller chercher par mer, il auroit falu au moins deux journées, l'une pour l'allée, l'autre pour le retour. D'ailleurs, il n'y avoit pas moyen de ſe ſervir de grands bâtimens plats, capables de contenir beaucoup d'eau; parce qu'ils n'auroient pas été propres à paſſer la mer; & d'un autre côté de moindres bâtimens, qui auroient tiré plus d'eau, n'auroient pas trouvé aſſez de fond à l'embouchure du Nil. Il y avoit donc une neceſſité abſoluë de commencer par le Canal; & ce Canal devoit être navigable; car ſi on avoit eu ſimplement en vuë de fournir la Ville d'eau, on ſe ſeroit contenté de faire un Aqueduc de maçonnerie. Mais on creuſa un Canal; & à ce Canal commença l'Aqueduc, qui portoit l'eau à la Ville: tandis que le Canal lui-même prenoit ſa route vers la mer, où il ſe jettoit au voiſinage d'Aléxandrie. Le nom de Cléopatre, qu'il conſerve encore aujourd'hui, n'eſt pas une raiſon pour nous fixer, par rapport au tems, où il a été prémiérement creuſé. Une réparation, faite par une Reine auſſi célébre, quelque divertiſſement qu'elle y aura pris, ou une Fête qu'elle y aura donnée, peuvent aiſément avoir occaſionné ce nom. Du reſte, la néceſſité d'un Canal étant conſtante; c'eſt pour moi un guide aſſuré; & je m'y tiens, ſans m'embarraſſer de chercher d'autres raiſons, que celles qui viennent d'être alléguées.

Quelque certaine pourtant que paroiſſe cette preuve, il ne laiſſe pas de ſe préſenter encore une difficulté, capable de déranger tout notre ſyſtême, ſi on ne trouvoit pas moyen de la lever. Pourquoi, dira-t-on, ſi les ruïnes de Memphis ont ſervi à la conſtruction de la prémiére Aléxandrie, ne trouve-t-on, que ſur l'Obéliſque, & ſur les pierres, qui forment le fondement de la Colonne de Pompée, aucune des figures, dont chaque Colonne, & chaque carreau de marbre apporté de Memphis, doit avoir été couvert, ou orné. On voit bien, que je veux parler des Hiéroglyphes; car il eſt certain, qu'à l'exception de ceux de l'Obéliſque, & du fondement de la Colonne de Pompée, on n'en apperçoit point à Aléxandrie. Quelques morceaux de Granite, caſſés, & tirés des fondemens de quelque Edifice ancien, ne font rien à l'affaire. Il eſt ſûr, que les débris, qui ſe trouvent dans la mer, devant l'Obéliſque, & que j'ai jugé avoir appartenu au Palais de Cléopatre, n'ont aucuns Hiéroglyphes: les fûts & les carreaux de marbre, employés dans les Boulevards, n'en ont pas non plus. Il convient donc, de chercher le moyen d'accorder cette contradiction & d'en donner une bonne raiſon, afin de rendre notre preuve acceptable; c'eſt ce que je vais tâcher déxécuter.

Dans

Dans le tems d'Aléxandre, & fous fes Succeffeurs, le goût de l'Architecture Egyptienne n'étoit plus en régne. La Gréce, quoiqu'elle eût tiré de l'Egypte les prémiers principes de cet Art, y avoit fubftitué une Architecture bien plus legére, & ornée d'une toute autre façon. Les Grecs, n'ayant pas les immenfes richeffes des Egyptiens, ni comme eux l'abondance des matériaux, ni la multitude des Ouvriers, renoncèrent à cette Architecture folide. Ils l'envifagèrent même dans la fuite comme défectueufe, & ne produifant que des maffes lourdes & fans goût. Ils fixèrent des régles pour les différens ordres d'Architecture, & ils les portèrent fi loin, qu'ils allèrent jusqu'à fe croire les prémiers Inventeurs de cet Art.

Aléxandre, imbu dans fa jeuneffe des principes de fa patrie, n'avoit garde d'adopter ceux d'un Royaume qu'il avoit fubjugué; & d'ailleurs il lui eût été peu honorable d'y élever des bâtimens, qui fe feroient trouvés inférieurs aux moindres de ceux, qui s'étoient confervés dans le Pays. On conviendra donc aifément, que tous les Temples & tous les Palais, que ce Prince, ou fes Succeffeurs élevèrent, furent conftruits dans le goût & fuivant les régles de la Gréce. Les matériaux, qu'il tira des ruïnes de Memphis, n'y pouvoient pas être employés, à moins qu'on ne les façonnât de nouveau, felon l'ordre de cette Architecture. Cet ordre étoit extrêmement leger en comparaifon de l'autre: ainfi il y avoit beaucoup à oter. On ne refpecta point les Hiéroglyphes, dont on n'avoit plus l'intelligence. Les Grecs les regardoient même avec envie, parce qu'ils contenoient les myftères de la Religion & des Arts, dont ils prétendoient être feuls les Inventeurs. Ne foyons donc point furpris, fi on ne trouve pas d'Hiéroglyphes fur les marbres, qu'on tire des ruïnes d'Aléxandrie. Il ne doit pas y en avoir. Si les régles de la nouvelle Architecture ne les avoit pas fait oter, on les auroit effacés, pour qu'ils ne paruffent pas dans des Edifices, avec lesquels ils n'avoient aucune connéxion. Quelle indécence, par éxemple, ny auroit-il pas eu à employer une colonne couverte d'Hiéroglyphes, avec une colonne de l'Ordre Corinthien!

Nous ne devons proprement regarder les ruïnes de Memphis que comme une carriére brutte, d'où on tiroit les pierres pour les tailler d'une maniére convenable. Il eût même été impoffible, de raffembler toutes les piéces de façon, qu'elles puffent fervir à des Edifices, pareils à ceux, où elles avoient été employées. Dès qu'on fuppofe, que ces Edifices étoient en ruïne, on n'y doit rien chercher d'entier; & il y auroit eu la même impoffibilité à rétablir ce qui y manquoit. Des raifons d'ambition & de jaloufie, comme nous l'avons vu, s'y oppofoient; & on ne fçauroit ignorer l'empêche-

Tom. I.   F   ment

ment, qu'une cause naturelle y apportoit, puisque, du tems d'Aléxandre, on étoit déja aussi ignorant dans l'intelligence des Hiéroglyphes, que nous le sommes présentement.

Je pourrois m'étendre davantage sur cette matiére; mais je me persuade, que les raisons, que je viens de donner, sont convaincantes. Je me contente donc simplement de remarquer, que les morceaux de marbre couverts d'Hiéroglyphes, qui se trouvent au fondement de la Colonne de Pompée, prouvent, qu'on en a effectivement apporté; & qu'on n'a pas voulu s'en servir, sans les changer, si ce n'est quand on les mettoit dans des endroits, où on les croyoit pour toujours cachés aux yeux des Hommes.

Il ne reste plus qu'un point à examiner. Qu'est devenuë, dira-t-on, cette grande quantité de ruïnes, que doit avoir causé la destruction générale d'une aussi grande Ville qu'Aléxandrie? Je réponds, que je leur ai, autant qu'il m'a été possible, assigné des places convenables, dans Aléxandrie même, où elles doivent être profondément ensévelies sous la terre. Qu'on se représente combien l'ancien pavé de Rome a été haussé, à l'occasion du saccagement & de la ruïne de cette ancienne Capitale du Monde, & on se persuadera aisément, qu'il en est arrivé de même à Aléxandrie. De plus n'est il pas constant, que, de tout tems, on a transporté en Europe beaucoup de ces débris. On en use de même tous les jours; & dans le tems, que j'y étois, j'ai vu charger dans des Vaisseaux François de grosses piéces de colonnes & d'autres restes d'Antiquités. A la verité, on n'enléve de cette maniére que peu de chose à la fois; mais, à succession de tems, cela forme une somme. Si Aléxandrie se trouvoit sous un gouvernement moins défiant & moins difficultueux, on pourroit éxaminer les choses de plus près & donner des raisons peut-être plus évidentes: faute de cela, le Lecteur doit se contenter du peu d'observations, qu'il est possible de faire dans un tel Pays.

Je me rappelle ici une chose, que je ne dois passer sous silence, quand ce ne seroit que pour faire connoître, que j'y ai fait attention. Cette grande & superbe Colonne, que l'on voit hors de la porte de Rosette, est nommée la Colonne de Pompée; mais personne, je crois, ne nous sçauroit dire, d'où dérive cette dénomination. On n'ignore point, que César pleura la mort de ce grand Capitaine; mais qui nous dira, qu'il lui ait érigé ce magnifique Monument? Le silence des anciens Auteurs sur ce point est étonnant. Je ne m'engage pas non plus à en donner l'Histoire. Il faudroit être devin. Je remarquerai seulement, que comme cette Colonne est de

l'Ordre

l'Ordre Corinthien, cela semble fixer son érection au tems des Ptolomées. Je dis son érection, & non sa fabrication; car je la crois Egyptienne d'origine, & changée en suite dans la forme, qu'on lui voit aujourd'hui. Une Inscription, qu'on découvre avec peine sur un des côtés du piedestal, pourroit, sans doute, donner quelque lumiére là-dessus; mais le tems l'a si peu ménagée, qu'elle n'est guére déchiffrable. Un Voyageur, qui l'a observée une vingtaine d'années avant moi, prétend avoir pu distinguer, qu'elle étoit écrite en caracteres Grecs. Je m'en rapporte. Je sçais seulement, que les traditions, que les Arabes nous en ont transmises, sont si fabuleuses, qu'il vaut mieux les mettre avec les contes de Roland & de son Cheval, que de les rapporter parmi des observations & des remarques sérieuses.

Ce que j'avois à dire sur l'ancienne Aléxandrie finiroit ici; mais je prévois, que quelqu'un me demandera des nouvelles du Tombeau d'Aléxandre, du Serapeum, du Museum, &c.; & que d'autres iront peut-être jusqu'à vouloir, que je donne un plan des Quartiers de cette ancienne Ville.

Pour répondre aux prémiers, je dirai, que je me suis informé avec soin de ces anciens Edifices, & que j'ai fait bien des recherches, afin de tâcher au moins de connoître les places, où ils ont été élevés. Tous mes soins ont été inutiles; de sorte que si j'ai placé, au commencement de cet Ouvrage, le Museum dans l'endroit, où est aujourd'hui le petit Pharillon, j'y ai été déterminé parce qu'ont dit les LXX. Interprétes. Si cependant on jugeoit plus convenable de l'approcher du Palais, & de le mettre, entre cet Edifice & le petit Pharillon, rien n'en empêche. Je conseillerois pourtant de se tenir au bord de la mer, c'est-à-dire près du Port, sans y entrer, & sans faire tant, que d'y placer des Quartiers entiers, comme s'est avisé de le faire l'Auteur des Remarques sur les Commentaires de César, imprimés en Angleterre. Il a suivi les desseins de Palladio, qui avoit usé de la liberté des Peintres: liberté peu excusable en lui; mais qui devient un crime dans un Auteur sérieux, qui fait Commentaire sur Commentaire, pour nourrir de fausses idées l'esprit de ses Lecteurs. Quiconque a été sur les lieux, & en a vu la situation, ne peut s'empêcher de remarquer la fausseté d'un tel Plan, fait dans le dessein d'éclaircir ce qu'a dit César, & qui n'est propre au contraire, qu'à jetter dans l'erreur ceux, qui le prendront pour guide. Ceci soit dit néanmoins sans prétendre toucher au reste de l'Ouvrage, qui peut avoir son mérite. Je n'ai absolument prétendu parler que du Plan d'Aléxandrie.

Le Tombeau d'Aléxandre, qui, au rapport d'un Auteur du quinzième Siécle, subsistoit encore alors, & étoit respecté des Sarazins, ne se voit plus: la tradition même du Peuple en est entiérement perduë. J'ai cherché sans succès ce Tombeau: Je m'en suis informé inutilement. Une pareille découverte est peut-être reservée à quelque autre Voyageur.

Il en est de même du Sérapeum. Ses ruïnes peuvent reposer sous quelqu'une des Buttes, dont j'ai fait mention. Mais je n'ai rien apperçu de ce qui a pu appartenir à ce Temple superbe.

Pour ce qui concerne le Plan des Quartiers de l'ancienne Ville, c'étoit une tâche, qui passoit ma portée. Il n'y a pas assez de ruines sur pied, pour assigner à chaque Quartier sa véritable place. J'ai été obligé de me borner à marquer la situation des Ports, & de laisser à un chacun la liberté de travailler au Plan des Quartiers, suivant les descriptions, que les Anciens nous en ont données. Si ma Relation & mes desseins leur peuvent être de quelque secours, j'en serai charmé: si non, je me contente d'avoir satisfait au devoir d'un Voyageur, qui voit & qui n'écrit que ce qu'il a vu. Si j'ai tant fait que d'avancer mon sentiment sur certaines choses, je ne m'y suis pas pris d'une manière si entiére, que je n'aye laissé à un chacun la liberté de penser à sa façon: si j'ai obmis quelques particularités, qui ont échappé à mes recherches; tant mieux pour ceux, qui viendront après moi, ils en pourront enrichir leurs Relations; & s'il m'est arrivé de redire ce qu'on sçavoit déja, on ne doit pas me sçavoir mauvais gré d'avoir attesté des faits par un nouveau témoignage.

VOYAGE D'EGYPTE ET DE NUBIE,

PAR
Mr. F. L. NORDEN.

SECONDE PARTIE,
Contenant la Defcription de la nouvelle
ALÉXANDRIE.

NOUVELLE ALÉXANDRIE.

N peut dire avec raison, que, dans la nouvelle Ville d'Aléxandrie, on rencontre un pauvre Orphelin, à qui il n'est échu, pour tout héritage, que le nom respectable de son Pére. La vaste étenduë de l'ancienne Ville est bornée dans la nouvelle, à une petite Langue de terre entre les deux Ports. Les plus superbes Temples sont changés en des Mosquées assez simples: les plus magnifiques Palais, en des maisons d'une mauvaise construction: le Siége royal est devenu une prison d'Esclaves: un Peuple opulent & nombreux a cédé la place à un petit nombre d'Etrangers intéréssés, & à une troupe de misérables, qui sont les Valets de ceux dont ils dépendent: Une place autrefois si célébre par l'étenduë de son commerce, n'est plus qu'un simple lieu d'embarquement; Enfin ce n'est pas un Phénix, qui renaît de ses cendres; c'est tout au plus une vermine, sortie de la bouë, ou de la poussiére, dont l'Alcoran a infecté tout le Pays.

Voila en gros le portrait de l'Aléxandrie de nos jours. Elle ne mérite guére, qu'on en donne une defcription dans les formes. Un Voyageur ne fçauroit pourtant fe difpenfer de cette tâche, par rapport à lui-même. C'eft le prémier endroit, où il débarque. Il y doit commencer à fe faire aux ufages & aux coutumes du Pays, y apprendre à fupporter les mépris d'un Peuple groffier, & peu affable envers les Etrangers: s'y faire une idée des incommodités & des défagrémens, qu'il fe peut promettre, en allant plus loin; &, en un mot, faire comme le Noviciat de fon voyage en Egypte. Il convient donc, qu'il foit inftruit de ce que l'expérience a appris à ceux, qui l'ont précédé.

La Douane.
On connoît affez le Port, & la maniére dont on y entre. Je l'ai dit au commencement de cette Defcription. En arrivant à la Ville, on aborde à la Douane, où le Voyageur paye quelque bagatelle pour fes hardes. On les vifitera peut-être; mais il n'y a rien à appréhender. On ne connoît point à Aléxandrie de contrebande pour un Voyageur. Le Marchand, à qui il eft adreffé, fait ordinairement fon affaire de cela, comme de lui fournir le logement & la nourriture.

Toutes les Marchandifes, qui entrent dans l'Egypte par ce Port, y payent un droit, fuivant la taxe, que le Grand-Seigneur a impofée à fes Sujets, ou bien fuivant les Conventions, qu'il a faites avec les Puiffances de l'Europe, dont les Sujets trafiquent à Aléxandrie, où pour le bon ordre elles entretiennent des Confuls. Les Marchands, dont les Souverains ne font point en alliance avec la Porte, payent fur le même pied, que fes propres Sujets. Le Bacha du Cayre met, de deux en deux ans, cette Douane en ferme au profit du Grand-Seigneur. Il l'adjuge au plus offrant, pourvu qu'il donne bonne & fuffifante Caution. Elle écheoit ordinairement aux Juifs, parce qu'ils fçavent prendre les devans chez le Bacha, foit par des préfens, foit par des intrigues. Ils ne font pas fujets à avoir beaucoup de Compétiteurs. Le Marchand Turc n'y prétend pas, pour ne point paroître trop riche, & pour ne pas courir les risques, qui s'enfuivroient. Les Chrétiens non plus ne s'en veulent pas mêler, parce qu'ils fçavent d'avance, que les avanies, qu'on leur feroit, abforberoient bien-tôt tout le profit de la Ferme. Ce ne font donc que les Juifs, qui y afpirent; & ils ont affez de jaloufie entre eux, pour enchérir les uns fur les autres, & faire ainfi monter le prix de la Ferme.

On s'imaginera, fans doute, que les Européens doivent faire de grands profits, puis que, felon leurs Traités, ils payent toujours tant pour cent moins que ceux, qui font affujettis à la taxe du Grand-Seigneur, parmi lesquels font compris

les

les Juifs étrangers & ceux du Pays, ainsi que les Nations, qui n'ont point de Consul. Mais on se désabusera bien-tôt, quand on sçaura, qu'ils ne peuvent jamais vendre à aussi bon marché que les Turcs & les Juifs établis à Aléxandrie, & qui ont assez de force pour soutenir un grand commerce. Voici de quelle manière ces derniers s'y prennent:

Dès que la Douane est affermée, ils conviennent avec le Douanier de lui payer, tant pour cent des marchandises, qu'ils feront venir durant tout le tems de sa Ferme. Par-là ils sont mis d'abord au niveau des Francs, & quelquefois ils donnent encore moins. En effet le Douanier sçait d'avance, que s'il n'en agit pas de la sorte avec eux, ils ne feront venir que peu de choses pendant les deux années de sa Ferme. Si au contraire, il leur fait une bonne composition, ils auront soin de pourvoir leurs Magasins, non seulement pour le tems présent, mais encore pour l'avenir. On sent, bien qu'un chacun ne peut pas agir de la sorte; puis qu'il faut qu'un Douanier entrevoie un grand Commerce, pour faire un pareil accord; & qu'un homme, qui n'est pas riche, ne peut pas faire venir beaucoup de marchandises. Il est par cette raison exclus de ce privilége; & comme il ne peut pas vendre au prix courant, & que personne ne veut lui donner davantage, il demeure dans l'inaction, se ruine, & reste toujours pauvre. Le contraire arrive aux autres: ils deviennent riches, de plus en plus, & parviennent, à la fin, à établir une espéce de Monopole.

Il peut y avoir, à Aléxandrie, une douzaine de ces Marchans Juifs, aisés. Les autres ne commercent que sous eux, & vendent en détail, ce que les riches font venir en gros. Ces derniers se rendent, par ce moyen, puissans dans leur Nation, & la gouvernent presque en Souverains. Celui qui refuse de leur obeïr n'a plus de part dans le Négoce, & par conséquent devient dans peu misérable. Son éxemple oblige de se soumettre à tout ce que les riches décident. Leurs sentences sont comme celles du Juge, à qui les Juifs n'ont guére recours, puisque, dans tous leurs besoins, ils sont dans une espéce de nécessité de s'adresser aux Richards de leur Nation, & de s'en tenir à ce qu'ils prononcent.

Insensiblement la Douane nous a mis sur le Chapitre des Juifs: ainsi je joindrai ici, par occasion, quelques autres remarques, qui les concernent. Les plus considérables d'entre eux sont presque tous Etrangers, & originaires de Constantinople, de Portugal, ou de Livourne. Il ne faut pas s'imaginer pourtant, que ceux d'Aléxandrie soient les Chefs des Familles. Ils résident ordinairement à Livourne, & étendent de-là leurs branches à Aléxandrie, au Cayre, à Alep, à Constantinople, à Tunis, à Tripoli, &, pour ainsi dire, dans toutes les Villes commerçantes de la Méditerranée, sur-tout dans le Levant. Ils n'ont ni priviléges particuliers, ni protection déclarée; mais ils sçavent s'en procurer par leurs intrigues. Ils s'attachent toujours au plus fort; c'est-à-dire aux Chefs du Gouvernement, qui demeurent au Cayre. Il leur en coûte à la verité quelque chose; mais ils s'en dédommagent d'ailleurs; car ils mettent si bien cette protection à profit, qu'ils emportent communément le prix dans les occasions, où il y a quelque chose à gagner. Cela leur donne encore du relief parmi les Turcs, & les garentit des avanies & des insultes, à quoi d'autres Nations, plus privilégiées que la leur, sont souvent exposées. Deux faits, que je vais rapporter, pourroient faire croire, qu'on n'a pas grand égard pour les Juifs à Aléxandrie. Un Douanier y fut tué il y a peu de tems; & une maison fut brûlée par la Populace, qui y fit périr tous ceux, qui étoient dedans. Mais ces accidens peuvent arriver ici à tout le monde, en pareils cas. Le Douanier fut tué par un Janissaire, à qui il refusoit de diminuer la Taxe de la Douane; & la maison fut brûlée, dans une émeute populaire; parce qu'on ne vouloit pas rendre un Homme, qui s'y étoit retiré, après avoir blessé, ou battu un Turc. Il n'y eut point de satisfaction. Ce n'est pas la mode ici. Le Coupable prend la fuite. On se contente ordinairement de cela; parce qu'on a pour principe, qu'*une chose faite n'est point à redresser*. Cependant depuis le meurtre du Douanier, il y a toujours une garde à la Douane.

Puisque j'ai tant fait, que de parler d'une Nation, il est naturel de faire connoître les autres; & pour rentrer en quelque maniére dans l'ordre, je donnerai le prémier rang aux Turcs, comme à ceux, qui ont en main les rênes du Gouvernement. Ils tiennent des garnisons dans les deux Pharillons, & ils en ont encore une dans la Ville même. Elle consiste dans un petit nombre de Janissaires & d'Assafs. Le Gouverneur, qui les commande, est un Aga, & fait sa residence dans un des anciens Boulevards. Il y a aussi un Cadis, qui juge dans les causes civiles. Les autres Turcs, qui habitent à Aléxandrie, sont pour la plupart des Artisans, ou des Gens qui tiennent boutique. Il n'y a parmi eux qu'un fort petit nombre de Marchands. Ceux-ci sont communément à leur aise, quoiqu'ils ne le fassent pas trop paroître, comme je l'ai déja remarqué plus haut.

Les Chrétiens Coptes, Grecs, & Arméniens, qui sont du Pays même, se trouvent en assez grand nombre à Aléxandrie. Ils n'y font pas néanmoins grande figure. Ils s'entretiennent, à peu près, sur le même pied que les Turcs: avec cette différence, qu'ils sont généralement méprisés. Cependant, parmi les Grecs &

les

les Arméniens il se rencontre quelques Marchands étrangers, qui font assez bien leurs affaires. Le Patriarche Copte occupe dans cette Ville la Chaire de St. Marc, quoiqu'il réside ordinairement au Cayre. Il se dit Successeur de ce St. Apôtre & Evangeliste; & dans cette qualité, il prétend marcher de pair avec le Pape. S'il étoit en même tems Souverain temporel comme celui-ci, il ne manqueroit pas, sans doute, de faire bien valoir sa prétention; mais vivant dans l'esclavage, comme le reste de sa Nation, sa puissance est bornée à gouverner les mauvaises consciences de son troupeau.

J'espére, que Mrs. les Européens ne prendront pas en mauvaise part, si je les nomme les derniers. Mon intention a été bonne. Je ne les ai pas voulu confondre avec les autres Habitans d'Aléxandrie. En tout cas, comme ils y sont Etrangers, il n'étoit pas naturel de leur assigner le prémier rang. Il est bon d'avertir, que tout Européen passe ici sous le nom de Franc. Ceux qui y demeurent sont les François & les Anglois. Les prémiers se flattent de se faire mieux respecter; mais les derniers font peut-être un meilleur commerce.

Les François tiennent ici un Consul, dépendant de celui du Grand Cayre. La Cour de France donne ordinairement son Plein-pouvoir à son Ambassadeur à Constantinople; & c'est lui qui pourvoit aux Charges vacantes. Ce Consul a, pour Assistans, un Chancelier & un Drogman: chacun avec commission de la Cour tout comme lui. Il gouverne ordinairement sa maison: le Chancelier a soin de la correspondance, & juge les différens entre les Marchands & les Capitaines, ou Maîtres qui conduisent ici des Vaisseaux de la Nation; & le Drogman se mêle des affaires, qui concernent les intérêts des François avec les Turcs.

Suivant les Traités convenus entre les deux Cours, les Priviléges des François sont assez considérables; mais leur force est trop petite à Aléxandrie, pour y pouvoir soutenir ces avantages. Ils n'y ont qu'une douzaine de Marchands, dont un seul Italien de Nation fait le commerce, pour son propre compte. Les autres sont seulement les Facteurs de divers Marchands du Cayre, à qui ils ont soin d'envoyer les marchandises, qu'on débarque ici.

J'ai déja donné une idée de la maniére, dont on s'y prend, pour diminuer leurs priviléges, par rapport aux droits de la Douane. Le fait, que je vais rapporter, fera connoître, comment ils se soutiennent dans ces mêmes priviléges. J'ai
été

été temoin de l'affaire, dans le tems que j'étois à Aléxandrie, pour me rembarquer, afin de paffer en Europe.

Depuis quelques années certaines Femmes Grecques, d'affez mauvaife vie, avoient tenu une efpéce de Cabaret, où les Matelots François alloient boire, quand ils venoient à la Ville. Les défordres, qui s'y commettoient, avoient engagé le Conful à faire fon poffible, pour détruire ce Cabaret; mais ces femmes s'étoient fi bien précautionnées, que tous fes efforts avoient été inutiles. Elles avoient choifi pour protecteur un Janiffaire. L'un de ces Braves, qui dans l'occafion, ne manquent jamais d'amis, parmi leurs Camarades.

Dans le commencement ce Drôle fe contentoit de faire le Maître dans le Cabaret, châtioit les Matelots François, quand ils faifoient du bruit; mais, lorsque le Conful de la Nation fit defenfe, qu'aucun François ne hântât ce Cabaret, ce Janiffaire fe déclara Ennemi de tous ceux de cette Nation. Il ne s'en tint pas aux paroles & aux menaces; il infultoit, dans toutes les occafions, tous ceux qu'il rencontroit. Le Gouvernement d'Aléxandrie refufoit de châtier ce Janiffaire, foit parce qu'il le craignoit, foit par ce qu'il ne vouloit pas donner fatisfaction aux François, fans être bien payé. Cependant le Janiffaire devenoit de jours en jours fi infupportable, qu'aucun François ne pouvoit fortir de fa maifon, fans s'expofer à une mauvaife rencontre avec lui. Leur fureté y fouffroit trop, & leur ambition peut-être encore plus. Il falut donc s'adreffer au Gouvernement du Cayre; & on y obtint, par la voie ordinaire, qu'un Sious, ou une *Tête-Noire* de la Porte des Janiffaires, feroit envoyé à Aléxandrie, avec plein-pouvoir, pour connoître de cette affaire, & pour prendre les mefures convenables à la fureté des François. Ceux-ci eurent foin de fe rendre leur Juge favorable, & convinrent avec lui de la manière, dont on s'y prendroit, pour fe faifir du Janiffaire, qui, informé du péril, qui le menaçoit, fe mit le jour, qui précéda l'arrivée du Sious, fous la Protection des Affafs, éfpérant par-là efquiver le coup.

Enfin le Sious, étant arrivé à Aléxandrie, fe déclara, fuivant fes ordres, fouverain Juge, pour le tems de fa Commiffion. Le jour, qu'il voulut prendre connoiffance de l'affaire, tous les François furent avertis de fe tenir chez eux; & la porte de l'Hôtel du Conful fut gardée par les Janiffaires, que la Nation entretient. Il n'y eut que le Drogman qui parut.

Ce jour-

Ce jour-là, de grand matin, le Sious fit enlever d'autorité toutes les Femmes Grecques du Cabaret, & on les embarqua fur un Vaiffeau François, qui auffitôt mit à la voile, pour l'Isle de Chypre, où il avoit ordre de les mettre à terre. Le Janiffaire ne fe montra point dans cette occafion; mais il ne s'éloigna pas non plus, parce qu'il croyoit, que la protection, qu'il avoit prife chez les Affafs, le mettoit fuffifamment en fureté.

Dès que le Sious eut reçu la nouvelle du départ des Femmes Grecques, il tint un grand Divan, où il manda le Janiffaire & fes Complices. Ils s'y rendirent fans témoigner la moindre crainte, & fuivis de toute la Populace, curieufe de voir l'iffue de cette affaire. Le Sious les reçut fort civilement. Il les fit affeoir à fes côtés, & s'entretint d'abord avec eux de chofes indifférentes. Le difcours tomba enfin fur la démarche, qu'ils avoient faite, de changer de Porte, en laiffant celle des Janiffaires pour entrer dans celle des Affafs; & ils ne furent pas plutôt convenus du fait, que le Sious lui-même fe faifit du Janiffaire coupable, tandis que fes gens en faifoient autant à l'egard des autres. En même tems, on leur ota les armes, qu'ils portoient cachées fous leurs habits: on les chargea de chaînes; & dans cet état on les embarqua fur une *Vergue*, qui mit auffitôt à la voile.

Cette procédure violente fit foulever dans le moment la Populace & tous ceux qui appartenoient à la Porte des Affafs. Le Sious, s'en étant apperçu, fe rendit fur un Balcon; & après avoir ordonné de faire filence, il fit, à haute voix, la lecture de deux plein-pouvoirs, dont il étoit muni. Comme l'un de ces plein-pouvoirs avoit été expédié par la Porte des Affafs, & que perfonne n'y pouvoit trouver à redire, un chacun fe retira. Le Sious informé par les François, que le Janiffaire alloit entrer dans cette Porte, avoit eu la précaution d'en prendre des ordres. Le Janiffaire, qui l'ignoroit, donna ainfi tête baiffée dans le filet; car s'il en eût eu le moindre vent, il n'auroit eu qu'à fe mettre à l'écart pour quelque tems: il feroit retourné après le départ du Sious, & le procès auroit été terminé.

Les François avoient eu foin de ne point paroître prendre part à cette affaire. Il n'étoit pas non plus fait mention d'eux dans les plein-pouvoirs. Malgré cela on les regardoit comme les Aggreffeurs; & les Femmes de ces miférables, qu'on avoit embarqués, s'imaginant qu'on les alloit noyer hors du port, coururent par la ville comme des forcenées, affemblèrent leurs amis, & marchèrent droit vers l'Hôtel du Conful, vomiffant des malédictions & des imprécations contre les François. En vain les Janiffaires, qu'on avoit appellés, voulurent arrêter cette Canaille en furie:

une grêle de pierres les obligea de fe mettre à l'abri dans la maifon du Conful. Les Mutins en devinrent plus infolens. Il caflèrent les vitres, & fe préparoient à abattre la maifon, lors que les Janiffaires reçurent un renfort de quelques-uns de leurs gens, que leur envoya le Conful d'Angleterre, & d'un certain nombre d'autres Janiffaires, que le Sious fit marcher à leur fecours. L'affaire changea alors de face. Les Janiffaires jouèrent fi bien du bâton, que les Pleureufes & les Mutins prirent la fuite. Ils coururent pourtant dans les ruës jufqu'au foir; & firent tout ce qu'ils purent, pour animer la Populace & pour la porter à la vengeance. Mais ce tumulte s'appaifa tout d'un coup, dès qu'on fut informé, que les Prifonniers étoient envoyés au Chateau de Beaukier, d'où ils partiroient pour aller en exil. On jugea, qu'ils méritoient ce châtiment; & on ne s'en inquietta plus.

Il n'y eut que la Nation Françoife qui parut un peu intriguée de la douceur de cette punition. Elle s'étoit imaginée, qu'ils feroient du moins étranglés, afin qu'un exemple de févérité fervît à prévenir de pareilles infultes: au lieu qu'un fimple éxil faifoit craindre; qu'il ne fe trouvât toujours quelque Infolent capable de faire du chagrin à une Nation entiére. Ce qui faifoit encore plus de peine, c'étoit l'incertitude de la durée de cet éxil. On appréhendoit de voir revenir ces Séditieux au bout de quelque tems, & d'être expofé à de plus grandes infolences de leur part. Du refte cette affaire coûta beaucoup aux François. Nous verrons dans la fuite, d'où fe tire une femblable dépenfe & quel préjudice de telles levées font à leur commerce. En attendant je vais dire encore quelque chofe de leur Conful, & de celui des Anglois.

J'ai trouvé, que le Conful François s'attribuoit fur fa Nation un pouvoir, qui peut être toléré. Le Chancelier & le Drogman, qu'il avoit de mon tems, entendoient leur mêtier; & cela faifoit que chacun étoit content. Il eft d'ufage parmi les François d'Aléxandrie de témoigner un refpect extrême pour leur Conful. Afin même de le faire d'autant plus valoir dans l'efprit des Turcs & des autres Nations, ils s'attachent à donner une haute idée de fa perfonne, & à illuftrer tellement fa naiffance, qu'il ne dépend pas d'eux, qu'on ne le regarde comme forti du fang royal. S'il fait par hazard un tour à Rofette, il porte Pavillon blanc au mât de fa Vergue; & quand il fort du Port, de même que quand il y rentre, il eft falué d'une décharge générale du canon des Vaiffeaux François.

Il demeure, avec la plus grande partie de fa Nation, dans un vafte Hôtel, où il a une Eglife & un Chapelain. Les autres François habitent dans des maifons

fons féparées. Il ne fait point négoce, du moins à ce qu'il paroît; & il ne fort que très-rarement, pour ne point expofer fa perfonne & fon caractére. Les airs, qu'il fe donne parmi les fiens, ne lui permettent pas de les trop converfer: ainfi il paye fa grandeur par une vie affez ennuyante pour un homme qui aimeroit la fociété.

Je quitte, pour un moment, Mrs. les François, car je reviendrai à eux en parlant du Commerce. Voyons en attendant, comment agiffent les Anglois. Il s'en faut de beaucoup, qu'il y ait autant de chofes à dire d'eux que des prémiers. Ils n'ont à Aléxandrie que deux Marchands, dont l'un eft le Conful, qui dépend de celui du Cayre. Ils fe tiennent tranquilles, & fe conduifent fans faire beaucoup de bruit. S'il s'agit d'entreprendre quelque affaire délicate, ils fe mettent à l'écart; & laiffent aux François l'honneur d'applanir les difficultés. Quand il en réfulte du bénéfice ils y ont leur part; & fi les affaires tournent mal, ils fe garentiffent du mieux qu'ils peuvent. Voila tout ce qu'on peut dire des Nations établies à Aléxandrie. Il n'y en a pas d'autres que celles que j'ai nommées. Les François protégent pourtant un Italien & quelques Grecs, qui paffent pour être des leurs. Je vais finir préfentement ce qui me refte à dire du Commerce de cette Nation.

Celui des François eft affez confidérable à Aléxandrie. Ils reçoivent chaque année plufieurs vaiffeaux, fur lesquels ils chargent les marchandifes, qui leur viennent du Cayre. Les vaiffeaux, dont ils fe fervent, pour ce commerce, font des Poulaques, des Barques & des Tartanes. Il y vient peu d'autres Vaiffeaux; parce que tout Bâtiment, qui ne porte pas Beau-pré, paye moins pour l'entretien des Ports, &c. On les nomme des Caravaniers, par la raifon que, comme les Caravanes, ils vont d'endroit en endroit, pour s'y charger le mieux qu'ils peuvent. Ce feroit ici le lieu de parler des diverfes fortes de marchandifes, que la Nation Françoife porte à Aléxandrie, & de celles, qu'elle retire de l'Egypte; mais, à dire le vrai, je n'ai pas cette matiére affez préfente à l'efprit, pour la détailler, comme il faut; & il vaut mieux n'en rien dire, que d'en parler imparfaitement. J'aime donc mieux toucher la queftion, que j'ai promis d'expliquer; fçavoir: Pourquoi les François fe trouvent obligés de hauffer le prix de leurs marchandifes?

Il n'en faut point chercher la caufe ailleurs, que dans les faux frais, auxquels la Nation eft expofée; car outre que tous les Vaiffeaux payent un affez grand droit de Confulat; ils font encore tenus de payer une certaine taxe, qu'on impofe, ou fur les bâtimens, ou fur les marchandifes. Cette taxe eft deftinée à fubvenir aux dépenfes, qu'exige la fureté commune; & à dédommager les divers Particuliers, qui ont fouffert quelques avanies de la part des Turcs. C'est le Conful qui hauffe ou baiffe cette taxe, fuivant que les circonstances le demandent. Je ne crois pas néanmoins, qu'il foit abfolument le maître d'en ordonner comme il lui plaît. Tout cela dépend fans doute de l'Ambaffadeur de France à Conftantinople, qui doit approuver les repréfentations des Confuls d'Aléxandrie & du Cayre, avant qu'ils puiffent paffer outre. Cependant, quelle que foit l'autorité, en vertu de laquelle on léve ces droits, on peut dire, qu'ils font fort à charge à la Nation, qui véritablement perd par-là beaucoup plus, qu'on ne fçauroit fe l'imaginer.

Les Anglois ne connoiffent point de contributions femblables. Ils ont le droit du Confulat à payer; & voilà tout. De plus cette grande fubordination, que les François font obligés d'avoir pour leur Conful, n'eft point en ufage parmi les Anglois. Ils agiffent plus rondement les uns avec les autres; & il n'y a de refpect qu'autant que la bienféance, ou quelque intérêt particulier, le peut éxiger. Il arrive tous les ans un bon nombre de Vaiffeaux Anglois à Aléxandrie; mais ils ne font pas toujours chargés pour le compte de cette Nation. Les Juifs & même les Turcs en frettent fouvent, & y font bien leurs affaires.

Les Vénitiens & les Hollandois, ont eu autrefois des Etabliffemens & des Confuls à Aléxandrie; mais de grandes banqueroutes, faites par les Confuls mêmes, ont ruiné entiérement ce commerce. Les Turcs, qui n'entendent point raillerie, quand il s'agit de leurs intérêts, ne veulent plus admettre aucun Conful de ces deux Nations, avant qu'elles les ayent dédommagés des torts, qu'ils ont foufferts de la part des Confuls précédens. Comme les fommes, dont il s'agit, font grandes; & que les uns ni les autres n'entrevoient point l'efpérance d'un profit confidérable; ils n'ont point depuis travaillé férieufement au rétabliffement de cette branche de leur commerce. Peut-être auffi ne veulent-ils pas l'entreprendre à caufe des conféquences, qui en pourroient naître, fi toute une Nation faifoit fon affaire de la dette d'un Particulier. Le peu de vaiffeaux, que les Vénitiens, ou les Hollandois, envoient à Aléxandrie, font, ainfi que leurs charges, à la merci du Douanier, qui eft réputé leur Conful. Ils font accord avec lui, pour les droits de la Douane; & ils s'en tirent quelquefois affez bien. Cependant les Vénitiens paroiffent ordinairement fous le Pavillon François, & jouiffent de fa protection, autant qu'il la peut donner par rapport au commerce.

Les Suédois, quoiqu'en alliance avec la Porte, ne vont que très rarement à Aléxandrie. Dans le tems, que j'y étois, il s'y trouvoit un Vaiffeau de cette Nation.

tion. Il s'attendoit de joüir au moins des priviléges, qu'on accorde aux Vénitiens & aux Hollandois; mais le Douanier refuſa de traiter avec lui ſur ce pied-là; de ſorte qu'il fut contraint de payer les droits dans toute leur étenduë; ce qui ne devoit pas l'encourager à retourner une autre fois.

Il n'y a pas, ce me ſemble, d'autres Nations Européénes, qui faſſent commerce à Aléxandrie. Les Bâtimens Turcs, qui fréquentent ſon Port, ſont des Sultanes, qui y vont tous les ans, pour prendre en marchandiſes le *Carrat* du Grand-Seigneur. Le Bacha du Cayre eſt chargé de le raſſembler, & de le faire conduire ſous les yeux d'un Bey du Cayre, qui l'accompagne toujours juſqu'à Conſtantinople.

On vit encore à Aléxandrie, du tems que j'y étois, une Eſcadre Turque, qui s'y rendit, pour tranſporter les trois mille Hommes, que l'Egypte fourniſſoit, pour ſon contingent, durant la guerre entre la Porte & l'Empereur d'Allemagne. La moitié de ce contingent conſiſtoit en Janiſſaires: l'autre moitié en Aſſafs. Ces deux Corps ſe comportèrent ſi mal, durant les deux mois, qu'ils reſtèrent à Aléxandrie, que perſonne n'y pouvoit venir du Cayre en ſureté. Ils pilloient de tous côtés; & ils volèrent, entre autres, mille Sequins, qu'un Marchand François envoyoit, afin qu'on les embarquât pour les faire paſſer en Europe. Il avoit cru, que ſon argent ne courroit aucun risque, parce qu'il l'avoit confié à quelques Janiſſaires, que la Nation entretient; mais ceux-ci furent attaqués par un Ennemi ſupérieur en nombre, & l'un d'eux ſe trouvant bleſſé dangéreuſement, ils lâchèrent l'argent aux Vainqueurs. Le Conſul employa le verd & le ſec pour faire reſtituer cet argent; mais malgré toutes les démarches qu'il fit: malgré tout ce qu'il put offrir aux Chefs de ces Troupes, il n'obtint rien; &, à mon départ d'Aléxandrie, on regardoit ces mille Sequins, comme perdus ſans reſſource.

Les déſordres allèrent depuis à de ſi grands excès, dans la Ville même d'Aléxandrie, que les Janiſſaires & les Aſſafs en vinrent aux mains. Les reſervoirs ne ſe trouvant pas pourvus d'une aſſez grande quantité d'eau, pour fournir aux beſoins d'un ſi grand nombre de Perſonnes ſurnuméraires; c'étoit à qui s'en empareroit: avec cela, la haine, qui ſubſiſte toujours entre ces deux Portes, les animoit tellement, que leurs Chefs avoient beaucoup de peine à les empêcher de s'égorger; & ils n'en ſeroient jamais venus à bout, s'ils n'avoient pris le parti de preſſer leur départ. Par ce ſeul moyen ils rétablirent la diſcipline parmi leurs troupes & délivrèrent la Ville d'Aléxandrie d'un peſant fardeau, qui lui laiſſoit à peine la liberté

liberté de vacquer aux affaires les plus néceſſaires. Je n'ai point été témoin oculaire des faits, que je viens de rapporter; mais comme j'arrivai à Aléxandrie immédiatement après le départ de ces Troupes, la mémoire des excès, qu'elles y avoient commis, étoit encore ſi récente, qu'il n'étoit pas poſſible de douter des recits, ni des plaintes qu'un chacun en faiſoit.

Cette digreſſion, que j'ai cru néceſſaire, m'a empêché de parler des Saïques, & des Vergues, ſortes de Vaiſſeaux Turcs, qu'on voit tous les jours dans le Port d'Aléxandrie. Les prémiers, comme les plus grands, vont à Damiéte & dans divers autres Ports du Levant; & les Vergues ſont ordinairement employées à aller à Roſette. Ces vaiſſeaux apportent de Damiéte & de Roſette les Marchandiſes de l'Europe, dépoſées dans ces deux Villes; & ils y portent les marchandiſes du Cayre, qu'on a deſſein de faire paſſer en Europe.

Il ne me reſte plus après cela qu'à dire, que durant le ſéjour de trois ſemaines que je fis à Aléxandrie, j'allai, par maniére de promenade, voir quelques endroits, qui n'en ſont éloignés qu'à quelques lieuës. Je vis, entre autres, dans ces courſes:

Planche XIV. Fig. a. b. c. — Le Chateau de BOKKIER, ſitué ſur une pointe, qui avance un peu dans la mer, entre la Ville d'Aléxandrie & la Bouche Occidentale du Nil;

Planche XV. Fig. 1. 2. — La Ville & le Château de ROSETTE, qu'on trouve à la droite, en entrant par cette même Bouche du Fleuve;

Planche XV. Fig. 3. — Le Village de DERUTH, au bord du Nil, au Midi de Roſette & à l'Orient d'Aléxandrie;

Planche XVI. Fig. 1. — La Mosquée de SCHECK-GHADDER, au bord du Nil, à la gauche, en y entrant;

Planche XVI. Fig. 2. — La Mosquée de CARULLO-MERESEL.

Planche XVI. Fig. 3. — Une autre Mosquée, à quatre lieuës au Midi de Roſette.

J'ai levé les vuës de tous ces endroits ſur les lieux mêmes, où je me ſuis tranſporté exprès; & je les donne tels, que j'ai pu les voir.

Il n'eſt pas beſoin d'avertir, que ces Endroits ſont ſitués dans le DELTA, ou dans ſon voiſinage, ni de rechercher pourquoi la partie de la Baſſe-Egypte, renfermée entre la Méditerranée & les deux Bras du Nil, qui commencent à ſe former au Cayre, a eu le nom de *Delta*. Tous ceux, qui ont lu les deſcriptions de ce Pays, ou qui ont jetté l'oeil ſur les Cartes, qu'on en a données, ſe ſont aiſément apperçus, que l'origine de ce nom eſt venuë de la reſſemblance, qu'a ce Terrain, avec la figure triangulaire de la Lettre Grecque Δ.

On ne ſera pas ſurpris, ſi je ne parle point de divers autres endroits. Je les paſſe ſous ſilence, parce que je n'y ai point été. Rien ne me faiſoit eſpérer d'y trouver des choſes dignes d'attention. Outre cela il faloit me hâter, pour pouvoir pénétrer dans la Haute-Egypte; ce qui étoit le but principal de mon Voyage, & l'objet de ma curioſité.

Cependant, avant que de quitter Aléxandrie, je vais m'acquitter de la promeſſe, que j'ai faite ci-deſſus de donner la maniére, dont un Voyageur doit ſe conduire en Egypte. J'avertirai néanmoins, que ce que j'écris n'eſt point pour ceux, qui y vont dans le deſſein d'y faire négoce, ou d'y chercher fortune. Ces Perſonnes-là ſeront placées auprès de quelque Marchand, qui aura ſoin de leur apprendre bientôt, tout ce dont on a beſoin pour faire ſon chemin. Mon intention eſt uniquement d'inſtruire ceux, qui, comme moi, vont en Egypte, pour ſatisfaire leur curioſité, & pour y faire des recherches utiles à la République des Lettres.

Je commence donc par dire, que je me ſuis apperçu, que, dans l'Egypte, encore plus qu'ailleurs, on a beſoin d'un bon Banquier. Il ſuffit, dans un autre Pays, qu'un Banquier fourniſſe de l'argent; mais, en Egypte, il faut outre cela qu'il ſerve d'Hôte, & en quelque façon de Protecteur. On s'imagine aſſez, que, dans un tel Pays, il n'y a point d'Auberges capables de recevoir ce qu'on appelle un Honnête-homme. Il eſt donc néceſſaire, que le Banquier, fourniſſe les beſoins de la vie, ou chez lui, ou chez quelqu'un de ſes Amis. Si le Banquier eſt d'une Nation, qui ait un Conſul, ce Miniſtre ſe charge ordinairement de la protection, dont on a beſoin; & s'il eſt Juif & raiſonnable, il ne manquera pas de crédit pour garentir le Voyageur de toute inſulte.

Si après s'être pourvu d'un bon Banquier, qui eſt, à mon avis, la choſe la plus néceſſaire, on veut avancer dans le Pays, & ſatisfaire ſa curioſité, je conſeille

fort

fort de s'habiller d'abord à la Turque; car, quoiqu'on puisse paroître à Aléxandrie, en habits à l'Europééne, il vaut beaucoup mieux se mettre comme les Francs, à la vuë desquels on est déja fait. Par-là on passe pour sçavoir les coutumes & les usages du Pays; & l'on est moins sujet aux réfléxions du Passant. Une paire de moustaches, & un air grave & imposant sont encore fort bien placés ici: on en a plus de conformité avec les Naturels du Pays.

Un Voyageur prendra ensuite un Janissaire à son service; & s'il est possible, il en choisira un, qui soit accoutumé à servir les Francs. On a des Janissaires pour peu de chose. Ils sçavent ordinairement ce qu'on appelle *Lingua Franca*. Ils accompagnent un Voyageur par-tout où il lui est permis d'aller. Personne ne l'insultera dans leur compagnie. S'ils rencontrent un Homme de distinction, ils sçavent lui rendre compte de celui qu'ils escortent; & s'ils voient accourir le menu Peuple, ils l'ecartent par des menaces. Les Banquiers connoissent les Janissaires serviables; & on peut s'en rapporter à leur recommandation.

Avant que d'arriver à Aléxandrie, un Voyageur aura lu les anciens Auteurs, & se sera fait une idée des choses, qu'il veut ou éxaminer, ou confronter. Mais comme le Pays a si fort changé de face, ce Voyageur a besoin, que quelqu'un le mette sur les voies. Il peut faire aisément connoissance avec les diverses Nations Européénes établies dans le Pays; & il en pourra tirer de grands secours. Qu'il prenne garde néanmoins de ne s'y pas livrer trop facilement. Il regne ordinairement beaucoup de jalousie entre ces Messieurs. On doit tâcher de les connoître, & ne s'attacher qu'à ceux, qui peuvent être les plus utiles. Le Drogman de la Nation Françoise, par éxemple, est ordinairement un homme élevé dans le Pays, & qui en sçait parfaitement la Langue & les coutumes. Avec cela, pour peu qu'il soit curieux, il est en état d'indiquer les endroits, où il y a quelque chose à voir. On ne doit pas négliger les instructions qu'il peut donner; mais il ne faut absolument se fier qu'à soi-même. Telle chose, qu'une personne ne daignera pas regarder pourra mériter l'attention d'une autre, & donner des lumiéres, qui auront échappé à des gens moins attentifs. Tous ceux, avec qui un Voyageur fait connoissance, lui offrent civilement d'aller avec lui visiter les antiquités du Pays. Leur bonne volonté n'est pas de refus; mais au prémier essai, on éprouvera, qu'ils se borneront aux choses communes; & si on veut aller plus avant, ils tâcheront d'en détourner; soit parce qu'ils commencent à s'ennuyer, soit parce qu'ils craignent

de

de s'expofer à quelques accidens. On n'a rien de tout cela à craindre, quand on a la compagnie d'un Janiffaire. Il eft accoutumé à fumer fa pipe, & à ne rien faire. Il trouve ces deux fortes d'agrémens avec le Voyageur, qu'il accompagne: ainfi il fe foucie peu du tems, qui fe paffe à s'arrêter dans un endroit. Je dois pourtant avertir, qu'il n'eft pas expédient, qu'un Voyageur pouffe fa curiofité, jufqu'à vouloir pénétrer dans des Lieux, dont les Turcs ne permettent pas l'entrée, comme font les Forterefles & les Mofquées. Peut-être pourroit-il perfuader fon Janiffaire de l'y mener. L'intérêt peut beaucoup fur ces gens-là. Ils ne font pas à l'épreuve des préfens. Mais il y auroit toujours de l'imprudence à s'expofer. Il arrivera une fois qu'on échappera du péril. Il y aura néanmoins toujours à parier cent contre un, qu'on fera la dupe de fa curiofité. Je confeille de ne point s'entêter à vouloir vifiter des Lieux interdits: à moins qu'on ne foit affuré d'avance d'une permiffion, de nature à garentir des hazards; & à moins qu'on ne foit convaincu, que la chofe vaut la peine, qu'on fe donne, pour parvenir à la voir.

Les difcours des Perfonnes, avec qui on fait connoiffance dans le Pays, donnent ordinairement dans le merveilleux. Elles racontent mille accidens, qu'elles prétendent être arrivés à des Voyageurs, ou à d'autres. Si on s'en rapportoit à ces perfonnes-là, on n'iroit guère au-delà des murs de l'ancienne Aléxandrie; & tout au plus on avanceroit jufqu'au Cayre; mais dans le fonds, j'aime mieux m'en tenir à ma propre expérience, que me fier aux rapports de gens peu inftruits, ou trop crédules. J'ofe du moins affurer, que fi on n'entreprend pas d'aller plus loin que le Cayre, & qu'on prenne tant foit peu de précaution, la route ordinaire y conduira en toute fureté.

On n'a point befoin de Drogman ou d'Interpréte, tant qu'on ne fort point d'Aléxandrie. Si on a intention d'aller plus loin, il convient de fe pourvoir au moins d'un Valet, qui fçache l'Arabe. Une difpute, qui s'éleveroit entre les gens du batteau, fur lequel on s'eft mis, ou entre eux & les Paffagers naturels du Pays, feroit capable d'allarmer, fi on n'avoit pas quelqu'un, qui pût dire de quoi il s'agit.

Au cas que l'on trouve à Aléxandrie quelque occafion de voyager en compagnie, foit avec des Miffionnaires, foit avec des Marchands de quelque Nation Europééne, la partie ne doit pas être manquée: outre qu'on y trouve ordinairement l'avantage de la Langue, on peut toujours faire plus de fonds sur le rapport de ces honnêtes gens, que sur celui d'un coquin de Valet, Juif, ou Grec, qui souvent a l'effronterie de supposer quelque danger, afin de se rendre plus nécessaire.

Avant que de laisser cette matiére, j'ajouterai une régle, que l'on doit déja suivre à Aléxandrie, & qui doit être exactement observée dans toute l'Egypte. C'est de ne jamais faire creuser au pied de quelque Antiquité, ni rompre aucun morceau de pierre de quelque monument que ce soit. Il faut se contenter de voir ce qui est exposé à la vuë, & les endroits, où l'on peut grimper, ou auxquels on peut parvenir en rampant. Quelque plaisir qu'il pût y avoir à considérer un monument antique dans son entier, il faut y renoncer. Les suites en seroient trop dangéreuses. Un Consul de France essaya de faire creuser auprès de l'Obélisque de Cléopâtre à Aléxandrie, afin d'en avoir les justes dimensions. Il avoit eu soin d'en demander la permission, qu'il n'avoit obtenuë qu'avec bien de la difficulté. Malgré cela, il ne lui fut pas possible de venir à bout de son dessein. A mesure qu'il faisoit creuser, le jour, on fermoit, la nuit, le trou, qu'il avoit fait faire. Cette opposition opiniâtre vient de ce que tout le Peuple, tant Grands que Petits, sont persuadés, que tous les Monumens antiques renferment quelque trésor caché. Ils ne sçauroient s'imaginer, qu'une pure curiosité engage les Européens à passer en Egypte, uniquement pour y creuser la terre: au contraire ils sont si persuadés de notre avarice, qu'ils ne nous permettent point de fouiller nulle part. Si on s'avise de le faire en cachette, & qu'ils viennent à s'en appercevoir, ils nous regardent comme des Voleurs. Ils soutiennent, qu'on s'est emparé du trésor, qu'ils supposoient être dans cet endroit; & afin d'avoir meilleure prise sur ceux, qui ont fouillé la terre, ils font monter ce prétendu trésor à un prix excessif.

Il semble que les Grands du Pays, infatués de cette opinion, ne devroient jamais cesser de fouiller dans la terre, & de détruire tous les restes d'antiquités. C'est en effet à quoi plusieurs d'entre eux se sont appliqués; & divers précieux restes de monumens antiques sont péris par-là. Mais comme ils n'ont rien trouvé, ils se sont à la fin lassés de la dépense. Ils ne se sont pas pour cela défaits de leur folle imagination: au contraire ils y ont joint une autre idée encore plus insensée, en supposant, que tous ces trésors sont enchantés; qu'à mesure qu'on en approche, ils s'enfoncent de plus en plus dans la terre; & qu'il n'y a que les Francs, qui soient capables de lever ces charmes; car ils passent généralement en Egypte pour être de grands Magiciens.

Une

Une autre raifon encore a détourné de ces fortes de recherches. Deux de ceux, qui s'étoient rendus fameux par cette entreprife de creufer la terre, pour y chercher des tréfors, tombèrent entre les mains de leurs Supérieurs, qui ne les épargnèrent pas, & ne voulurent jamais croire, que ces Hommes-là n'avoient rien découvert. Ils les accuférent, d'avoir trouvé des tréfors & de le nier, pour ne les pas partager avec eux. On leur faifoit tous les jours de nouvelles avanies, fous des prétextes frivoles; & enfin on leur fit payer les profits d'une recherche, dont ils n'avoient jamais tiré aucun avantage.

Ce qui fe trouve d'antiquités à Aléxandrie, tant en Medailles, qu'en pierres gravées, & en autres chofes femblables, fe découvre, comme je l'ai déjà remarqué ci-deffus, fans creufer, & feulement quand les terres font lavées par la pluye. Si, dans quelques occafions, on remuë la terre, on le fait fous d'autres prétextes, comme pour tirer des pierres, quand on veut bâtir, &c. Mais cela fe fait, fans toucher en aucune façon à ces piéces antiques, qui font debout; & qui, par cette heureufe jaloufie, fe font conservées au milieu d'un Peuple barbare, qui d'ailleurs n'en fait pas grand cas.

Je ne dis rien du péril, où un Etranger s'expofe, s'il a la foibleffe de s'engager dans quelque intrigue amoureufe. Je fuppofe qu'un Homme, qui va en Egypte, pour s'inftruire par la recherche de l'Antiquité, doit être affez modéré & affez retenu, pour n'avoir rien à craindre de ce côté-là. Si cependant il s'en trouvoit quelqu'un, qui eût befoin d'antidote contre une fi folle paffion, il fuffit de le renvoyer aux recits, que tous ceux, qui ont fréquenté Aléxandrie & le Cayre, lui pourront faire. Il apprendra, que de jeunes Marchands ont été malheureufement affaffinés dans ces deux Villes; que d'autres, après s'être ruïnés, a force de faire des préfens aux Janiffaires, pour les engager à fe taire, fe trouvèrent à la fin trompés à tel point, qu'au lieu d'avoir joui de quelques femmes de diftinction, ils s'étoient abandonnés aux plus viles Proftituées, qui, par deffus le marché, les avoient regalés d'un mal, qu'ils gardoient pour toute leur vie, & dont perfonne n'étoit en état de les guérir.

Enfin, dans l'Egypte, on doit éviter, encore plus qu'ailleurs, les occafions d'être infulté par les gens du Pays. Mais fi malheureufement le hazard vouloit, qu'on fût expofé à leurs infultes, il eft prudent & fage, de faire l'oreille fourde, &

de fermer les yeux. En tout cas, on en peut venir jusqu'aux menaces; mais qu'on se garde bien de frapper un Musulman. Si on étoit aslèz heureux que d'échapper la mort, il en coûteroit tout le bien, que l'on auroit; & ce qui seroit auſſi chagrinant, les amis de celui, qui auroit frappé, seroient engagés dans l'affaire, & ne s'en tireroient qu'à force d'argent. Si abſolument on veut avoir ſatisfaction, il faut la demander au Juge; mais elle coûtera ſi cher, qu'on n'aura pas envie d'y retourner une autre fois.

S'il y a quelque autre chose, que le Voyageur doive ſçavoir, il l'apprendra dès les prémiers jours de ſon arrivée dans le Pays. Il convenoit de l'inſtruire des articles, que je viens de toucher. Peut-être seroit-il trop tard d'en être informé sur les lieux: outre que l'on eſt ſujet à ne pas croire tout ce qu'on entend dire. Pour moi j'aurois été ravi d'en être informé d'avance; c'eſt ce qui m'a engagé à les publier, pour l'utilité de ceux, qui pourroient être dans le cas, où je me suis trouvé.

VOYAGE D'EGYPTE ET DE NUBIE,

PAR

Mr. F. L. NORDEN.

TROISIEME PARTIE,
Contenant la Description du VIEUX & du
NOUVEAU CAYRE.

NOUVEAU CAYRE.

'arrivai au GRAND-CAYRE le 7. du Mois de Juillet 1737. Cette Capitale de l'Egypte, qu'on appelle aussi simplement le CAYRE, &, en Arabe, *Masser*, est située à l'Orient du Nil, un peu au dessus de l'endroit, où ce Fleuve se partage en deux bras, pour former le Delta. Elle est divisée en deux Villes, l'une connuë sous le nom de VIEUX CAYRE: l'autre, sous celui de GRAND-CAYRE; & on a les vuës de l'une & de l'autre, dans les 2. feuilles de la Planche XVII.

Planche XVII.

Cette Ville est si connuë par tant de Relations & de Descriptions, qui en ont été publiées, que je me flatte, qu'on me sçaura gré, de ce que je me dispense d'entrer dans des détails circonstanciés, au sujet de son origine, de son circuit, du nombre de ses Habitans, de son Château, & de la quantité de ses Mosquées, de ses Bains publics,

blics, de ſes Portes, &c. Cependant, pour qu'on ne me puiſſe pas reprocher de n'en avoir rien dit, je ferai quelques Remarques ſur certains ſujets, qui peut-être ne paroîtront pas à tout le monde indignes d'attention.

I. REMARQUE ſur le Grand Cayre.

La prémiére de ces Remarques concerne la Cérémonie, qui ſe pratique chaque année, lorsqu'il eſt queſtion de couper la Digue du *Califch,* ou Canal, qui, dans le tems de l'accroiſſement des eaux du Nil, les doit conduire au Grand-Cayre; & qui, dans la Campagne, ne reſſemble qu'à un Foſſé mal entretenu, car il n'a, ni revêtement de maçonnerie, ni même de bord marqué. A la vérité, quand il entre dans la Ville, il devient un peu plus reſpectable, y coulant le long des murailles des maiſons bâties ſur ſes bords. Du reſte, il n'a pas grande largeur dans la Ville, non plus que dans la Campagne; & dans l'endroit, par où entrent les eaux du Nil, il peut avoir 15. à 20. pieds de largeur.

Dès que les eaux du Nil commencent à croître, on ferme l'embouchure du Califch, par le moyen d'une petite Digue de terre, qu'on y éléve, & on y poſe une marque, qui doit indiquer le tems de l'ouverture de ce Canal, & de tous les autres canaux du Royaume.

Lorsque ce jour eſt arrivé, le Bacha, & ſes Beys, ſe rendent en grand cortége à la cérémonie de l'ouverture de la Digue. Ils ſe placent ſous un aſſez mauvais Pavillon, qui eſt à côté; & les Coptes & les Juifs ſont employés à couper la Digue. Quelques mal-peignés, qui ſont dans une méchante Barque, jettent des Noiſettes, des Melons & autres choſes ſemblables, dans l'eau qui entre, tandis que le Bacha fait jetter quelques Parats, & fait allumer un pauvre feu d'artifice d'une vingtaine de fuſées. Enfin toutes ces réjouïſſances, tant vantées par quelques Voyageurs, aboutiſſent, à peu de choſe près, à celles, qu'on pourroit voir à la noce d'un bon Payſan. Ce qui y pourroit abſolument attirer la curioſité, c'eſt le cortége des Grands, qui, dans ſon eſpéce, ne laiſſe pas d'avoir quelque choſe de magnifique.

Le Peuple, dans ces rencontres, fait mille folies, pour témoigner la joie, qu'il a de ce que l'accroiſſement du Nil lui promet la fertilité du Pays & l'abondance de la Moiſſon. Les danſes les plus laſcives ſont les moindres marques de ſon allégreſſe; & il ne ſe paſſe guére d'année, que quelqu'un ne perde la vie au milieu de ces réjouïſſances tumultueuſes, qui ſont repréſentées au naturel dans mes deſſeins.

Planche XVIII.

& de Nubie.

La seconde remarque, que j'ai à faire, regarde le fameux Puits de Joseph, dont le Plan & la Coupe se trouvent aussi, avec toutes leurs proportions, parmi mes desseins. La bouche de ce Puits a 18. pieds de largeur sur 24. de longueur. Sa profondeur est de 276. pieds, depuis la rouë supérieure jusqu'au fond de l'eau. Cette profondeur est partagée en 2. tems. Au bout de 146. pieds, on rencontre un repos, ou paillier, sur lequel on puise l'eau du fond, par le moyen d'une seconde rouë à chapelet de cruches de terre. Ce repos se trouve un peu plus bas que le milieu de la profondeur; car, delà au fond du Puits, il ne reste plus que 130. pieds. Ce second quarré du Puits n'est, ni si large, ni si long, que le prémier. Il n'a que 15. pieds de longueur sur 9. de largeur; & sa hauteur est de 9. pieds. Tout ce Puits est taillé proprement dans le roc, & si artistement, que le rocher sert de rempart à la descente du côté du puits; & on a pratiqué, d'espace en espace, des fenêtres pour donner du jour. Il vient de la bouche du Puits, & sert pour la descente des Boeufs, destinés à tirer l'eau par la seconde rouë. De-là jusqu'au fond regne un autre escalier, ou une descente, qui fait la même figure; si ce n'est qu'elle n'est pas si large que la prémière, n'ayant que 3. à 4. pieds de largeur, & 6. pieds de hauteur: encore n'a-t-elle point de parapet aux côtés. Elle est toute ouverte; & cela rend la descente très-dangéreuse. Au bas de cette derniére descente est le bassin, ou la source de l'eau, qui n'a que 9. à 10. pieds de profondeur. Le goût en est un peu salé: aussi ne s'en sert-on point pour boire, qu'en cas de siége, ou dans quelque autre nécessité.

II. REMARQUE.

Planche XIX.

Le Commerce est l'objet de ma troisième Remarque. Il a été autrefois plus grand qu'il n'est aujourdhui; mais il ne laisse pas encore d'être assez considérable; & comme j'ai eu la curiosité de me faire mettre au fait de la Monnoie, des différens poids & mesures & des Marchandises les plus courantes dans le Pays, je vais en donner une idée un peu détaillée.

III. REMARQUE.

Il y a en Egypte des MAÏDINS, qui sont de petites piéces d'argent.

MONNOIES.

Le FENDOUCLI est une piéce d'or, qui vaut 146. Maïdins.

Le GENZERLI & le MAHBUB, sont deux autres différentes Monnoies d'or, qui valent 110. Maïdins la piéce.

On se sert aussi dans le Commerce d'une PIASTRE imaginaire, évaluée à 60. Maïdins.

Les Espéces d'Europe, qui ont cours en Egypte, sont aussi sujettes à des variations & à des révolutions, que les marchandises. J'en donnerai néanmoins une Note, telle que les Marchands me la communiquèrent au Mois de Mai 1738.

Valeur des Espéces de l'Europe, qui ont cours en Egypte.

Pistole d'Espagne, du poids de 2. Dragmes & 2. Karats
(la Dragme de 16. Karats) sans peser - - à Maïdins 250.

Croisats de Portugal, du poids de 115. Dragmes, les
33. Croisats, sans peser - - - - à Maïdins 407.

Sequins de Venise du poids de 11. Dragmes ½. les 10.
Sequins sous le poids - - - à Maïdins 154.

Sequins de Hongrie du même poids, sous le poids - à Maïdins 146.

Piastres de Reaux, du poids de 9. Dragmes, la Piastre,
sous le poids, - - - - - à Maïdins 78.

Piastres de l'Empereur d'Allemagne, du poids de 24.
Dragmes, les 10. Piastres, sous le poids - à Maïdins 78.

Piastres à la rose, du poids de 9. Dragmes, la piastre,
sans peser - - - - - à Maïdins 72.

POIDS. Quant aux Poids, ou plus forts, ou moindres, il suffit, pour entendre les prix, qui vont suivre, de sçavoir d'avance: Que le Rotal est généralement de 144. Dragmes; que 102. Rotaux ¼. de ces Dragmes font 96. Livres de Copenhague, dont la Livre revient, à Dragmes 154 ⅜. en Egypte, où le Rotal, comme il vient d'être dit, est de 144. Dragmes; & que les 100. Livres de Copenhague font 107. Rotaux d'Egypte.

On use aussi, dans ce Pays-là, de quelques autres poids, entre autres de l'Ocque, qui est de 400. Dragmes, & de 420.

MESURES. Pour ce qui est des mesures des marchandises, qui entrent, elle se règlent sur la Picque de Constantinople. La Canne fait 3. de ces Picques: L'aune de hance, 1. Picque ¼: la Verge, ou Jard d'Angleterre, 1. Picque ⅐. Les 100. Brasses de

Tosca-

& de Nubie.

Toscane, 86. Picques: Les 100. brasses d'Etoffes de soie, de Venise, 33. Picques; & la Brasse de drap de la même Ville, 1. Picque.

Dans le même mois de Mai de l'année 1738. les prix des Marchandises d'Entrée étoient sur le pied qui suit:

Le Quintal de Rotaux 100.	Poivre, net de poussiére, le quintal à piéces 29. Maïdins	Pieces	60.
- - 102.	Argent-vif	-	133.
	Cinabre	-	130.
	Etaim en verges	-	24.
- - 105.	Fil de laiton jeaune, assorti	-	42.
	Lames ou Bandes de Laiton, en Rotaux	-	44.
	Dito, en placques	-	40.
	Dito, en verges	-	32.
	Fil de fer assorti	-	13.
	Acier	-	7.
Le Quintal de Rotaux 110.	Gérofle, le Rotal	à Maïdins	138.
	Noix Muscade, le Rotal	-	130.
	Salse pareille fine, le Rotal	-	25.
	Espica Celtica, le Quintal	à Pieces	28.
- - 112.	Benjoin	-	80.
	Amandes	-	8.
- - 115.	Gengenvre	-	6.
- - 120.	Bois de Bresil, Fernambourc	-	15½.
	Dito, Brasilet	-	6.
	Dito, Campesch	-	4½.
Le Quintal de Rotaux 125.	Verdet en pains	-	24.
	Arsenic Jeaune	-	8.
	Dito, Blanc	-	3.
- - 150.	Minium	-	6.
	Arquifoux de fér, sans tare, pour la caisse, ou baril	-	4½.
	Dito, d'Ecosse	-	5½.
	Soufre, en canons	-	3.
	Azur fin, l'Ocque de Dragmes 400.	-	
	Cochenille, dito, l'Ocque	-	13.

Ambre jeaune, travaillé en boſſettes tranſpa-
rentes, & aſſorties, l'Ocque de Drag-
mes 420. . . . à Pieces 15. à 25.
Ceruſe de France avec la Caiſſe le Rotal 75. — 5¼.
Dito, de Hollande, le Rotal 75. . — 5¼.
Dito, de Veniſe, dito . . — 7.
Feuilles de Fer blanc, le baril de 450. feuil-
les, le Baril . . . — 23.
Eguilles, depuis No. 1. jusqu'à No. 6. les
12. milliers, n. P. S. . . — 6.
Papier, la Bale de 14. Rames . — 12.
Dito, la Bale de 24. Rames . — 11¼.
Dito, la Bale de 12. Rames . — 16¼.
Dito, à 3. Lunes fabrique de Veniſe, la Bale
de 40. Rames . . — 55.

Draperies. Londrine prémiére de hance, la Picque à Maïdins 110.
Londrine ſeconde . . — 85.
Londrine large . . — 73.
Londrine de Hollande . . — 120. à 160.
Saye écarlate; de tout parangon, fabrique
de Veniſe, la Picque, ſelon la quantité — 200. à 280.
Demi-Saye, de la même Ville . — 110. à 170.
Satin de Florence, la Picque . — 65. à 85.

Les principales Marchandiſes de ſortie, ſont:

Lin en rame, ⎫
Dito, en fil, ⎪
Dito, peigné, ⎬ Le tout en prodigieuſe quantité, & de
Coton filé, ⎪ toutes ſortes.
Cuirs, ⎭
Toiles de Coton, de toutes façons,
Cire jeaune,
Sel Armoniac,
Saffran,
Sucre,
Scéné,
Caffé.

Il ſort

& de Nubie.

Il fort outre cela une quantité énorme de Caffé de Mocka, & de toutes fortes de Marchandifes, de Drogues, d'Epiceries, de Toiles de Coton & autres marchandifes des Indes-Orientales, que 30. à 40. Vaiffeaux débarquent à Suez, d'où ils partent tous les ans, chargés par les Marchands du Cayre de Marchandifes de l'Europe & de l'Egypte.

A ce peu de Remarques touchant le Grand Cayre, j'en joindrai quelques-unes, qui concernent le Vieux Cayre.

Le VIEUX CAYRE.

Cette ancienne Ville, dont je donne dans mes deffeins trois vuës différentes, eft fituée au bord du grand Canal, qui fépare l'Isle de Rodda de la Terre-ferme. Sa longueur, à compter depuis la Machine, qui éléve l'eau de l'Aqueduc, jufqu'au Bafar, eft d'un quart de lieuë de France; & fa plus grande largeur, à la prendre, depuis l'Hofpice, jufqu'au Canal, eft de 500. pas ordinaires. Le refte eft affez inégal, & fes extrémités fe terminent par des maifons feules.

Planches XX. XXI. & XXII.

La plus grande partie de fes bâtimens, fi on en excepte les habitations des Ouvriers, confifte en des maifons de plaifance, où les Grands, & les Perfonnes de diftinction du Cayre, vont fe divertir, dans la faifon, où les eaux du Nil ont pris leur accroiffement. Mais les jardins font en grand nombre; & des Dattiers, ainfi que des Treilles de vignes, y occupent beaucoup de place.

Il peut y avoir au Vieux Cayre une demi-douzaine de Mofquées, ornées de Minarets. Les Juifs y ont une Synagogue; les Catholiques-Romains, un Hofpice, occupé par les Péres de la Terre-Sainte; les Coptes, une Contrade avec diverfes Eglifes, entre autres celle, où eft la Grotte, dans laquelle une Tradition veut, que la Ste. Vierge fe foit repofée lorfqu'elle fe retira en Egypte; & les Péres de la Terre-fainte payent aux Coptes une certaine fomme, par an, pour avoir le privilége de dire la Meffe dans cette Grotte, quand ils le fouhaitent.

La *Maifon d'Eau* eft un ouvrage des Sarazins. Elle peut avoir fervi anciennement de Palais. Aujourd'hui, on y voit quatre moulins à chapelets de méchants pots de terre. Des Boeufs les font mouvoir; & c'eft ce qui fournit d'eau l'Aqueduc, qui la conduit dans le Chateau du Grand-Cayre. Le tout eft conftruit de pierres de taille.

Un des plus confidérables Edifices, c'eft *le Grenier de Jofeph.* Il occupe une grande place, ceinte d'une muraille tout-à-l'entour; & on a pratiqué en dedans diverfes féparations. On y dépofe le Bled qu'on paye pour tribut au Grand-Seigneur, & qu'on apporte des divers Cantons de l'Egypte. Ce Bled, qui y demeure tout à découvert, nourrit tous les jours une grande quantité de Tourterelles & d'autres Oifeaux, qui le viennent piller. Les portes ne font fermées qu'avec des ferrures de bois; mais les Infpecteurs de ce Grenier, après avoir fermé une porte, y appofent leur fceau, fur une poignée de bouë, dont ils fe fervent en guife de cire. Du refte, ce Grenier n'a rien d'antique, quoique fon nom paroiffe en impofer. Ses murs font en partie du tems des Sarazins. On y a employé quelques pierres de taille; mais la plus grande portion eft conftruite de méchantes bricques, & de bouë, comme on en ufe tous les jours au Cayre, pour bâtir.

Les maifons de plaifance des Grands-Seigneurs n'ont rien qui réponde à leur nom. Ce ne font que de vaftes Salons, mal difpofés, avec trois, ou quatre Divans en dedans. Ces Divans mêmes ne font que de petits trous, qui forment une efpéce de Labyrinthe, & ont ce feul avantage, qu'ils procurent au Maître la commodité de voir fes Femmes & fes Efclaves, fans que l'une puiffe s'appercevoir de ce qui fe paffe chez l'autre.

Aux environs du Vieux Cayre, furtout du côté de l'Orient, on ne découvre rien d'agréable à la vuë. Ce font des Collines ftériles, qui femblent être formées de cendres & de décombres.

On peut dire, que la Ville eft entiérement ouverte, car elle a feulement, du côté du Levant, un peu de muraille, qui fubfifte encore, depuis le tems des Sarazins. Cela ne fçauroit guére fervir à fa défenfe. On en a fait un autre ufage: on y a pratiqué des Places, où les Payfans apportent la Volaille & les autres denrées, qu'ils ont à vendre.

Le Canal, qui eft entre le Vieux-Cayre & l'Isle de Rodda, a été creufé de toute ancienneté. Il commence au Bazar, & finit auprès de la Maifon d'eau. On paffe tout cet efpace à pied fec, lorfque les eaux du Nil font baffes; mais quand ce Fleuve s'eft enflé, on y voit paffer toutes fortes de bâtimens, & même jufqu'à des Barques. Le 23. de Juillet 1737. il étoit entiérement à fec; mais, à la fin de ce Mois, il n'étoit pas poffible de le paffer à gué; & le 14. d'Août l'accroiffement des eaux étoit déja fi fort, qu'on étoit en état d'ouvrir la Digue du Califch, ou Canal,

qui

qui porte les aux du Nil au Grand-Cayre. Le 19. Novembre, tems auquel j'etois prêt à partir pour la Haute-Egypte, ce Canal pouvoit à peine souffrir, qu'on le passât avec de petits batteaux vuides; & quand je fus de retour, je le trouvai entièrement à sec, le 24. de Fevrier 1738. Sa largeur est de 200. pas ordinaires, & sa longueur d'un quart de lieuë de France.

Il peut y avoir un quart de lieuë, du Vieux-Cayre à l'Enceinte du Grand-Cayre, & une demi-lieuë, du Vieux-Cayre à Boulac.

Ce Bourg s'entretient du voisinage du Grand-Cayre, dont il est comme l'entrepôt & le havre. Il est situé à l'Orient du Nil; & il a au Nord le Calisch, qui, comme je l'ai déja remarqué, conduit l'eau du Nil au Grand-Cayre.   BOULAC.

Au milieu de ce Fleuve, entre le Vieux-Cayre & Gize, se trouve l'Isle de Rodda, qui est presque aussi longue que le Vieux-Cayre, lors qu'elle n'est pas inondée dans sa pointe septentrionale; mais dans le tems de l'inondation, elle perd un quart de son étenduë. Elle peut avoir dans son milieu 500. pas de largeur. L'extrémité Septentrionale se termine en pointe; & la face du Mokkias occupe toute la largeur de la partie Méridionale.   Planche XXIV.

Presque toute l'Isle est distribuée en jardins, & n'a d'autres Habitans que des Jardiniers, avec les Ouvriers, qui leur sont nécessaires pour leur travail.

Le MOKKIAS, ou Mikkias, ouvrage des Sarazins, fait son principal ornement. Il tire son nom de l'usage, auquel on l'a consacré; car *Mokkias* signifie *Mesure*. On y observe effectivement, chaque jour, par le moyen de la Colonne graduée, l'accroissement ou la diminution des eaux du Nil; & c'est sur cela que les Crieurs publics fondent les proclamations, qu'ils font de ces événemens, à différentes heures, par la Ville.   Le MOKKIAS.

Son Bassin est dans une Tour quarrée, environnée d'une Gallerie, qui a diverses fenêtres, & qui est terminée par une voûte à l'Arabesque; comme on peut le voir plus clairement dans mes desseins: ainsi je me bornerai à rapporter l'Inscription Arabe, qu'on lit à l'entrée du Mokkias. La voici, suivant l'explication, qui m'en a été donnée: Planches XXIII. XXV. & XXVI.

L'En-

L'Entrée de ce Lieu témoigne, qu'il n'y a point d'autre Dieu qu'un Dieu; & que Mahomed est l'Envoyé de Dieu.

A côté du Mokkias, mais toujours dans le même rang des bâtimens, on voit une grande Mosquée; & à côté de cette Mosquée, vers l'Occident, un Escalier pour descendre à l'eau. C'est sur cet Escalier que le Peuple fait ses observations; car le Mokkias lui-même est fermé; & on n'en permet que bien difficilement l'entrée.

Le reste des Bâtimens, qui accompagnent le Mokkias, est destiné pour ceux, qui le desservent, & pour les Gens de la Mosquée.

Quelques-uns prétendent, que c'est sur cette Isle, que Moyse fut exposé par sa Mére & sauvé par la Fille de Pharaön. On seroit pourtant assez bien fondé à revoquer en doute cette opinion; parce que l'Isle de Rodda n'a pas toujours été telle, qu'elle se trouve aujourd'hui. Le Canal, qui la sépare du Vieux-Cayre, le fait assez entendre. Outre cela la Ville de Memphis étoit de l'autre côté du Nil; & il n'est point dit dans l'Ecriture Sainte, que la Fille de Pharaon eût traversé ce Fleuve.

GIZE.
Planche XXIII.

Pour ne pas interrompre la Description du Cayre & de ses dépendances, je passerai tout de suite à GIZE, dont j'ai déja commencé à faire mention, & dont j'ai donné la vuë dans mes desseins. C'est un assez grand Village, situé sur la rive Occidentale du Nil, vis-à-vis du Vieux-Cayre & de l'Isle de Rodda. Il n'est bâti que de bricques & de bouë; & n'a pour tout ornement, que quatre à cinq Minarets de Mosquées, avec quelques Dattiers. Il s'y fait beaucoup de pots de terre & de thuiles, qui réussissent assez mal, & sont toujours sans vernis, dont les Egyptiens ne connoissent pas bien l'usage.

Si on s'en rapporte à quelques Auteurs, la Ville de Memphis étoit située dans l'endroit, où est aujourd'hui le Village de Gize; & j'avouë, que ce sentiment ne manque pas de vraisemblance. Mais en y faisant bien attention, on trouve, ou qu'il faudroit rabattre beaucoup de la grandeur de cette ancienne Capitale de l'Egypte, ou hausser extrémement les plaines des environs. En effet Gize n'occupe pas la moitié de la place du Vieux-Cayre, & les plaines, qui regnent à l'entour, ne manquent jamais d'être inondées dans le tems du débordement des eaux du Nil. Est-il croyable, qu'on ait bâti une Ville si grande & si fameuse, dans un endroit sujet à être sous l'eau la moitié de l'année? Encore moins peut-on s'imaginer, que les anciens Auteurs ayent oublié une circonstance si particuliére.

A une

& de Nubie.

A une demi-lieuë au Midi du Vieux-Cayre, on voit la grande Mosquée d'ATTER-ENNABI, située sur une pointe au bord Oriental du Nil. Les Mahométans ont une grande vénération pour cette Mosquée, parce qu'une Tradition veut, qu'Omar prémier Calife, en descendant dans l'endroit, où elle a depuis été fondée en son honneur, y laissa sur un marbre l'empreinte de son pied. Elle n'a d'ailleurs rien d'extraordinaire, ni en dedans, ni en dehors, si ce n'est un Coridor de Colonnes antiques; mais si mal-rangées, que souvent les chapiteaux, renversés dessus dessous, servent de piédestaux, & les piédestaux sont employés pour servir de chapiteaux. Je n'ai pas laissé d'en représenter la figure dans une Planche particuliére, & encore dans celle, qui donne la vuë du Village de DEIIR-ETIIN.

Mosquée d'ATTER-ENNABI.

Planches XXXV. & XXXVI.

Ce Village, dont je donne dans mes desseins deux vuës différentes, est situé tout auprès de la Mosquée d'*Atter-Ennabi*, du côté du Midi. Il a une Mosquée, & il s'y trouve un Couvent de Chrétiens Coptes. Les maisons sont d'une mauvaise construction, & presque toutes bâties de bouë. Un bout du Village touche au Nil, & l'autre s'étend vers les Montagnes, qui n'en sont guére éloignées que d'une lieuë. Ce qui embellit le plus ce Village, ainsi que la plus grande partie des autres, ce sont les Dattiers, sorte d'arbres, que l'on éléve ordinairement en grande quantité.

Planches XXXVI. & XXXVII.

On prétend, que ce nom DEIR-ETIIN signifie *Couvent de Figues*. Je remarquerai à cette occasion, qu'on a en Egypte diverses espéces de Figues; mais, s'il y a de la différence entre elles, une espéce particuliére différe encore davantage. J'entends celle, que porte le Sicomore, qu'on nomme en Arabe, Giomez. J'ai desfiné cet arbre, avec ses feuilles & ses fruits; & c'est sur un arbre de cette sorte, que Zacharie monta, pour voir l'entrée de Notre-Seigneur en Jérusalem.

Planche XXXVIII.

Ce Sicomore est de la hauteur d'un Hêtre, & porte ses fruits d'une maniére toute différente des autres arbres. Il les a au tronc même, qui pousse de petits rejettons, en forme de grappes, au bout desquelles viennent les fruits. On voit, dans la figure, que j'en donne, combien ils sont voisins l'un de l'autre. Ils croissent presque comme des raisins. L'arbre est toujours verd, & porte du fruit plusieurs fois dans l'année, sans même observer des tems certains; car j'ai vu des Sicomores, qui ont donné du fruit deux mois après d'autres. Le fruit a la figure & l'odeur des véritables Figues; mais il leur céde pour le goût, ayant une douceur dégoûtante. Sa couleur est d'un jeaune tirant sur l'ocre, ombré de couleur de chair. En dedans, il ressemble aux Figues ordinaires, si ce n'est qu'il a un coloris noirâtre, avec des taches jeaunes. Comme j'ai desfiné les fruits & les feuilles d'après nature, on n'a

Tom. I.   P   qu'à

58 *Voyage d'Egypte*

qu'à les enluminer conformément à cette description; & on les aura dans leur naturel. Cette sorte d'arbre est assez commune en Egypte. Le Peuple, pour la plus grande partie, mange de ses fruits; & croit se bien régaler, quand il a un morceau de pain, une couple de figues de Sicomores, & une cruche remplie d'eau du Nil.

I. REMARQUE.

J'ajouterai ici quelques autres Remarques, que j'ai faites durant mon séjour au Cayre & dans ses environs.

Planche XXIX.

La prémiére concerne la façon ordinaire de faire éclore les Poulets dans des fours; & pour la mieux faire comprendre, je donne le dessein d'un de ces fours avec ses proportions. On y voit le Plan de l'étage d'enbas, où se met le feu; le plan de l'étage supérieur, où l'on met les oeufs dans des rigolles: une Coupe du four sur sa longueur, & une autre Coupe sur sa largeur.

II. REMARQUE.

La seconde remarque a pour objet la maniére, dont on bat, ou plutôt, dont on foule le Ris en Egypte, par le moyen d'un traineau tiré par deux Boeufs, & dans lequel l'Homme, qui les conduit, est à genoux, tandis qu'un autre Homme a soin de retirer la paille, & de la séparer du grain, qui reste au dessous. Pour fouler le ris, on le couche par terre en rond, de maniére, qu'on laisse un petit cercle vuide en dedans. Cette opération se conçoit aisément, en jettant un coup d'oeil sur le dessein, que j'en donne.

Planche XXX.

Dans la même Planche on voit, comment les Femmes en Egypte portent l'eau du bord du Nil dans les Villages.

III. REMARQUE.

En troisième lieu, j'ai observé, étant au Cayre, qu'on y voit souvent une sorte de Barques, qui apportent ordinairement sur le Nil du Scéné, qui vient d'Essenay. Ces Barques s'appellent dans le Pays *Merkeb*; j'ai dessiné celle, dont nous nous servîmes en partant du Cayre, pour remonter le Nil; & j'y ai joint la maniére, dont on s'y prend, pour mettre ces Barques à flot.

Planche XXXI.
Fig. 1.
Fig. 2.

IV. REMARQUE.
Planche XXXII.
Fig. 1.
Let. a.

La quatrième Remarque concernera les Sauterelles & les Dareïras. Les prémiéres, que j'ai dessinées d'après nature, sont surtout remarquables par le Hiéroglyphe, qu'elles portent sur le front. Leur couleur est verte par tout le corps, à l'exception d'un petit bord jeaune, qui leur environne la tête, & qui se perd aux yeux. Leur longueur est de deux pouces 26. parties, mesure de Dannemarc. Cet Insecte a deux aîles de dessus assez solides. Elles sont vertes, comme le reste du

corps,

corps, fi ce n'eſt qu'on voit à chacune une petite tache blanche. La Sauterelle   Let. b.
les tient étenduës comme de grandes voiles, dans leſquelles ſouffle un vent en poupe.
Elle a encore deux autres aîles au-deſſous des prémiéres, & qui reſſemblent à une   Let. c. d.
legére étoffe tranſparante, à peu près de la figure d'une toile d'areignée, & dont elle
uſe à la façon des voiles Latines, qui ſont le long d'un vaiſſeau; mais quand elle
ſe repoſe, elle fait comme un vaiſſeau, qui ſeroit à l'ancre; car elle tient ces ſecondes
voiles pliées ſous les autres.

Le Dareïra, repréſenté dans la même Planche, eſt une Eſpéce de Couſin, dont   Let. o.
l'eau eſt quelquefois preſque toute couverte, vers le ſoir. Je le prends pour cette
ſorte d'Inſecte, que les Chauve-ſouris vont chercher ſur le Nil, afin d'en faire leur
nourriture.

On voit encore, dans la ſeconde Figure de la même Planche, un Radeau, fait   Fig. 2.
de groſſes cruches de terre, étroitement liées enſemble, & couvertes de feuilles de
Palmier. On s'en ſert pour traverſer le Nil; & l'Homme, qui le conduit, tient ordinairement à la bouche une corde, avec laquelle il peſche en paſſant, comme on le   Planche
voit diſtinctement ſur la Planche, qui donne la vuë de Gizé.   XXIII.

Les Figuiers d'Adam, nommés vulgairement *Bananas*, & les beaux Cyprès   V. REMAR-QUE.
du Vieux-Cayre donnent matiére à une cinquième Remarque. J'ai deſſiné ces deux   Planche
Eſpéces d'arbres; & j'y ai joint la figure de la Poule de Pharaon, que l'on prend   XXXIII.
pour l'Ibis des Anciens.

J'y ajoute la figure de la Caſſe fiſtulée, que l'on trouve de tous côtés en   Planche
Egypte: le deſſein d'une Urne antique, que j'ai apportée avec moi, & qui a un pied   LIV.
Danois de hauteur: Elle eſt d'une pierre blanche, tirant tant ſoit peu ſur le jeaune,   Planche
& ſemblable à celles de la Thébaïde, employées dans les anciens Edifices, & qu'on   LV.
trouve dans la Haute-Egypte: Enfin deux fragmens, que j'ai deſſinés très fidélement;   Planches
& qui m'ont paru mériter l'attention des Sçavans.   LVII. & LVIII.

Les différens Vaſes & Uſtenciles, dont on ſe ſert dans les ménages, donnent   VI. REMAR-QUE.
lieu à une ſixième Remarque. J'ai deſſiné ceux, qui ſont d'un plus fréquent uſage.   Planche
On y voit des Bardakes, Vaiſſeaux faits, les uns de terre blanche, les autres d'une   XXXIV.
terre noirâtre. Mais ils ne ſont qu'à moitié cuits; ce qui fait que l'eau filtre tou-   Let. a.
jours par le bas & ſe clarifie de cette façon. Les vaſes blancs ſont les meilleurs,
parce que l'eau s'y rafraîchit plûtôt que dans les autres. Ils ſont, en revanche,

un peu plus chers; mais comme on en a deux ou trois pour un parat, ou pour deux fols de France, il n'y a que des Pauvres, qui puiſſent penſer à épargner là-deſſus.

Let. c. On les couvre d'une eſpéce de bonnet de paille, fait d'une façon toute particuliére.

L'eau, que l'on apporte du Nil, ſur des Chameaux, ou ſur des Anes, ſe verſe dans de grandes Jarres, faites de terre cuite & rouge. Elles ne ſont point verniſſées: ainſi elles purgent de même l'eau du Nil, qui eſt extrémement trouble, quand on l'apporte à la maiſon. On l'aide à ſe clarifier, en y mettant des aman-
Let. d. des, ou des féves pelées. Cette jarre ſe poſe ſur un pied fait aſſez groſſiérement. Elle a communément 32. pouces de hauteur, meſure de Paris; & ſa bouche a 10. pouces de largeur.

Let. g. L'Aiguiére, quoique façonnée groſſiérement, eſt une des meilleures piéces qu'on ait en Egypte, en fait de potterie de terre; car tout cet art y conſiſte à faire quelques méchans pots ou plats; & comme on n'y connoît point l'uſage du vernis, on eſt par conſéquent incapable de faire quelque ouvrage, qui ne coule point.

Let. h. On ne peut pas dire, que les Caffetiéres ſoient mal faites. Elles ſont de cuivre rouge, étamé par de hors auſſi-bien que par dedans. Il y en a de diffé-rentes grandeurs, depuis une taſſe juſqu'à vingt; & on en trouve toujours de faites; de ſorte qu'on peut choiſir.

Let. i. Les Taſſes, dans leſquelles on prend le Caffé, n'ont point de ſoucoupes. On ne s'en ſert guére. Les Grands ſeuls en uſent; & elles ſont travaillées à jour; ce qui ſe pratique afin qu'on ne ſe puiſſe pas brûler. La Porcelaine, dont on fait uſage dans le Pays, eſt celle des Indes.

Je finiraï cette Remarque par la deſcription des Lampes & des Lanternes, dont on ſe ſert communément au Cayre. La Lampe, que j'ai repréſentée, eſt de
Let. l. bois de Palmier, de la hauteur de 23. pouces, & travaillée très-groſſiérement. Le verre, qui pend au milieu, eſt à demi rempli d'eau, avec trois doigts d'huile au-deſ-fus. La méche ſe conſerve à ſec au fond du verre, où on lui a ménagé une place. Ces lampes ne donnent pas beaucoup de lumiére: elle ſont cependant aſſez commodes, en ce qu'elles ſe tranſportent facilement d'un lieu à l'autre.

Let. f. A l'égard des Lanternes, dont j'entends parler, elles ont à peu près la figure d'une Cage, & ſont faites de roſeaux. C'eſt un aſſemblage de cinq à ſix verres

ſem-

semblables à celui de la Lampe, qui vient d'être décrite. On les suspend à des cordes au milieu des ruës, quand il y a quelque grande Fête au Cayre; & on met du papier peint à la place des roseaux.

Enfin, pour derniére Remarque, j'obferverai, que, comme il ne pleut que rarement en Egypte, l'Auteur de la Nature a difpofé fi fagement les chofes, que ce manque de pluye eft heureufement remplacé par l'inondation réguliére, qui s'y fait, & qui y revient tous les ans.

REMARQUE VII.

Rien n'eft plus connu que cette inondation; mais auffi rien fur quoi on fe méprenne davantage, que fur la maniére, dont elle fe fait, & fur la façon dont on cultive après cela la terre.

Les Auteurs, qui ont entrepris de donner des Defcriptions de l'Egypte, ont cru ces deux articles fi généralement connus, qu'ils ne font prefque entrés dans aucunes particularités. Contens d'avoir dit, que la fertilité du Pays dérive uniquement de cette inondation annuelle du Nil, ils s'en font tenus-là; & ce filence a donné occafion de croire, que l'Egypte eft un Paradis terreftre, où on n'a befoin, ni de labourer la terre, ni de la femer, tout étant produit comme de foi-même, après l'écoulement des eaux du Nil. On s'y trompe bien; & j'oferois avancer, fur ce que j'en ai vu de mes propres yeux, qu'il n'y a guére de Pays, où la terre ait un plus grand befoin de culture qu'en Egypte. C'eft la raifon, qui m'a engagé à donner dans mes deffeins, non feulement les diverfes Machines Hydrauliques, dont on fe fert pour arrofer la terre; mais encore le deffein d'une Charruë, dont on eft obligé de faire ufage, pour labourer les terres, aux environs de Gamafe, dans la Haute-Egypte.

Planches XL. & XLIII.
Planche LVI.

A la vérité, dans le Delta, qui eft plus fréquenté & plus cultivé, la Méchanique y devient un peu plus facile, que quand on remonte plus haut. On s'y fert pour élever l'eau de divers Moulins, qui la répandent dans une infinité de Canaux, qu'on appelle communément en François, *Canaux d'arrofage*. Outre cela le Delta a encore un avantage du côté de la Nature; c'eft que le terrein s'y trouve plus bas, & peut d'autant mieux être inondé.

Au deffus du Cayre, on fe fert quelquefois de vafes de cuir, pour verfer l'eau dans les Canaux. On y fait auffi un grand ufage de rouës à chapelets, que des Boeufs font mouvoir; & quoique ces machines ne foient pas abfolument de la meilleure conftruction, elles font néanmoins capables de fournir l'eau, dont on a befoin, pour arrofer la terre.

Planche LIII.

On voit fur la Planche LIII. Let. A. un morceau de Digue, pratiquée au bord du Nil; & par occafion j'avertirai, que ces Digues font en général affez mal entretenuës. J'ai auffi repréfenté fur la même planche la maniére de donner l'eau à la Campagne, quand elle en a befoin; & cette vuë eft prife aux environs de Deïr ell Lodivie. J'ai principalement obfervé ces deux maniéres d'arrofer les terres, depuis le Cayre jufqu'à Derri.

Tout cela ne feroit pas encore fuffifant. La féchereffe eft fi grande, que le terrein n'a pas feulement befoin d'une inondation générale, il demande encore, que, quand les eaux du Nil commencent à baiffer, on ne les laiffe pas s'écouler trop promptement, il faut donner le tems aux terres, de s'en imbiber & de s'en abbreuver.

Cette néceffité a, depuis long-tems, fait chercher les moyens de pouvoir retenir l'eau & de la conferver pour l'arrofement des terres. Les Anciens y avoient réuffi à merveilles; & de leur tems on voyoit tout le terrein dans une beauté floriffante, jufqu'au pied des Montagnes; mais le cours du tems & les diverfes défolations, dont le Royaume a été affligé, ont tout fait tomber dans une telle décadence, que, fi une extrême néceffité n'obligeoit les Arabes à travailler, dans moins d'un fiécle, l'Egypte fe trouveroit réduite à un auffi trifte état que la petite Barbarie, au voifinage des Cataractes, où on ne laboure, & ne cultive guére, que l'efpace de vingt à trente pas de terrein, au bord du Fleuve.

Ces moyens confiftent en des Digues & en des *Califchs*, ou Canaux, que l'on coupe, ou creufe, dans les endroits, où le bord du Nil eft bas. On les conduit jufqu'aux montagnes, au travers des Provinces entiéres; de forte que, quand le Nil croît, fes eaux entrent dans ces Califchs, qui les introduifent au dedans du Pays, à proportion de la hauteur du Fleuve.

Quand il eft cru à fon point, & qu'il a répandu fes eaux fur la furface de la terre; c'eft alors qu'on penfe à les retenir durant quelque tems, afin que les terres ayent le loifir de s'abbreuver fuffifamment. Pour cet effet, on pratique des Digues, appellées *Giffer*, qui empêchent que l'eau ne s'écoule, & l'arrêtent, autant de tems qu'on le juge à propos. Enfin quand la terre eft affez arrofée, on coupe le *Giffer*, pour faciliter l'écoulement des eaux.

Tout le bonheur & le bien d'une Province dépend de la bonne direction des Califchs; mais comme un chacun cherche à en tirer du profit, jufque-là que le Bey de

Gize

Gize en retire actuellement plus de 500. Bourses par an, les Calisches tombent, çà & là, dans une grande décadence; ce qui cause, que la fertilité de la terre diminuë à proportion.

La conquête de l'Egypte, faite dans une seule campagne, par Selim I. Empereur des Turcs, le rendoit entiérement maître de ce Royaume, mais ne lui donnoit pas une entiére sureté de l'obeïssance de ses Habitans. La Haute-Egypte sur-tout, qui n'avoit point senti la force du bras du Vainqueur, & qui étoit gouvernée par plusieurs Princes Arabes, ne l'avoit reconnu pour Maître, que dans la vuë d'éviter la désolation du Pays. Le Conquérant ne l'ignoroit pas; & il jugeoit bien, que ceux, que sa présence tenoit sous le joug, lui échapperoient bientôt, lorsqu'il se seroit retiré, à moins qu'il n'y mît ordre, en y établissant une forme de gouvernement capable de lui assurer la possession du Pays, & de le défendre en cas de besoin.

<small>Conquête de l'Egypte, par Selim I.</small>

Depuis la fondation de la Monarchie Ottomane, on avoit pour maxime générale à la Porte, qu'en fait de Gouvernement, il ne faloit pas trop s'attacher aux régles de l'équité; & qu'on devoit plutôt se porter aux derniéres cruautés, que de souffrir la moindre offense faite au pouvoir souverain.

Selim étoit de caractére à suivre, au pied de la lettre, cette maxime barbare de ses Ancêtres; mais comme il ne voyoit pas l'Egypte suffisamment subjuguée, & que lui-même étoit appellé ailleurs avec ses troupes, il jugea, que, pour se délivrer de toute crainte & pour prévenir les révolutions, il convenoit d'établir une forme de Gouvernement, de nature à pouvoir réduire, avec le tems, ce Royaume au point, qu'il souhaitoit, par le moyen du peu de Turcs, qu'il laisseroit dans le Pays.

<small>Forme de Gouvernement qu'il y établit.</small>

Pour cet effet, il créa un Bacha, à qui il déféra le Gouvernement entier de l'Egypte. Le pouvoir de cet Officier étoit despotique, & il n'avoit à rendre compte de sa conduite qu'à l'Empereur seul, selon le bon plaisir de qui il devoit être changé, ou d'année en année, ou de deux en deux ans. Vingt-quatre Beys furent établis, en même tems. Leur charge consistoit à gouverner les Provinces, où ils agissoient aussi despotiquement, que le Bacha dans tout le Royaume. Ils étoient à la nomination du Bacha, qui avoit droit de les rappeller, comme lui-même pouvoit l'être par la Porte Ottomane. Un d'eux étoit obligé d'accompagner le *Carats*, ou Tribut, du Royaume, que l'on envoie tous les ans à Constantinople: un autre étoit tenu de conduire la Caravane à la Mecque; & ceux, qui se trouvoient hors d'emploi, devoient assister, une fois par semaine, au Divan, ou Conseil du Bacha, afin d'y apprendre

<small>BACHA d'Egypte.</small>

<small>BEYS.</small>

les ordres du Grand-Seigneur, & d'y convenir, avec le Bacha, des moyens les plus faciles, & les plus prompts, pour mettre ces ordres à exécution. Au cas que l'Egypte envoyât son Contingent, ou d'autres Troupes à l'Empereur, quelques Beys devoient les commander; & la Charge de Grand-Chancelier ne pouvoit être exercée que par l'un deux. Le titre de *Bey*, ou *Beg*, leur restoit toute leur vie; mais les diverses Charges, qu'on leur confioit, n'étoient que pour un tems, & selon le bon plaisir du Bacha.

Il semble, par ce qui vient d'être dit, qu'en Egypte le pouvoir Souverain est entre les mains du Bacha; & que tout autre commandement est partagé entre les divers Beys; mais, si on fait attention, qu'ils ne sont en charge qu'un ou deux ans, & qu'ils n'ont point les Troupes à leur disposition, il y aura beaucoup à rabattre de cette idée.

Milice d'E- gypte.

En effet, Selim, après avoir ainsi disposé des premieres Charges du Gouvernement, & après s'être défait des Mameluks, introduisit une Milice sur le même pied que celle des Turcs, & la fixa à un certain nombre d'Hommes, qui furent pour la plupart levés dans l'Egypte même, & seulement entremêlés de quelques autres, tirés des diverses Provinces de l'Empire, & de quelques-uns des Turcs, qui étoient restés dans le Pays. Ces Milices furent divisées en différentes Classes Militaires, qui sont d'usage dans l'Empire Ottoman, & qui sont connuës sous le nom de *Portes*.

JANISSAI- RES & ASSAFFS.

Mais comme il n'y a que celles des Janissaires & des Assaffs, qui se fassent considérer, & que les autres même se font passer le plus souvent pour être d'un de ces deux Corps, je les obmêts, volontiers, afin de pouvoir parler plus amplement des deux Portes en question.

Ces deux Corps de Milice ne différent que dans leur nombre, qui quelquefois même est plus grand dans l'un que dans l'autre. Du reste leur gouvernement, & leur discipline, se ressemblent entiérement. Cela n'empêche pas, qu'ils ne vivent dans des jalousies continuelles; &, selon toutes les apparences, la faute vient de la part des Janissaires, qui, se croyant plus formidables, en deviennent plus fiers; car quoique, par rapport à la valeur, ils le cédent beaucoup à ceux de Constantinople, ils ne laissent pas de se faire bien de l'honneur de leur nom, & de mépriser les autres Corps.

AGA.

Chaque Porte a un Aga à sa tête. Cet Officier n'est point nommé par le Bacha. Il faut qu'il soit élu par le Corps même, & qu'il soit ensuite revêtu du

Caffetah, ou Brevet du Grand-Seigneur. Il se mêle uniquement des intérêts de sa Porte: il assiste au grand Divan: il préside au Conseil de son propre Corps, & il a sous lui de moindres Officiers, appellés *Kiaja*, ou *Kieche*, & *Sious*.

On entend par Kiaja, ou Kieche, une espéce de Colonels, qui entrent encore au Divan du Bacha, & sont quelquefois des gens de grande importance. Ils forment ensemble une Compagnie; & deux d'entre eux sont choisis, chaque année, pour vacquer aux affaires de leur Porte.

KIAJA, ou KIÉCHE.

Les Sious, ou Têtes-noires, sont de moindres Officiers, qui ne laissent pas cependant d'avoir leur part dans le Gouvernement, selon l'intérêt, qu'ils y sçavent prendre. Il y en a dans chaque Porte quelques centaines.

SIOUS.

Ce seroit ici, sans doute, le lieu de distinguer plus particuliérement les Charges, que je viens de nommer, & d'en faire connoître au juste les différens devoirs; mais outre que je n'ai nulle intention d'entrer dans un plus grand détail sur leur compte, j'avouë franchement, que je n'ai pas assez étudié toutes les régles de leur discipline. D'ailleurs mon but est seulement de faire connoître au Lecteur ce qui s'est passé, dans le tems que j'ai séjourné dans le Pays; & peut-être que cela seul donnera une plus juste idée de leur Etat Militaire, que toutes les descriptions, qu'on en pourroit faire.

Pour achever ce que j'ai à dire en général, touchant le Gouvernement Militaire, j'observerai, que Selim ne trouva pas à propos de conserver dans le Pays aucune Armée Navale; & qui par conséquent on n'y en doit point chercher aujourdhui.

On pourroit presque en dire autant des Places fortes; mais comme, dans toute l'Egypte, il peut encore subsister une demi-douzaine de Chateaux fortifiés, il faut bien leur faire l'honneur d'en dire quelques mots; quoiqu'en effet Selim ait ruïné tout ce qui étoit en état de se défendre.

Ces Chateaux ont des Garnisons, composées de Janissaires & d'Assaffs; & ceux qui les commandent prennent le titre d'Aga. Ils ont des Subalternes nommés *Schorbatschies*, qui forment avec eux le Divan. Leur pouvoir ne s'étend, de droit, que sur les Forteresses, où ils commandent; mais pour peu qu'ils soient intéressés, ils trouvent adroitement les moyens de passer leurs limites, & de s'ingérer dans toutes les affaires du voisinage.

Places fortes.

Tom. I. R Cha-

Chaque Place a un Cadis, ou Juge, qui termine les procès, par des fentences presque toujours en dernier reffort, & fans appel. Il agit pourtant avec quelque circonfpection, de crainte, que les Parties n'ayent des Amis affez puiffans, pour le traduire devant un Tribunal fupérieur.

Le HUALI,
ou Grand-
Maître de
Police.

Il y a au Cayre, outre le Cadis, un Grand Maître de Police, nommé *Huali*, qui y fait à peu près la même figure, que nos Grands-Prevôts font à l'Armée. Les Marchés publics, les poids & les mefures font de fa compétence; & fi quelqu'un tombe en contravention, fes Satellites fçavent rendre une prompte juftice. Il fe promène fouvent en perfonne, tant de jour que de nuit, par la Ville; & comme il eft accompagné d'une cinquantaine de Bourreaux, & qu'il a pouvoir de vie & de mort, fans être tenu de rendre compte de fes actions, fa préfence impofe un très-grand refpect. Heureufement, on fe peut appercevoir, de bien loin, de fa venuë. Chacun a foin alors de fe cacher, ou de fe gliffer dans une autre ruë.

J'ai deja dit, que les Beys étoient chargés du gouvernement des Provinces: la regle n'eft cependant pas fi certaine, qu'elle ne fouffre des exceptions. Plufieurs endroits n'ont que des Cacheffs, ou des Caymakans. Les prémiers gouvernent trois ou quatre Villages à la fois; & les derniers n'en gouvernent qu'un. Mais les uns & les autres y jouïffent des mêmes priviléges, dont jouït un Bey dans fa Province: Il n'y a de différence qu'en ce que le Diftrict des Cacheffs ou des Caïmakans eft plus borné.

MUFFTI &
Docteurs de
la Loi.

En fait de Religion, l'Egypte eft gouvernée par un *Muffti*, & par les Docteurs de la Loi. Ce font eux, qui jugent dans les caufes fpirituelles. Ils prennent encore quelque part au Gouvernement féculier; mais ils ont la politique de fe prêter adroitement, tantôt à une Faction, tantôt à l'autre, reftans toujours attachés à celle qui a le deffus, du moins pour tout le tems qu'elle l'emporte fur les autres.

Je ne dois pas oublier de parler des Princes Arabes, & de dire de quelle façon ils fe gouvernent, & quels moyens on emploie pour les réduire à l'obeïffance. Ce font, je l'avouë, deux articles bien critiques, & très-difficiles à décrire. Je tâcherai pourtant de le faire, & je ne défefpére pas d'y réuffir, en fuivant les lumiéres, que j'ai pu acquérir dans le Pays.

Arabes FÉ-
LAQUES &
BEDOUINS.

Les Arabes, qui fe trouvent dans le Delta, & au deffus du Cayre, jufqu'à Benefoeff, fe divifent en FELAQUES & en BEDOUINS. Les prémiers font des Payfans, qui font leur demeure dans des Villages, & qui font entiérement affujettis

jettis au Gouvernement. Les autres font des Arabes, diſtribués en petites Troupes, chacune avec un Chef, qu'ils appellent *Schech*. Ils habitent toujours ſous des Tentes; & chaque Peloton forme un petit Camp. Comme ils n'ont aucun terrein à eux, ils changent de demeure auſſi ſouvent que bon leur ſemble. Quand ils ſe fixent quelque part, pour un certain tems, ils font accord avec le Bey, le Cacheff, ou le Caïmakan, & achettent, pour une année entiére, la permiſſion de cultiver une certaine portion de terre, ou d'y faire paître leurs troupeaux, pour le tems, dont ils ſont convenus. Ils y demeurent alors tranquillement, vont & viennent dans les Villages, ou Villes voiſines, vendent & achettent ce que bon leur ſemble, & jouïſſent de toute la liberté, qu'ils peuvent déſirer. Ils ſont même moins véxés que les autres Sujets du Grand-Seigneur; car comme ils n'ont rien, on ne ſçauroit rien leur prendre; & ſi on prétendoit les toucher d'ailleurs, la choſe entraîneroit ſans doute de dangéreuſes conſéquences.

Ce ſeroit un grand avantage pour l'Egypte, ſi tous les Arabes vouloient agir auſſi réguliérement que ceux, dont il vient d'être parlé. Le Pays, qui ne manqueroit plus de Laboureurs, ſe verroit cultivé: les Officiers du Gouvernement recevroient exactement les tributs, & pourroient ſubvenir d'autant plus aiſément à ceux qu'ils ſont tenus de payer au Grand-Seigneur; mais ces Bedouins ſont trop volages, & quelquefois trop frippons, pour mener long-tems une vie ſi unie. Quand ils ont fait quelque eſcapade, & qu'ils craignent la juſtice, ou quand on leur a fait du tort, ils plient d'abord bagage, décampent, & complottent avec d'autres Camps. Ils groſſiſſent ainſi leur nombre; & après s'être choiſi un bon Chef, ils vont prendre quartier dans tel endroit du Pays, qu'ils le jugent à propos. Ils ne prennent plus ſoin alors de cultiver le terrein: ils moiſſonnent ſeulement ce qu'ils y trouvent. Les Gouverneurs cherchent d'abord à s'y oppoſer, & les réduiſent quelquefois; mais le plus ſouvent ces Bedouins leur réſiſtent, & ne ſe retirent point, qu'ils n'ayent tout déſolé. Ces pillages ruïnent les Felacques, qui ſe voient hors d'état de payer leur tribut; & comme le Grand-Seigneur ne connoît point de non-valeurs, c'eſt au Bacha, ou aux autres Officiers, à trouver les moyens propres, pour amaſſer les ſommes néceſſaires, afin de faire bon pour ceux, qui ne peuvent pas payer.

On a, preſque tous les ans, de ces ſortes de petites guerres. Lors qu'elles ne ſont pas de durée, la perte, que cauſent les Bedouins, peut être ſupportable; mais, ſi une de leurs Troupes s'eſt une fois bien établie dans un endroit, elle fait d'abord beaucoup de tort aux Voiſins, & finit par détacher de la juriſdiction du Gouvernement le terrein, dont elle s'eſt emparée, & elle prétend le poſſéder, ſans en payer aucun tribut.

On a divers exemples de ces ſortes d'uſurpations; & même dans le tems que j'étois en Egypte, il y eut un de ces Schechs de Bédouins, qui donna bien de l'inquiétude au Gouvernement. Il s'étoit mis en poſſeſſion d'un terrein très-fertile, du côté de Montfalunth; & il y campoit avec les ſiens, au nombre de 4. à 5000. Hommes. On s'étoit oppoſé, dans le commencement, à ſon entrepriſe; mais comme il avoit été aſſez heureux pour remporter quelques avantages ſur le Bey de Girge, il ſe trouvoit, de mon tems, ſi bien affermi, que ſa Troupe, fixée dans le lieu, cultivoit tranquillement les terres, dont elle s'étoit emparée. Le Gouvernement fut obligé d'en venir avec elle à des termes d'accommodement, afin d'empêcher qu'elle ne s'étendît plus loin, & de faire en ſorte, qu'elle laiſſât ſes voiſins en repos. Ces nouveaux Sujets ne payent tribut qu'à leur Chef ſeul; & c'eſt une perte pour le Gouvernement, qui ſe trouve privé du revenu de ces terres.

Les Bedouins d'Ouladjeche, vis-à-vis de Beneſoef, ont une origine ſemblable. Ils ont ſçu ſi bien ſe maintenir dans les terres, qu'ils ont uſurpées, qu'ils vivent maintenant dans une entiére indépendance. Ils ſe ſont même rendus ſi redoutables, qu'il n'y a point de Turc aſſez hardi, pour aller chez eux. Les risques ſeroient trop grands. Les Arabes de ce Canton ne leur font aucun quartier. Ils reçoivent tous les Transfuges; & il n'y a ni priéres, ni menaces, qui puiſſent les engager à les livrer au Gouvernement.

Une autre ſorte d'Arabes habite les montagnes, vis-à-vis d'Ell-Guzoue. Ce ſont de maîtres-frippons, qui volent également, & ſur l'eau, & ſur la terre. Ils ne ſont pas en grand nombre; & le Bey de Girge eſt continuellement à leur pourſuite. Malgré cela ils ſe ſoutiennent au grand préjudice de la navigation ſur la riviére.

J'ai cru, qu'il étoit néceſſaire de donner cette idée des Arabes, afin qu'on ne les confondît pas avec ceux de la Haute-Egypte, dont je vais parler maintenant; & qui, depuis la conquête de Selim, ſe ſont conſervé la poſſeſſion, & même en quelque ſorte la ſouveraineté de leur Pays.

Des Princes Arabes, nommés auſſi *Schechs*, poſſédent toute cette partie de l'Egypte, qui s'étend des deux côtés du Nil, depuis Girge, juſqu'à Eſſuaan. Ils ſont tributaires du Grand-Seigneur; & quand le Pére vient à mourir, le fils, qui lui

ſuc-

succédé, est obligé de payer au Bacha quelques Bourses, par maniére de reconnoissance. Cela s'appelle achetter les terres de son Pére mort. Si un Pére céde, de son vivant, des Domaines à son fils, celui-ci n'est point tenu à ce payement, tant que son Pére est en vie.

Ces Princes regnent en Souverains sur leurs Sujets, & sont si jaloux de leur pouvoir, qu'ils ne souffrent pas, que le Bey de Girge entre sur leurs terres, sans en avoir prémiérement obtenu leur permission; & il n'y a point d'exemple, qu'ils la lui ayent accordée, que pour aller à Kene, où le Bey doit assister à une Fête, ou pour se trouver à une Conférence, qu'ils souhaitent d'avoir avec lui, dans quelques cas extraordinaires.

On compte un grand nombre de ces Princes Arabes; mais on regarde comme les plus considérables ceux de NEGADI, d'ACHMIIN, d'ESNA, de FARCINTH, de NICHÉE, de BERDIS & d'ULADJECHE. Ils tiennent souvent des Assemblées entre eux, afin de prendre les mesures les plus propres pour leur conservation, & pour regler les différens, qui peuvent naître parmi leurs Sujets, & entre eux-mêmes. Ils les terminent ainsi souvent à l'amiable; mais s'il se trouve des Parties trop entêtées, la dispute se décide alors par une guerre ouverte.

Ils ne permettent point, en cas de guerre entre eux, que le Gouvernement envoie des Troupes à l'une, ou à l'autre Partie; ils ne sauroient néanmoins empêcher, qu'il ne tire de leurs quérelles, certains avantages, par des voies obliques. En effet, celui qui a du dessus se peut toujours promettre, que les Turcs lui susciteront de mauvaises affaires, & le brouilleront tellement avec ses Voisins, qu'il ne pourra jamais se relever; & s'il arrive, que tous deux soient épuisés par la guerre, le Gouvernement ne manquera pas d'achever de les accabler tous les deux.

On entrevoit aisément la Politique, dont le Turc se sert pour les réduire. C'est en semant la division parmi eux. Non seulement les différens, que ces Princes ont entre eux; mais encore les prétentions, que les Enfans forment quelquefois à la succession de leur Pére, donnent prise au Turc, & le mettent en état de leur nuire.

Le cas arrivant, par exemple, qu'un Pére laisse dix Enfans après lui, & qu'il n'ait pas fixé la succession sur la tête d'un seul, l'affaire est portée au Cayre, où le Bacha ne manque pas de décider, que la succession sera partagée entre tous les Fréres. Ceux-ci n'étant jamais contens d'une pareille sentence; & le Bacha ne se trouvant pas en état de la faire éxécuter par la force, les Fréres cherchent à soutenir mutuellement leurs prétentions par la voie des armes; & les Vainqueurs se voient obligés d'avoir de nouveau recours au Bacha, pour être confirmés dans la possession de leur Domaine; ce qu'ils n'obtiennent pas, sans qu'il leur en coûte beaucoup d'argent. Outre cela le Bacha en prend occasion de hausser le tribut, que ces Princes doivent à la Porte.

Il ne faut pourtant pas s'imaginer, que tout cela aille aussi vîte que je viens de le raconter. Ces sortes de procès durent quelquefois deux ou trois générations; & dans cet intervale changent souvent de face, selon les différentes conjonctures, qui surviennent, ou dans le Gouvernement, ou dans le Pays. Si le Bacha est bien affermi, il sçait réveiller à propos de vieilles contestations; ce qui est une source d'argent pour lui; & si d'un autre côté le Prince Arabe se trouve dans une bonne situation, il se met fort peu en peine des difficultés, que le Bacha, ou la Régence peuvent lui faire.

Ceux des Princes Arabes, qui se trouvent assez puissans pour se faire respecter, sont ordinairement flatés & recherchés d'amitié par les Beys & par les autres Officiers des Portes, qui ont quelque part dans le Gouvernement. Les Charges de ceux-ci étant sujettes à de fréquentes révolutions, ils tâchent, pendant qu'ils sont en place, de se faire des amis parmi les Princes Arabes, afin de trouver chez eux une sure retraite, au cas que la situation de leurs affaires les oblige de chercher à se mettre en sureté.

VO-

VOYAGE D'EGYPTE ET DE NUBIE,

PAR
Mr. F. L. NORDEN.

QUATRIEME PARTIE,
Contenant la Description des PYRAMIDES,
avec des Remarques sur les OBÉLISQUES.

PYRAMIDES d'EGYPTE.

 vant que de quitter le Cayre & ses environs, je ne sçaurois me dispenser de parler des Monumens les plus dignes de la curiosité de ceux, qui voyagent en Egypte : j'entends les Pyramides, qu'on a mises autrefois au nombre des sept Merveilles du Monde, & qu'on admire encore aujourdhui, depuis le Cayre jusqu'à Meduun.

Des PYRA-
MIDES, en
général.

Ces superbes Monumens ne se trouvent qu'en Egypte; car quoiqu'on en voye une à Rome, qui a servi de tombeau à C. Cestius, elle ne peut passer que pour une simple imitation, & la moindre de celles d'Egypte la surpasse de beaucoup en grandeur. Ainsi elle ne mérite pas, qu'on en fasse une exception de la Thèse générale; & elle n'empêche pas qu'on ne puisse dire, que les Pyramides ne se trouvent qu'en Egypte.

Une autre Thêfe générale, c'eſt, qu'en Egypte même on ne voit de Pyramides, que depuis le Cayre jusqu'à Meduun. Quelques-uns, à la vérité, ont avancé, qu'il y en avoit encore plus loin dans la Haute-Egypte; mais, ou ils ont été trompés par de faux Mémoires, ou ils ont voulu, par une gloire mal-entenduë, faire comprendre, qu'ils avoient pénétré dans des Quartiers, où perfonne n'avoit été, & y avoient vu ce que perfonne n'avoit encore découvert.

Les Pyramides ne font point fondées dans des Plaines; mais fur le roc, au pied des hautes Montagnes, qui accompagnent le Nil dans fon cours, & qui font la féparation entre l'Egypte & la Lybie.

Elles ont toutes été élevées dans la même intention; c'eſt-à-dire, pour fervir de fépultures; mais leur Architecture, tant intérieure qu'extérieure, eſt bien différente, foit pour la diſtribution, foit pour la matiére, foit pour la grandeur.

Quelques-unes font ouvertes: d'autres ruïnées; & la plus grande partie eſt fermée; mais il n'y en a point, qui n'ait été endommagée dans quelqu'une de fes parties.

On conçoit aifément, qu'elles n'ont pu être élevées dans le même tems. La prodigieufe quantité de matériaux, qui y étoit néceſſaire, en fait abfolument fentir l'impoſſibilité. La perfection, dont les derniéres font fabriquées, le témoigne pareillement; car elles furpaſſent de beaucoup les prémiéres, & en grandeur, & en magnificence. Tout ce qu'on peut avancer de plus pofitif, c'eſt que leur fabrique eſt de l'Antiquité la plus reculée, & qu'elle remonte même au-delà des tems des plus anciens Hiſtoriens, dont les Ecrits nous ayent été transmis. Ce que ces Auteurs difent du tems de la conſtruction des Pyramides eſt fondé fur des Traditions plus fabuleufes que probables. Une chofe auſſi admirable que certaine, c'eſt qu'elles fubfiſtent encore de nos jours, quoiqu'on eût déja perdu l'époque de leur commencement, dans le tems, que les prémiers Philofophes Grecs voyagèrent en Egypte.

Si quelqu'un s'avifoit de foutenir, que les plus anciennes Pyramides doivent avoir été fondées dans le même tems que la Tour de Babel, l'idée fembleroit un peu hardie. Mais les Pyramides auroient du moins cet avantage, qu'elles fubfiſtent encore préfentement, au lieu qu'il nous refte à peine quelques veſtiges de cette ancienne Tour.

Il me paroît probable, que l'origine des Pyramides a précédé celle des Hiéroglyphes. Et comme on n'avoit plus l'intelligence de ces caractéres, dans le tems que

les

les Perses firent la conquête de l'Egypte, il faut absolument faire remonter la prémiére Epoque des Pyramides à des tems si reculés dans l'Antiquité, que la Chronologie vulgaire ait peine à en fixer les années.

Si je suppose, que les Pyramides, même les derniéres, ont été élevées avant que l'on eût l'usage des Hiéroglyphes, je ne l'avance pas sans fondement. Qui pourroit se persuader, que les Egyptiens eussent laissé ces superbes Monumens, sans la moindre Inscription Hiéroglyphique, eux, qui, comme on l'observe de toutes parts, prodigueoient les Hiéroglyphes, sur tous les Edifices de quelque considération? Or on n'en apperçoit aucun, ni au dedans, ni au dehors des Pyramides, pas même sur les ruïnes des Temples de la seconde & de la troisième Pyramide: N'est-ce pas une preuve, que l'origine des Pyramides précéde celle des Hiéroglyphes, que l'on regarde néanmoins, comme les prémiers Caractéres, dont on ait usé en Egypte?

Il regne parmi le Peuple, qui habite aujourdhui l'Egypte, une Tradition, qui veut, qu'il y ait eu anciennement, dans le Pays, des Géans; & que ce furent eux, qui élevèrent sans beaucoup de peine les Pyramides, les vastes Palais, & les Temples, dont les restes causent aujourdhui notre admiration.

Cette fable ne mérite guére d'être réfutée. Sa fausseté saute aux yeux. Mais pour détruire absolument ce qu'on pourroit dire en sa faveur, j'observerai, que si le Pays avoit autrefois été peuplé de Géans, les entrées des Grottes, d'où l'on a tiré les pierres pour ces Edifices, auroient du être plus grandes, qu'elles ne sont; que les portes des Bâtimens, dont il s'agit, & qui subsistent encore de nos jours, auroient du pareillement avoir plus de hauteur & de largeur, pour en faciliter l'entrée & la sortie à des Géans; & que les canaux des Pyramides, si étroits, qu'à peine un Homme de nos jours peut s'y traîner, couché sur le ventre, n'auroient été nullement propres pour des Hommes d'une stature, telle qu'on la suppose.

D'ailleurs, rien ne nous donne une plus juste idée de la Stature des Hommes de ce tems-là, que l'Urne, ou le Sarcophage, qu'on voit dans la plus grande & derniére Pyramide, la plus proche du Cayre. Cette preuve éxistante, & incontestable, détruit toutes les idées extravagantes, qu'on se pourroit former de ces Géans. Elle fixe la grandeur du corps du Prince, pour qui la Pyramide a été bâtie; & les Canaux de cette Pyramide font connoître, que les Ouvriers n'ont pas été plus grands que le Prince, puisque l'entrée, & la sortie, suffisent à peine pour donner passage à des Hommes de la taille qu'ils ont présentement.

PYRAMI-DES situées auprès du Cayre.

Les principales Pyramides sont à l'Est-Sud-Est de Gize, Village situé sur la rive Occidentale du Nil, comme je l'ai déja remarqué ci-devant; & comme plusieurs Auteurs ont prétendu, que la Ville de Memphis étoit bâtie dans cet endroit, cela est cause qu'on les appelle communément *les Pyramides de Memphis*.

Il y en a quatre, qui méritent la plus grande attention des Curieux; car, quoiqu'on en voye sept à huit autres aux environs, elles ne sont rien en comparaison des prémiéres, sur-tout, depuis qu'elles ont été ouvertes, & presque entiérement ruinées. Les quatre principales sont presque sur une même ligne diagonale, & distantes l'une de l'autre d'environ quatre cens pas. Leurs quatre faces répondent précisément aux quatre Points Cardinaux, le Nord, le Sud, l'Est & l'Ouest. J'ai donné deux vuës de ces anciens Monumens: l'une prise d'Atter-Ennabi, ou de la grande Mosquée de Deiretiin: l'autre tirée de la Maison du Kaïmakan, à une lieuë de distance.

Planche XLI.
Planche XLII.

Les deux Pyramides les plus Septentrionales, sont les plus grandes, & ont 500. pieds de hauteur perpendiculaire. Les deux autres sont bien moindres; mais elles ont quelques particularités, qui sont cause qu'on les examine & qu'on les admire.

Planche XLIV.

Le Plan des Pyramides, que j'ai lévé, & où j'ai représenté, au juste, leur situation, avec leurs environs, fait voir de quelle maniére elles sont élevées sur le roc au pied des Montagnes. Le roc ne s'étant pas trouvé par-tout égal, on l'a applani avec le ciseau; comme on le découvre en plusieurs endroits; & cette Plaine artificielle a un talu du côté du Nord, & du côté de l'Orient; ce qui favorisa de ce dernier côté la construction de diverses levées, qui donnoient le moyen de transporter commodément les matériaux nécessaires pour les Pyramides. Cette plaine peut avoir quatre-vingt pieds d'élévation perpendiculaire, au dessus de l'Horison des terres, qui sont toujours inondées du Nil; & elle a une lieuë Danoise de circonférence.

Quoique cette Plaine soit un roc continuel, elle est pourtant presque toute couverte d'un sable volant, que le Vent y apporte des hautes montagnes des environs. On trouve, dans ce sable, quantité de coquillages & d'Huitres pétrifiées, chose d'autant plus surprenante, que le Nil ne monte jamais assez haut pour inonder cette Plaine: outre que quand il y parviendroit, il ne pourroit pas en être regardé comme la cause, puisque ce Fleuve, ni ne roule, ni n'a même dans tout son cours, aucuns coquillages. D'ailleurs on auroit à demander, d'où viennent ces coquillages de la même espéce, que l'on trouve jusque sur les Pyramides mêmes. Mr. Scheuczer

auroit,

auroit, je pense, de la peine à conjecturer ici, que ce sont des restes du Déluge universel. Dans ce cas-là il seroit obligé de dire, que les Pyramides auroient pu se soutenir contre un Déluge si terrible. Le miracle ne lui paroîtroit-il pas trop grand? J'ajouterai, que, dans ce Quartier, on trouve de ces célébres cailloux, qui, par la singularité de leurs couleurs, sont beaucoup plus estimés que l'Agate, & dont on fait au Cayre des tabatiéres & des manches de couteaux.

La plus Septentrionale de ces grandes Pyramides est la seule, qui soit ouverte; & comme elle est celle, qu'on rencontre la prémiére, je commencerai par elle ma déscription: après quoi j'examinerai ce qui se présente de plus remarquable dans les autres.

On connoît si bien la figure d'une Pyramide, qu'il seroit superflu de s'arrêter à la décrire. J'observerai néanmoins, en passant, que c'est la figure la plus solide, qu'il soit possible de donner à un corps de bâtiment. Il n'y a pas moyen de la ruiner, si on ne commence par le dessus. Elle pose sur des pieds trop fermes, pour l'attaquer de ce côté-là; & quiconque l'entreprendroit y trouveroit autant de peine, qu'on en a eu à l'élever.

Il faut être bien près de cette Pyramide Septentrionale, & pour ainsi dire mesurer sa propre grandeur avec elle, pour pouvoir discerner l'étenduë de cette Masse énorme. Elle est ainsi que les autres, tant grandes que petites, sans fondemens artificiels. La nature les lui fournit par le moyen du roc, qui en lui-même est assez fort, pour supporter ce poids, qui véritablement est immense.

L'extérieur de la Pyramide est, pour la plus grande partie, construit de grandes pierres quarrées, taillées dans le roc, qui est le long du Nil, & où, encore aujourdhui, on voit les grottes, d'où on les a tirées. La grandeur de ces quartiers de pierres n'est pas égale; mais ils ont tous la figure d'un prisme. L'Architecte les a tous fait tailler de la sorte, pour être mis l'un sur l'autre, & pour être comme collés ensemble. On diroit, que chaque rang doit former un degré autour de la Pyramide. Mais il n'en est pas ainsi en effet. L'Architecte a seulement observé la figure Pyramidale, sans s'embarrasser de la régularité des degrés.

Ces pierres ne sont pas à beaucoup près si dures, qu'on pourroit se l'imaginer, puis qu'elles ont subsisté si long-tems. Elles doivent proprement leur conservation au Climat, où elles se trouvent, qui n'est pas sujet à des pluyes fréquentes. Malgré

gré cet avantage même, on obferve, principalement du côté du Nord, qu'elles font vermoulués: auffi s'en faut-il de beaucoup, que ces pierres-là ne foient auffi dures, que celles de Brême & de Bentheim. Leurs diverfes affifes extérieures ne font jointes, que par le propre poids des pierres, fans chaux, fans plomb, & fans ancres d'aucun métal. Mais, quant au corps de la Pyramide, qui eft rempli de pierres irréguliéres, on a été obligé d'y employer un mortier, mêlé de chaux, de terre & d'argile. On le remarque clairement à l'entrée du fecond canal de cette prémiére Pyramide, qu'on a forcée pour l'ouvrir.

On n'apperçoit pas la moindre marque, qui prouve, qu'elle ait été revêtuë de marbre; car quoique certains Voyageurs l'ayent conjecturé, en voyant le fommet de la feconde Pyramide revêtu de granit; il y a d'autant moins d'apparence à cela, qu'on ne trouve pas aux degrés le moindre refte du granit, ou du marbre, & qu'il n'auroit pas été poffible de l'enlever, de maniére qu'il n'en demeurât rien. Il eft vrai qu'autour de la Pyramide, & autour des autres, on apperçoit quantité de petits morceaux de granit & de marbre blanc; mais il ne me paroît pas que cela prouve, que les Pyramides en ayent été revêtuës. On avoit employé ces fortes de matériaux au dedans, & à des Temples, qui étoient au dehors: ainfi il eft plus naturel de préfumer, que ces reftes viennent plutôt du travail des pierres, pour les employer, ou de la ruïne des temples, que des marbres qu'on auroit détachés par force du revêtement des Pyramides.

Celle que je décris eft à 3. heures de chemin du Vieux Cayre. Pour y aller, lorsque le Nil eft bas, on fe met fur l'eau, près de l'Isle de Rodda, & l'on fe fait tranfporter à Gize, par le moyen d'une barque. La diftance n'eft que d'un coup de fufil. On fait le refte du chemin par terre. Mais quand les eaux font accruës à leur plus haut degré, on peut aller par eau du Vieux-Cayre même jufqu'au roc, fur lequel font bâties les Pyramides.

Son entrée eft du côté du Nord. A fes quatre angles on connoît aifément, que fes pierres les plus baffes font les prémiéres pierres angulaires & fondamentales, mais delà, jufqu'au milieu de chaque face, le vent a formé un glacis de fable, qui, du côté du Nord, monte fi haut, qu'il donne la facilité de parvenir commodément jufqu'à l'entrée de la Pyramide.

Cette entrée, de même que celles de toutes les autres, a été pratiquée fous la Doucine de la Pyramide, environ à 48. pieds au deffus de l'Horifon, & un peu plus
à l'Eft

à l'Eſt qu'à l'Oueſt. Pour la découvrir, on a coupé jusque-là la pente de la Pyramide.

L'Architrave du prémier Canal, qui commence à cette ouverture, ſemble promettre un portail; mais après avoir fait couper, ſans trouver par derriére que des pierres, ſemblables à celles, dont on s'eſt ſervi pour bâtir la Pyramide, on a renoncé au deſſein de chercher une autre ouverture, que celle, qu'on avoit déja découverte.

Cette ouverture conduit ſucceſſivement à cinq différens Canaux, qui, quoique courans en haut, & en bas, & horizontalement, vont pourtant tous vers le Midi, & aboutiſſent à deux Chambres, l'une au deſſous & l'autre au milieu de la Pyramide.

Tous ces Canaux, à l'exception du quatrième, ſont preſque d'une même grandeur; ſçavoir de trois pieds & demi en quarré. Ils ſont auſſi tous d'une même fabrique, & revêtus, des quatre côtés, de grandes pierres de marbre blanc, tellement polis, qu'ils ſeroient impraticable, ſans l'artifice dont on s'eſt ſervi. Et même, quoiqu'on y trouve préſentement, de pas en pas, de petits trous, coupés pour y aſſurer les pieds, il coûte encore aſſez de peine pour avancer; & celui qui fait un faux pas, peut compter, qu'il retournera à reculons, malgré lui, jusqu'à l'endroit d'où il eſt parti.

On prétend, que tous ces canaux ont été fermés, & remplis de grandes pierres quarrées, qu'on y avoit fait gliſſer, après que tout l'ouvrage avoit été achevé. Ce qu'il y a de bien certain c'eſt que le bout du deuxième Canal a été fermé; car on voit encore deux grands carreaux de marbre, qui lui otent la communication avec le prémier Canal. Mais, à dire le vrai, il n'eſt pas aſſez grand à l'entrée, pour y faire paſſer un Homme; & encore moins pour y faire gliſſer une auſſi grande quantité de groſſes pierres néceſſaires pour boucher les autres Canaux.

Quand on a paſſé les deux prémiers, on rencontre un repoſoir, qui a, à main droite, une ouverture, pour un petit canal, ou puits, dans lequel on ne rencontre, à l'exception d'un autre petit repoſoir, que des Chauve-ſouris. Après y avoir ſouffert beaucoup d'incommodité, on a le déſagrément de ne point voir ſa derniére ſortie, à cauſe du ſable, qui la bouche.

Du prémier repoſoir, dont j'ai parlé, le troiſième Canal méne à une chambre, d'une grandeur médiocre, remplie à moitié de pierres, qu'on a tirées de la muraille à la droite, pour y ouvrir un autre Canal, qui aboutit près delà à une niche. Cette Chambre a une voûte en dos-d'Ane, & est partout revêtuë de granit, autrefois parfaitement poli; mais aujourd'hui extrêmement noirci par la fumée des flambeaux, dont on se sert pour visiter cette chambre.

Après être retourné par le même chemin, on grimpe jusqu'au quatrième Canal, pourvu de banquettes de chaque côté. Il est très-haut, & a une voûte presque en dos-d'Ane.

Le cinquième Canal conduit jusqu'à la Chambre supérieure; & avant que d'y arriver, on trouve au milieu du Canal un petit appartement un peu plus haut que le Canal, mais qui n'est pas plus large. Il a, de chaque côté, une incision pratiquée dans la pierre, apparemment pour y faire couler celles, qui étoient destinées à fermer l'entrée de la Chambre, qui, comme la précédente, est revêtuë & couverte de grandes pierres de granit.

On trouve, au côté gauche, une grande urne, ou, pour mieux dire, un Sarcofage de granit, qui a simplement la figure d'un parallélepipéde, sans aucun ornement d'ailleurs. Tout ce qu'on en peut dire, c'est que cette piéce est fort bien creusée, & qu'elle sonne comme une cloche, quand on la frappe avec une clef.

Au Nord du Sarcofage on apperçoit un trou assez profond, fait depuis que le bâtiment de la Pyramide est achevé. La raison n'en est pas connuë: il est pourtant à présumer, avec bien de la vraisemblance, qu'il s'est trouvé au dessous quelque cavité; car il semble, que le pavé est tombé de lui-même, après que le fondement de la chambre aura été enfoncé.

Il n'y a pas autre chose à voir dans cette chambre, si ce n'est deux fort petits canaux, l'un du côté du Septentrion, l'autre du côté du Midi. Il n'est pas possible de déterminer leur usage, ni leur profondeur, parce qu'ils sont bouchés de pierres, & d'autres choses, que les Curieux y ont jettées, pour tâcher de connoître jusqu'où ils vont.

Les III. autres PYRAMIDES. Les trois autres grandes Pyramides, comme je l'ai déja remarqué ci-dessus, sont situées presque sur la même ligne, que la précédente, & peuvent être à environ cinq à six cens pas l'une de l'autre.

Celle

Celle qui est la plus proche de la prémiére, & qu'on appelle communément la seconde, paroît plus haute que la prémiére; mais cela vient du fondement, qui se trouve plus élevé; car d'ailleurs, elles sont toutes deux de la même grandeur. Elles sont aussi entiérement semblables, & ne différent guére entre elles, qu'en ce que la seconde est si bien fermée, qu'on n'y apperçoit pas le moindre indice, qui témoigne, qu'elle ait été ouverte. Son sommet est revêtu, des quatre côtés, de granit, si bien joint & si bien poli, que l'homme le plus hardi n'entreprendroit pas d'y monter. On voit, il est vrai, çà & là, des incisions dans les pierres; mais comme elles ne sont pas pratiquées à des distances égales, & ne continuent pas assez haut, c'en est assez pour faire perdre l'envie qu'on auroit d'essayer d'y monter.

Deuxième PYRAMI-DES.

Du côté de l'Orient on voit les ruïnes d'un Temple, dont les pierres sont d'une grandeur prodigieuse; & du côté de l'Occident, à environ trente pieds de profondeur, il y a un Canal creusé dans le roc, sur lequel pose la Pyramide; ce qui fait connoître, qu'il a falu baisser le roc d'autant pour former la plaine.

La troisième Pyramide est moins haute que les deux prémiéres, de cent pieds; mais du reste elle leur ressemble entiérement pour la construction. Elle est fermée comme la seconde & sans revêtement. On trouve au Nord-Est quantité de grandes pierres; mais, il est à croire, qu'elles ont plutôt servi au Temple qu'à la Pyramide. Ce Temple, situé du côté Oriental, comme celui de la seconde Pyramide, est plus reconnoissable dans ses ruïnes, que l'autre. Les pierres en sont aussi d'une grandeur prodigieuse; & l'on s'apperçoit, que l'entrée étoit du côté de l'Orient.

Troisième PYRAMI-DES.

Quant à la quatrième Pyramide, elle est encore de cent pieds moindre que la troisième. Elle est aussi sans revêtement, fermée, & semblable aux autres, mais sans Temple, comme la prémiére. Elle a pourtant une chose digne d'être remarquée; c'est que son sommet est terminé par une seule & grande pierre, qui semble avoir servi de piédestal. Du reste elle se trouve située hors de la ligne des autres, étant un peu plus à l'Ouest.

Quatrième PYRAMI-DES.

Ces quatre grandes Pyramides sont environnées de quantité d'autres plus petites, & qui, pour la plupart, ont été ouvertes. Il y en a trois, à l'Orient de la prémiére Pyramide; & deux d'entre elles sont ruïnées, de maniére qu'on n'y connoît pas même la chambre. A l'Occident de la même Pyramide, on en trouve un grand nombre d'autres, mais toutes aussi ruïnées.

Vis-à-vis de la seconde Pyramide il y en a cinq à six, qui ont aussi été toutes ouvertes; &, dans une, j'ai observé un puits quarré, de 30. pieds de profondeur. Tout le reste est rempli de sable & de pierres.

Planches
XLV.
XLVI. &
XLVII.

Environ 300. pas à l'Orient, de la seconde Pyramide, on remarque la tête du grand & célébre Sphinx, que j'ai eu soin de dessiner.

On découvre aussi aux environs des Pyramides des Grottes sépulcrales; & sur quelques-unes d'entre elles j'ai observé des Hiéroglyphes, qui prouvent, que ces Sépultures n'ont été pratiquées, que long-tems après la fondation des Pyramides. Elles sont toutes ouvertes, & dépouillées de ce qu'on leur avoit confié. J'en visitai plusieurs; mais je n'y trouvai que la moitié d'une petite Idole, ouvrage de potterie, & telles qu'on en trouve encore aujourdhui en grande quantité aux environs des Pyramides, voisines de Saccara, dans le Quartier, qu'on appelle *la Terre des Momies*.

Remarques
sur la Promenade pour
voir les Pyramides.

Pour aller voir ces Pyramides, de même que les autres Antiquités de l'Egypte, on choisit la saison de l'Hiver, c'est à dire, depuis le mois de Novembre jusqu'à la mi-Avril. C'est-là le tems le plus propre. La Campagne se trouve alors desseiché de toutes parts: au lieu qu'en Eté, l'inondation du Nil rend la plus grande partie des Antiquités inaccessible, parce qu'on manque dans ce Pays-là des petits batteaux commodes pour aller où l'on voudroit.

Une autre raison rend encore la visite des Antiquités difficile & même périlleuse pendant l'Eté. C'est que les Arabes descendent, dans cette Saison, des Montagnes, afin de camper le long du Nil; & comme la Justice n'a pas alors la liberté de les approcher, ils ne se font pas une peine de dépouiller les Etrangers.

Quand on entreprend, en Hyver, d'aller visiter les Pyramides, on s'attache à se former une Compagnie, tant pour faire cette promenade avec plus d'agrément, que pour être en état de mieux observer toutes choses. Ceux qui y ont déja été donnent de l'émulation à l'Etranger par leurs discours, & l'aident à faire de plus exactes recherches, qu'il ne feroit s'il étoit seul. A la vérité on est exposé à entendre quelquefois des raisonnemens bien absurdes; il y a pourtant toujours à y profiter, pour une personne en état de faire le discernement de ce qu'on lui débite.

Si on part du Cayre, on fait cette promenade en un jour ou deux; & supposé qu'on la veuille faire en deux, on part monté sur des Anes, pour chacun desquels

quels on paye onze Parats. On traverse ainsi la Ville: on passe en suite le Califch, qui dans cette saison se trouve à sec: on traverse encore l'Isle de Rodda, où du côté gauche, & derriére le Mokkias, on prend une Barque, dans laquelle on fait auſſi entrer les Anes. On va débarquer à Gize, Village vis-à-vis du Cayre. On ne s'y arrête point: on avance tout de suite, jusqu'à une lieue de-là, où on loge chez le Kaïmakan, qui a toujours quelques chambres à donner. On y passe la nuit, quoique fort mal; car on n'y trouve ni lits, ni aucunes autres commodités. Outre cela on y eſt persécuté par les Punaises; mais une nuit est bien-tôt passée, & on s'accommode comme on peut.

Le lendemain matin, après avoir payé un Sequin pour une si misérable auberge, on prend la route des Pyramides. Cependant, avant que d'y arriver, on passe par un autre petit Village, auprès duquel il y a ordinairement un Camp d'Arabes. On en prend avec soi deux, qui ayent la connoissance des Pyramides; & on continuë ensuite son chemin, jusqu'à ce qu'on soit arrivé au pied des Montagnes, près desquelles sont situées les Pyramides; alors on met pied à terre, pour achever le reste du chemin.

Quand on se trouve à l'ouverture de la prémiére Pyramide, on tire quelques coups de piſtolets, pour en chaſſer les Chauve-souris: après quoi on fait entrer les deux Arabes afin d'écarter le sable, qui bouche presque entiérement le paſſage.

Au bout de ces préambules nécessaires, on a la précaution de se déshabiller entiérement, & l'on ôte jusqu'à la chemise, à cause de l'exceſſive chaleur, qui régne dans la Pyramide. On entre, en cet état, dans ce Canal; & chacun a une bougie à la main; car on n'allume point les flambeaux, que l'on ne soit dans les Chambres, de crainte de cauſer trop de fumée.

Lorsqu'on eſt parvenu à l'extrémité du Canal, où le paſſage eſt forcé, on trouve une ouverture, qui a, à peine, un pied & demi de hauteur, & deux pieds de largeur. C'eſt pourtant par ce pertuis, qu'on eſt obligé de paſſer en rampant. Le Voyageur se couche ordinairement par terre; & les deux Arabes, qui ont pris les devans, saisiſſent chacun une de ses jambes, & l'entraînent ainsi par ce difficile paſſage, au travers du sable & de la pouſſiére. Heureuſement ce paſſage n'eſt que de deux aunes de longueur: autrement ce travail seroit insupportable pour quelqu'un qui n'y seroit pas accoutumé.

Après qu'on a passé ce détroit, on rencontre une grande place, où ordinairement on prend haleine, en usant de quelques rafraîchissemens. Cela donne le courage de pénétrer dans le second Canal, qui est bien respectable.

Ces Canaux, comme je l'ai déja dit, sont très-glissans. Heureusement on y a taillé, de pas en pas, des trous ronds, qui font, qu'on avance assez commodément, quoique toujours courbé.

Au bout de ce second Canal, il y a un reposoir, à la droite duquel est l'ouverture, qui donne l'issuë dans le puits, non par le moyen de quelques degrés, mais par un tuyeau perpendiculaire, & à peu près comme les Ramonneurs descendent dans une cheminée.

A l'extrémité du reposoir commence le troisième Canal, qui conduit à la chambre inférieure. Il court horizontalement, & en ligne droite. On rencontre, au devant de la chambre, quelques pierres, dont le chemin est embarassé; mais on surmonte pourtant cette difficulté, quoiqu'avec un peu de peine.

Tout le dedans de la chambre est pareillement couvert de pierres; & quiconque prétendroit examiner le chemin, d'où on les a tirées, s'exposeroit presque à la même cérémonie, qui se fait, en passant du prémier Canal au second; car c'est un passage forcé, étroit & peu frequenté. Il n'y a que très-peu de personnes, qui ayent la curiosité d'y entrer, d'autant qu'on sçait, que le chemin ne va pas loin, & qu'il n'y a rien à y voir qu'une niche.

Lors qu'on a fait la visite de la chambre inférieure, on retourne sur ses pas, le long du Canal horizontal, pour regagner le reposoir, qui prive le quatrième Canal de son angle aigu, par lequel il touchoit au second Canal, & oblige de monter, en s'accrochant avec les pieds à quelques entailles, faites de chaque côté du mur. C'est de cette maniére que l'on gagne le quatrième Canal, qui va en montant. On s'y glisse en rempant. Car quoiqu'il ait 22. pieds de hauteur, & des banquettes de chaque côté, il est pourtant si roide, & si glissant, que si on vient à manquer les trous creusés pour faciliter la montée, on glisse à reculons, & on retourne, malgré qu'on en ait, jusqu'au reposoir.

Ces difficultés surmontées, on se repose un peu au bout du Canal, où l'on rencontre une petite platte-forme. Il faut ensuite recommencer à grimper. Cependant

pendant comme on trouve d'abord une nouvelle ouverture, où l'on peut se tenir debout, on oublie bien-tôt cette peine, pour contempler cette espéce d'entresole, qui d'abord n'est que d'une palme plus large que les Canaux; mais s'élargit ensuite des deux côtés; & enfin, en se baissant pour la derniére fois, on passe le reste du cinquième Canal, qui conduit, en ligne horizontale, au salon supérieur, d'ont j'ai donné ci-devant la description.

Quand on est dans ce salon, on tire ordinairement quelques coups de pistolet, pour se donner le plaisir d'entendre un bruit pareil à celui du tonnerre; & comme on perd alors l'espérance de rien découvrir au-delà de ce que les autres ont déja remarqué, on reprend le chemin par où l'on est venu, & l'on s'en retourne de la même maniére, ainsi qu'avec la même peine, sur-tout à cause de la quantité des pierres & du sable qui embarassent l'entrée.

Dès que l'on est sorti de la Pyramide, on s'habille: on se couvre bien; & on boit un bon verre de liqueur; ce qui préserve de la pleurésie, que le changement subit d'un air extrêmement chaud à un air plus tempéré, pourroit causer. Ensuite quand on a repris sa chaleur naturelle, on monte sur la Pyramide, afin de contempler de là le Paysage des environs, qui charme la vue. On y apperçoit, ainsi qu'à l'entrée, & dans les chambres, les noms de quantité de personnes, qui ont visité en différens tems cette Pyramide, & qui ont voulu transmettre à la postérité la mémoire de leur voyage.

Après avoir bien consideré cette prémiére Pyramide, on prend congé d'elle, & on s'approche de la seconde, qu'on a bien-tôt expédiée, parce qu'elle n'est pas ouverte. On y contemple les ruïnes du Temple, qu'elle a du côté de l'Orient; &, en descendant insensiblement, on arrive au Sphinx, dont on admire la grandeur énorme, en concevant une sorte d'indignation pour ceux, qui ont eu la brutalité de maltraiter étrangement son nez. On visite de même les autres Pyramides, tant grandes que petites, & les grottes du voisinage.

Si on veut encore une autre matière à satisfaire sa curiosité, on n'a qu'à s'approcher des Ponts antiques, dont j'ai dessiné les Plans, les Coupes & les Profils, & qui sont situés à l'Est-quart-Nord de Gizé, & au Nord-quart-Ouest des Pyramides. Ils sont élevés dans une plaine, tous les ans inondée, dans le tems du débordement des eaux du Nil, à environ une demi-lieue des montagnes, & à égale distance de la prémiére Pyramide.

PONTS antiques.
Planche LIV.

Ces Ponts font au nombre de deux. Le prémier s'étend Nord & Sud, & le fecond Eft & Oueft. On n'en connoît point aujourd'hui l'ufage. Leur fituation dans une campagne, qui n'eft pas plus expofée aux eaux, que les autres plaines, donne quelque furprife; & il n'eft pas poffible d'imaginer la caufe de leur fondation, à moins de fuppofer, qu'il y a eu autrefois un Califch dans cet endroit-là.

Leur fabrique, & les Infcriptions, qu'on y lit, témoignent, que ce font des ouvrages des Sarazins. Celui qui va du Nord au Sud a dix arches fur 241. pieds de longueur, & 20. pieds, 4. pouces de largeur. Leur hauteur, au deffus de l'Horifon, eft de 22. pieds. Ils font faits de grandes pierres de taille, à peu près auffi molle que celle de Bentheim.

Ces deux Ponts, diftans l'un de l'autre de 400. pas, fe joignent par une muraille de briques, en façon de digue, & qui reprend à l'extrémité de chaque pont; mais n'aboutit à rien.

Quand on a fini d'examiner toutes ces Antiquités, on s'en retourne à la Ville, de la même maniére qu'on étoit venu; fi ce n'eft qu'on fait la route tout de fuite, fans s'arrêter nulle part.

On a toujours foin, dans cette promenade, de fe faire accompagner par un Janiffaire. Quoiqu'il ne rende pas grand fervice, fa préfence infpire cependant au Peuple de certains égards, & fert du moins à s'épargner la peine de fe détourner du chemin, pour le céder à ceux qu'on peut rencontrer. On lui paye, pour ce voyage, un *Fendoucli*, ou un Sequin. Les Arabes, qui ont accompagné les Voyageurs, font bien payés quand on leur donne vingt Parats à chacun; de forte que cette promenade peut coûter en tout quatre Sequins pour toute la Compagnie, fans y comprendre les provifions de bouche, dont il ne faut pas oublier de fe pourvoir; car c'eft un hazard, fi on trouve dans les Villages autre chofe que du beurre & des oeufs.

Au cas qu'on veuille faire la promenade dans un feul jour, la chofe eft poffible. Il faut pour cela partir de grand matin du Cayre, & ne point s'arrêter en chemin. On peut vifiter commodément tout ce qu'il y a à voir, & retourner même de bonne heure au Cayre. La dépenfe alors ne montera guére qu'à la moitié. J'ai pratiqué l'une & l'autre de ces maniéres; & la derniére m'a plu davanvantage. Car quoiqu'on n'ait pas autant de tems de refte, que quand on fait la promenade en deux jours, on en a toujours affez; & il n'y a rien qui paffe les forces d'un Voyageur. Pour moi, j'aimerois mieux y aller deux fois de cette maniére, qu'une fois de l'autre.

Pour n'en point faire à deux fois, je joindrai ici la defcription des Pyramides de Dagjour, nom que l'on donne à toutes les Pyramides, qui font au midi de celles de Memphis, quoique les unes ne foient proprement qu'une fuite des autres.

Pyramides de DAGJOUR.

Les Pyramides de Dagjour finiffent auprès de Meduun, où fe trouve la plus méridionale de toutes. Plus on en eft éloigné, plus elle frappe la vuë; mais quand on en approche de près, elle ne paroît pas de grande conféquence, n'étant bâtie que de grandes briques cuittes au Soleil. C'eft la raifon pourquoi les Arabes, & les Turcs, l'appellent communément *la fauffe Pyramide*. On la découvre de fort loin, & d'autant plus diftinctement, qu'elle n'eft pas fi près des Montagnes, ni dans le voifinage des autres Pyramides. Elle eft élevée fur une petite Colline de fable. Ses quatre côtés font égaux, & defcendent en pente jufqu'à l'Horifon en forme de glacis. Elle a trois à quatre degrés, dont le plus bas peut avoir vingt pieds de hauteur perpendiculaire.

Cette Pyramide n'a point été ouverte; & elle fera fans doute déformais à l'abri de cette infulte, parce qu'elle n'a que très-peu d'apparence. L'envie ne viendra, je penfe, à perfonne d'en entreprendre la deftruction, qui engageroit à trop de dépenfes & de hazards.

Parmi les autres Pyramides de Dagjour, dont la plus grande partie eft fituée près de Sakarra, il n'y en a que deux, qui méritent quelque attention; car les autres ne font pas bien grandes. L'une de celles-là a été ouverte; mais comme on peut confidérer avec plus de fureté & avec plus de commodité l'intérieur de la grande Pyramide voifine du Cayre, il y a peu de Voyageurs qui s'expofent à aller vifiter celles de Sakarra. On y en compte pourtant une vingtaine, tant grandes que petites, & qui ne préfentent pas un afpect défagréable.

Ces Pyramides font toutes fituées au pied des Montagnes; & il femble que la Nature ait tout exprès ménagé dans cet endroit une plaine pour cet ufage. En effet on n'en trouve point dans toute l'Egypte de pareille; car non feulement elle eft

fort

88 Voyage d'Egypte

fort vaste, mais elle est encore si élevée au dessus de l'Horison ordinaire, que le Nil ne l'inonde jamais. Quand on en considére bien la Situation, on se persuade aisément, que c'est à peu près l'endroit où étoit bâtie l'ancienne Ville de Memphis; & j'oserois presque conjecturer, que les Pyramides, dont il s'agit, étoient comprises dans l'enceinte de cette Capitale.

Quoiqu'il en soit, les Pyramides de Dagjour ne différent point de celles qui sont vis-à-vis du Cayre. Elles ont pourtant souffert davantage, puis qu'elles se trouvent beaucoup plus endommagées: d'où on présume qu'elles sont plus anciennes. Il y en a deux, qui ne cédent point en grandeur à celles du Cayre; mais leur fabrique n'est ni si propre, ni si bien entenduë, que celle des autres. Quelques-unes sont bâties perpendiculairement, & comme par degrés, ou par étages.

Planche LII.

Il ne seroit pas néanmoins possible d'y monter, à cause que chaque degré, ou étage, est de 30. à 40. pieds de hauteur.

LET-

& *de Nubie.*

LETTRE
de
Mr. F. L. NORDEN,
à

Mr. le Chevalier
MARTIN FOLKES.

Monsieur !

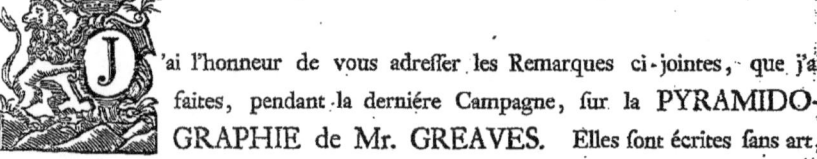'ai l'honneur de vous adresser les Remarques ci-jointes, que j'ai faites, pendant la derniére Campagne, sur la PYRAMIDO-GRAPHIE de Mr. GREAVES. Elles sont écrites sans art, & même sans l'assistance de mes Desseins, que j'avois fait partir avant que de m'embarquer. Je n'ai point touché à ses mesures, que je trouve justes pour la plus grande partie; & dans les endroits, où il manque, il ne péche, que pour avoir voulu prétendre à plus d'exactitude, qu'il n'y en pouvoit mettre. Généralement parlant, je le regarde comme un Auteur de mérite; & ce que j'ai écrit sur sa *Pyramidographie* est plutôt pour ajouter, que pour détruire. Du reste je ne me suis attaché qu'aux choses, dont je me ressouvenois parfaitement, & j'ai passé sous silence celles, touchant lesquelles j'avois le moindre doute, & où il m'auroit falu consulter mes papiers. Comme vous êtes, Monsieur, un excellent juge dans ces matiéres, j'abandonne mes Remarques à votre critique, vous priant seulement d'être persuadé, que ce qui me fait le plus de plaisir, c'est de trouver l'occasion, de vous témoigner la considération, & la parfaite estime, avec lesquelles je suis, &c.

à Portsmouth
ce 11. Octob. v. s. 1740.

REMARQUES
sur la
PYRAMIDOGRAPHIE
de
Mr. JOHN GREAVES,
ci-devant Professeur à Oxford.

Pag. 1. Authors or Founders of the Pyramids.

uoique tous les anciens Auteurs, qui ont parlé de l'Egypte, ayent des opinions différentes, sur le tems, & sur les noms de ceux, qui ont fondé les Pyramides, il semble néanmoins, que les Epoques de la construction de ces énormes masses doivent remonter plus loin qu'on ne l'a supposé. Nous verrons, par les raisons, que je vais alléguer, les changemens, qu'on y peut admettre.

Ibid. Whereas all these pyramids consist of Stone - -

Cela marque que Mr. Greaves n'a pas pénétré assez avant dans la Haute-Egypte, pour voir la Pyramide, bâtie de grandes briques, cuites au Soleil, la même indubitablement, dont Hérodote fait Cheops Fondateur, & qui est située à quatre lieues du Cayre.

Quant à ce qui concerne les ouvrages, auxquels on appliquoit les Israëlites en Egypte, je conviendrai, que je n'ai pu rencontrer aucunes ruïnes de briques cuites au feu. Il y a, à la vérité, une muraille de cette espéce, fort enfoncée dans la terre, & assez longue, proche des Pyramides, & qui joint les Ponts des Sarasins, situés dans la plaine; mais elle paroît trop moderne, pour croire que les briques, dont elle est formée, ayent été faites par les Israëlites. Tout ce que j'ai vu d'ailleurs en fait de maçonnerie de briques, est de la grande espéce des briques cuites au Soleil, comme celles de la Pyramide, dont il vient d'être parlé.

Pag.

Pag. 9. Certain Sepulcher, being a quadrilateral Pyramid - - -
* Diodorus related that over the Sepulcher - - -

Le Sépulcre, dont il est ici question, & d'où, selon Diodore de Sicile, Cambyses emporta un Cercle d'or, est celui d'Osymandyas. Il n'est point dans la Pyramide, comme Mr. Greaves le conjecture, fondé sur le texte de Strabon; mais, selon toutes les apparences, c'est celui, qui subsiste encore tout entier à Lukkoreen, & parmi les ruïnes de l'ancienne Thébes. Les murailles de ce sépulcre, & celles du Temple, où il est posé, sont couvertes de figures, qui représentent le Convoi funébre, & les sacrifices, qui furent faits à la mort de ce Prince, comme les ruïnes des Palais & de leurs Portiques contiennent les guerres & les grandes actions de ce même Monarque. C'en est assez pour prouver que c'est-là, & non pas dans la Pyramide, qu'il faut placer son sépulcre. J'ai dessiné le tout sur les lieux, & on peut voir même, dans mes desseins, l'endroit, où le Cercle d'or peut avoir été attaché.

Pag. 16. Of the Time in which the Pyramids were built - - -

Je passe par dessus toutes les conjectures, tant anciennes que modernes; & je me borne à proposer seulement deux Points, qui me persuadent, que le tems de la fondation des Pyramides est bien plus reculé, que celui qu'on leur fixe communément.

I. Sur quelque Pyramide que ce soit, on ne trouve, ni en dedans, ni en dehors, aucune figure Hiéroglyphique. Cependant nous sçavons, que les Egyptiens ne les obmettoient jamais: toutes les autres ruïnes en font foi, & en sont couvertes, en dehors & en dedans. Il semble donc, qu'il y ait lieu de conjecturer, que les Pyramides, même les plus modernes, ont été bâties avant que cette sorte d'Ecriture ait été inventée. Cela supposé, & que, dès le tems de Cambyses, on avoit déja perdu l'intelligence de ces caractéres, je laisse à conjecturer, combien haut il faut remonter l'Epoque de leur construction. On ne sçauroit du moins disconvenir, qu'elles n'ayent été bâties, avant qu'on ait élevé aucuns des Temples, ou des Palais, dont nous admirons encore aujourd'hui les prodigieuses ruïnes.

Ce sentiment une fois admis, on doit pareillement convenir, que les Pyramides ont été construites, avant qu'il y ait eu aucune Résidence établie à Memphis, & même avant que cette grande Ville ait été fondée. La raison en est, qu'elle a été, en grande partie, formée des ruïnes de Thébes, qui, déja, selon notre supposition, & à cause des Hiéroglyphes, dont ses Edifices étoient ornés, devoit être postérieure aux Pyramides.

II. La seconde preuve de leur ancienneté se tire du Marbre Granite, dont est

faite

faite l'Urne sépulcrale, qu'on voit dans la prémiére Pyramide; du Granite, dont les chambres sépulcrales sont revêtuës, & de celui, dont est couverte la cime de la seconde Pyramide. Toutes ces pierres ne sont pas seulement sans Hiéroglyphes; elles sont encore sans la moindre polissure: marque certaine, que, dans le tems qu'on éleva les Pyramides, on n'avoit pas encore l'art de polir cette sorte de marbre.

On ne peut pas objecter, que, par un esprit de religion, on ne vouloit peut-être admettre aucune polissure; car tous les autres marbres, qu'on y a employés, sont polis dans la derniére perfection. Il faut donc, que les Pyramides ayent été élevées avant tous les Obélisques, avant toutes les Urnes sépulcrales, qui ont été transportées à Rome, & avant les Caisses des Momies, qui ont été faites de Granite, puisque toutes ces piéces, si on en excepte un bien petit nombre, ont été faites de Granite poli.

Je m'en tiens à ces deux argumens, qui m'ont beaucoup frappé. J'ignore l'effet, qu'ils pourront faire sur d'autres. Mais je me garderai bien d'adopter les vastes conjectures, qui n'ont d'autre fondement, que les rapports des Prêtres Egyptiens: rapports très-faux en eux-mêmes, comme l'ont fort bien remarqué ceux qui suivent leurs Traditions.

Pag. 43. For what End or Intention the Pyramids were erected - -

Je conviens, avec Mr. Greaves, que la Religion Egyptienne a été la principale cause de la fondation des Pyramides; mais je crois, qu'en même tems, l'ambition y a eu beaucoup de part. Dans l'une ou l'autre de ces vûës, on ne pouvoit jamais élever de Monumens plus vastes, ni plus solides. Nulle sorte d'Architecture n'en approche; & où en voit-on qui coûte autant de peine à détruire qu'à élever? On est quelquefois surpris, en remarquant, que cette Montagne n'enfante qu'une Souris; & que toute une Pyramide ne contient que quelques chambres & quelques allées basses & étroites. Mais quand on considére, qu'on n'avoit pas alors l'art des voûtes; & si l'on fait, en même tems, attention au fardeau énorme, que les creux avoient à supporter, on comprend aisément, que la durée, qu'on vouloit ménager à la Pyramide, ne permettoit pas de miner beaucoup dans le solide, qui déja n'étoit pas composé d'une matiére trop forte, pour se supporter lui-même; mais, qui plutôt avoit besoin d'être soutenu par les grands blocs de pierre de taille, dont les dehors des Pyramides sont garnis.

Pour se convaincre, que ce raisonnement tire au vrai, & qu'il peut même se démontrer, on n'a qu'à jetter les yeux sur les petites Pyramides, qui sont à l'entour des grandes. Comme elles se trouvent en grande partie ouvertes, on voit qu'elles

sont

font entiérement conftruites de pierres de taille; & qu'elles ont par-là l'avantage, que leurs chambres & leurs conduits ont pu avoir plus d'étenduë à proportion, que dans les grandes Pyramides, qui, eu égard à leurs hauteurs réciproques, font dans les perpendiculaires en proportion de 500. à 30. ou 40.

Pag. 58. Diodorus thus defcribes - - -

On doit, je penfe, compter parmi ces fuperbes Monumens, celui d'Ofimandias. J'en ai vu un autre vis-à-vis de *Medinet-Habu,* & j'ofe me perfuader, que le petit Temple de Granite de Thébes a été du nombre. Le Pére Siccard prétend avoir vu ceux qui font dans les Grottes. Pour moi, je les ai cherchés foigneufement: je fuis entré dans beaucoup de Grottes; mais il m'a été impoffible de les découvrir.

Pag. 59. Mercuriales tumulos - - -

Il feroit très-difficile de convenir fur cet article avec Strabon. J'ai fait le même chemin que lui; je l'ai fait jufqu'à cinq à fix reprifes; & j'ai contemplé avec attention ces Pierres, qu'il appelle *Mercuriales Tumulos.* Ce n'eft point abfolument par l'art, qu'elles ont été entaffées l'une fur l'autre. Elles font un pur ouvrage de la Nature, qui les a, à ce que je crois, pofées de la façon dès le commencement. Il faut fçavoir, que les rochers de Granite différent des autres, en ce qu'ils ne font pas une feule maffe; & qu'ils font comme de grands amas de gros cailloux, mis les uns fur les autres. Les Ouvriers, qui ont anciennement travaillé ce Granite, en ont enlevé les piéces les plus convenables, & en ont laiffé d'autres debout, çà & là, foit pour leur fervir de bornes, foit pour quelque autre ufage. Voila, felon moi, l'origine de ce qu'on a appellé Collines, ou tombeaux de Mercure. Ce qui me confirme le plus dans cette penfée, c'eft, qu'outre qu'on y voit des Hiéroglyphes gravés, on trouve, tout à l'entour, une infinité de pierres de même efpéce, taillées, & quelques-unes ébauchées: d'autres presque achevées; & toutes dans le même état, où elles ont été laiffées par les Ouvriers, quand apparemment les calamités de la guerre les ont forcés de fe fauver. Il eft bon d'obferver encore, que ce n'eft qu'à une petite diftance de-là, que fe trouve l'Obélisque commencé; & que toute cette plaine, dont Strabon fait mention, n'a été presque formée, qu'à force d'en oter le Granite, qui fans doute s'y trouvoit d'une meilleure efpéce, qu'au bord du Nil, puis qu'on le préféroit à celui-ci, qui, fe trouvant au bord du Fleuve, auroit été plus aifé à transporter. On remarque pourtant au bord du Nil, quelques peu d'endroits, où les pierres font chargées de Hiéroglyphes, comme celles dont il vient d'être parlé; & on voit, auffi aux environs, des pierres

pierres pareilles, qu'on a commencé à travailler. Le Deſſein des ruïnes de Siéne, en repréſente deux de cette eſpéce; & il y en a une autre vis-à-vis de l'Isle de Phile.

Pag. 59. It is not to be doubted - - -

La concluſion, que Mr. Greaves tire, dans cet endroit, ne ſçauroit s'admettre. Jamais ces *Tumuli Mercuriales* ne peuvent avoir donné l'idée de conſtruire les Pyramides. Leur forme & leur grandeur ſont ſi différentes, qu'il n'y a nul rapport d'un objet à l'autre. Outre cela, les Hiéroglyphes, dont les *Tumuli Mercuriales* ſont ornés, prouvent, que les Pyramides ſont plus anciennes, & qu'elles n'ont pû par conſéquent devenir leur modelle. D'ailleurs je puis garentir, qu'il n'y a que leurs Hiéroglyphes, où l'art ait eu part; car du reſte la pierre eſt toute brute, & telle, que la Nature l'a formée & placée.

Pag. 67. A Deſcription of the firſt and faireſt Pyramid.

Cette Pyramide, qu'on appelle ordinairement la prémiére, devroit plutôt paſſer pour la derniére de celles, qui ont été conſtruites des mêmes matériaux. On y obſerve diverſes choſes, qui font voir, qu'elle n'a pas été achevée entiérement; & il ſuffit de jetter les yeux deſſus, pour convenir, qu'elle a un air plus neuf que les autres, qui ſont dans le voiſinage. A l'égard de celles, qui ſont ſituées plus haut: elles l'emportent, ſans contredit, pour l'ancienneté. Le tems y a fait beaucoup plus d'impreſſion. Quoi qu'elles ſoient dans un Climat moins ſujet aux pluyes & aux vents, elles n'ont pas laiſſé de ſouffrir plus que la prémiére; ce qui ne peut s'attribuer qu'au grand nombre des années, qu'il y a qu'elles ſubſiſtent.

Pag. 72. This runnes about the Pyramid in a level - - -

Notre Auteur n'y a certainement pas fait attention. Ce n'eſt pas l'injure du tems, qui cauſe ſeule l'inégalité des degrés des Pyramides. On n'a qu'à en meſurer une en différens endroits de ſa hauteur, & on trouvera, que la grandeur des pierres, qui forment les degrés, différent de 4. de 5. & même quelquefois de 10. pouces. Ces eſpéces de degrés n'étoient point deſtinés à monter, ni à deſcendre. On n'y a cherché de régularité qu'autant qu'il étoit néceſſaire, pour la forme générale de la Pyramide, & pour la facilité de l'Ouvrage. Je ſuis bien trompé, ſi cette inégalité des pierres n'a été la cauſe de ce que tant de Voyageurs, qui ont compté les degrés des Pyramides, différent toujours pour le nombre.

Pag. 72. For that Latitude which Herodotus aſſigns to the admirable

mirable Bridge below (of which there is nothing now remaining) - - -

Je ne comprends pas, comment un Voyageur auffi exact que Mr. Greaves, a pu négliger une chofe fi digne de remarque, pendant qu'il refte encore fur pied une partie affez confidérable de cet admirable Pont, pour fe former une idée jufte de toute fa conftruction, & de l'ufage qu'on en a pu faire. Il y a même à l'Orient de la troifième Pyramide des reftes d'un autre Pont. Mes deffeins en montrent la fituation, & font voir ce qui en fubfifte encore de nos jours.

Pag. 73. If we affent to the opinion of Proclus - - -

La cime de la feconde Pyramide, encore aujourd'hui couverte de Marbre granite, taillé fi uniment, que perfonne n'y fçauroit monter, décide abfolument, que les Pyramides n'ont pas été conftruites pour être des Obfervatoires. Quoique les autres ne foient pas achevées au point où l'eft la feconde, on ne fçauroit néanmoins douter, que l'intention des Maîtres, qui les ont fait faire, & celle de l'Architecte n'ait été de les finir, fi la dépenfe, ou le tems l'avoient permis.

Pag. 74. (*) The air of Egypt is confeffed - - -

Depuis Aléxandrie jusqu'à Fefchne l'air eft fouvent épais, & le Ciel fouvent couvert. Il y pleut auffi affez fréquemment. Mais à Fefchne, & au deffus, dans la Haute-Egypte, il fait toujours un tems fort clair. J'ai néanmoins effuyé à Mefchie une pluye affez forte, accompagnée de tonerres, durant l'efpace d'une heure entiére.

Pag. 76. Hewen according to Herodotus and Diodorus out of the Arabian Mountaines - - -

Une grande partie des pierres, qui ont été employées à la conftruction des Pyramides, ont été tirées des Grottes, qu'on voit en grand nombre aux environs de ces mêmes Pyramides. Le refte fe tiroit vis-à-vis de l'autre côté du Nil; & quand les eaux de ce Fleuve étoient hautes, on conduifoit ces pierres jusqu'au Pont, dont Hérodote fait mention; & enfuite, par le moyen du même pont, on les tranfportoit jusque fur la Montagne, où l'on vouloit élever la Pyramide.

Pag. 76. The Relation of Herodotus and Pomponius Mela - - -

Les Temples, que l'on voit à l'Orient, & tout près des Pyramides, ont été conftruits de pierres très-grandes. Il eft étonnant, que peu de Voyageurs en ayent parlé, quoiqu'ils foient pourtant très remarquables. Ils femblent avoir été découverts par le haut. Leur grand circuit ne permettoit pas de trouver des pierres affez grandes, pour aller d'un mur à l'autre. Il n'y a pas non plus le moindre vestige de colonnes; & j'oserois croire, qu'on ne sçavoit point encore en faire usage, dans le tems que l'on construisoit les Pyramides. Qui sçait même, si l'invention des Pyramides n'est point duë à cette ignorance, où l'on étoit; puis qu'on n'avoit pas d'autre moyen pour couvrir un grand circuit, avant que l'art de voûter, & celui d'employer des colonnes, pour soutenir un faîte, eussent été inventés?

Pag. 85. On the North side ascending, thirty eight feet upon an artificial bank of earth, thare is a square. - - -

Cette élévation de terre du côté du Nord, n'est point faite de mains d'hommes. Le tems, & le vent l'ont formée, par le moyen des sables, qui ont été portés contre la Pyramide. Les trois autres côtés, & ceux des autres Pyramides ont de pareilles élévations, qui ne sont pourtant pas si hautes. Celle du côté septentrional de la prémiére Pyramide l'emporte sur les autres, à cause du vent du Nord, qui y régne le plus, & que l'entrée est exposée à ce vent. Si l'on demande pourquoi cette élévation ne se hausse pas davantage, & même jusqu'à fermer l'entrée de la Pyramide, je répondrai, que les Arabes, qu'on envoie ordinairement pour nétoyer l'entrée, ont soin d'empêcher ce progrès: outre que ce passage est trop fréquenté, pour que le sable puisse gagner davantage.

Pag. 85. Thorough the mouth of which - - -

Il est bien surprenant, que l'Auteur passe ici sous silence le faux Portail, ou plutôt le frontispice du prémier Canal. Je l'ai mesuré avec toute l'exactitude possible; ce qui mettra un jour en état d'en faire une Description particuliére, & de chercher la raison, qu'on a euë de le faire de la sorte.

Pag. 85. We land in a place somewhat larger - - -

Cet endroit, auquel Mr. Greaves ne daigne pas seulement donner son attention, mérite pourtant bien d'être considéré; & je suis assuré, que ce Sçavant en auroit fait plus de cas, s'il avoit sçu ce qu'il contient. C'est-là où l'on découvre clairement la maniére, dont le prémier Canal avoit été fermé, par le moyen de trois blocs de marbre Oriental, qui joignent si bien les côtés du Canal, qu'on a de la peine à faire entrer dans les jointures la pointe d'un couteau. C'est encore-là, où la vuë peut pénétrer, pour ainsi dire, dans les entrailles de la Pyramide; car comme cette place a été forcée, on y apperçoit clairement, que le solide de la Pyramide est composé de grandes pierres, jettées au hazard, & jointes par une espéce de mortier, qui les cole si bien, qu'elles ne paroissent faire qu'une seule masse.

Pag. 87. The walls within are covered with a fort of plaifter - -

C'eft la même croute, dont on voit les murailles couvertes, tant dans les anciens Thermes & Bains à Rome, que dans les *Pifcinarii*, ou Refervoirs de Pouzzol.

Pag. 88. The reafon of the différence between Plinie's obfervations and mine - - -

La différence ne vient pas de la raifon, qu'allégue Mr. Greaves. Elle vient plutôt de ce qu'au bout de vingt pieds de profondeur, le puits va en talu, durant un certain efpace; & reprend enfuite la ligne perpendiculaire, qui, à la fin, fe perd dans le fable, fans avoir aucune autre iffuë.

Pag. 88. I know not wither of that gliftring and fpeckled marble - - -

C'eft tout marbre blanc Oriental: il n'y a point de doute à cet egard.

Pag. 88. The walls are entire and plafterd over with Lime - - -

Tous les côtés de cette Chambre, auffi bien que la voute triangulaire, font de carreaux de marbre Granite, non poli, & qui n'eft nullement enduit de plâtre.

Pag. 88. & 89. There feems to have been a paffage leading to fome other place - - -

Ce paffage forcé, & bien étroit, fubfifte encore aujourd'hui, & aboutit à une efpéce de Niche. Il n'a jamais pu conduire au Sphinx, puis qu'il eft au tiers de la Pyramide, au deffus de l'Horifon.

Pag. 96. That this forte of marble came from Mount Sina - - -

Tout ce que j'ai vu, & touché, de Marbre Granite, qu'on a commencé à travailler à Effouaen, autrefois Syéne, ne permet pas de croire qu'on ait tranfporté ce marbre du Mont Sina aux Pyramides, par des chemins fi difficiles. On peut avoir tiré de cette Montagne des pierres pour les Edifices de fon voifinage; mais pour ce qui eft du Granite, qu'on employoit en Egypte, je crois certainement, qu'on le prenoit dans l'endroit, dont je viens de parler.

Pag. 129. (†) Eſt une groſſe pierre, maſſive, droite de même grain & de la couleur, dont eſt la pierre Thebaïque - - -

On montre à Veniſe, dans l'Egliſe de St. Marc, un Carreau de marbre, qu'on y a apporté du Mont Sina, & qu'on prétend être la pierre, que Moyſe frappa. C'eſt un Granite, d'un grain ſi fin, qu'il approche fort du Porphyre. On en trouve de pareil en Egypte.

Pag. 99. & 100. This made me take notice of two inlets, or ſpaces - - - and by the blakness within it ſeems to have been a receptacle for the burning of lamps - - -

Ils me paroiſſent des ſoupiraux, pour donner de l'air à la Chambre. La noirceur, qu'ils ont eſt venuë après coup; & c'eſt l'effet de la fumée des flambeaux, dont les Curieux ſe ſont ſervis, pour mieux voir le dedans. Ils ſont aujourd'hui preſque remplis des pierres, qu'on y a jettées, pour voir juſqu'où ils pouvoient aller.

Pag. 103. A Deſcription of the ſecond Pyramide - - - of which beſides the miracle the anciens and modern Writers have deliver'd litlle - - -

Cette Pyramide eſt pourtant auſſi grande & auſſi belle que la prémiére; & ce qu'on en peut voir ſurpaſſe même en quelque ſorte celle-ci.

Pag. 103. He addes, it hath no ſubterraneous ſtructures - - -

Herodote, que notre Auteur cite, ne parle que par oui-dire; car, la Pyramide ſe trouvant fermée, il ne lui étoit pas poſſible d'éxaminer, par lui-même, les choſes qu'il décrit. Cette maniére de parler rend les Deſcriptions des Auteurs anciens bien obſcures. Que doit-on penſer, lorſque Strabon & Pline décrivent le puits de la prémiére Pyramide, ſur-tout quand ils diſent, que l'eau du Nil entroit dans ce Puits. L'avoient-ils vu eux-mêmes? L'avoient-ils entendu dire à d'autres? Je ne ſçais ce que j'en dois penſer: d'autant qu'il n'y a guére moyen de combiner leurs Deſcriptions avec l'état préſent des lieux.

Pag. 104. By my obſervations the ſtones are of colour white nothing ſo great and vaſt at thoſe of the firſt and faireſt Pyramid. The ſide riſe not with Degrees like that, but are ſmooth and equal - - -

Je ferois fort en peine, s'il me faloit ici ſuivre pied-à-pied, la narration de notre
Auteur.

Auteur. Il s'éloigne beaucoup du vrai, & néglige entiérement ce qu'il y a de plus remarquable. Je crois que son Compagnon Vénitien, sur qui il se sera trop fié, l'aura trompé; & que lui-même étoit trop fatigué de l'examen de la prémiére Pyramide, pour donner à la seconde toute l'attention convenable. Celle-ci est certainement aussi grande que la prémiére. Si les degrés n'y paroissent pas distinctement, on s'apperçoit bien néanmoins qu'ils y ont été, & qu'ils y sont encore depuis le haut jusqu'au quart du bas de la Pyramide. Ce qui est cause, que les autres ont disparu, c'est la violence, dont on a usé pour enlever le marbre granite, dont elle a été revêtuë, & dont le quart d'enhaut est encore couvert présentement, comme mes Desseins le font voir.

Pag. 106. This Pyramid is bounded on the North and West sides, with two very stately and elaborated peeces - - -

Cela est venu très-naturellement; parce qu'on a été obligé d'aplanir le roc, à coups de marteau & de ciseau, afin que la Pyramide fût posée de niveau. Comme cela a été fait à la régle, les deux bords perpendiculaires du talu de la Montagne semblent avoir été travaillés exprès, pour y creuser des chambres. Mais celles qu'on y trouve ne sont absolument que des Carriéres, d'où on a tiré des pierres, pour la construction de la Pyramide; & qui, comme les autres, qu'on voit aux environs, & de tous côtés dans la Haute-Egypte, après avoir servi d'habitations aux Ouvriers, ont été, dans la suite du tems, converties en Grottes sépulcrales. Cela n'a pu avoir lieu, que long-tems après la construction des Pyramides; & seulement après que les Hiéroglyphes eurent été inventés; car on trouve assez fréquemment, dans les Grottes, des Inscriptions de cette espéce.

Pag. 110. & 111. So that I shrewdly suspect, that Diodorus hath borrow'd most of his relation from Herodotus and Strabo, and Pliny from Diodorus, or from them both and the more learned neoterickes from them all - - -

Il y a certainement de l'erreur dans ce que ces divers Auteurs ont écrit. Tous veulent, que ce soit la troisième Pyramide, dont la moitié ait été fabriquée de Basalte: au lieu que c'est la quatrième. Si notre sçavant Auteur avoit pris la peine d'en approcher, il auroit pu aisément concilier tous ces Auteurs. Il auroit vu, que cette quatrième Pyramide a été, & est encore jusque vers le milieu faite d'une pierre plus noire que le Granite ordinaire, & pour le moins aussi dure. Je n'oserois pourtant assurer que ce soit du Basalte; car elle différe de la matiére, dont est fait le beau Vase, que j'ai vû à Rome, chez le Cardinal Aléxandre Albani, & qu'on donne pour être de *Bafalto*.

Les pierres, qui manquent à cette Pyramide, fe trouvent par terre à l'angle qui regarde le Nord-Eft. Elles y font un très grand amas.

Mr. Greaves eft pourtant en quelque forte à excufer, de n'avoir pas pris garde à cette Pyramide. Elle eft fituée de façon, que, fi on ne la voit d'une certaine diftance, on ne l'apperçoit pas aifément, quand on eft de près; parce que les autres la cachent. Son fommet eft d'une pierre jeaunâtre, & de la qualité de celle de Portland; & c'eft auffi de cette même pierre, dont font fabriquées les autres Pyramides. Je parlerai ailleurs de fa Cime, qui fe termine en un cube.

Du refte, l'exiftence de cette quatrième Pyramide eft très certaine. Elle fait fuite avec les trois autres. C'eft une chofe avérée. Mylord Sandwig l'a très-bien obfervé; & mes deffeins atteftent la même vérité.

Pag. 112. Though it can not be denied but that clofe by this on the Eaft fide of it there are the ruines of a pile of building - - -

Ces reftes de bâtimens, dont parle ici Mr. Greaves, font les mêmes, que ceux, dont j'ai fait mention plus haut. Il dit, que les pierres font d'une couleur obfcure; mais c'eft la même pierre jeaunâtre, dont les degrés des Pyramides ont été formés. Ce n'eft que le tems qui, par-ci, par-là, les a un peu noircies, comme il a noirci tout le refte. Ces pierres font d'ailleurs d'une grandeur énorme; & les Temples, ou Edifices, auxquels elles ont été employées, doivent avoir eu quelque chofe de bien refpectable, comme je l'ai déja remarqué ci-devant. Cette Pyramide n'a pas plus d'Infcriptions, ni de Hiéroglyphes, que les autres. Le tems ne peut pas les avoir effacés; car fi on y en avoit mis, on ne les auroit pas confiés à la pierre de fable, mais à la pierre dure, qui certainement les auroit confervés jufqu'à préfent. Il eft bien difficile d'ajouter foi à ce qu'avancent Hérodote & Diodore de Sicile, qu'on s'étoit contenté de mettre fur ces Pyramides un fimple nom, ou une petite Infcription. Cette pratique eût été contre la nature des Hiéroglyphes. Les Monumens & les Edifices, où on en a employé, en font prefqu'entièrement couverts. Heureufement on n'en apperçoit aucuns fur les Pyramides; & quand même on y en trouveroit quelques-uns; n'auroit-on pas lieu de douter, s'ils n'y auroient pas été mis après coup, dans le tems, où on en grava dans les Grottes du voifinage?

Pag.

Pag. 114. Of the reft of the Pyramids in the Lybian Defert - -

Ces Pyramides de 4. à 5. degrés, ou Etages, & chaque degré de 30. à 40. pieds de hauteur, font bien dignes de l'attention d'un Voyageur; & on a de la peine à comprendre, pourquoi les Auteurs, tant anciens que modernes, n'en ont point parlé. Il me femble pourtant, qu'elles font affez remarquables, pour mériter qu'on en faffe mention. Mylord Sandwig, & moi en avons jugé de la forte. Ce Seigneur, curieux d'antiquités, les a obfervées, & je les ai deffinées. Nous y avons remarqué, quoiqu'en différens tems, une Pyramide, qui n'a jamais été achevée, & qui affurément peut fournir de grandes lumiéres, pour connoître comment les Architectes s'y prenoient, pour élever ces grandes & miraculeufes maffes.

Les deux plus grandes de ces Pyramides ne cédent en rien à celles de Memphis. L'une a quelque chofe de particulier, par rapport à fa forme: l'autre eft ouverte. Une chofe conftante, c'eft qu'on ne fçauroit fe difpenfer d'adjuger la primauté aux Pyramides de Sakkarra, puis qu'elles ont été bâties les prémiéres; & que c'eft fur elles que l'on a pris modéle, & qu'on a rafiné, pour conftruire les autres.

Pag. 115. Ther are three in that part, which is oppofite to Foftat or Cayro - - -

Ici, comme par-tout ailleurs, l'Auteur ohmet la quatriême Pyramide. Les Voyageurs ne daignent pas feulement jetter les yeux deffus, non plus que fur les petites, qui font ouvertes, & qui fe trouvent en quantité aux environs & affez près de ces Pyramides de Memphis. Elles feroient capables néanmoins de fournir auffi bien des lumiéres.

Pag. 115. In what manner the Pyramids were built - - -

Je crois, qu'on fera un jour en état, de donner une affez jufte idée de la maniére, dont on s'y eft pris, pour conftruire les Pyramides. On n'a pour cela qu'à affembler toutes les obfervations, qui ont été faites fur cette matiére, & furtout qu'à fuivre de bien près ce qui a été remarqué à celles de Sakkarra, entre autres à l'endroit, où la prémiére Pyramide a été forcée, tant dans le Canal, que dans la Chambre fépulcrale, &c. Mais cela paffe de fimples Remarques. Je ne m'y arrête donc pas davantage, &c.

Voyage d'Egypte
REMARQUES
sur les
OBÉLISQUES.

OBÉLIS-
QUES.

J'ai déja fait mention de deux Obélisques à l'Article d'Aléxandrie. Je dois naturellement avertir, qu'on en trouve encore d'autres de tous côtés en Egypte. Ces précieux Monumens m'ont paru dignes d'être mis à la suite des Pyramides, & mériter quelques Obfervations générales, tant fur la matière, dont ils font fabriqués, que fur leur forme & leur ufage; mais je déclare en même tems, que je n'ai fait ces Obfervations qu'après mon retour de l'Egypte.

La matiére, dont ils font faits, affure leur confervation & leur donne l'avantage d'une longue durée. Ils font ordinairement de Granite; ce qui augmentoit leur prix. On s'apperçoit aifément, qu'il étoit difficile d'en trouver; car le Granite ne fournit que rarement des piéces auffi grandes qu'il en faloit pour cet ufage.

Leur forme & leurs embelliffemens les mettoient pareillement au nombre des chofes précieufes, & propres à fervir d'ornemens majeftueux. Ils femblent furtout avoir été deftinés à décorer les portes des Temples, ou des Palais, ou l'extrémité d'une Colonnade. Ils font quadrangulaires, montant en forme de Pyramide jufqu'à une certaine hauteur, s'élevant prefque en pointe & fe terminant en véritables Pyramides.

Chacune de leurs faces eft ordinairement ornée de figures Hiéroglyphiques, que l'on contemple avec admiration, pour leur beauté; mais en même tems avec regret, parce qu'on fe trouve privé de leur explication, fans efpérance de pouvoir jamais parvenir à les entendre.

Je ne crois pas qu'on en trouve autre part qu'en Egypte, à moins que ce ne foit dans des endroits, où on les a tranfportés, après les avoir tirés de ce Royaume: encore le nombre n'en eft-il pas fort grand.

Tous les Obélisques ne font pas de la même hauteur; mais ils font tous femblables pour la forme, fi ce n'eft que le fommet y manque quelquefois. Ils ne font pas non plus tous des mêmes Maîtres, ni de la même matiére, quoi qu'ils foient pour la plupart de marbre Granite.

On en voit, en Egypte, d'un bout à l'autre du Royaume. J'ai trouvé les prémiers à Aléxandrie, & les derniers à l'Isle, qu'on appelle aujourd'hui *Giefiret-ell-heiff*, qui femble être la *Phile*, dont les Auteurs anciens ont fi fouvent fait mention.

Ils

Ils font, ou du moins ils ont été originairement faits d'une feule piéce; & leur piédeftal eft un cube, qui ordinairement ne furpaffe que de deux à trois pieds la largeur de l'Obélisque. Le plus fouvent ce piédeftal, & même une partie de l'Obélisque, font cachés fous la terre.

J'ai vu deux Obélisques dans l'Isle de *Giefiret-ell-heiff*. L'un eft de marbre blanc & debout; mais fans aucun Hiéroglyphe: l'autre, qui eft de Granite, fe trouve couché par terre; & a une rangée de figures Hiéroglyphiques fur chaque face. Le fommet du prémier, qui termine la Colonne de la Gallerie Occidentale, eft raccourci. Il n'a que huit pieds en quarré, & feize de hauteur. Le fecond a auffi huit pieds en quarré; mais 22. pieds de hauteur. Il femble être plus moderne, que tous ceux, que j'ai eu occafion de voir: du moins s'eft-il mieux conferver.

Dans les ruïnes des environs d'Effouaen, il y en a un, qui eft fabriqué fur la place: on n'y voit point d'Hiéroglyphes, & il eft brifé en deux. Chaque face a trois pieds de largeur; mais la longueur ne peut être mefurée, parce qu'il eft caché en grande partie fous le fable.

A Lukoreen, que l'on regarde comme une partie de l'ancienne Thébes, il y a deux Obélisques, dont chaque face a 6. pieds 8. pouces & demi. Leur hauteur eft à proportion. Celui qui eft fitué du côté de l'Orient, eft plus haut que l'autre. Tous deux font debout au devant du portail, ou à l'entrée des fuperbes ruïnes, qu'on admire dans cet endroit; &, fans doute, ils font le non *plus ultra* des Obélisques, que l'art ait jamais pu exécuter.

Auprès de Carnac, où on apperçoit la fuite de ceux, qu'on a admirés à Luxoreen, on en compte encore quatre, entiers & placés au lieu, où on les avoit mis dès le commencement.

Au devant de la grande Sale, d'aupres de Carnac, & à fon entrée, il y a deux autres Obélisques debout, placés en ligne diagonale. Ils font à peu près de la même grandeur, & de la même beauté, que ceux de Luxoreen. Les deux autres, qui les accompagnoient, fans doute, ne paroiffent plus. On voit au devant d'un petit Temple deux autres Obélisques; mais beaucoup plus petits, que les précédens. Ils peuvent avoir à peu près onze à douze pieds de hauteur; & leurs faces n'ont qu'un pied & demi de largeur. Quant à la matiére, elle eft de Granite, & d'un grain fi fin, qu'elle approche beaucoup du Porphyre. Ils ont fervi, felon toutes les apparences, de piédeftaux à deux Idoles; & il font ornés de Hiéroglyphes, peints de diverfes couleurs; & ces Hiéroglyphes repréfentent, pour la plus grande partie, des figures, qui s'embraffent.

Parmi ces mêmes ruïnes de Carnac, on trouve encore diverses grosses masses d'une pierre blanchâtre, & qui, jointes autrefois ensemble, ont formé des Obélisques d'une prodigieuse grandeur. Ces derniers, ainsi que tous les autres, n'ont été que d'une seule piéce; mais quand on les a renversés, ils se sont apparemment brisés, en tombant. Ils ont été entiérement remplis d'Hiéroglyphes, enluminés, & ornés, par compartimens, de différentes figures, qui font un très-bon effet.

Au voisinage de Matareen, Village situé près du Grand-Cayre, il y a un Obélisque encore debout, d'une grandeur bien proportionnée, & de la hauteur de celui de Cléopatre, situé à Aléxandrie; mais, quant à ses Hiéroglyphes, quoiqu'ils puissent passer pour bien faits, ils le cédent en ce point à ceux qu'on admire auprès de Carnac & de Lukoreen.

Planche XXXIX.

J'ai représenté le côté Méridional de cet Obélisque, parce que c'est celui qui s'est le mieux conservé. Les autres côtés sont semblables, à l'exception de celui du Nord, où il y a une petite différence, qui est remarquée dans la Planche. On y peut voir aussi comment toutes les figures regardent à contre-sens. Je dois pourtant avertir, que le bas de l'Obélisque, du côté Oriental, est presque entiérement ruïné; de sorte qu'on n'y découvre presque plus de Hiéroglyphe. J'ai marqué aussi sur la même Planche jusqu'où le Nil monte.

Il ne reste plus qu'à parler des deux Obélisques d'Aléxandrie, dont l'un est appellé ordinairement l'Obélisque de Cléopatre; mais comme j'ai déja donné une description circonstanciée de ces deux Monumens, je n'en
dirai pas davantage.

FIN
du premier Tome.

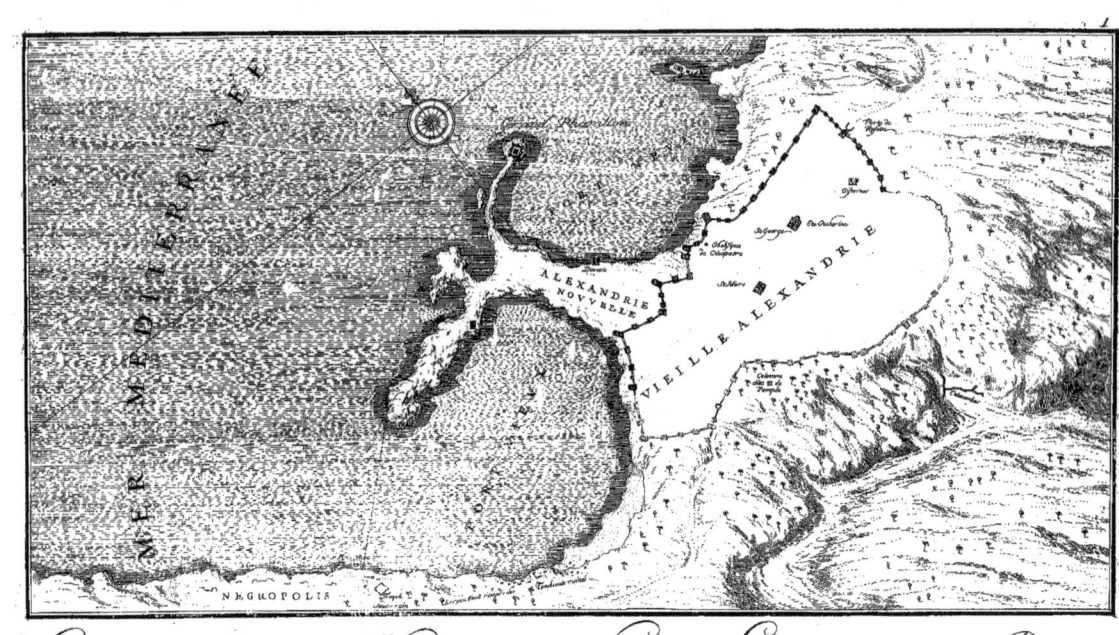

Carte particulière de la Vieille et de la Nouvelle Aléxandrie, et des Ports.

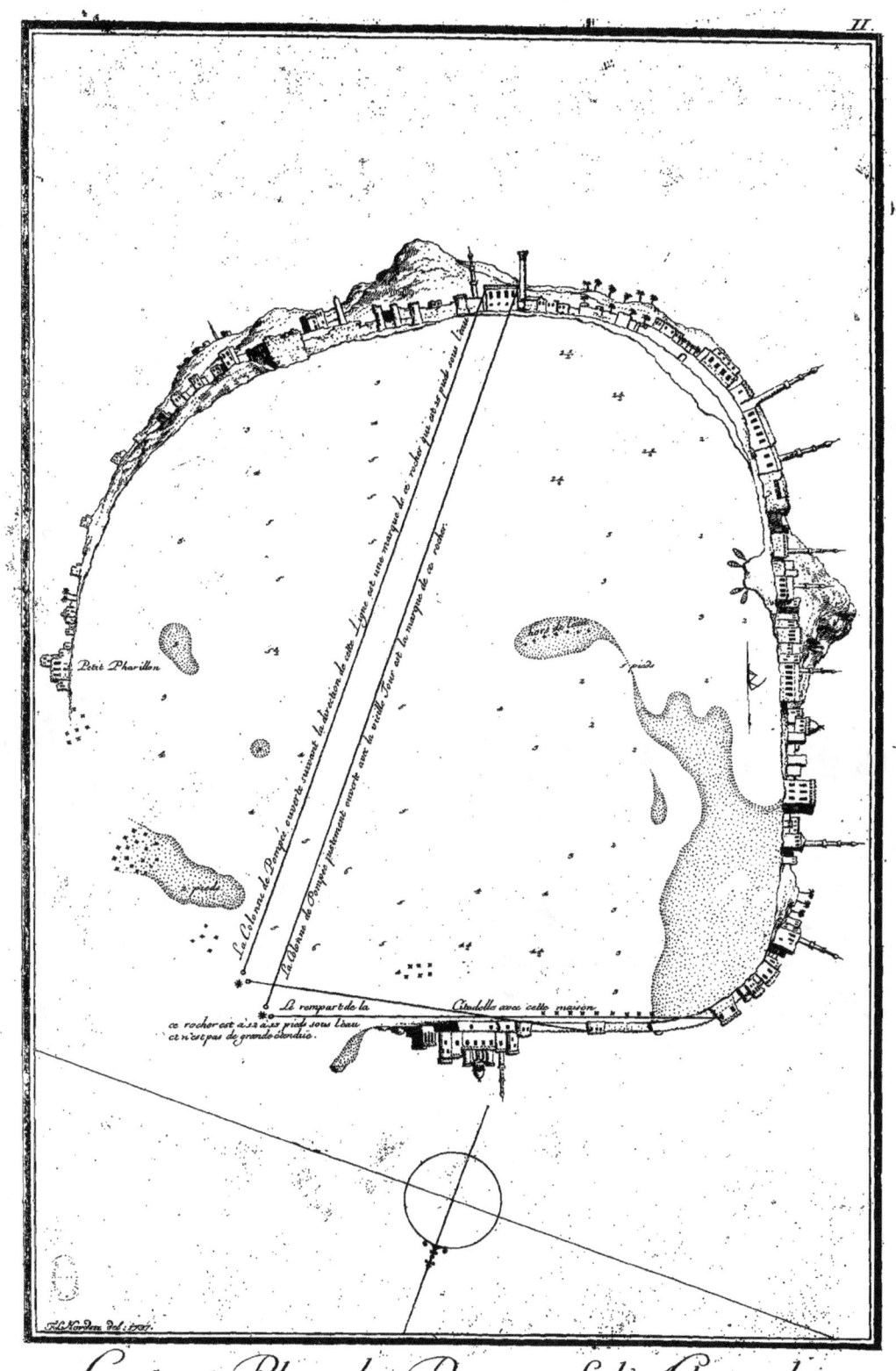

Carte et Plan du Port neuf d'Alexandrie.
NB. Les Chiffres designent les brasses angloises, chaque brasse de six pieds de Roi anglois, et marquent la profondeur du Port.

Vuë de la ville d'Aléxandrie, et du Port neuf, depuis le grand Pharillon, jusqu'à la Tour à poudre.
a Chateau. b. Mole. c. Partie de la ville d'Aléxandrie, qui forme le côté droit du port neuf, où les vaisseaux Chrétiens mouillent.
d. Tour à poudre. e. Le grand Pharillon ou Fanal.

Vüe du petit Pharillon, ou Fanal, au Vieux Port d'Alexandrie.
a. Petit Pharillon. b. Ruines de la célèbre Bibliothèque de Ptolomée Évergète. c. Pointe du chateau de Bokkier.

Vue de la ville et du Port neuf d'Alexandrie, depuis la tour à poudre, jusqu'au Meidan.
a. Saïque. b. Vieilles tours, ou bastions, du tems de Sarasins. c. Colonne de Pompée. d. Hôtel de France. e. Douane.
f. Minarets, ou clochers des Mosquées. g. Vaisseau Anglois de la Compagnie.

Vue de la Vieille Aléxandrie.
a. Obelisque, communément nommé, Aiguille de Cléopatre. b. Temple de César. c. Eglise de St Marc. d. Eglises des St George et de Ste Catherine.

Obelisque, dit de Cléopatre, à Alexandrie, vu du côté de l'ouest, qui est le mieux conservé.
a. Obelisque cassé, et couché par terre, à moitié enseveli.

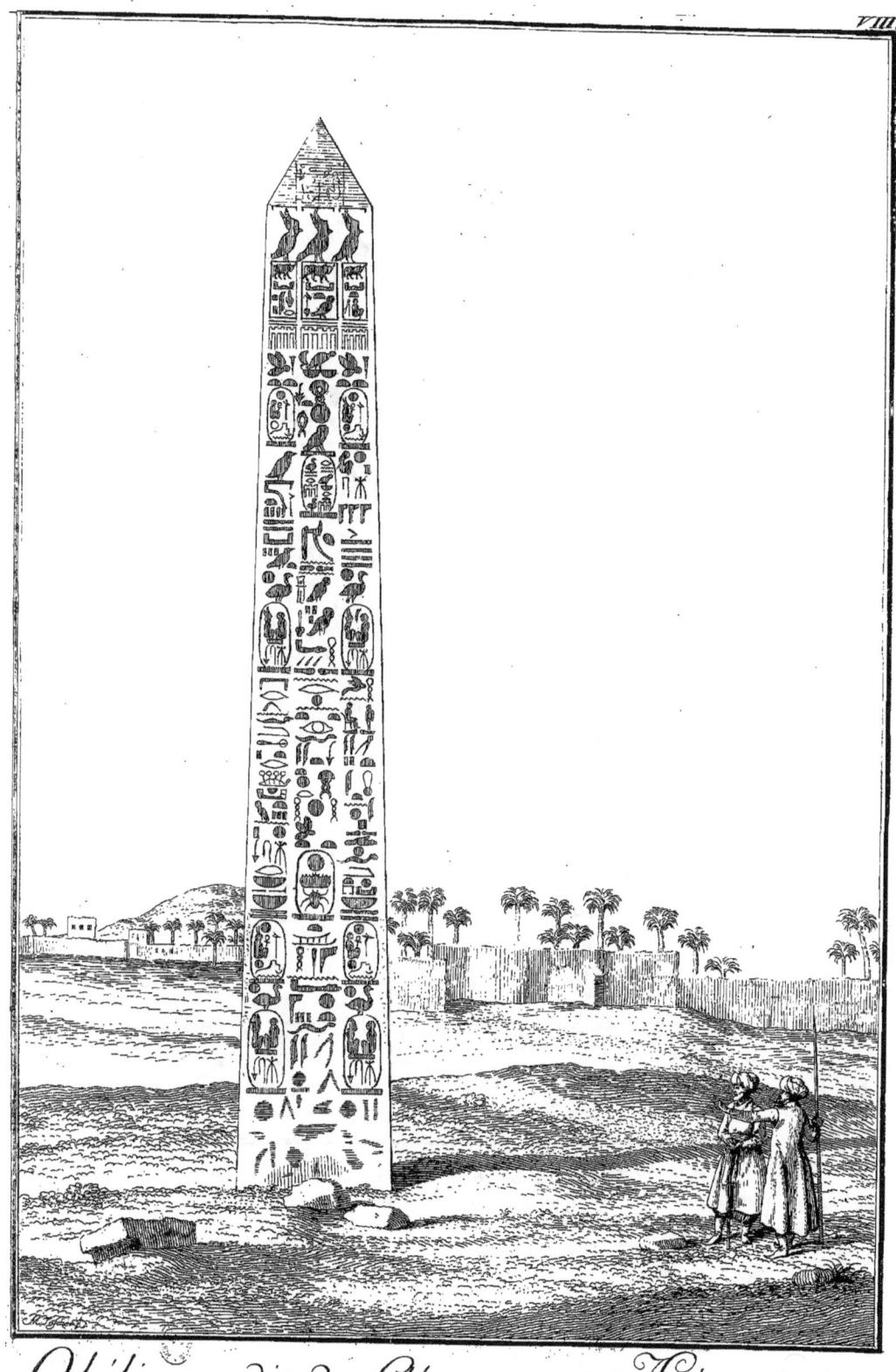

Obélisque, dit de Cléopatre, à Aléxandrie.
vu du côté du Nord.

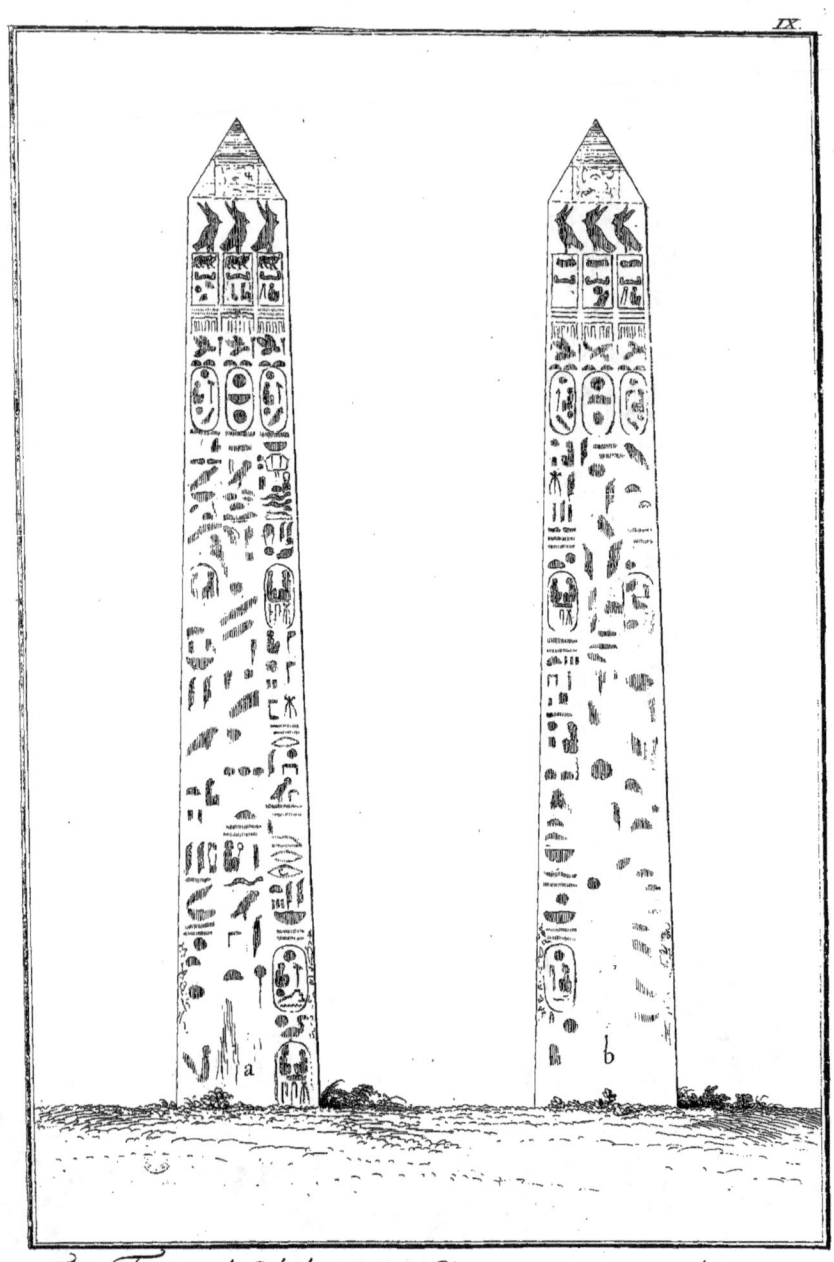

Fig. a. Face de l'Obélisque de Cléopatre, du côté de l'orient.
 Il a beaucoup souffert par l'injure du tems de ce côté.
Fig. b. Face de l'Obélisque du côté du midi.
 Il est si endommagé de ce côté, qu'on a de la peine à distinguer les Hieroglyphes.

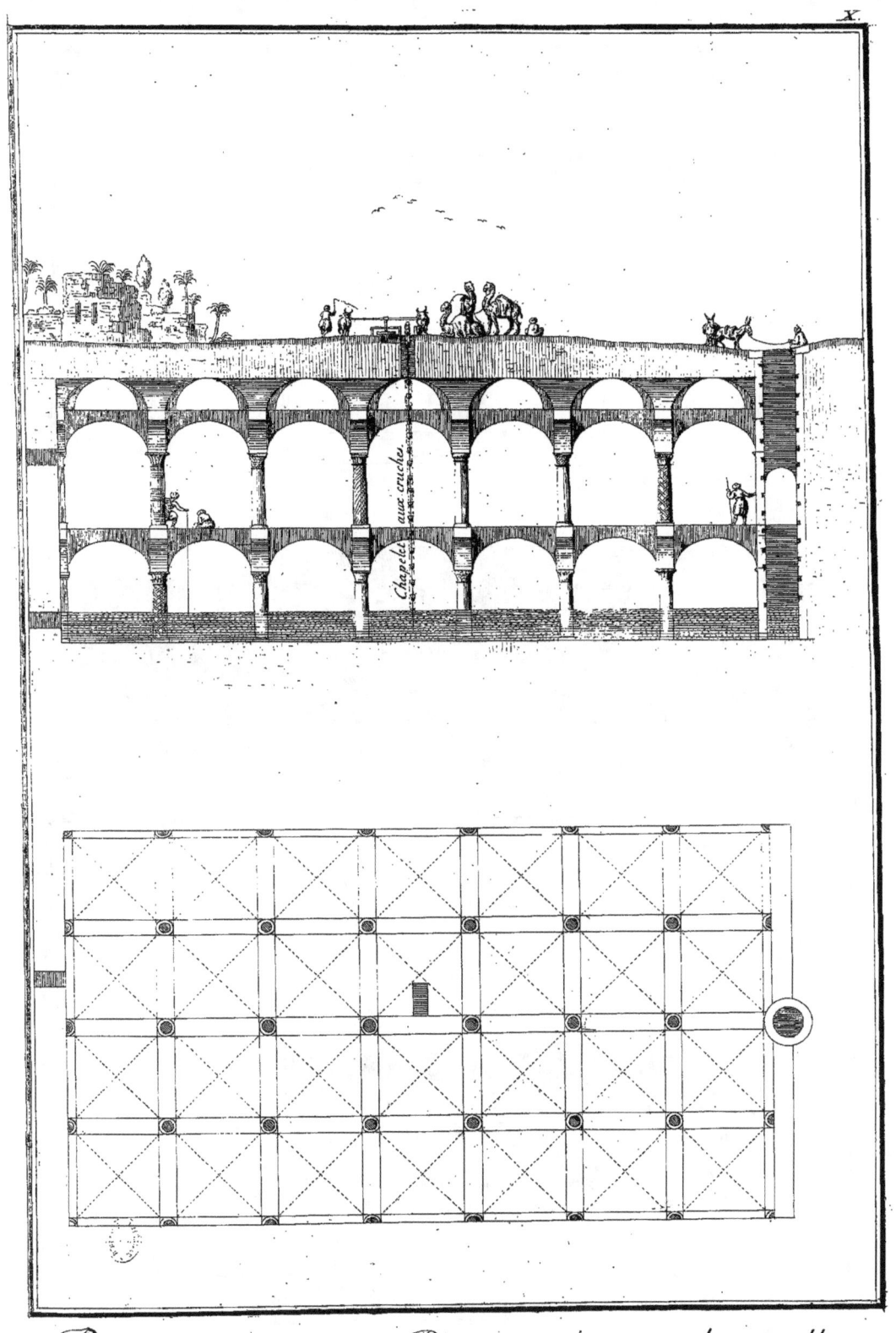

Plan, et coupe d'un Reservoir, dans la vieille Aléxandrie, près de l'Eglise de St. Cathérine.

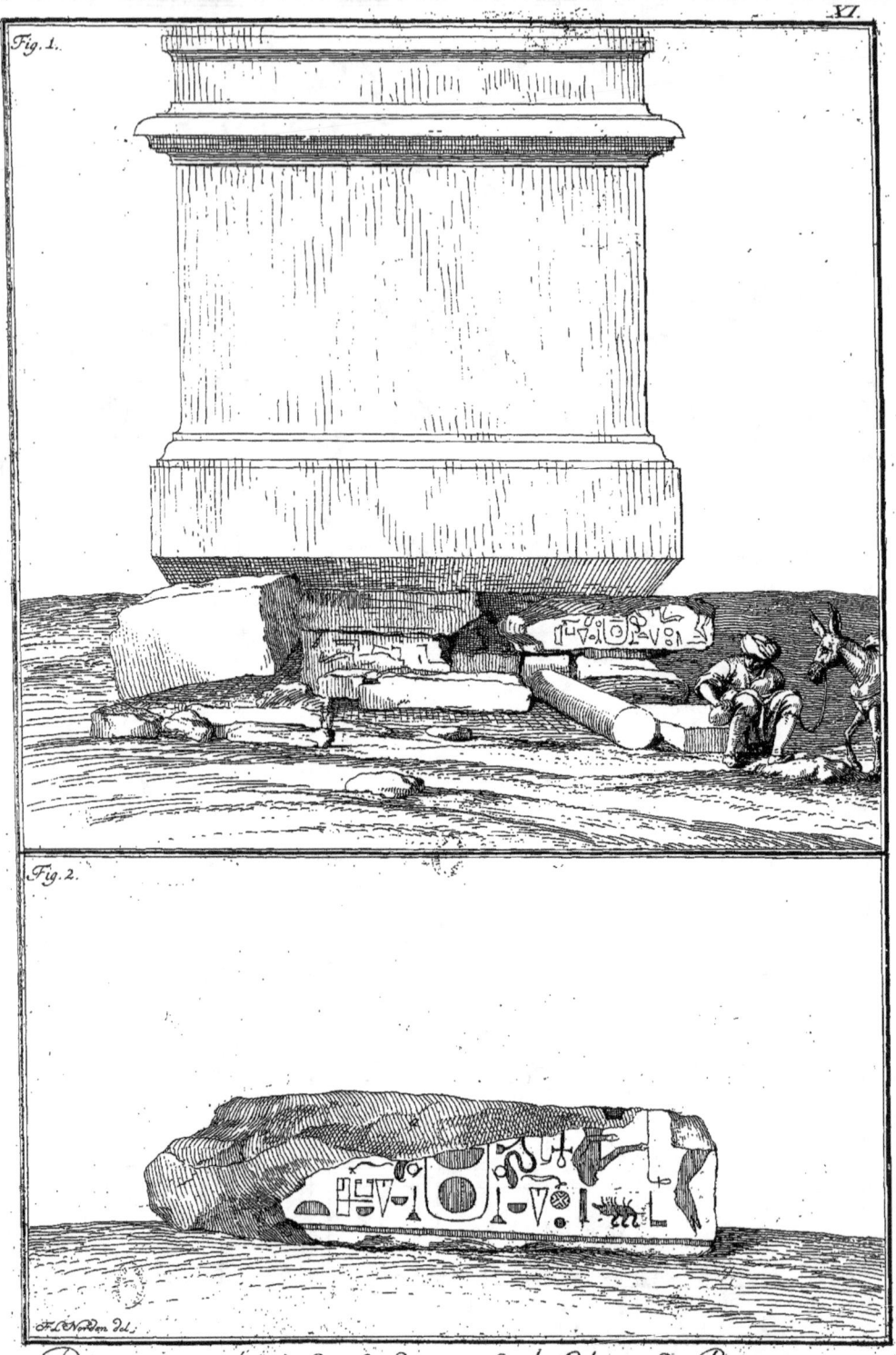

Disposition présente du fondement de la Colonne de Pompée
dessinée du côté de l'Ouest, afin de voir les deux pierres couvertes de Hiéroglyphes.
Fig.1. a, Pierre dessinée à part, dans la Fig.2. b, Piece d'un marbre rougeâtre, chargée de Hiéroglyphes frustes.
Fig.2. Piece de marbre blanc, au fondement de la Colonne de Pompée,
avec ses Hiéroglyphes, qui donnent à entendre, que c'est un reste d'un Obelisque très ancien.

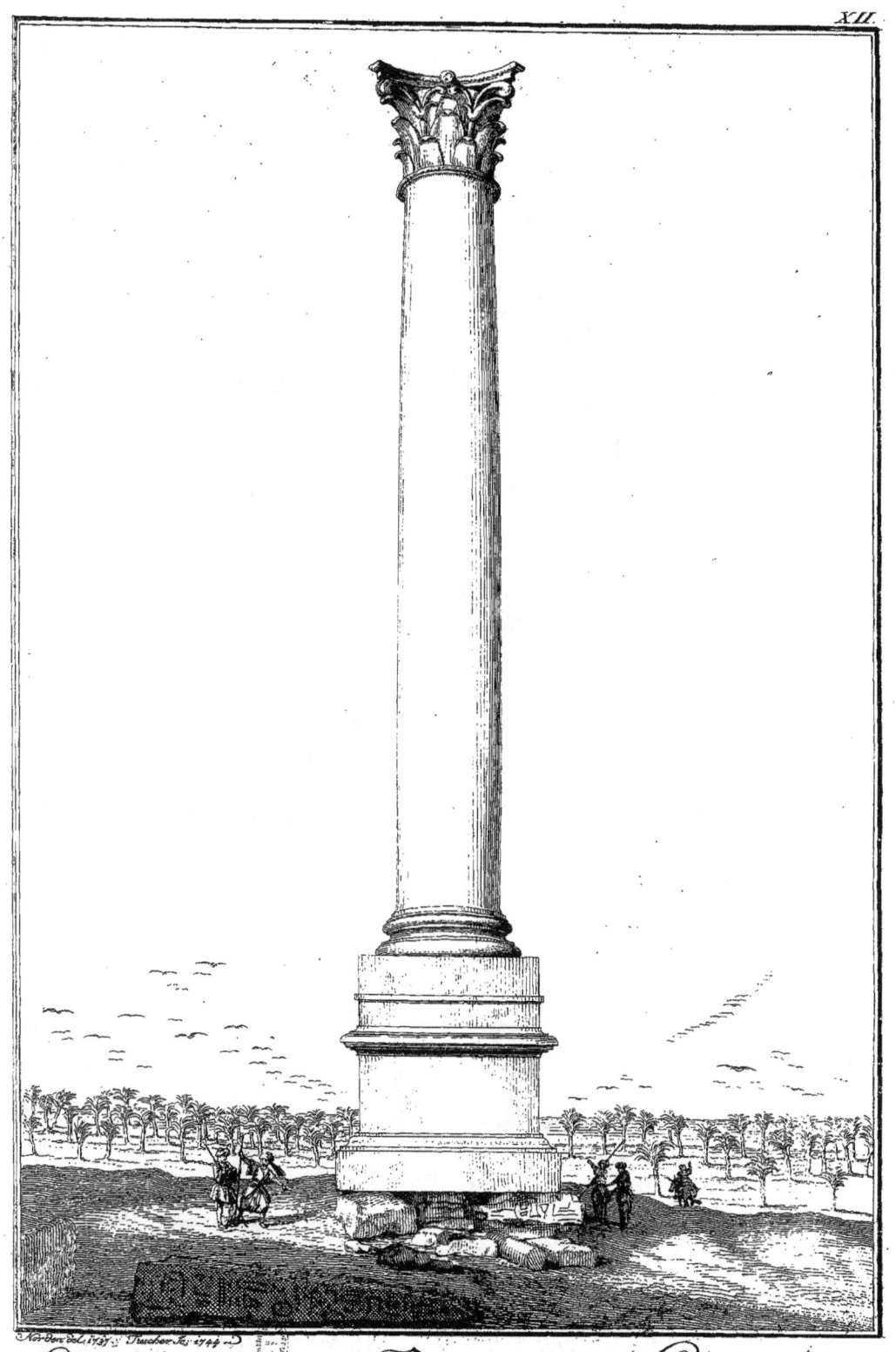

Colonne, dite de Pompée, à Alexandrie.

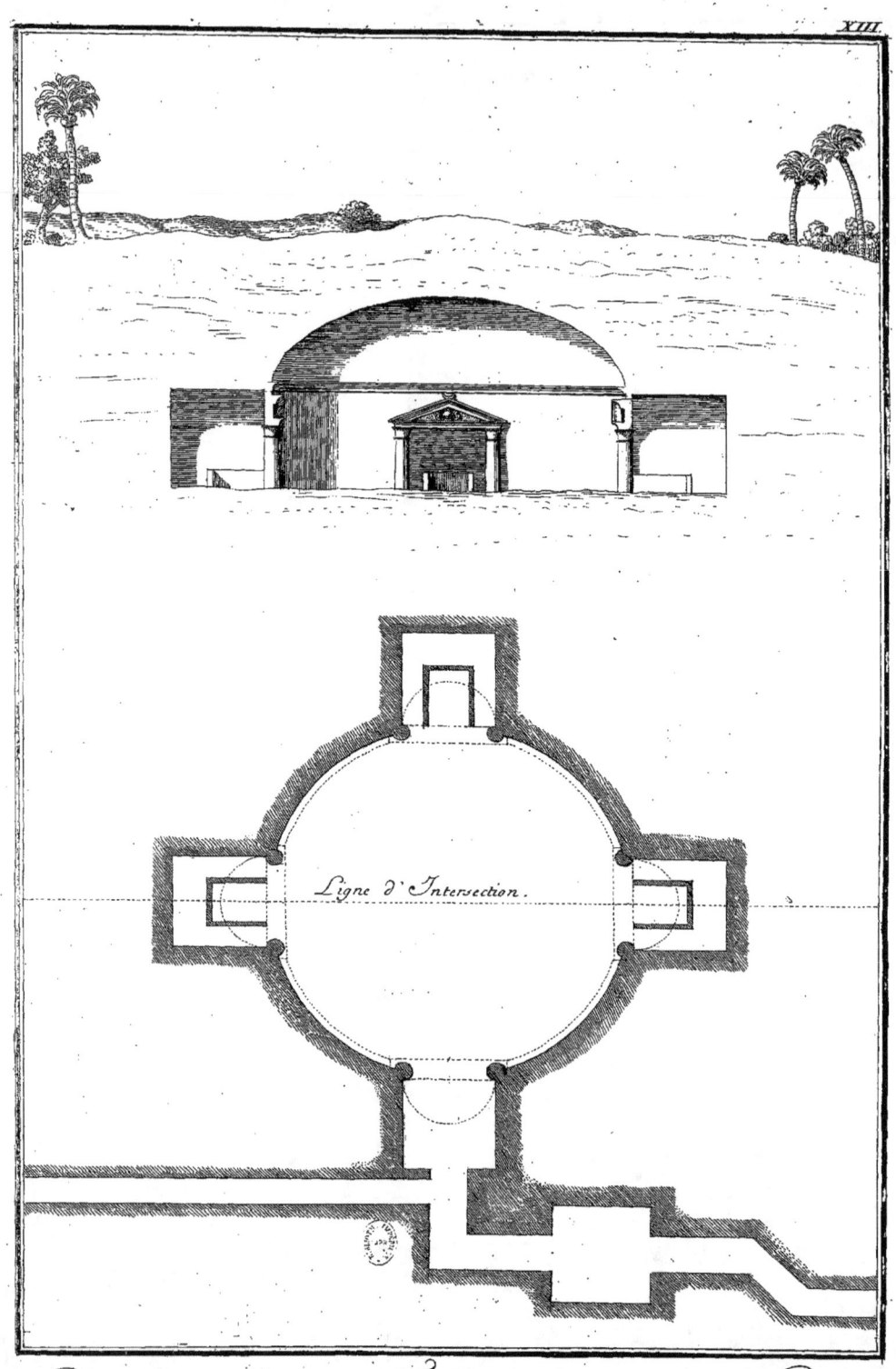

Plan et coupe d'un Temple souterrain à Négropole, à côté, du Port vieux d'Alexandrie, et qui, selon toute apparence, aura servi de Catacombe, parceque tous les environs en sont remplis.

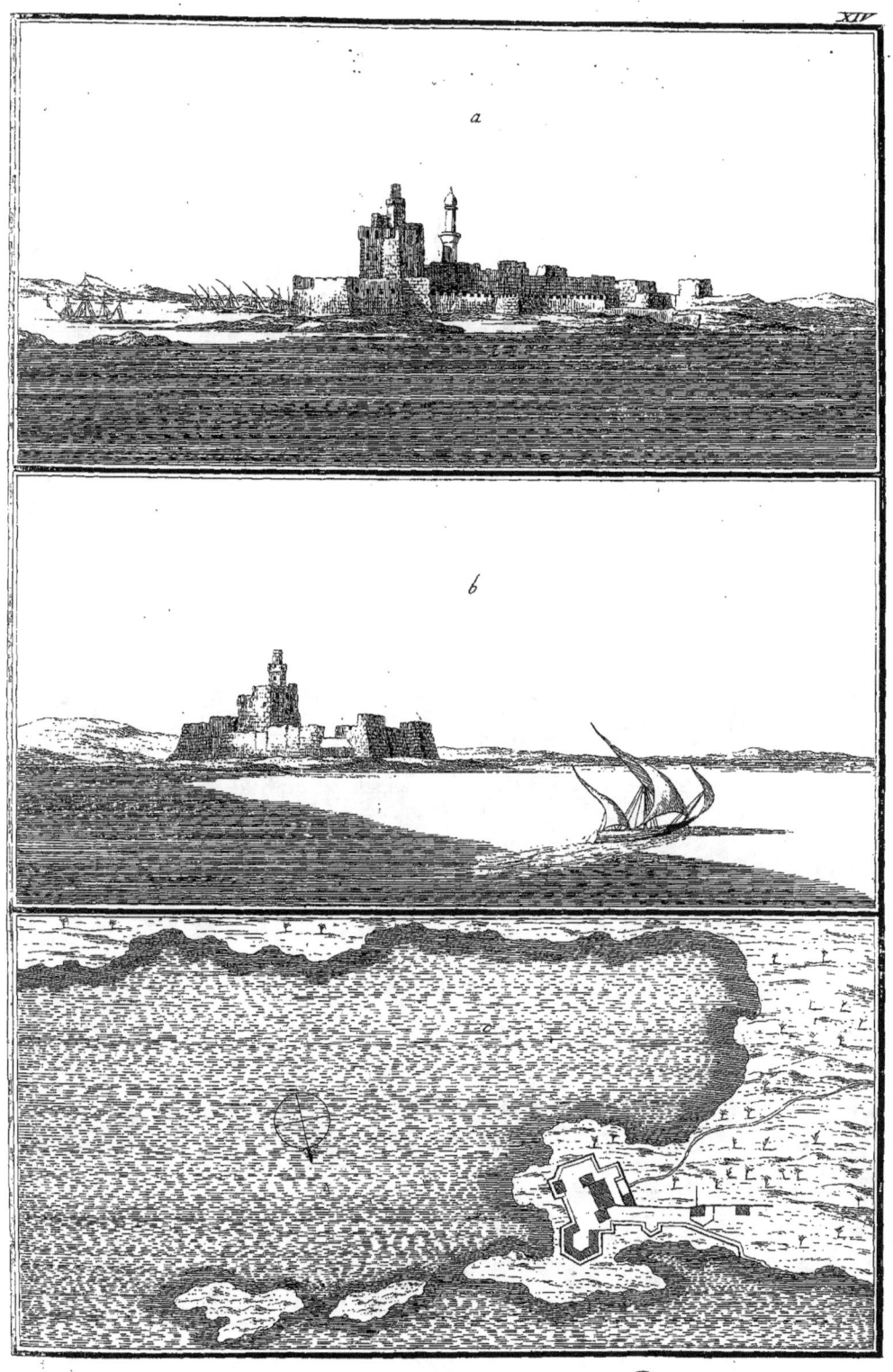

a, Le Chateau de Bokkier, vu du côté du Nord.
b, Vüe du côté de l'Orient meridional.
c, Plan du Chateau avec son Port.

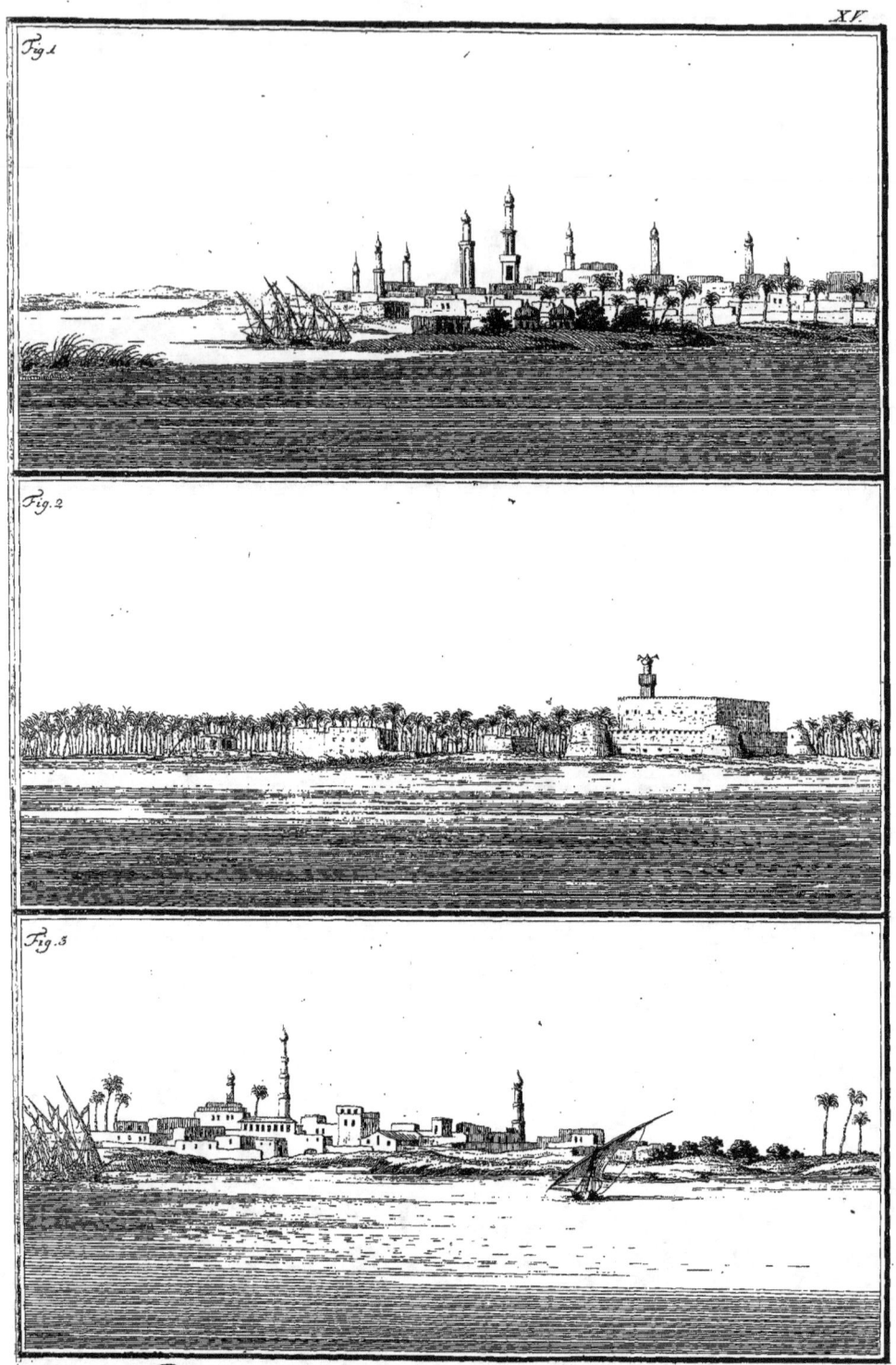

Fig.1 Vuë de la Ville de Rosette.
Fig.2 Chateau de Rosette éloigné de la Ville de quelques lieuës, et situé au bord du Nil.
Fig.3 Vuë du Village de Deruth sur le bord du Nil.

Fig.1. Scheck Ghadder, à la gauche, sur le bord du Nil, quand on entre.
Fig.2 Carullo de Mereset.
Fig.3 Mosquée, à quatre lieues de Rosette, du côté du midi.

de l'autre côté du Nil.
Boulac. e. le Port du Grand Cayre. f. les Pyramides.

Vue du Vieux- et du Grand Cayre.
a. Vieux Cayre. b. Chateau du Grand Cayre. c. Grand Cayre. d.

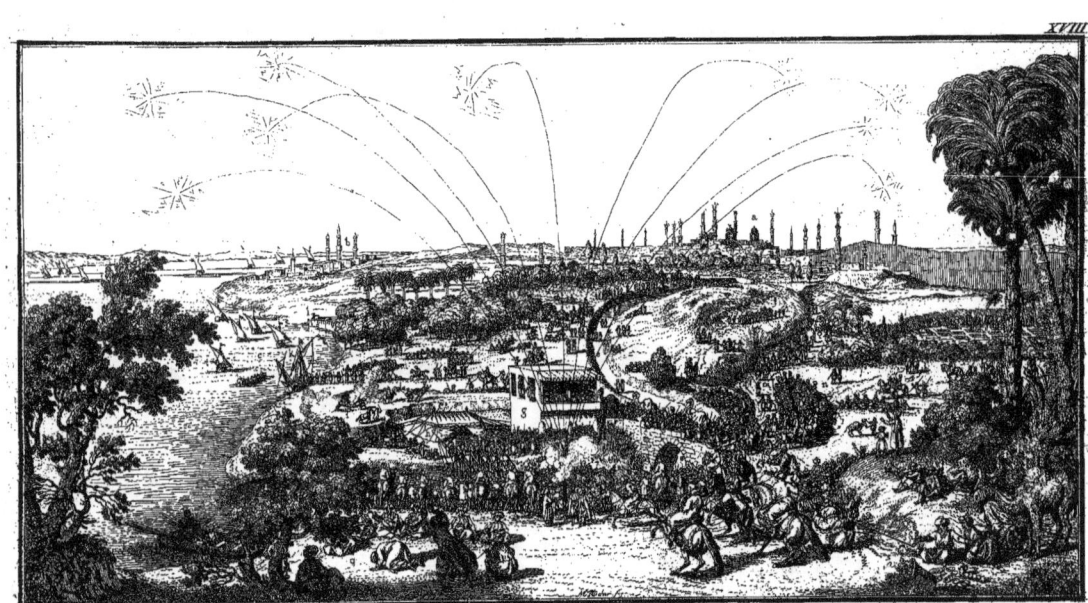

Ceremonie pratiquée chaque Année a l'occasion du Coupement de la Digue pour faire entrer le Nil au Grand Cayre.
a Grand Cayre b Ancien Port du Cayre c le Petit Calis ou Canal par ou entre l'eau du Nil jusqu'a une certaine hauteur avant qu'on coupe la Digue e Continuation du Calis apres que la Digue a.t.é coupée B ause com-
muniquns au Grand Cayre f Digue qui se coupe. alternativement par les Juifs, Cophtes et Turcs g Petit Pavillon ou la Bacha et les Beys s'assemblent pour faire Prosperer l'Acte de la Croissance du Nil h Tentes dressées pour
les Bacha et ses Officiers i Deux Canons dominés pour saluer le Bacha g les Beys K Barque d'Haly Bey et sa Garde a côté pour recevoir le Bacha apres la ceremonie l Maison de Plaisance d'Osman Bey m Pont
sur le Calis n Gardes du Bacha rangés a la barque o Haly Bey et sa suite p Caisse en forme d'un petit Clocher pour tirer des Fusées q Dance Rejouissances ordinaire r Partis du Vieux Cayre s Cimetière Turc F. L. Norden del. l'an 1737

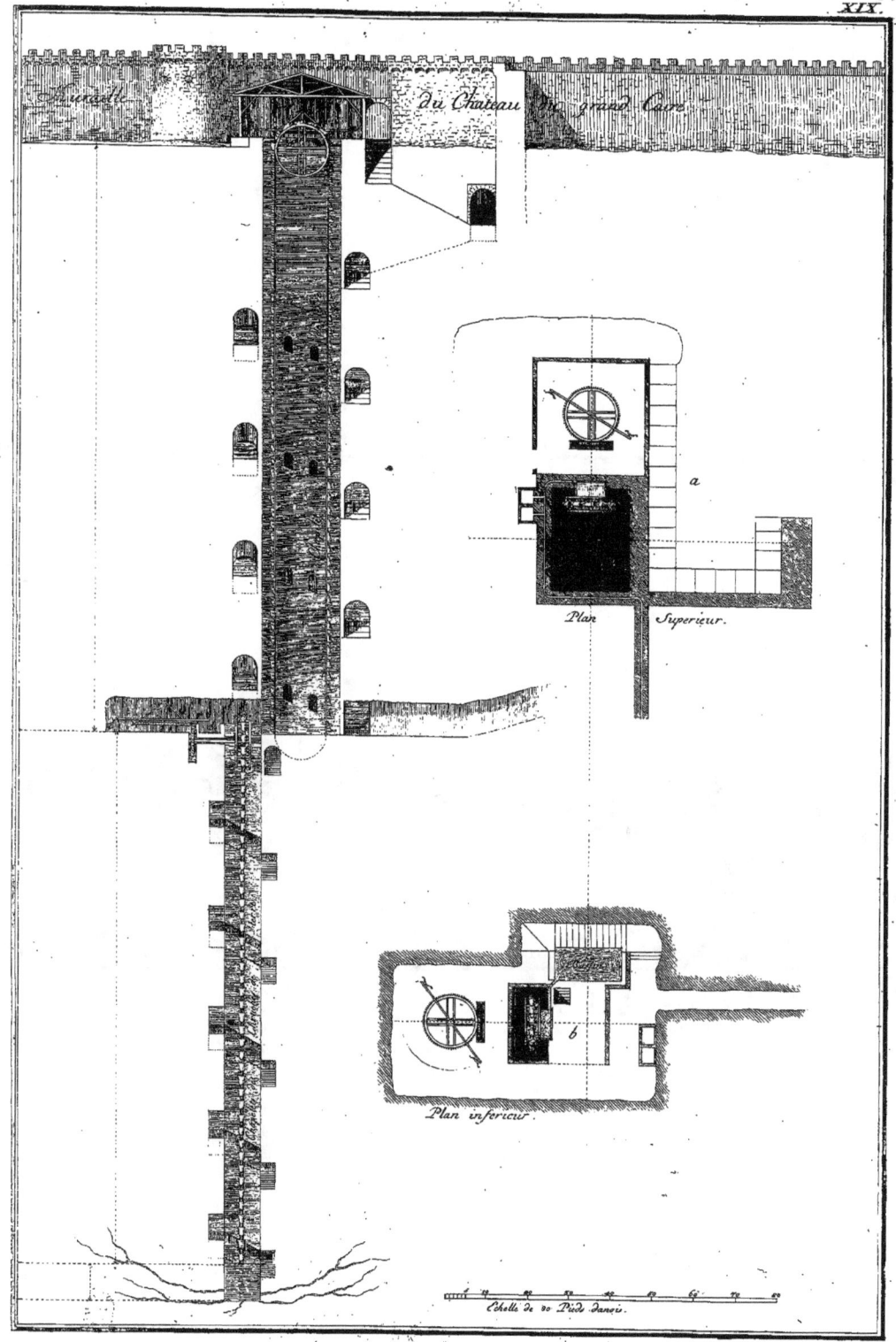

Plan et Coupe du Puits de Joseph, au grand Caire.

Vüe du Vieux Caire, vis-a-vis le Mikkias, au milieu du Calis, vers Boulac.

Perspective du Vieux Caire.

Vüe du Vieux Caire, et d'une Bramide a perte de vüe.

La Perspective du Mokkias, par dehors, à la pointe de l'Isle de Rodda.

Vüe de la Ville de Gize, ci-devant Memphis, avec les trois Pyramides, et

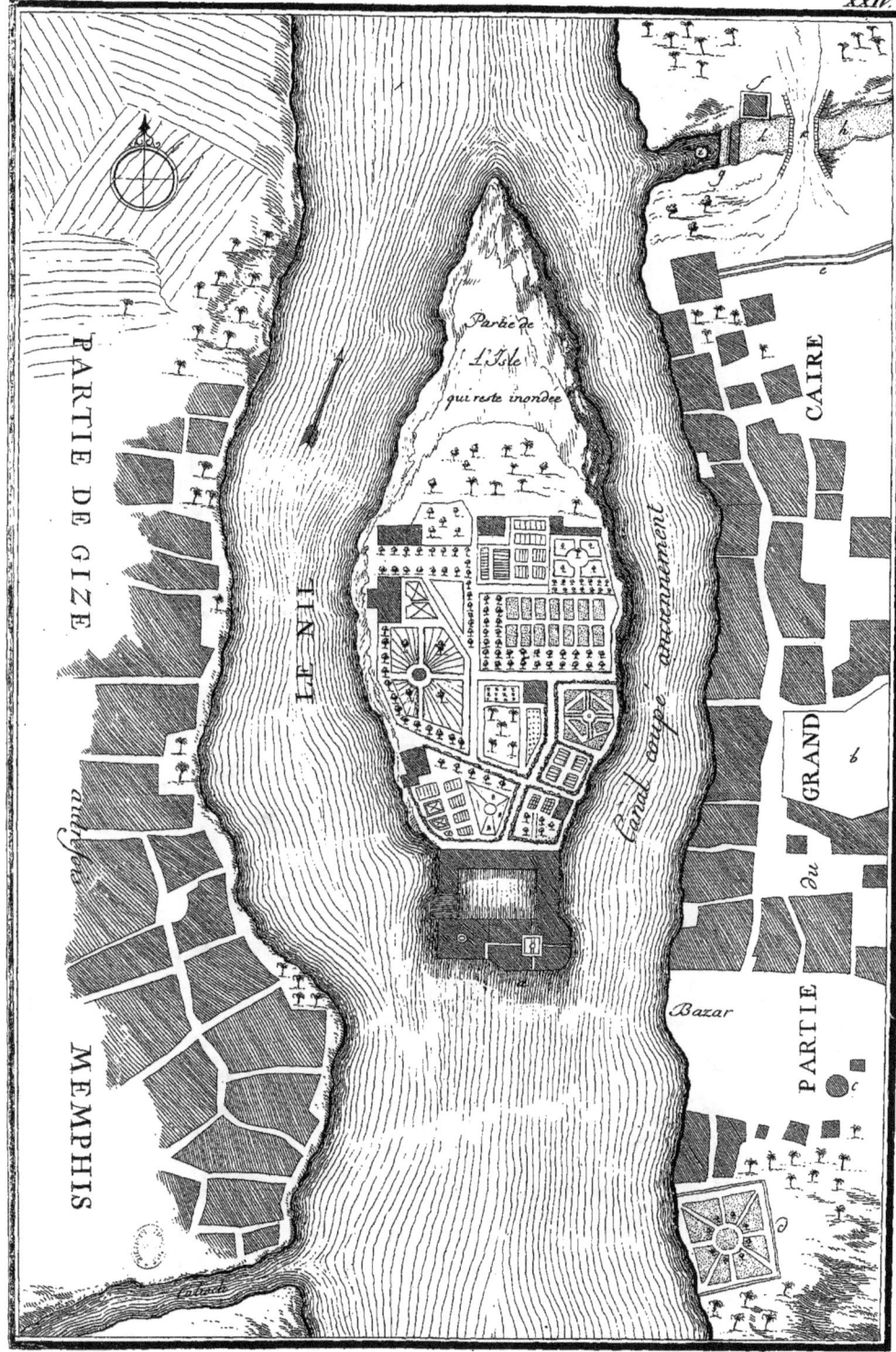

Plan de L'Isle de Rodda, avec ses Environs.

a. Mokkias pour observer l'accroissement du Nil. b. Grenier de Joseph. c. Puits de Joseph. e. Aqueduc. f. Maison du Bacha pour assister à la ceremonie annuelle du Coupement de la Digue. d. Jardin du Gouverneur. g. Digue. h. Calich à sec. i. Marque de terre. k. Pont de pierres.

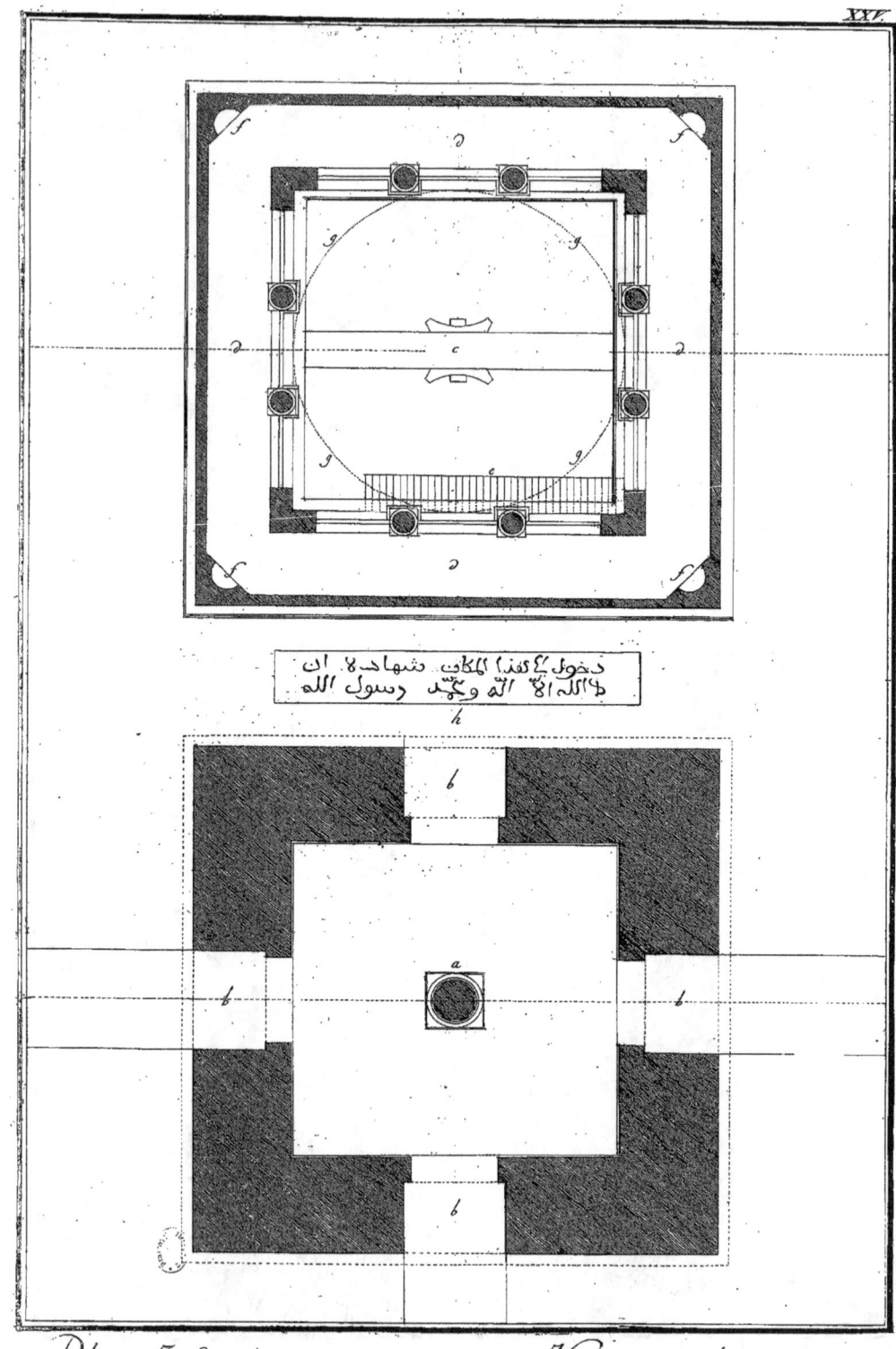

Plan Inferieur et Superieur du Mokkias a la pointe de l'Isle de Rodda, au Vieux Caire, pour observer l'accroissement du Nil.

a. Colonne pour mesurer de combien le Nil hausse et baisse. b. Entrées et Sorties des eaux. c. Architrave qui passe sur la Colonne. d. Gallerie à l'entour. e. Escalier pour descendre à l'eau. f. Niches. g. Périphérie du Dôme. h. Inscription sur l'Entrée du Mokkias.

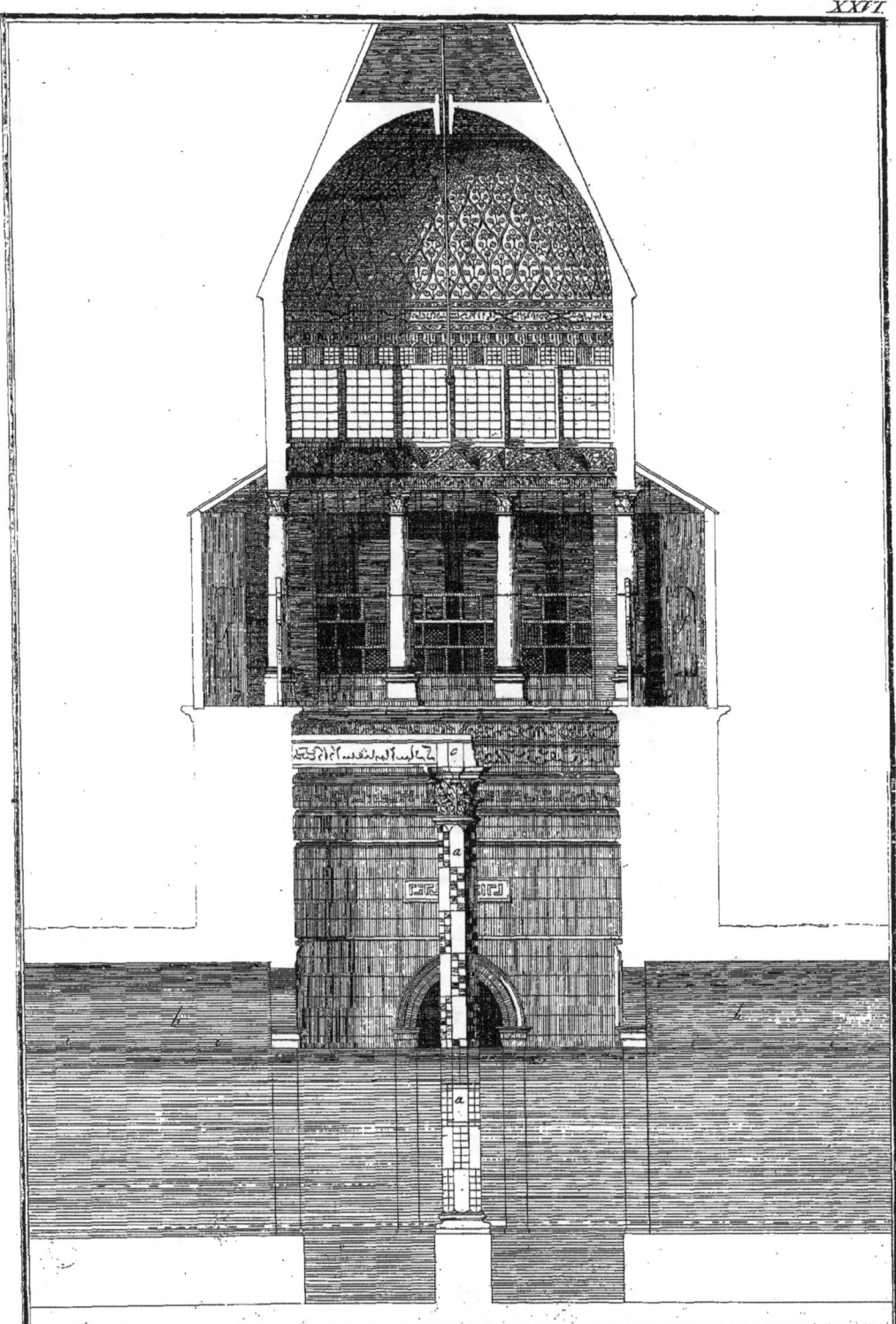

Coupe du Mokkias, à la pointe de l'Isle de Rodda, au Vieux Caire.
a, *Colonne, dont les differentes mesures marquent combien le Nil hausse et baisse.* b, *Entrées et Sorties des eaux.* c, *Architrave sur La dite Colonne.* d, *Galerie.* f, *Niches.* i, *Surface du Nil.*

ROYAUME DE SENNAR

GRAND DESERT DE LA NUBIE

Ibrim
Derri
Sieukupa
Divan
Kerwaschie
Tomas
Abodu
Kudjuhed
Abuhanded
Hassaia
Korarof
Amada
Angora
Arega
GabbelAbiad
Naghalhadjemusie
Nagelhadjemusie
elleserab
Bubehad
Schemberescheid
Umhendi
Moharraca
Aliga
Gurta
Kubanie
Dexer
beckStobne
Sabagura
Girsche
Garbe Girsche
ScherRDendour
Garbe Dendour
Scher Marie
Garbe Marie

Les Mahaslas ou les Kens PETITS

BARBARINS sous la Domination Turque

Scher Merruvau
Garbe Merruvau
Scher Abohuer
Garbe Abohuer
ElKalabsche
Berbetund
Sahaab
Teffa
Umbarzuab
Domhud
Hurued
SardjelMarraga
Dymmel
Schem'Eluahi
Dabode
Abadar
ElHeif

TROPIQUE DU CANCER

Morrada
La grande Cataracte
Forteresse turque
Elsagh
Elm Elephantine
Garbe Gruan
ESSUAEN
olim Syene
Elegyre
ElAtaibe
Girbe
ElSchehamer
ElKabunia
Kommbu
Bamban
Elobo
Emagar
Sahm
Doris
ElKajutschr
ElHammen
Tschibera
Romadi
ElBuab
Sebeck Tschiberin
Atuean
Edfu olim Apollinopolis
ElKach
Said
ElAsarnin
ElBessale
ElGansan
Schorauna
Sebbaye
Terrug
Kumbeer
Kellabi
ElMocine
Marasvis
Gacheile
Sornig
Doeg
Hella
ESNAY olim Latopolis
DeirOmali
ElArdie
Magdscherademon
Asfuun
ElKiman
Schagab
ElTschittellien
Tot
Mahumd
Luxor
Demegrat olim Crocodilopolis
THEBES
ElRotegart
Carnac
Arment olim d'Hermontis
Ghosam
Kurnabdal
Damamin
ElKurnic
Schenkur
Gamola
Guryoes
Soes
ElFilla
Demfig
Naqadi
Ghatara
Harudschi
Taug
Schokhu
ElBallaas
AlBarat
Ebenut

PAIS DE BARAMBOU

Azalte
Tuirnt
Ghiena
les Schorasfa
Rennurie
ElGauvar
Dandera olim Tentyra
Saida
Meraschdeh
Tau
Casarna
Selsnie
Besire
Hau
Ellnukarran
Dur
Atarfi
Bagjaura
Abgunat
Abualuy
Schiambabar
Benibersa
Elvusebareu
Sehmie
Kravich
Bennenamar
Elhollabind
Sargava
S Bellure
Bardis
Sauadne

BAIDET P...VAN

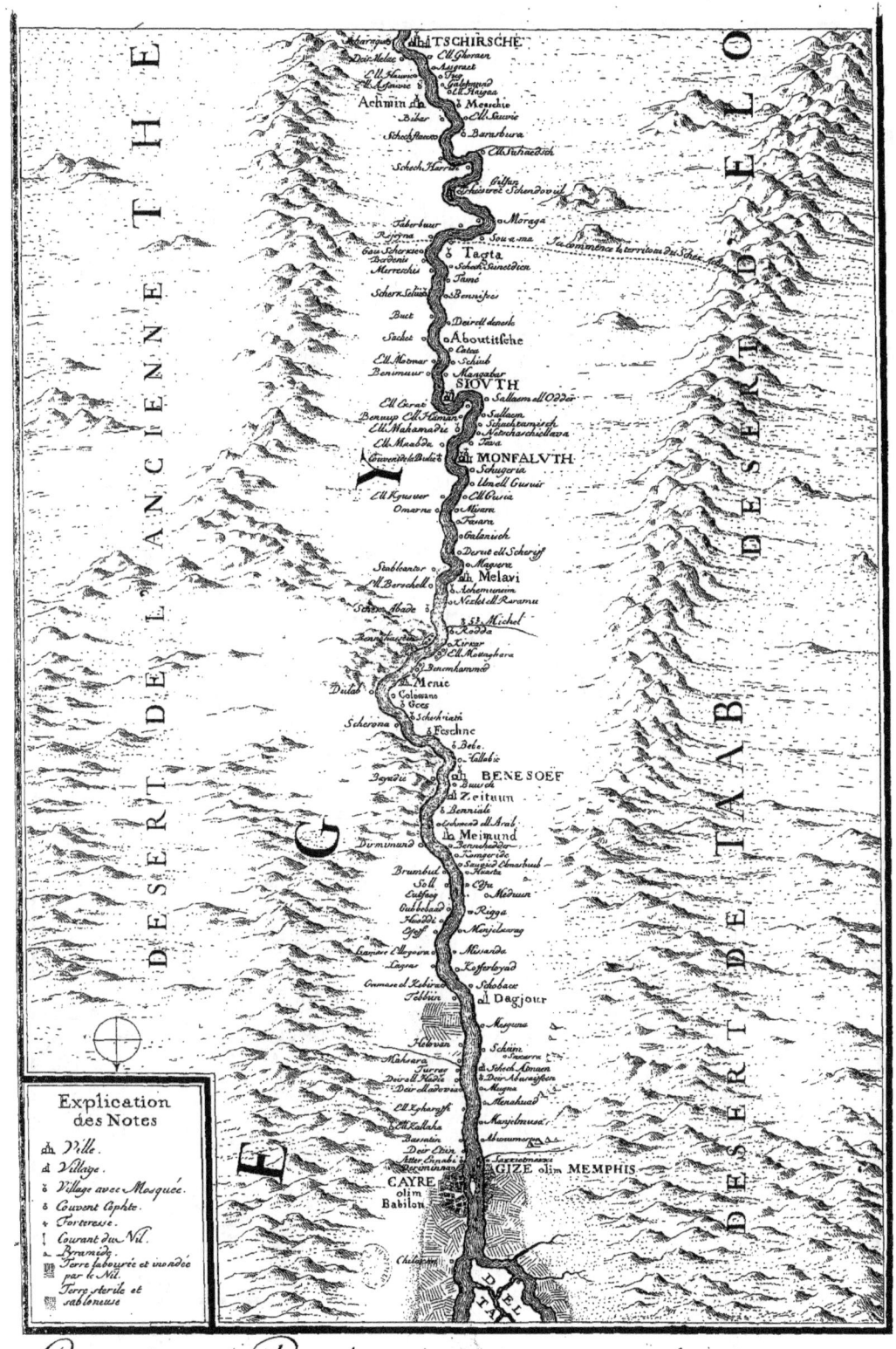

Cours du Nil, et Lieux situés sur ses bords, depuis Derri dans la Nubie, jusqu'au Delta, selon les observations faites depuis le Mois de Novembre 1737, jusqu'à la fin du Mois de Février 1738, ce qui est le tems où les eaux du Nil sont les plus basses.

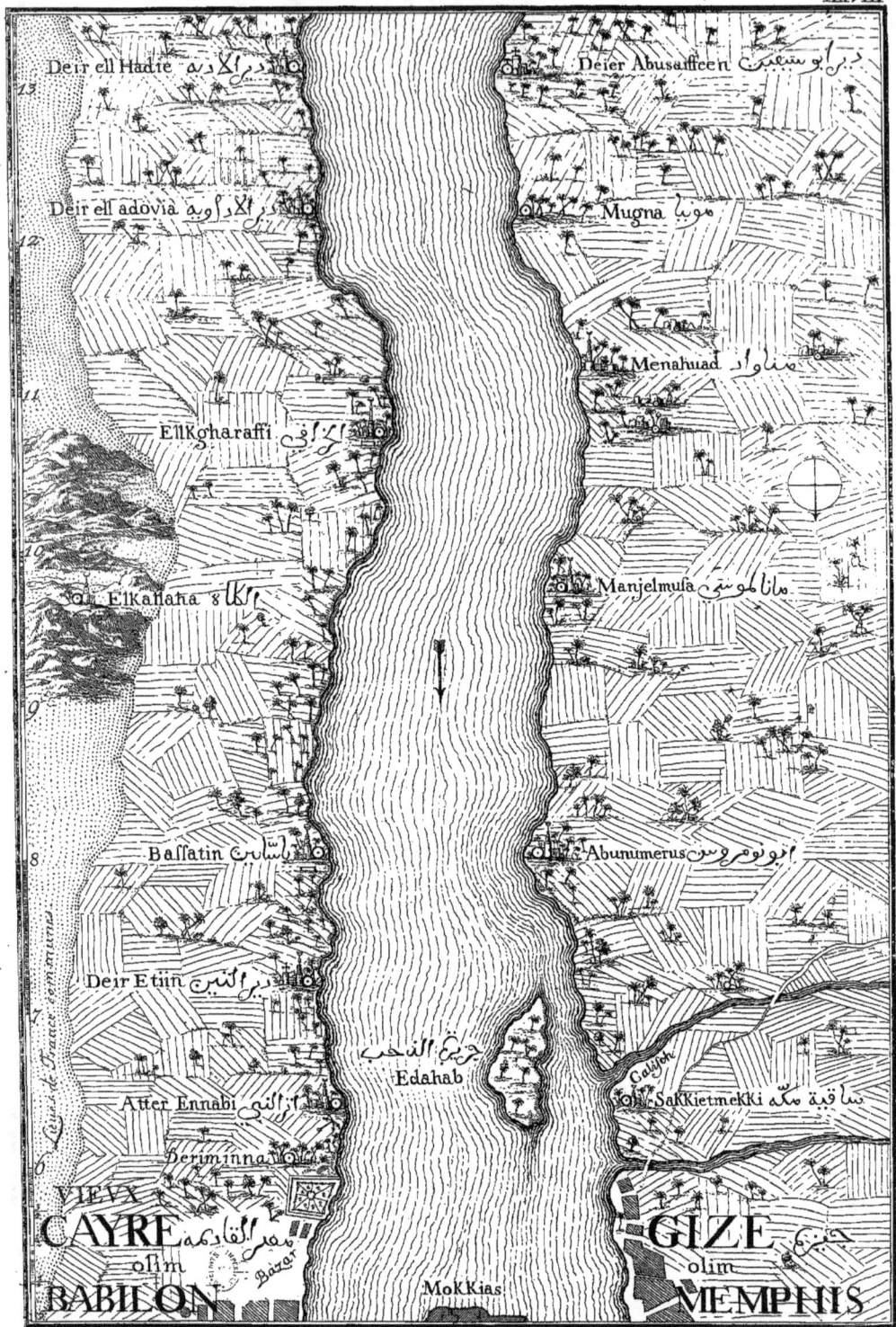

Première Partie de la Carte du cours du Nil, contenant la Situation de ses bords, depuis le Vieux Cayre, jusqu'à Deir Abusaiffen.

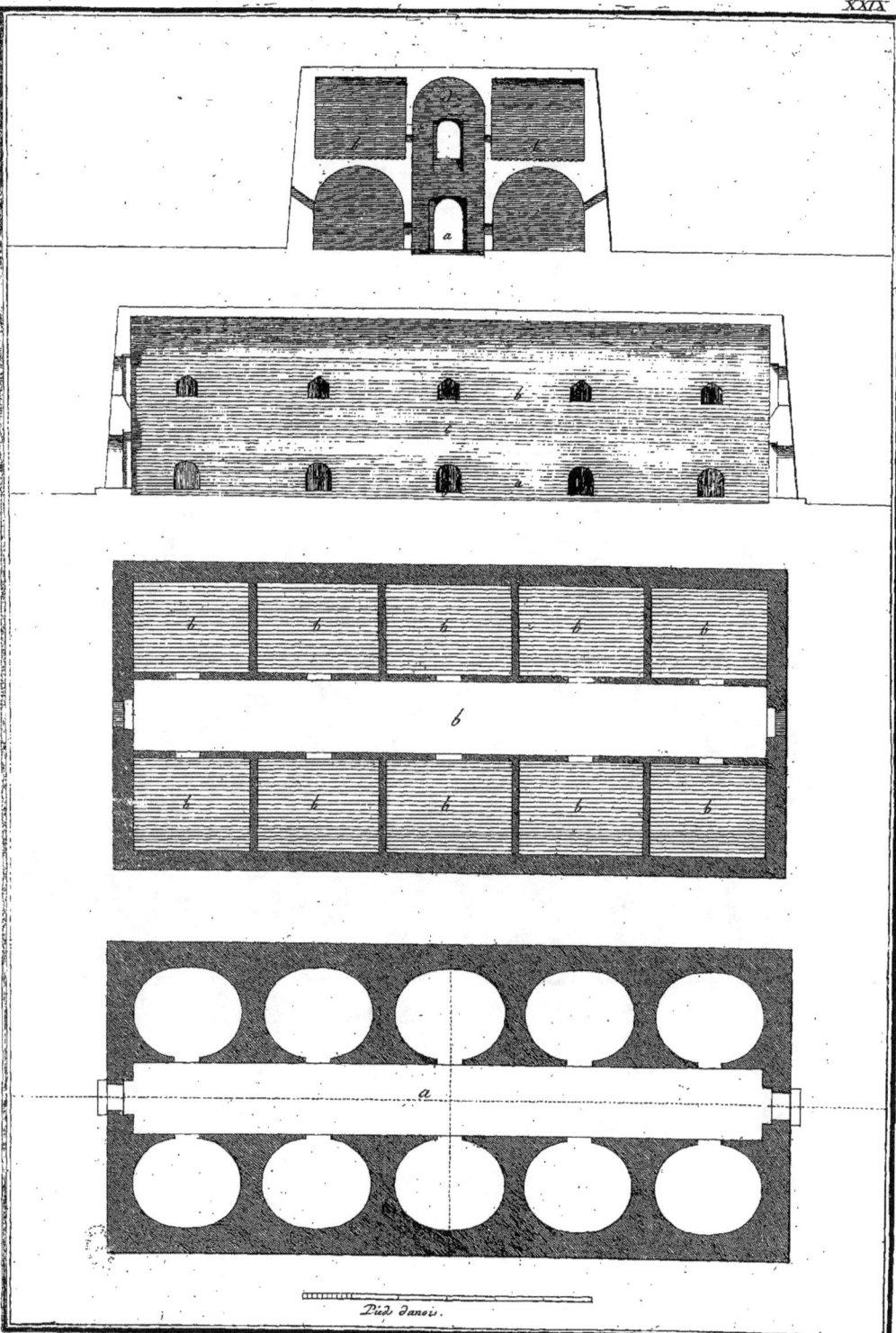

Four, dont on se sert en Egypte, pour faire éclore les oeufs des poulles.
a. Plan d'en bas, ou on met le feu. b. Plan superieur pour les oeufs qu'on met dans les rigoles.
c. Coupe du Four sur sa Longueur. d. Coupe sur la largeur.

Maniére de battre le ris, et de quelle façon les femmes portent l'eau en Egypte.

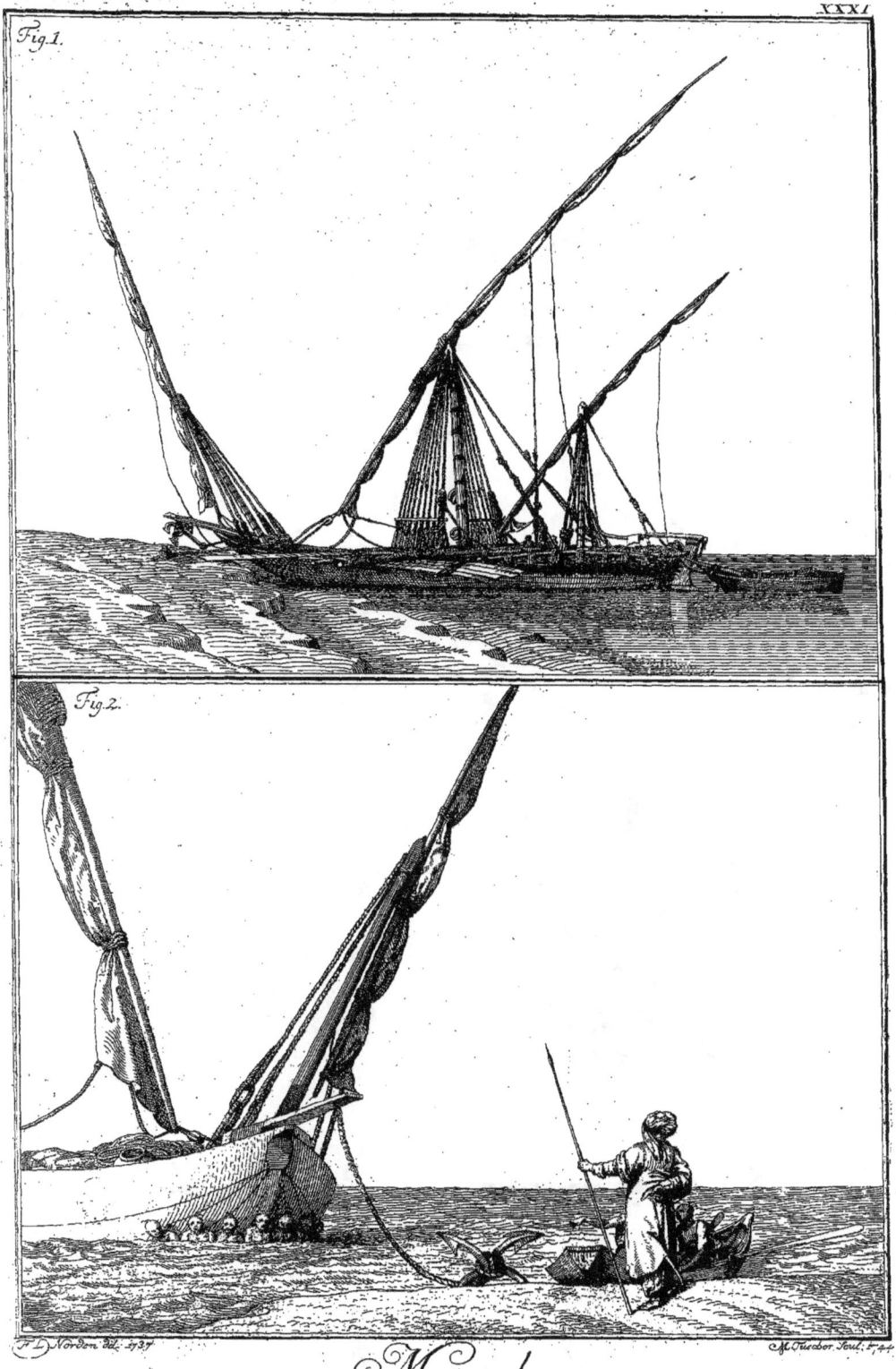

Merkeb.
Fig. 1. Sorte de Barques, qui vont sur le Nil, depuis Esjenay jusqu'au Caire. Fig. 2. Maniere de les pousser à l'eau.

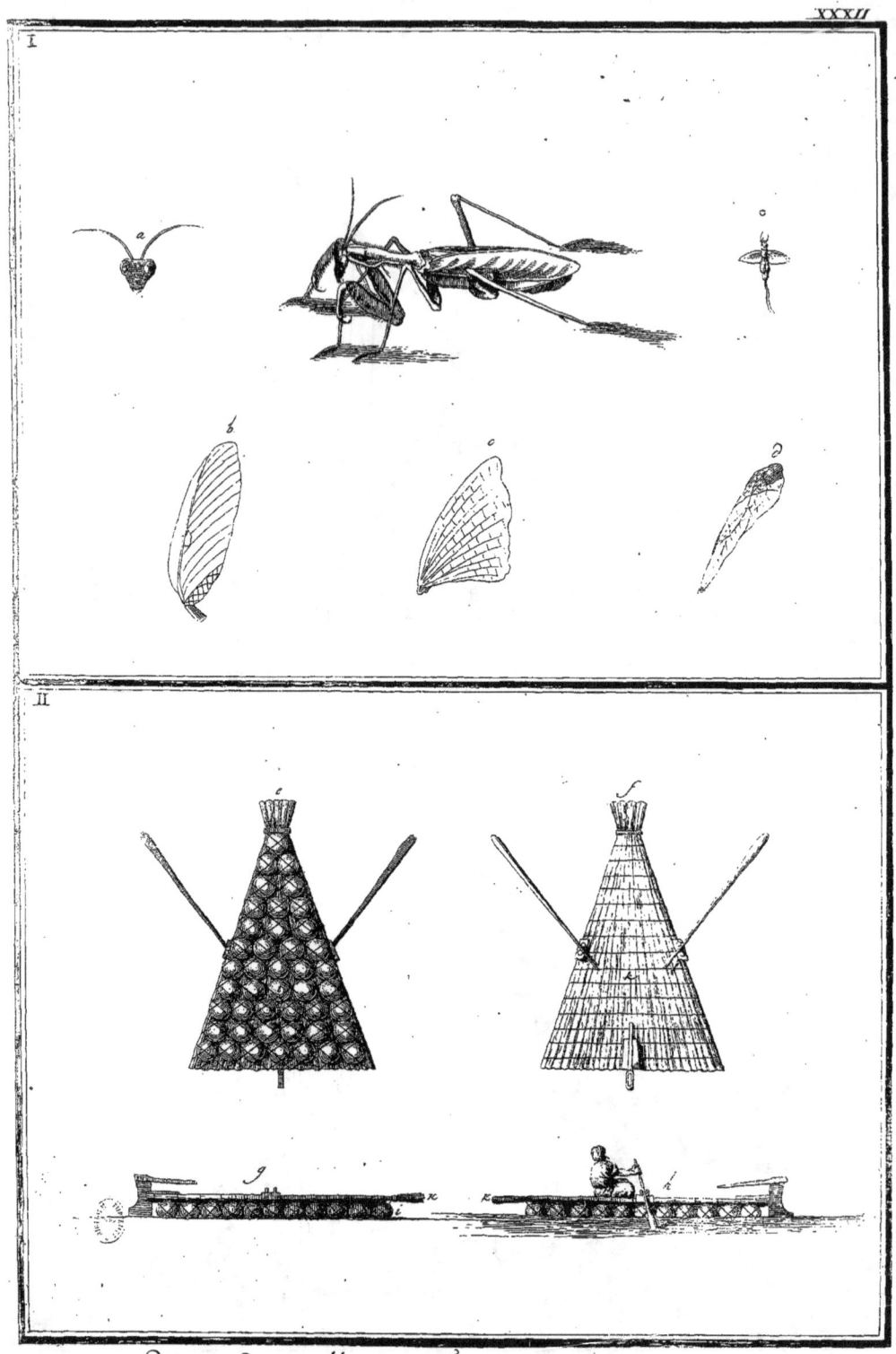

I. Sainte Sauterelle des Turcs en Egypte.
a. Teste de la Sauterelle rémarquable par l'Hieroglyphe qu'elle porte sur le front. b. Aile en forme de voile verd. c. Aile transparent
de sous la première aile. d. Troisième aile. o. Darira, insecte.
II. Radeau des cruches callabasses, dont on se sert pour la pêche.
e. Radeau de callabasses vu par dessous. f. le même Radeau par dessus. g. Hors de l'eau. h. Dans l'eau. i. Grosses pots ou cruches
de terre cuite renfermées dans un filet. k. Pont des feuilles de palmier qui couvre les pots, liées etroitement ensemble.

Fig. 1. Figuier d'Adam, vulgairement Bannanas.
Fig. 2. a, Beau Cuprès, au Vieux Caire. b, Poulle de Pharaon, tenüe pour l'Ibis.

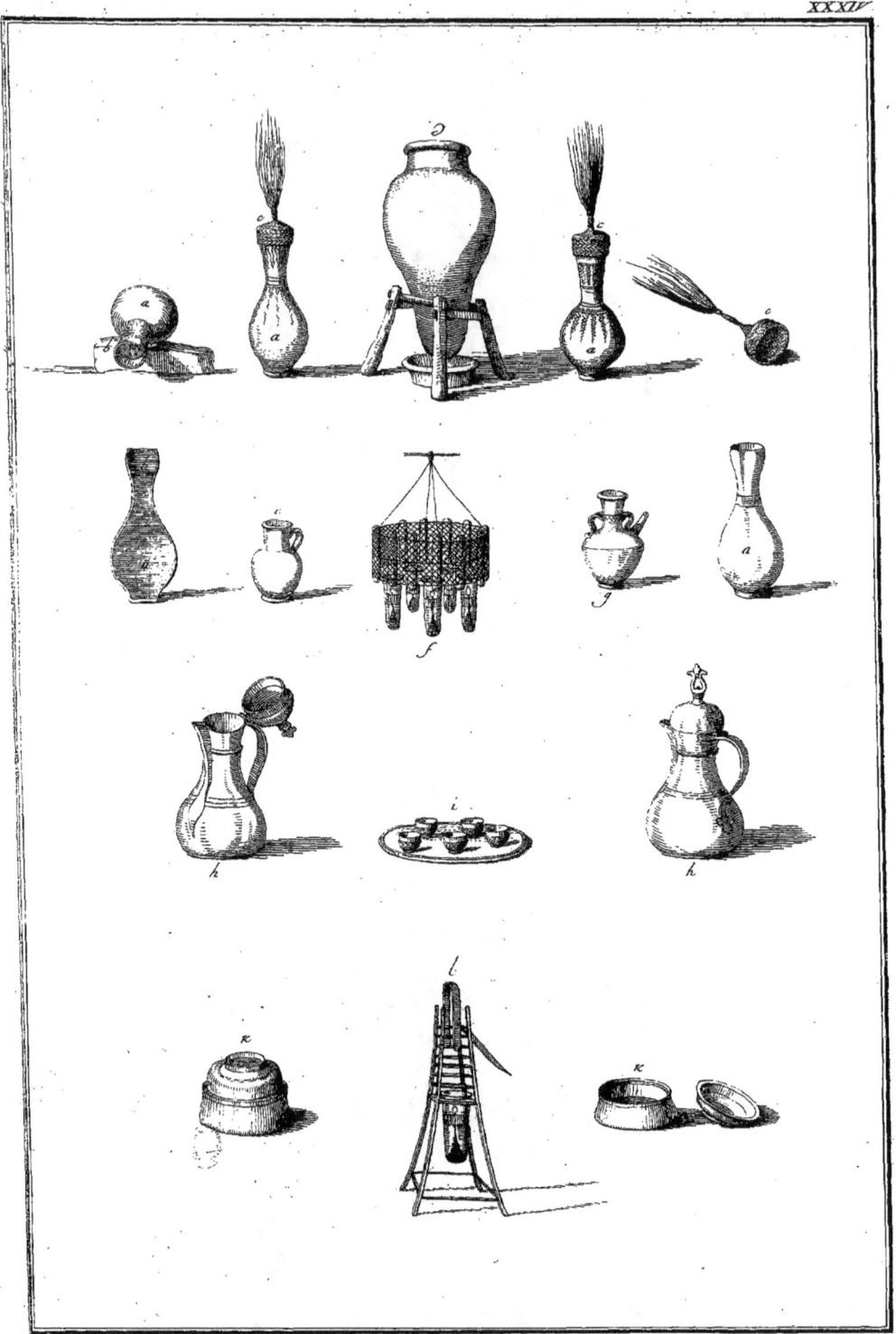

Différentes Vases et Ustensiles, dont on fait usage en Egypte.

a, Bardaxes, vases de terre cuite, pour boire l'eau du Nil. b, Espèce de passoire. c, bonnets de paille pour couvrir les Bardaxes. d, Vase pour filtrer l'eau du Nil. e, Vase pour puiser l'eau de Jarres cruches. f, Lanterne faite de roseaux qu'on pend au milieu des rües du Grand Caire. g, Aiguiere. h, Caffetiere. i, Tasses sans soucoupes. r, Boëte à Caffée de cuivre. l, Lampe portative faite de bois de Palmier.

Vuë de la grande Mosquée Atter Ennabi.

Vue de la grande Mosquée Atter Ennabi, et du village de Deir Etiin.

Perspective du Bourg Deir Etin, à une demi-lieue au delà du Vieux Caire.

Fig.I. *Giomez, ou Sicomore (Ficus fatua,) avec ses Feuilles et ses fruits.* Fig.II. *Feuilles et fruits, de grandeur naturelle.*

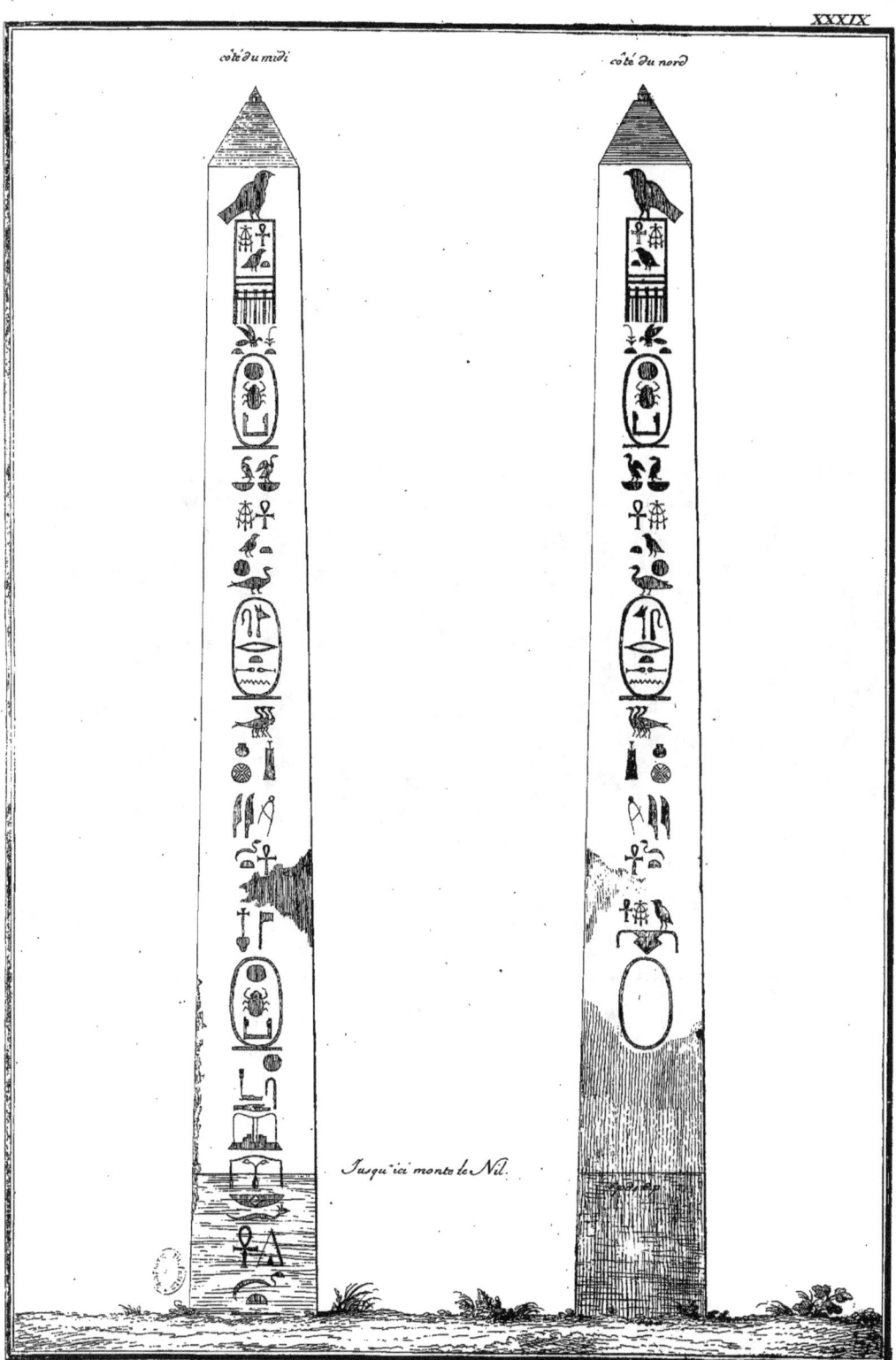

Obélisque de Matareen, anciennement Héliopolis.
Il est de même hauteur, que celui de Cléopatre à Alexandrie.

Machine pour tirer l'eau, afin d'arroser les terres.

Vuë des Pyramides, proche du Caire, telles qu'elles se présentent à Atter Ennabi, ou la grande Mosquée de Deiretiin.

Vue des Pyramides de Memphis,
dessinée de la maison du Kaïmakan, à une lieue de distance.

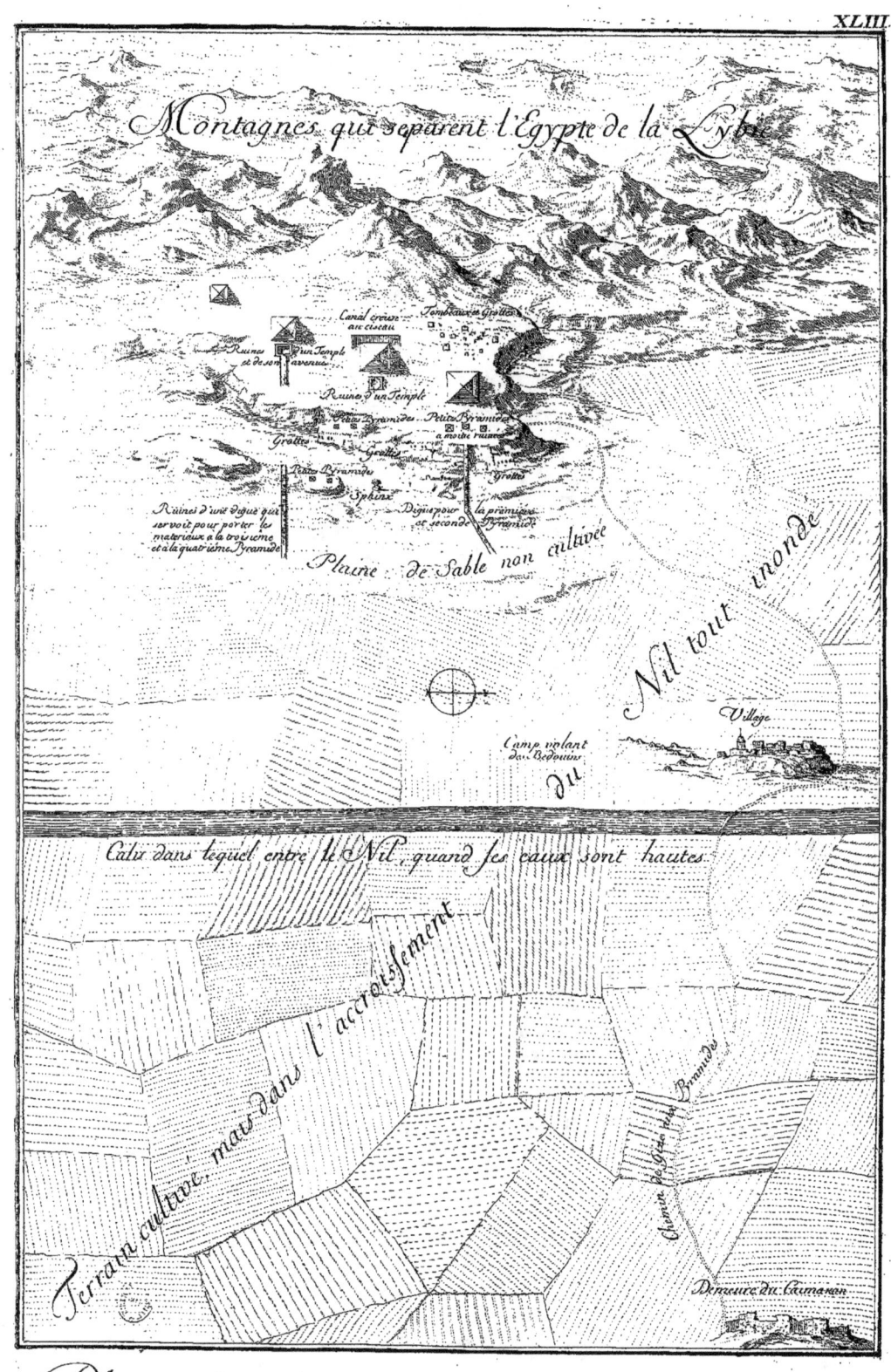

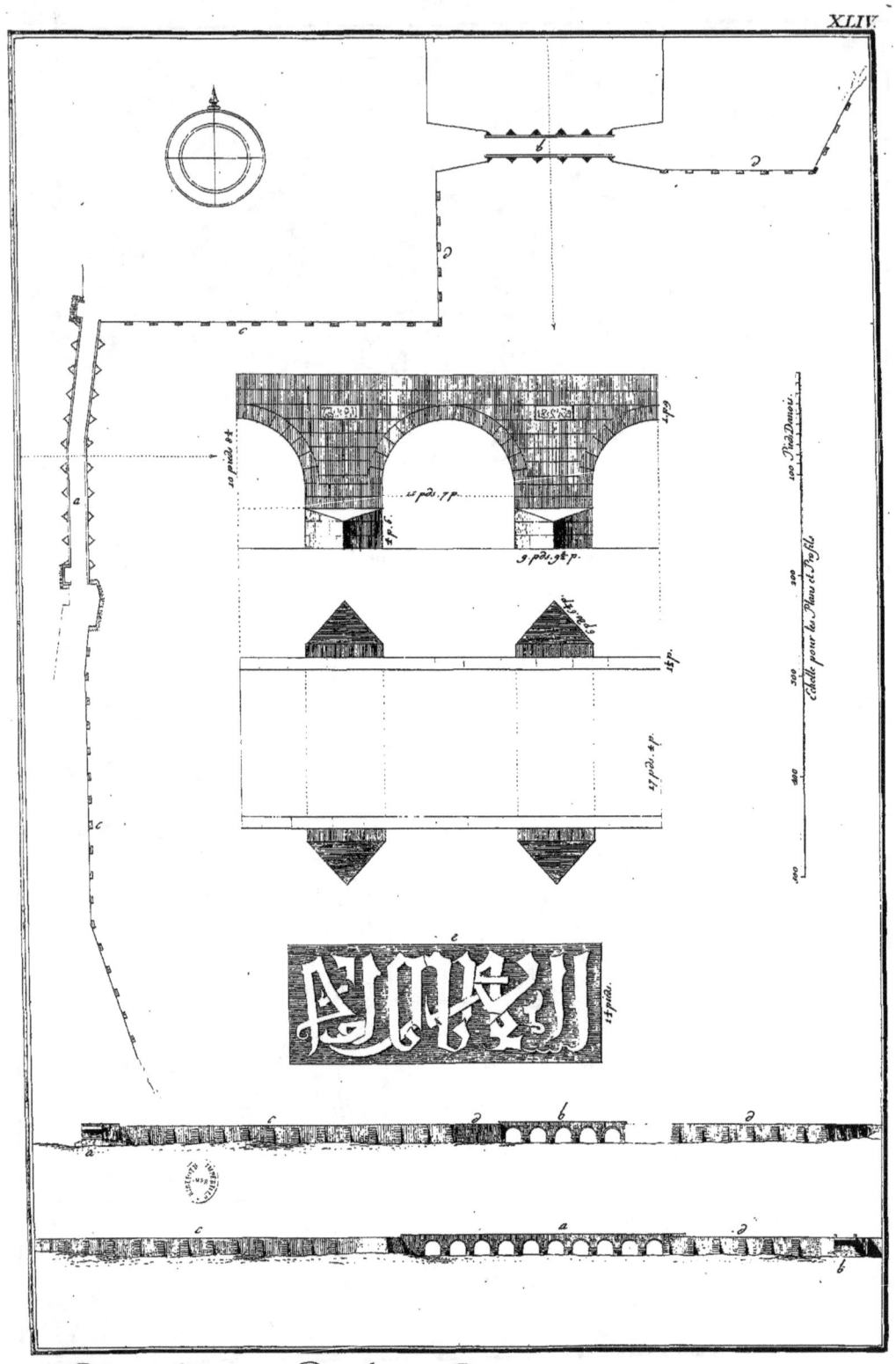

Plans, Coupes et Profils des Ponts près des Pyramides de Memphis. Ouvrages Sarasins.
a, Pont du Nord. b, Pont de l'Ouest. c, Digues du premier Pont. d, Digues du second Pont.
e, Inscription Sarasine.

Tête colossale du Sphynx, avec les trois Pyramides.

Tête colossale du Sphynx, avec les trois Pyramides.

Tête colossale du Sphynx, vuë en face. Elle est au devant de la seconde Pyramide de Memphis.

Profil de la tête colossale du Sphinx.

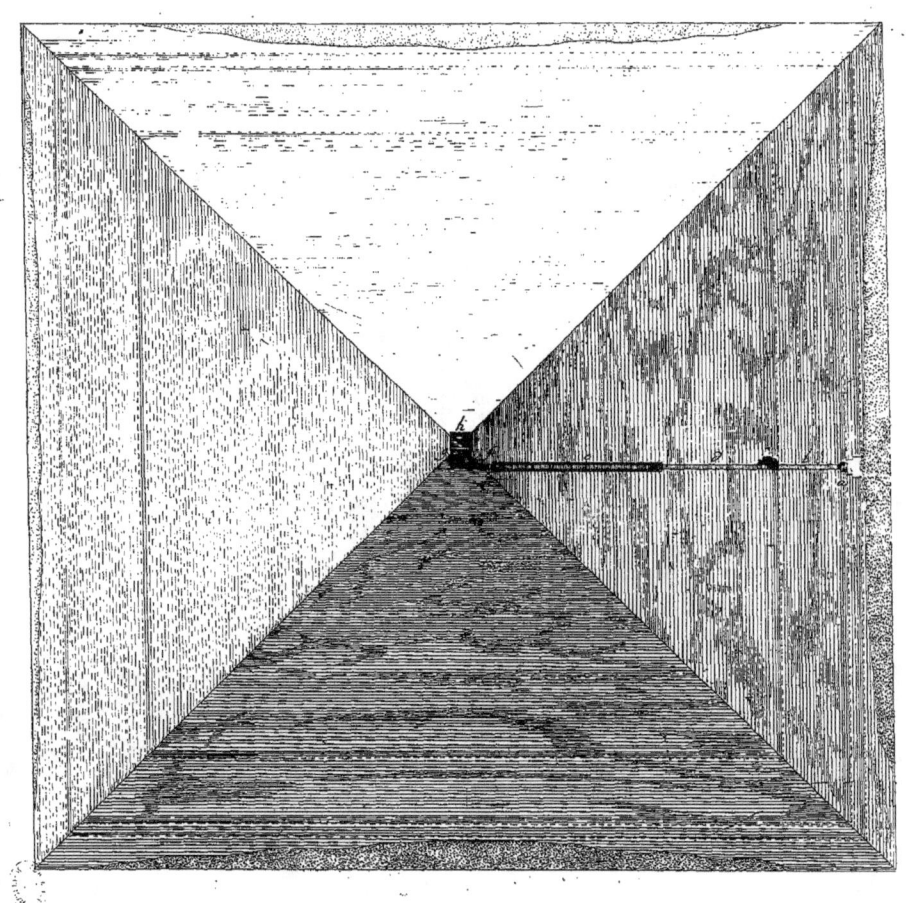

Seconde Pyramide de Memphis, en vuë d'oiseau.
a. Entrée et faux Portail. b. Premier Canal. c. Entrée forcée. d. Second Canal. e. Quatrième Canal.
f. Cinquième Canal. g. Chambre sepulcrale Royale. h. Sarcophage.

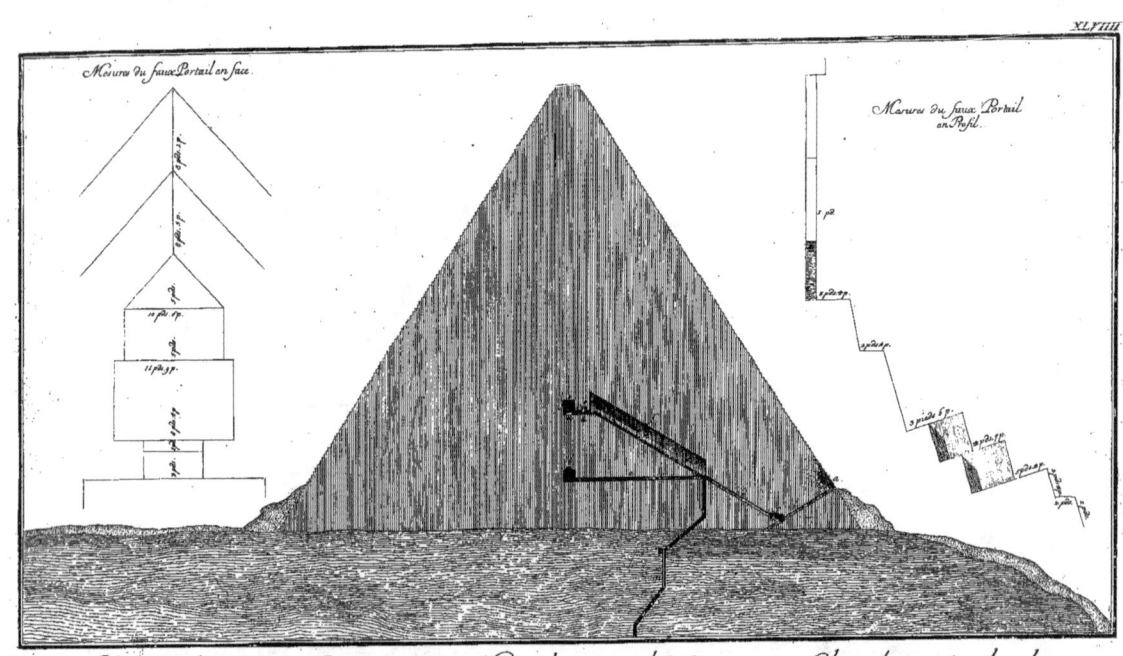

Coupe de la Seconde Pyramide de Memphis, avec les Canaux et Chambres sépulcrales.

a. Faux Portail. b. Premier canal. c. Entrée forcée. d. Second canal. e. Troisième canal. f. Quatrième canal, ou Corridor. g. Entresole. h. Cinquième canal. i. Chambre sépulcrale royale. r. Sarcofage. l. Chambre sépulcrale d'in bas. m. Puits.

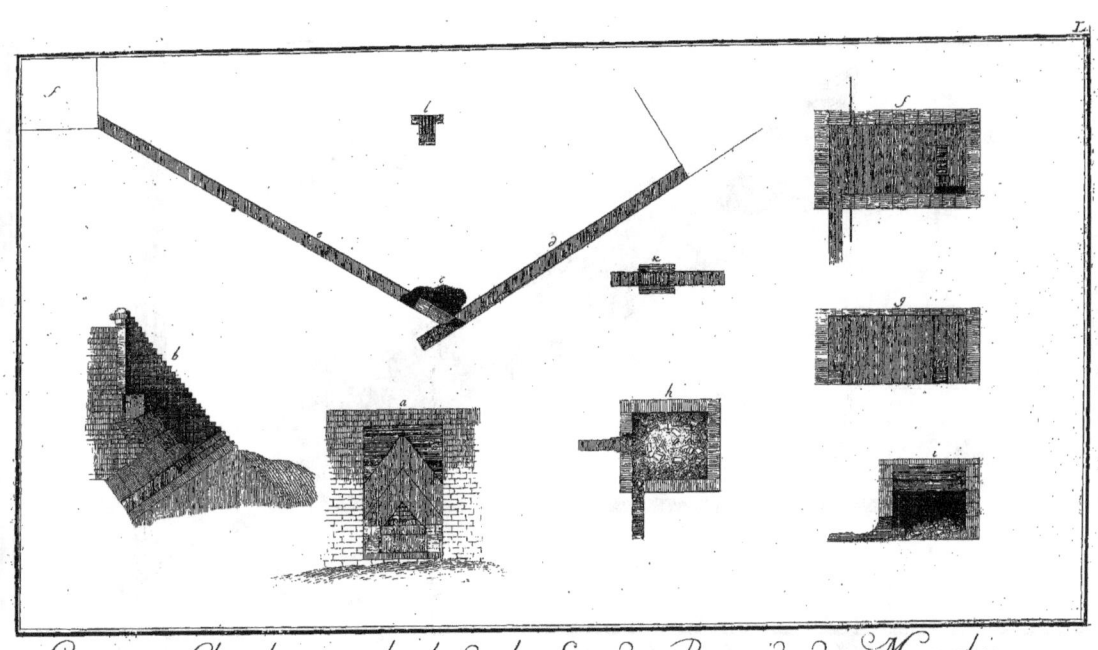

Canaux et Chambres sepulcrales de la Seconde Pyramide de Memphis.

a. Façade du faux Portail de la Pyramide. b. Profil du même Portail et du premier Canal de l'Entrée. c. Endroit où l'on a fait l'entrée du second Canal. d. Premier Canal. e. Second Canal. f. Plan de la Chambre sepulcrale Royale d'en haut. g. Coupe de cette Chambre. h. Plan de la Chambre sepulcrale d'en bas. i. Coupe de la même Chambre. k. Entresole du cinquième Canal. l. L'Entresole en face. m. Sarcophage de Porphir noir.

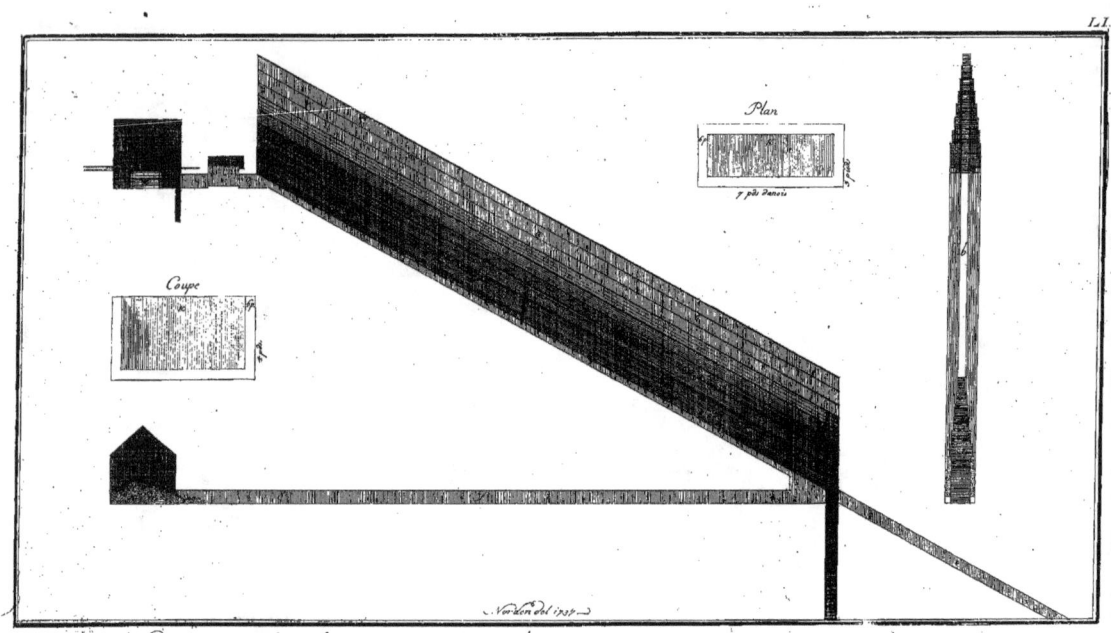

Canaux et Chambres sépulcrales de la seconde Pyramide de Memphis.
a. Quatrième Canal qui se termine en dos d'âne de 20 pieds de hauteur. b. Coupe par le travers du même canal. c. Cinquième canal. d. L'entresole. e. Chambre sépulcrale d'en haut
f. Troisième canal. g. Chambre sépulcrale d'en bas. h. Puits. i. Second canal. k. Sauvage.

Vüe des Villages de Mennahuad, et de Manjelmusa, avec les secondes Pyramides appellées Dagjour. a. Mennahuad. b. Manjelmusa.

Différentes Machines hydrauliques, dont on se sert en Egypte pour arroser les terres.
La première maniere est par le moyen des Chapelets qui donnent de l'eau a la campagne, quand elle en a besoin.
La partie de la Digue A. est auprés de Deir El Lodivie.

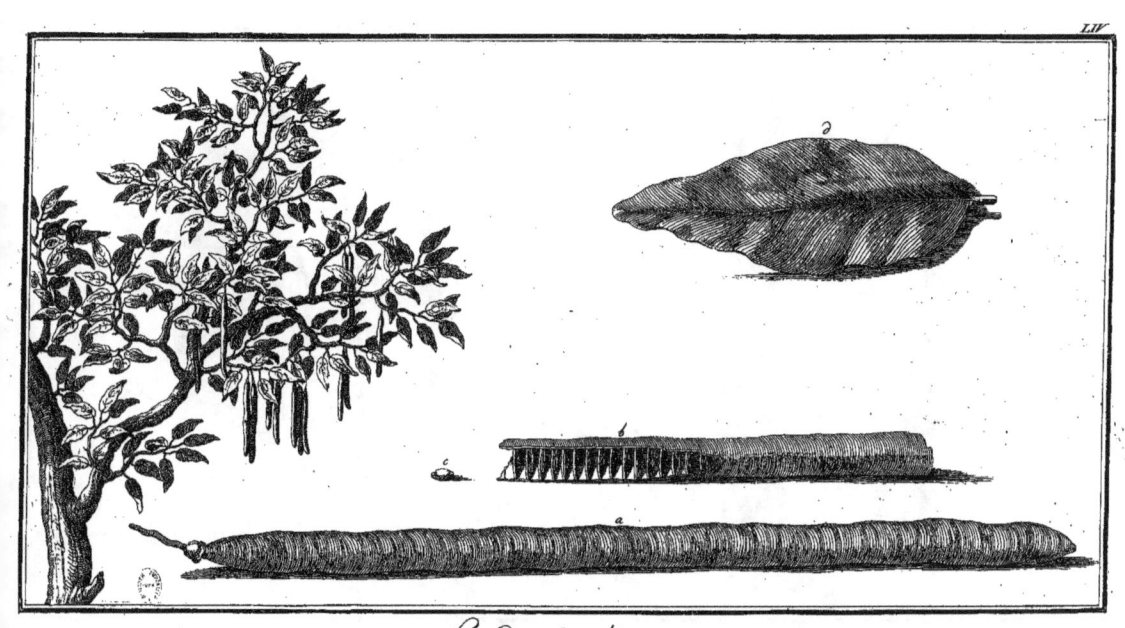

La Casse fistulée.
a. Fruit en forme de fistule. b. Les cellules. c. La semence. d. La feuille.

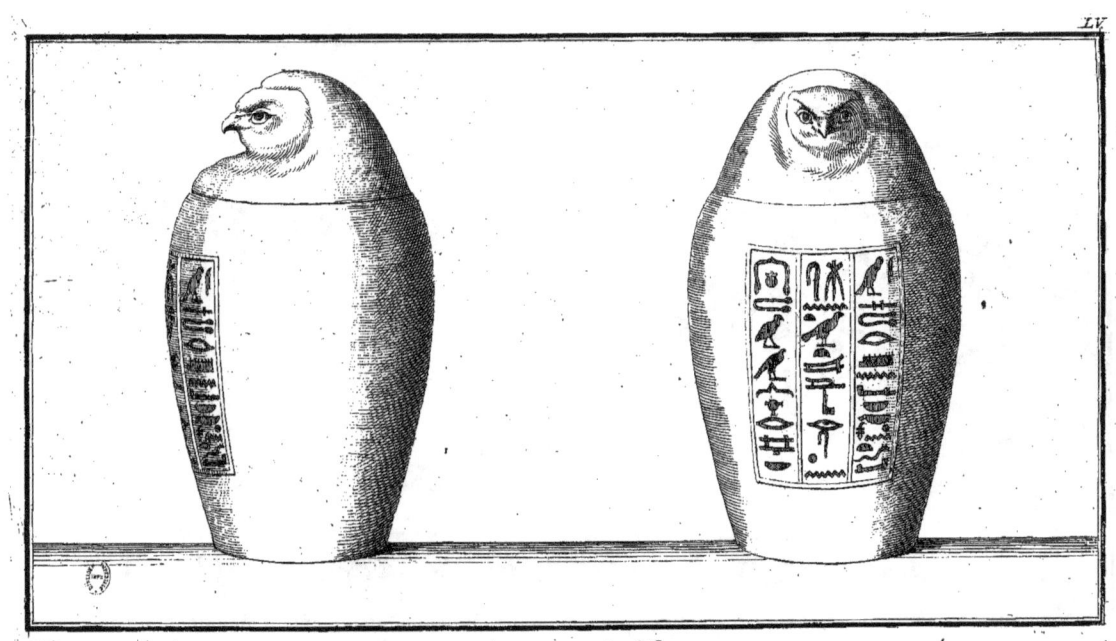

Urne antique, dessinée d'après l'Original, et que l'Auteur a apportée avec lui.

Charrüe Egyptienne, dessinée à Gamase, dans l'Egypte supérieure.

Fragment remarquable.

Fragment d'un Bas-relief très-singulier

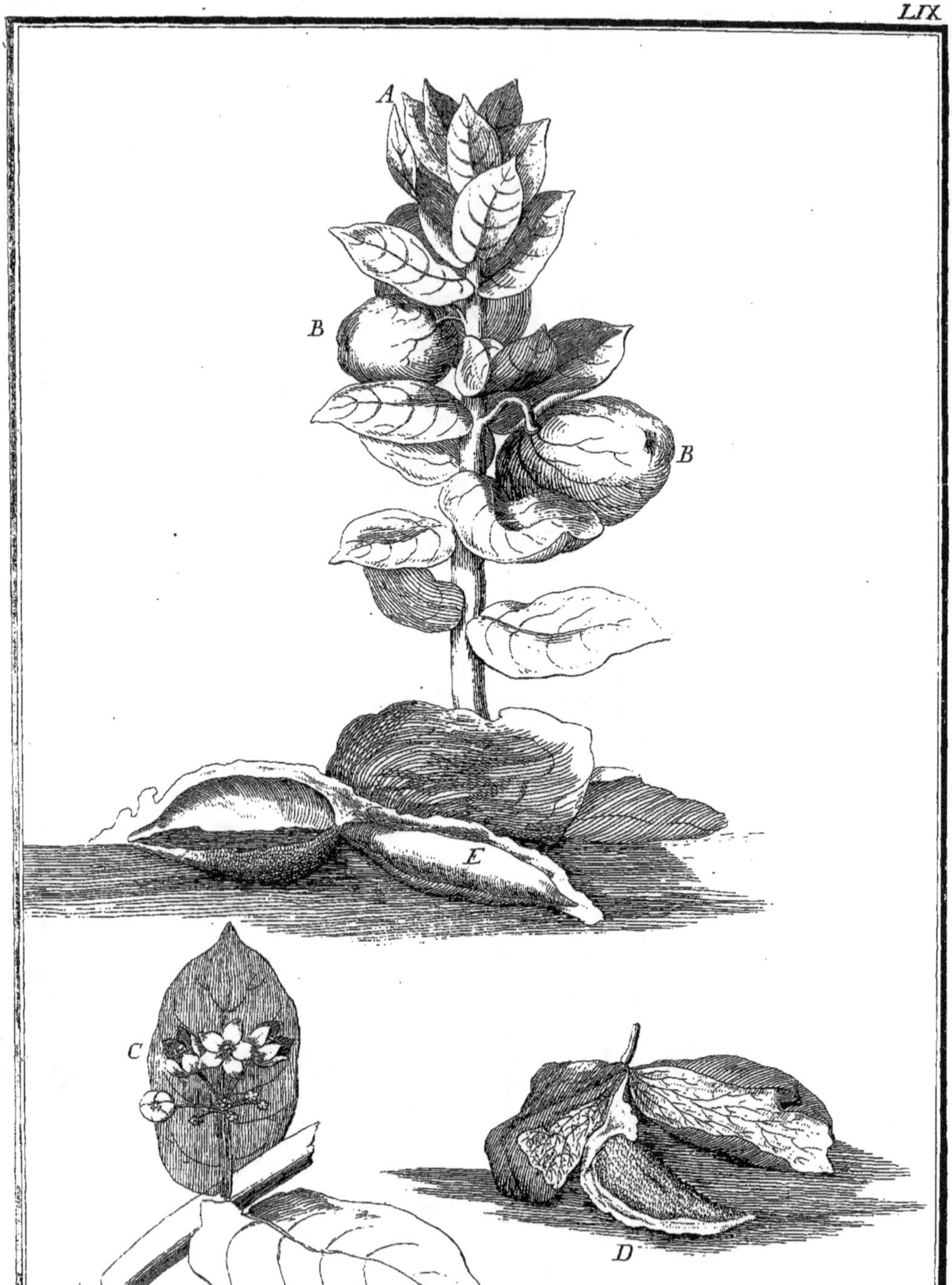

Representation de la Plante appellée en arabe OSCHAR
elle croit autour Morrada *le Havre de la Cataracte a ordinairement en hauteur de trois pieds danois, dessinée d'après Nature par* F. L. Norden. *A. Une Branche avec feuilles & fruits. B.B. Fruits. C. Fleurs. D. Fruit partagé pour montrer les Feves. E. Feve partagée pour faire voir les Semences & la matiere velue qui les envelope.*

3
b (Réserve)
1364

Double de (Réserve)
~~1064~~
A.1.2

VOYAGE D'EGYPTE ET DE NUBIE,

PAR

Mr. FREDERIC LOUÏS NORDEN,
CAPITAINE DES VAISSEAUX
DU ROI.

Ouvrage enrichi de Cartes & de Figures deſſinées ſur les lieux, par l'Auteur même.

TOME SECOND.

A COPENHAGUE,
DE L'IMPRIMERIE DE LA MAISON ROYALE
DES ORPHELINS.

MDCCLV.

VOYAGE D'EGYPTE ET DE NUBIE,

PAR Mr. F. L. NORDEN.

CINQUIEME PARTIE,

Contenant le Journal du Voyage de l'Auteur, depuis le Cayre jusqu'à Girge Capitale de la Haute-Egypte.

Dans le prémier Volume de cet Ouvrage, qui contient ma route, depuis Aléxandrie jusqu'au Cayre, j'ai donné une Relation circonstanciée de tout ce que j'ai vu & cru digne de l'attention du Lecteur. Je fus forcé de séjourner dans cette Capitale plus de trois mois; car j'y arrivai le 7. de Juillet 1737.; & je n'en partis que le 18. de Novembre de la même année; que j'entrepris le voyage de la Haute-Egypte.

Un retardement si considérable fut occasionné par des raisons toutes différentes. Outre les obstacles ordinaires & la prévention, qui fascine généralement les yeux des Peuples du Pays, & leur donne de l'ombrage de tous les Francs, qui témoignent avoir envie de passer plus loin: prévention qui a empêché tant de Personnes envoyées par diverses Cours de l'Europe, de faire des découvertes dans la Haute-Egypte; j'avois le chagrin de rencontrer deux autres empêchemens, qui me regardoient en particulier, & retardoient nécessairement mon départ.

Dd 2   L'un

L'un de ces empêchemens venoit de la révolte, qui, dans ce tems-là, continuoit à mettre tout le Pays en troubles. Quoiqu'on ne discontinuât point de couper tous les jours de têtes, & d'égorger sans miséricorde tout ce que le Gouvernement pouvoit attraper de Rébelles, il en restoit pourtant encore un grand nombre, qui s'étoient joints aux Arabes: le principal même d'entre eux, nommé Salem Cachef, dont on avoit fait courir le bruit de la mort, afin de tranquilliser la populace, s'étoit échappé, malgré les perquisitions qu'on avoit faites, & s'étoit marié avec la Fille d'un Schech Arabe. A la faveur de cet appui, il dépouilloit & tuoit tout ce qui venoit du Cayre; de sorte que si on partoit avec les Caravanes, les chemins se trouvoient absolument impraticables, & si on prenoit le parti de se mettre sur le Nil, les barques ne couroient pas de moindres périls.

Le second empêchement de mon voyage fut causé par une maladie, dont je ne fis pas grand cas au commencement. Je l'attribuois uniquement à l'air du Pays, que je croyois contraire à mon tempérament: je me flattois néanmoins de m'y faire avec le tems. Mais la chose devint enfin sérieuse: au bout de quelques jours la maladie se déclara être une véritable Péripneumonie. Elle me réduisit à garder le lit durant plus de deux mois, & m'inquietta beaucoup: sur-tout, parce que je me trouvois logé dans une Hôtellerie, où les rencontres fâcheuses ne manquent guére. Je vais en raconter une, qui faillit à nous coûter cher; mais qui eut un succès plus heureux qu'on ne pouvoit l'espérer.

Quand un Etranger arrive en Egypte, on lui prescrit deux régles fondamentales, dont la pratique est nécessaire à tous les Francs, pour être en sureté dans le Pays. La prémière enjoint d'éviter toutes les occasions, où les Turcs pourroient avoir le moindre prétexte d'en venir aux prises; & de supporter plutôt de legéres insultes, que de hazarder de se commettre avec eux: la seconde veut, qu'au cas qu'on ne puisse se dispenser d'avoir un démêlé avec un Turc, on doit bien examiner de quelle maniére on se défend; car si, par malheur, on venoit à en tuer un, il faudroit nécessairement périr. Il seroit impossible d'échapper à la fureur de ceux qui chercheroient à venger sa mort, & qui seroient toujours assurés de l'appui du plus grand nombre, ainsi que de celui de la Justice, pour ne pas dire de l'Injustice même.

Je me suis toujours attaché si soigneusement à l'observation de la prémiére de ces régles, que je n'ai jamais été dans le cas d'avoir besoin de l'autre. Cependant, une certaine fatalité voulut, que tous ceux qui logeoient dans l'Hotellerie, où j'étois, se trouvèrent, un jour, dans la nécessité de faire usage de ces deux régles. Elles n'aun'auroient même pas eu le pouvoir de les empêcher de périr tous enſemble, ſi, dans cette extrémité, une Dame n'avoit pas eu le courage d'y faire une exception, en ſe défendant d'une maniére, qui, à la vérité, avoit quelque choſe d'étrange & de groteſque; mais qui heureuſement lui réuſſit ſi bien, qu'elle ſauva elle ſeule toute la maiſon.

Cette aventure ſurvint à l'occaſion d'une Proceſſion publique, ou Fête de Circonciſion, qui, à ce qu'on prétendoit, devoit être plus ſolemnelle que la plupart des autres, qu'on voit ici ſi ſouvent battre le pavé. Il n'en falut pas davantage pour exciter la curioſité de quelques Domeſtiques d'un Seigneur, dont j'avois fait la connoiſſance en Italie, & avec qui j'allois faire le voyage de la Haute-Egypte. Ils s'aviſèrent de vouloir regarder cette Cérémonie de deſſus une terraſſe, ſituée vis-à-vis de quelques appartemens du Palais d'Omer Bey. Ce Palais n'étoit point ordinairement habité; mais l'envie de voir cette Proceſſion y avoit attiré ce jour-là une des Femmes d'Omer, qui choquée, ſelon l'uſage du Pays, de ſe voir expoſée à la vuë de ces Etrangers, leur fit d'abord jetter des pierres par ſes Eunuques. Nos gens s'apperçurent bien de l'inſulte; mais ne ſçachant de quelle part elle venoit, & le bruit qui ſe faiſoit dans la ruë les étourdiſſant, ils ne s'allarmèrent point de ce prémier aſſaut. Ils en eurent bien-tôt un plus vif à eſſuyer. La Femme d'Omer, ſcandaliſée de leur obſtination, leur fit tirer quelques coups de piſtolet, dans le deſſein de leur faire abandonner la place; & comme ce ſecond avis ne fut pas mieux entendu que le prémier, elle prit leur ignorance pour un ſi grand affront, que, dès que la Proceſſion fut finie, elle envoya chez nous huit Janiſſaires, pour ſe ſaiſir de ces Spectateurs indiſcrets.

Je ne ſçavois rien de toute l'aventure. Mon mal me tenoit au lit, & j'étois extrêmement affoibli. Je vis pourtant la moitié de ces Janiſſaires traverſer ma chambre, pour entrer dans une autre, qui menoit à la terraſſe, dont je viens de parler; mais ils faiſoient ſi peu de bruit, & j'étois d'ailleurs ſi accoutumé à de pareilles allées & venuës, que je n'y donnois pas grande attention. Je vis de même, ſans beaucoup m'inquietter, retourner deux de ces Janiſſaires, qui repaſſèrent par ma chambre, après qu'ils eurent forcé nos Domeſtiques à demeurer en arrêt, ſous la garde des deux autres Janiſſaires.

Le Maître de ces Domeſtiques ne s'étoit pas non plus apperçu de l'affaire. Mais il en eut bien-tôt des nouvelles. Les quatre autres Janiſſaires, qui juſques-là étoient demeurés tranquilles à l'entrée de la maiſon, voyant que le prémier coup avoit si bien réussi, & ne trouvant personne en défense, se persuadèrent qu'ils pouvoient tout entreprendre. Ils entrèrent dans l'appartement du Maître; & tandis que deux d'entre eux se jettèrent sur lui, les deux autres se saisirent de son Epouse, & lui mirent un drap sur la tête, dans le dessein de la conduire dans une espéce de Cave, qui étoit voisine.

Ces violences ne plurent ni au Mari, ni à la Femme. Tous deux à l'envi s'arment de courage. Celle-ci renverse d'un coup de pied un de ses Aggresseurs: enfonce en même tems la pointe de ses ciseaux dans le sein de l'autre; & force ainsi l'un & l'autre à la quitter. Le Mari, dans le même instant, se dégage des mains des deux Hommes, qui s'étoient jettés sur lui, saute sur une carabine bien chargée, la tient d'une main: de l'autre il saisit un sabre; & menace de tout tuer, si on ne le laisse en repos.

Il n'en faloit pas tant pour intimider ces misérables: aussi sortirent-ils en diligence de la chambre; mais on n'en étoit pas quitte pour cela. Les deux de leurs Camarades, qui avoient repassé par ma chambre, en s'en retournant, & étoient allés appeller du secours, paroissent dans ce moment avec cinquante Hommes bien armés.

Le combat recommence alors de plus belle. Le champ de bataille étoit précisément vis-à-vis de ma chambre. C'est l'endroit où le secours rencontra les prémiers Combattans. La carabine sur-tout leur faisoit peur. Ils crièrent tous, que si on ne la quittoit il n'y auroit de quartier pour personne, un d'entre eux même, voyant que l'on n'obeïssoit pas à la sommation, tira un coup de pistolet, dont la bale passa par dessus la tête de celui qui tenoit la carabine.

A ce coup de pistolet, je me lévai de mon lit, pour voir de quoi il étoit question; & j'ouvris ma porte précisément dans l'instant, où notre Héroïne se trouvoit le plus en peine pour retirer son Mari du péril qui le menaçoit. Elle ne balança pas long-tems sur le parti qu'elle avoit à prendre. Elle le pousse adroitement dans la chambre, verrouille aussi-tôt la porte, & se retourne pour faire tête à l'Ennemi.

Cette adresse, autant que sa fermeté, fut le coup de partie. Il est constant que le mari, qui avoit pris feu, n'auroit pu s'empêcher de hazarder un coup fatal: sur-tout s'il avoit vu, dans la suite, avec quelle fureur on mit le poignard à la gorge de sa chére moitié. Car tandis qu'il étoit ainsi dans une espéce de sûreté, quoique malgré lui & dans la plus grande inquiétude du monde, elle seule faisoit face à un si

grand

grand nombre d'Ennemis, non à la vérité avec plus de modération; mais toutefois avec moins de peril. Un des Ennemis se retira en déplorant une partie de sa barbe qu'elle lui avoit arrachée: un autre ayant reçu un coup de pied, se sauva: elle fit sentir à un troisième la pointe de ses ciseaux: un quatrième apprend d'elle le goût d'un soufflet bien appliqué: un cinquième se voit regalé d'une caresse de même espéce. Il y en eut pour tout le monde; & on auroit dit, en voyant l'adresse avec laquelle elle attaquoit & se défendoit, que ce n'étoit pas la prémiére fois qu'elle s'étoit trouvée à pareille Fête.

Enfin fortifiée de l'appui d'un Janissaire, qui, d'Ennemi qu'il étoit, se declara pour elle, dans un espace de moins d'une demi-heure, elle vint à bout de jetter hors de l'Hôtellerie plus de cinquante Hommes armés, qui étoient venus pour la prendre avec son Mari.

Le Bacha informé de cette bravoure, & de l'innocence de nos Domestiques, daigna, depuis ce jour-là, nous garentir d'autres avanies semblables, par une protection marquée d'une maniére toute extraordinaire; mais que l'on n'auroit jamais obtenuë, si quelque Turc avoit été tué dans la mêlée.

Au bout de plus de trois mois de séjour forcé au Caire, j'eus la satisfaction de m'appercevoir, que tous les obstacles, qui avoient empêché mon départ pour la Haute-Egypte, n'étoient plus insurmontables. Graces à Dieu! j'étois guéri de ma Peripneumonie: la fiévre m'avoit laissé; & quoique foible encore, je me flattois de recouvrer, d'un jour à l'autre, les forces qui me manquoient, pour pouvoir me dire dans une santé parfaite. D'un autre côté, la revolte du Pays, qui avoit fait auparavant tant de bruit, se ralantissoit peu à peu, du moins autant qu'il étoit nécessaire pour la sureté d'une barque, dont nous avions résolu de nous servir pour faire la route sur le Nil. Quant à ce qu'il y avoit à craindre de la prévention générale contre les Européens, les plus fortes recommandations des Chefs du Gouvernement, aussi bien que de la Milice, adressées à divers Gouverneurs des Provinces & à plusieurs Schechs Arabes, nous sembloient promettre toutes sortes de sureté & de facilité pour notre voyage.

Dans ces circonstances, nous louâmes une barque, qui devoit nous conduire jusqu'à Essuaen. Le prix en fut fixé à trente Fendouclis, avec un habit neuf, à condition qu'il ne seroit permis de s'y embarquer qu'aux Personnes de notre Compagnie, qui s'étoit accruë d'un Prêtre Cofte & de deux Péres Missionnaires de Rome.

L'acquifition de l'un de ceux-ci nous étoit d'autant plus avantageufe, qu'il entendoit fort bien l'Arabe; ainfi il pouvoit nous être utile, au cas que le Maronite & le Juif, que nous avions engagés pour Interprétes ordinaires, vinffent à nous manquer.

Nous avions encore éxigé une feconde condition du Reys, ou Capitaine de la Barque. Il s'étoit obligé de n'y charger aucune marchandife, de peur que le négoce qu'il en feroit ne retardât notre Navigation; mais il nous avoit prévenu, & avoit déja embarqué fous main ce qu'il avoit voulu; de forte qu'il falut dans la fuite fe relâcher fur ce fecond article.

Tous les préparatifs de notre Voyage étant faits, nous nous embarquâmes, le Dimanche 17. de Novembre, après midi. Peu de tems après, nous quittames le Vieux Cayre, où notre barque avoit été attachée, vis-à-vis du Mokkias, & proche du grand Bazard. Nous n'avançâmes pourtant, ce jour-là, qu'environ à la portée d'un Canon, par ce que le Reys ne s'étoit pas encore rendu à bord. Notre voyage ne commença donc proprement que le lendemain; & je vais en décrire le fuccès.

Je m'acquitterai de cette tâche, en donnant, jour par jour, une Relation fidéle de ce que j'ai vu & des accidens qui me font arrivés fur la route, depuis le Cayre jufqu'à Derri, où nous fûmes obligés de prendre le parti de rebrouffer chemin, malgré l'envie extrême que j'avois de paffer outre. J'en uferai de la même façon quand il fera queftion de décrire mon retour au Cayre.

Cette Relation fera abfolument dreffée fur le Journal que j'ai écrit le long de la route. Je n'y changerai rien, fi ce n'eft que, pour n'en point faire à deux fois, j'y joindrai, de tems en tems, dans les endroits où j'avois deja touché une matiére, certaines particularités, que je n'ai remarquées qu'en retournant. J'aurai foin pareillement de l'éclaircir, çà & là, par quelques obfervations, à mefure que les objets me paroîtront plus ou moins intéreffans. Quant à ce dernier article, je n'y toucherai qu'autant qu'il fera néceffaire pour l'inftruction de ceux, qui, à l'avenir, auront la curiofité d'entreprendre le même voyage. Mais par rapport au prémier, j'y donnerai beaucoup plus d'attention, fur-tout lorfqu'il s'agira des magnifiques reftes d'antiquité, qui fe font offerts à mes yeux. En un mot je ferai mon poffible, pour ne rien oublier de ce qui peut fatisfaire un Lecteur, comme je n'ai rien négligé, autant que les circonftances me l'ont permis, pour que les chofes capables de donner des éclairciffemens, n'echappaffent point à mes recherches.

Pour

& de Nubie.

Pour le reste, il faudra recourir aux desseins, que je joints, de tems en tems à ma Relation. Je puis y renvoyer avec d'autant plus de confiance, que s'ils manquent de quelques embellissemens, ils ont pourtant l'avantage d'être levés d'après nature sur les lieux mêmes où je me suis trouvé. On peut sur-tout regarder, comme un guide perpétuel, la grande Carte du Nil, dressée sur les observations que j'ai été en état de faire, avec la derniére éxactitude.

LUNDI 18. *Novembre* 1737.

Notre Reys ne vint à bord qu'après Midi. Nous mîmes aussitôt à la voile; & nous vîmes, sur la côte Orientale du Fleuve, le Bourg de

DERIMINNA:

Les Coftes y ont un Couvent. Nous mouillâmes environ un quart de lieuë plus haut, au dessous de la grande Mosquée, nommée

ATTER-ENNABI:

Il a deja été fait mention de cette place, dans le Volume précédent, ainsi que de

DEIR-ETIIN,

Autre Bourg, avec un Couvent Cofte, & une Mosquée, & qui est à trois quarts de lieuë plus haut. Nous avions à la droite:

GIESIRET - EDAHAB;

C'est-à-dire: *l'Isle d'Or*. On y voit un Village de même nom, avec une Mosquée. Elle est située à une lieuë & un quart au-dessus de l'Isle de Rodda, à un quart de lieuë de la rive Occidentale du Nil, vis-à-vis de

SAKKIETMEKKI,

Bourg entouré de quelques Villages, qui passent sous le même nom. Ce Bourg a une Mosquée & dans son voisinage un Calisch. Son nom est Arabe, & signifie un *Moulin* à *Chapelet*, sorte de machine propre à faire monter l'eau.

En continuant à remonter le Fleuve, nous avançâmes à la gauche, vers

BASSATIIN,

Bourg, environ à une lieuë au dessus de Deir-Etiin. Les Mahométans y ont une Mosquée, & les Juifs du Cayre un Cimetiére. Vis-à-vis, sur la rive occidentale, on apperçoit:

ABUNUMERUS,

Bourg orné d'une Mosquée, & dont le nom est celui d'un Oiseau de couleur grisâtre, que l'on trouve sur le Nil.

Voyez les Planches XXXV. XXXVI. & XXXVII.

A deux lieues au deſſus de Baſſatiin, on apperçoit

ELLKALLAHA,

Forterefſe ſituée dans les Montagnes, à une lieuë & demie du bord Oriental du Nil. Cette Forterefſe a une Garniſon Turque, & une Moſquée. Il n'y a pourtant que ſon aſſiette, qui la rende conſidérable; car ſes fortifications ſont fort peu de choſe.

Preſque vis-à-vis d'Elkallaha, on a, du côté de l'Occident,

MANJELMUSA,

Voyez Planche LXI. Fig. 4.

Village accompagné d'une Moſquée. Entre cette Place & Abunumerus on voit une grande Pyramide, conſtruite à cinq Etages, & dont j'ai donné une vuë parmi mes deſſeins.

A une lieuë & demie plus haut, & ſur le même bord occidental, eſt ſitué

MENAHUAD,

Planche LII.

Autre Village, orné d'une Moſquée. J'en ai donné la vuë, ainſi que celle de Manjelmuſa; & on y voit les ſecondes Pyramides, appellées Pyramides de Dagjour.

Preſque vis-à-vis de Menahuad, on découvre ſur la rive Orientale du Fleuve

ELLGHARAFFI,

Bourg, où les Turcs, outre une Moſquée, ont un Cimetiére. Ils l'ont placé dans cet endroit, parce que le terrein y eſt aſſez élevé, pour n'être point inondé dans le tems du débordement du Nil.

Environ une lieuë plus loin; mais de l'autre côté du Fleuve, on trouve

MUGNA,

Village, qui n'a rien de remarquable; & de l'autre côté, ſur la rive Orientale, on découvre

DEIR ELL ADOVIA,

Où il y a un Couvent de Coftes. Ce Couvent, aſſez irrégulier pour ſon bâtiment, n'a d'ailleurs aucune beauté.

Nous paſſâmes, environ une lieuë plus haut, devant deux autres Couvents de Coftes, ſitués l'un à la droite, l'autre à la gauche du Nil. Celui que nous avions à la gauche ſe nomme

DEIR ELL HADIE.

L'autre

& de Nubie.

L'autre que nous avions à la droite s'appelle

DEIR ABUSAIFFEEN;

Ces deux Couvents n'ont rien qui les puiſſe faire plus diſtinguer que celui de Deir ell Adovia.

Environ à cinq quarts de lieuë plus haut, on rencontre

SCHECH ATMAEN,

Village de peu d'importance, au Couchant du Fleuve; & à l'oppoſite

TURRAG,

Village, où il y a une Moſquée, & un peu au deſſus un grand Califch, qui avance dans les terres.

Voyez la Carte du Cours du Nil, **Planche LX.**

A demi-lieuë de Turrag, le Califch entre deux, eſt

MAHSARA

Simple Village, dont le nom ſignifie une *Preſſe*; mais un peu plus haut, de l'autre côté du Fleuve, & à trois quarts de lieuë de ſa rive Occidentale, s'éléve le Bourg de

SAKARRA.

Non ſeulement il eſt accompagné d'une Moſquée; mais il eſt encore célèbre, par le commerce des Momies, que ſes Habitans vont déterrer dans la Plaine des Momies. On y remarque auſſi le Labyrinthe, où on enterroit autrefois des Oiſeaux & d'autres Animaux embaumés. Les différentes Pyramides, qui ſe trouvent près de Sakarra, excitèrent ſur-tout ma curioſité, tant en montant le Fleuve, qu'en le deſcendant. Quoique j'en aye deja touché quelque choſe, dans le prémier volume, en décrivant les Pyramides, je ne laiſſerai pas d'ajouter ici un petit nombre de remarques, pour ſervir d'éclairciſſement à la LXI. Planche, qui contient les deſſeins des trois principales Pyramides de ce quartier.

La prémiére d'entre elles eſt ſituée vers le Nord, & conſtruite à quatre différens étages, qui diminuent à meſure qu'ils s'élévent, comme le montre la Figure prémiére.

Planche LXI. Fig. I.

Quand à la ſeconde, ſa conſtruction ne différe point de celle des Pyramides de Memphis, & elle a, à peu près, leur hauteur. Mais elle paroît beaucoup plus endommagée: auſſi eſt-elle ouverte. Comme ce lieu eſt fort peu fréquenté par les Etran-

<small>Voyez Fig. 2.</small> Etrangers, les canaux de la Pyramide sont remplis de sable; ce qui présente une grande difficulté pour ceux qui y voudroient entrer.

<small>Voyez Fig. 3.</small> La troisiême, qui semble être un peu plus haute que la seconde, est d'une figure assez singuliére; & le dessein que j'en donne le fera beaucoup mieux sentir qu'une description. De toutes les Pyramides, c'est celle qui paroît avoir le plus souffert, quoiqu'elle ne soit point ouverte; & je n'aurois pas de peine à en conclurre, qu'elle peut être la plus ancienne de toutes les grandes Pyramides. Du reste, ni celle-ci, ni les autres n'ont pas la moindre apparence d'avoir jamais été couvertes de granite.

Ces observations faites, je reprens le fil de ma Relation. Après avoir vu les Pyramides de Sakarra, nous gagnâmes

HELOVAN,

Village sur la rive Occidentale, & dont le nom signifie *Douceur*. Il faut pourtant convenir, qu'il n'est ni plus doux, ni plus beau, ni plus agréable que

SCHIIM,

Autre Village situé sur la rive Occidentale. Nous y arrivâmes sur les dix heures du soir. L'air étoit alors si calme, qu'il n'y avoit pas moyen de rien gagner contre le courant du fleuve; ce qui nous obligea de mouiller jusqu'au lendemain.

MARDI, 19. *de Novembre.*

Le Vent étoit Nord, & assez fort pour vaincre le courant. Nous levâmes donc l'ancre à onze heures du matin; & nous nous vîmes bien-tôt devant

GIESIRET TERFAGE;

C'est une Isle située assez près de la rive Orientale. Elle n'a qu'un Village, qui n'est pas même de grande importance.

Nous laissâmes, vis-à-vis de sa pointe Méridionale, & à notre droite,

MESGUNA,

Bourg environné de cinq à six petits Villages, dont quelques-uns se trouvent un peu éloignés du Nil.

TEBBIIN,

Village, situé a près de deux lieues & demie, au dessus de Giesiret Terfage, n'est pas à beaucoup près si considérable que

DAGJOUR,

Bourg, qui a une belle apparence, à cause de ses Mosquées; mais qui est encore

plus

plus recommandable, par les Pyramides qui se trouvent dans son voisinage, & qui présentent un coup d'oeil des plus agréables, entre Dagjour, Mesguna & Schiim. J'ai donné cette vuë en deux feuilles.

Planches LXII. & LXIII.

A un peu plus d'une lieuë au dessus de Dagjour, nous eûmes à notre droite le Village de

SCHOBACK;

Nous avions en même tems à notre gauche,

GAMASE EL KEBIRA;

C'est-à-dire *Gamase la grande.* Ce Village a une Mosquée.

Nous eûmes de même à une lieuë & un quart plus haut deux autres Villages; sçavoir à notre droite,

KOFFERLOYAD,

Et à notre gauche,

· LAGSAS.

A la hauteur de ces deux Villages commence une Isle de trois quarts de lieuës de longueur, située presque au milieu du Fleuve; mais j'ignore si elle a un nom.

On rencontre, une lieuë plus loin

MISSANDA

Simple Village, &

GAMASE ELLOGOIRA;

Voyez la Carte du Cours du Nil, **Planche LXIV.**

C'est-à-dire *Gamase la petite:* Bourg, qui est proprement un amas de cinq Villages. J'y débarquai; & j'y remarquai les Charruës, dont j'ai donné le dessein; ce qui doit faire conclurre, qu'il y a bien peu de foi à ajouter aux Relations de ces Auteurs, qui voudroient nous persuader, qu'on ne laboure point la terre en Egypte, & qu'il suffit d'y jetter la semence, immédiatement après que l'inondation est passée.

Planche LVI.

Vers le soir, nous fîmes échouer la barque, entre Gamase Ellogoira, &

GIEZIRET ELLA ZALE.

On comprend sous ce nom une file de sept petites Isles fort proches les unes des autres, un peu plus près de la rive Occidentale du Nil, que de la rive Orientale; Elles occupent un espace d'environ quatre lieuës; & chacune a son Village.

Il y en a deux autres fur le bord du fleuve, vis-à-vis de la troifiéme de ces Isles. Celui qui eft à l'Occident fe nomme

ESSOFF;

Et celui qui eft à l'Orient s'appelle

MENJELKARAG.

Du même côté font deux autres Villages; fçavoir:

HVODDI

Situé vis-à-vis la pointe Septentrionale de la cinquiéme Isle, &

GUBBEBAAD,

Vis-à-vis la feptiême Isle, qui a à l'oppofite

RIGGA,

Village fur la rive Occidentale du Nil.

Il s'éleva, pendant la nuit un petit vent, qui engagea nos Matelots à fauter dans l'eau, & à dégraver la barque. Nous n'avançâmes pourtant que fort peu.

MECREDI 20. *Novembre*.

Nous eûmes tout ce jour-là un grand calme, & un courant très fort; ce qu'on pouvoit attribuer aux Isles qui retréciffent un peu le lit du Nil dans cet endroit. Nous ne pûmes avancer qu'à l'aide de la corde, avec laquelle on tira la barque, entre les Isles à la droite & les Villages d'Effoff, de Hvoddi & de Gubbebaad à la gauche.

A trois quarts de lieuë au deffus de Geziret-ella-zale, on rencontre une file de trois autres Isles, les deux prémiéres fort petites, & la troifiéme de trois quarts de lieuë de longueur, nommée Eutfeeg, & dont je parlerai plus bas.

Vis-à-vis la prémiére de ces petites Isles, il y a deux Villages peu confidérables: l'un nommé

SALCHIE:

Nous l'avions à notre gauche:

L'autre, appellé

UDWAB,

Etoit à notre droite. Nous eûmes beaucoup de peine pour arriver jusque-là.

Vis-à-vis la pointe feptentrionale de l'Isle d'Eutfeeg, qui a un Village, accompagné d'une Mofquée, nous apperçumes à notre droite, mais à demi-lieuë dans les terres, le Village de

SOFT,

Situé au Nord-Eft de

MEDUUN,

Village, auffi dans les terres, & à une bonne lieuë de la rive Occidentale du Nil. C'eft entre ces deux endroits, mais un peu plus près du dernier que du prémier, que fe trouve la plus Méridionale de toutes les Pyramides de Dagjour, & même, à ce que je crois, de toute l'Egypte. J'en ai déjà parlé dans mon prémier Volume; & j'y ai dit pourquoi les Gens du Pays l'appellent *la fauffe Pyramide*. J'ajouterai feulement ici, que quoiqu'elle ne foit conftruite que de briques, cuites au foleil, elle ne laiffe pourtant pas d'être d'une très-belle taille. Elle s'eft fi bien confervée, depuis tant de Siécles, qu'on n'y remarque prefque aucun dégât. Elle doit principalement fa belle apparence à fa fituation fur une Colline quarrée, dont les quatre faces adoucies fe joignent fi exactement au pied de la Pyramide, que, de loin, elles paroiffent ne faire qu'un même corps. Du refte, on peut confulter les différentes vuës que j'en ai levées en deux feuilles, auffi bien que les deffeins de fes environs.

Planches LXVI. & LXVII.

Comme le grand calme, qui regnoit, ne nous permettoit pas d'avancer plus loin, nous attachâmes notre Barque, près d'une grande plaine couverte de bled de Turquie, qui commençoit à meurir.

Nous vîmes, ce jour-là, quantité de chameaux d'eau; mais ils ne nous approchèrent pas affez, pour que nous puffions les tirer. Le foir, nous fumes entourés de ces Chauve-fouris, qui cherchent leur nourriture fur le Nil.

Durant la nuit, nous fîmes bonne garde. De quatre heures en quatre heures, nous tirions un coup de fufil, pour faire connoître, qu'on ne pouvoit pas nous furprendre, & nous continuâmes cette méthode tout le refte de la route.

JEUDI, 21. *Novembre.*

Le calme & le courant continuèrent tout ce jour-là; ce qui nous obligea encore de de nous arrêter. Plus de cent Barques, qui, venoient de la Haute-Egypte, paffèrent devant nous à la file, & defcendoient à la faveur du courant, pour fe rendre au Cayre. Elles étoient toutes entrêmement chargées.

Le Loifir que nous avions nous invita à mettre pied à terre. Nos gens tirèrent fur quantité de pigeons, & en tuèrent; mais comme ce n'étoit pas la faifon où il y a des petits, ils étoient vieux, & fi durs qu'on ne pouvoit les manger.

Ils trouvèrent mieux leur compte à tuer une forte de Perdrix, qui étoit délicieufe, & de la grandeur de nos Perdrix rouges. Elles avoient les plumes femblables à celles des Pintades, & la queuë comme l'Hirondelle. Leur chair a un goût aromatique, & beaucoup de fumet. Il n'y avoit perfonne dans notre Barque, qui les connût.

Nous cueillîmes auffi beaucoup de pourpier parmi les bleds.

VENDREDI 22. *Novembre.*

Point de vent le matin. L'après-midi, il s'en éleva un très fort; mais il venoit du Sud; de forte qu'il nous força de refter où nous étions. A ce grand vent de Sud fuccéda un nouveau calme, qui fut fuivi d'un petit vent de Nord-Oueft. Nous mîmes à la voile pour en profiter; mais il ne dura pas long-tems; & le calme, qui nous reprit, nous réduifit à faire tirer la barque contre le courant. Cette manoeuvre ne nous avançoit pas beaucoup: nous ne faifions que très-peu de chemin avec beaucoup de peine; cela nous fit réfoudre à attacher la barque au bord Oriental du Nil.

SAMEDI 23. *Novembre.*

Encore grand calme le matin. Nous allâmes à terre pour y chercher quelques provifions; mais nous n'en trouvâmes point; & nous revinmes à bord. Peu de tems après, nous fûmes en état de remettre à la voile, au moyen d'un petit vent de Nord-Oueft. Il ne dura pourtant guére; & nous fûmes réduits à reprendre la corde, dont nous fîmes ufage jufqu'à Midi, que le vent devint affez fort, pour nous faire avancer, & même pour rompre notre vergue de Mizaine. Cet accident fut caufe que nous retournâmes à Salehie, où pendant qu'on nous remettoit une autre vergue, nous fîmes des provifions de bouche pour quelques jours. Nous remîmes enfuite à la voile, & nous avançâmes environ une lieuë; mais le vent, qui étoit Nord-Eft, devint fi violent, qu'il nous contraignit de ferrer toutes nos voiles. Nous nous trouvions alors vis-à-vis de

GIESIRET EUTFEEG.

C'eft une Isle fituée affez près de la rive Orientale du Nil. Elle a un Village de même nom, avec une Mofquée, & un Bosquet, qui, quoique petit, contribuë à rendre

rendre fa fituation fort agréable. J'en ai levé une vuë. Il y a vis-à-vis de Giefiret Eutfeeg deux Villages. Celui qui eſt à l'Orient s'appelle

Planche LXV.

SOLL,

Et celui qui eſt à l'Occident fe nomme

EDFU.

Vers le foir, le Vent devenu plus traitable, & Nord, nous donna le moyen de faire du chemin. Nous paſſâmes devant deux Villages l'un à l'oppofite de l'autre; fçavoir:

BRUMBUL,

Sur la rive Orientale, &

HUASTA

Sur la rive Occidentale. Le nom de ce dernier fignifie *le Mediateur*.

Nous découvrîmes presque auſſi-tôt deux Isles, vers le bord Oriental du Fleuve. La prémiére, qui n'a qu'un quart de lieuë de longueur, fe nomme:

GIESIRET ELL GURMAND.

L'autre, qui peut avoir le double de longueur, s'appelle

GIESIRET BARRAKAED.

Elles ne font feparées l'une de l'autre, que par un petit paſſage; & elles ont chacune un Village.

La nuit, nous amarrâmes la barque devant

SAUVIED - ELMASLUUB,

Bourg, fur la rive Occidentale du Fleuve, vis-à-vis de Giefiret Barrakaed. Il eſt accompagné d'une Mofquée; & fon nom veut dire: *l'Abbreuvoir de la Croix.*

DIMANCHE 24. *Novembre.*

J'allai encore voir, de grand matin, la fauſſe Pyramide, dont j'ai fait mention ci-deſſus. J'en étois à une diſtance aſſez grande. Je l'approchai néanmoins aſſez pour juger de fa conſtruction, & pour remarquer les briques qu'on y a employées.

A mon retour, à Sauvied-Elmasluub, nous reçûmes la vifite de Muſtapha, frére du *Kiaja*, ou Colonel Osman-Bey. Il nous fit préfent de deux Moutons, de trente poules, d'une centaine d'oeufs & d'un panier de pain. En revanche, nous lui

lui donnâmes du vin de Candie, des liqueurs de diverses sortes, du Sorbet, & quelques autres bagatelles. C'étoit une connoissance que nous avions faite au Cayre.

Après avoir pris congé de lui nous mîmes à la voile, vers les dix heures du matin. Nous avions peu de vent, & beaucoup de pluye; ce qui ne nous empêcha pas de passer au-delà de

KOMGERIDE,

<small>Voyez la Carte du Cours du Nil, Planche LXVIII.</small>

Place située à une petite distance de la rive Occidentale du Nil. On la peut appeller Ville, & elle est même assez grande. Elle a une grande Mosquée, entourée de diverses autres plus petites.

Bien-tôt après nous rencontrâmes du même côté du Fleuve,

BENNEHEDDER,

Simple village. Il a, presque à son opposite,

DIRMIMUND,

Couvent Cofte, qui n'a qu'un fort petit terrein labourable. A l'entour de ce Couvent sont plantés sept dattiers, dont les gens du Pays font une espéce de merveille; parce que, de quelque côté qu'on les regarde, on ne les peut jamais compter tous à la fois.

<small>Voyez Planche LXIX.</small>

Tout près du Couvent de Dirmimund, on voit le tombeau d'un prétendu Saint Mahométan. J'ai donné la vuë de ce Couvent, ainsi que celle du Tombeau.

Sur l'autre rive du Nil, on découvre

MEIMUND,

Bourg, dont la Mosquée a une assez belle aparence.

Environ à une lieuë au dessus, nous rencontrâmes

ESCHMEND ELL ARRAB,

Village tellement situé au bord du Nil, que les eaux de ce Fleuve en emportent, presque tous les ans, quelque partie.

Quoique ses maisons soient d'une aussi mauvaise construction, que celles que l'on trouve depuis le Cayre jusqu'ici, elles ont pourtant ceci de particulier, que le haut est toujours terminé par un Colombier, qui, de loin, donne un aspect assez agréable. Depuis Eschmend ell Arrab, jusqu'à la prémière Cataracte on observe

exacte-

exactement cette façon de bâtir; & il y a même en quelques endroits une Loi, qui ne permet à aucun Homme de se marier, & de tenir menage, à moins qu'il ne soit en possession d'un pareil Colombier. La raison en est, que le fient de ces oiseaux est la seule chose que l'on ait pour fumer les terres; car on garde soigneusement le fumier des autres Animaux, pour le brûler; & la suyë qui en vient sert à faire le sel Armoniac.

J'ai donné, dans mes desseins, une idée de ces sortes de maisons des Arabes. Elles sont presque par-tout construites de façon que tandis que les Pigeons habitent le haut, le Propriétaire avec sa famille occupe le bas. Cependant, malgré l'aspect agréable qu'elles présentent de loin, pour peu qu'on s'en approche, ou si l'on y entre, on s'apperçoit d'abord que ce n'est par-tout que pauvreté & misére.

Planche LXX.

Après nous être arrêtés, une demi-heure, à Eschmend ell Arrab, nous fîmes tirer notre Barque pour doubler une Pointe, qui avance un peu dans le Nil; & cette Pointe doublée, nous nous trouvâmes en état de pouvoir faire usage de nos voiles. Le Ciel étoit couvert; mais il souffloit un Vent de Nord, assez fort pour nous faire passer deux grands Villages situés sur la rive Occidentale & qui ont chacun une Mosquée. L'un est

BENNIALI;

C'est-à-dire *le Fils d'Ali*: l'autre est:

ZEITUUN,

Mot qui signifie un olivier.

Tout de suite, nous passâmes devant trois autres Villages, beaucoup moins considérables, & dont je me contente de donner les noms:

SCHENDUIE,
BUUSCH,
MANKARITSCHE.

L'autre bord de la riviére est désert. A deux lieuës au dessus du Couvent de Dirmimund, les montagnes s'approchent si près du bord du Nil, que dans un espace de 25. lieuës, on ne voit presque point de terres labourables, on y découvre seulement une infinité de ruïnes d'Edifices anciens.

Le soir, à huit heures, nous mouillâmes devant

BENESOEF,

Ville située sur la rive Occidentale du Nil. C'est une espéce de Capitale, à trente huit lieuës du Cayre, & la Résidence d'un Bey, qui en est Gouverneur. Les Mosquées lui donnent un grand air.

On apperçoit, directement vis-à-vis de Benesoef,

BEYJADIE :

Endroit, qui n'est proprement que la retraite d'une Bande de Chretiens, qui, à la honte du nom qu'ils portent, sont tous Voleurs de grand-chemins. Il n'y auroit pas de sureté à y passer la nuit. On y risqueroit & les biens & la vie.

Il est aisé de se persuader, que la plupart des Lieux, dont j'ai parlé jusqu'ici, ne subsistent que par leur communication avec le Cayre, où ils envoient leurs denrées. Leur plus grand commerce ne consiste pourtant qu'en Poules & en Oeufs, qu'ils gardent jusqu'à ce qu'il passe quelque Barque, à qui ils les vendent en gros. C'est ce qui fait qu'un Etranger, qui voyage dans le Pays, ne sçauroit qu'avec bien de la peine, faire sa provision dans ces endroits. Pour avoir une douzaine d'oeufs, il les faut quelquefois aller chercher dans quatre maisons ; & ainsi du reste.

LUNDI 25. *Novembre.*

Hassan Bey, autrefois Esclave, & ensuite favori d'Osman Bey, qui est le Chef de la Milice, se trouvoit Gouverneur de Benesoef ; & nous avions des lettres de recommandation pour lui ; mais il étoit allé visiter quelques endroits de son domaine ; & nous ne jugeâmes pas devoir nous arrêter jusqu'à son retour. J'allai pourtant à terre, tant pour voir la Ville, que pour y achetter de la poudre & du plomb. La poudre me coûta 12. parats le Rotal ; & je payai le plomb sur le pied de 6. parats aussi le rotal.

Dès que je fus rembarqué, nous mîmes à la voile avec un bon Vent de Nord ; & tout près de Benesoef, nous rencontrâmes deux Barques, qui étoient péries, depuis peu, avec leur charge.

A une petite lieuë au dessus de Benesoef, & du même côté, nous vîmes

TISMEND

Village, accompagné d'une Mosquée.

A demi-lieuë au dessus,

HALLABIE,

Simple Village.

& de Nubie.

Demi-lieuë plus haut:

MELLAGHIE

Auffi fimple Village.

Encore à une demi-lieuë plus haut:

TABA-ANA

En fuite, à un quart de lieuë plus loin,

BARANGA.

Puis après à pareille diftance les uns des autres

TANZA,
BENEHGASEIN
& KOMBUSCH.

Tout ce Quartier eft fort peuplé. En remontant jusqu'au Monaftére de St. Michel, dont je parlerai plus bas, on trouve que les Places ne font guére qu'à un quart de lieuë les unes des autres. En revanche, la rive Orientale eft presque déferte. Les Montagnes y regnent jusqu'à

Voyez la Carte du Nil, **Planche LXXI.**

NESLET-ABONUUR

Village, fitué vis-à-vis de Baranga; & dont le nom fignifie: *la defcente du Pére de la Lumiére.* J'en ai donné une vuë: ainfi que celle de fes Montagnes, qui font remarquables. On y voit entre autres la repréfentation d'un Rocher, que les Turcs appellent *Schiamed*, ou le Chameau, & dont ils font tant de cas, qu'ils ne manquent jamais de le faire voir aux Voyageurs, comme quelque chofe de bien fingulier. Ce n'eft pourtant qu'une piéce de Rocher, qui avec le tems a pris d'elle même une figure, qui leur paroît approcher de celle d'un Chameau.

Planche LXXIV. Lit. a.

En continuant nôtre route, nous vîmes le Village de

BEBE.

Il nous reftoit à la droite. Ce Village a une Mofquée; & j'en ai donné une vuë, ainfi que de Neslet-Abonuur.

Planches LXXII. LXXIII. Fig. a. & b.

Nous paffâmes enfuite trois petits Villages: l'un nommé

ELFUGAGE;

L'autre appellé:

SCIRCE;

Et le troifième qui porte le nom de

BEDAEG.

Ce dernier eft à environ un quart de lieuë du bord du Fleuve.

Tom. II.   Ii   Un

Un peu plus loin nous vîmes

FESCHU,

Bourg qui a une Mosquée. Il est situé sur la rive Occidentale du Nil, & presque vis-à-vis d'un Village nommé

ABUSEID.

Ce qui signifie *Pere du Seid*. Nous l'avions à la gauche; car il est situé de l'autre côté du Nil.

En avançant un peu, nous gagnâmes d'abord le Village d'

ABABE;

Que nous avions à la droite; & ensuite celui de

TENT,

Qui étoit du même côté. Ce dernier sembloit être un peu plus considérable que le prémiér; mais ce pouvoit être l'effet de sa Mosquée.

Après avoir passé Tent, nous approchâmes de deux petites Isles, qui gissent Nord & Sud, & ne sont séparées que par un petit passage. La prémiére ou la plus Septentrionale est nommée

SCHERONA.

Elle est plus près du rivage Oriental, que de l'Occidental, où il y a deux Villages qui n'en font qu'un, nommés

MAGANA & HALLABIA.

De l'autre côté du fleuve, il y a aussi un Village, appellé :

SAUVIED ELL TSCHIEDAMI.

La seconde Isle, qui est plus près du rivage Occidental, que de l'Oriental, est située vis-à-vis des Villages de

MAGAGA,
SCECHSIAT,
& ABBAED,

Dont le second est le plus considérable, & a une Mosquée.

Il y a pareillement, sur la rive Orientale du Nil, vis-à-vis de cette seconde Isle, trois Villages placés dans cet ordre :

SCHERONA,
SCHERABIE,
& BENEGAMET.

Le prémier est le plus remarquable; parce que ce fut auprès de ce Village, que Schierres-Bey & Soliman Bey en vinrent aux mains. Cet endroit est encore le Champ de bataille ordinaire, lorsqu'il y a quelque différent entre les *Senschiacs*. La partie la plus foible se retire alors dans la Haute-Egypte. Son Adversaire le pourfuit jusqu'à cet endroit, où enfin on décide la querelle le sabre à la main.

Nous passâmes tout de suite devant cinq autres Villages, voisins les uns des autres & tous situés sur la rive Occidentale; sçavoir:

GIENDIE,
Simple Village;

ABUTSCHORSCHE,
Où il y a un Couvent de Coftes;

BÉNÉMASAEG,
Simple Village;

GEES,
Bourg, avec une Mosquée;

KUFR SOLU,
Où il y a un Couvent de Coftes.

Dans tout l'espace occupé par ces cinq Places, il n'y a, de l'autre côté du Nil, qu'un seul Village, nommé

ABUSCHIKAST;
Encore n'a-t-il pas grande apparence.

Nous vîmes ensuite à notre droite, les quatre Villages qui suivent:

NEZLET TOBASIS,
Simple Village:

MATTAI,
Situé dans les terres, à environ un quart de lieuë du bord du Nil:

KUFR BENEM-HAMMED;
C'est-à-dire *l'Ancienneté des Enfans de Mahomed*. Il tire son nom, de

BENEMHAMMED,
Situé à l'opposite sur la rive Orientale, & qui est composé de deux Villages, éloignés d'une demi-lieuë l'un de l'autre; mais qui sont compris tous deux sous le même nom.

Nous trouvâmes au deſſus de Kufr Benem-hammed, & du même côté, le Village de

COLLOSSANO;

Et en avançant peu à peu, nous paſſâmes tout de ſuite devant trois autres lieux, ſçavoir :

MAGSARA

Simple Village,

SAMALUUD,

Village, avec une Moſquée,

& SCHEREINA,

Simple Village.

Nous avions en même tems, à notre gauche, trois autres endroits, rangés à diſtance égale; ſçavoir :

DULAB,
SERRERIE,
& TSCHEBBAT & TEIR, ou DEIIR.

Planche LXXV.

Comme le dernier de ces Villages me parut le plus confidérable, j'en pris une vuë, qui ſe trouve parmi mes deſſeins.

On y voit *(lit. a.)* un Couvent Cofte, ſous le nom de Notre-Dame; mais il n'eſt aujourdhui habité que par quelques Particuliers chrétiens Coftes; & il n'eſt bâti que de bouë.

J'y ai repréſenté *(lit. b.)* les ruïnes de quantité de maiſons & de Palais, bâtis de pierre de taille; mais que l'on a tellement mal-traités, qu'on n'y reconnoît préſentement que les contours. La Tradition du Pays veut que ce ſoient des reſtes d'un endroit qu'on appelloit autrefois *Sciron*, & qui fut bâti par un Mage.

On peut remarquer *(lit. c.)* des Eſcaliers pratiqués aſſez réguliérement dans le rocher. On les perd de vuë, vers le milieu de la hauteur du roc; mais un peu plus loin vers le nord ils reparoiſſent de nouveau, & continuent juſqu'au bord du Nil.

Sous *(lit. d.)* j'ai donné la vuë d'une eſpéce d'Acqueduc, pour conduire l'eau du Nil, que l'on tiroit par le moyen de quelque machine. Il paroît fort ancien & eſt bâti de grandes pierres.

En fin,

Enfin, on voit *(lit. e.)* l'embouchure de l'Efcalier d'où l'on a tiré des pierres pour bâtir. On ne comprend pas à quel ufage il étoit deftiné, à moins que ce ne fût un chemin pour defcendre au Fleuve. Cette embouchure paroît affez grande; mais il n'eft pas poffible d'y rien difcerner davantage.

On apperçoit *(lit. f.)* la fortie des Efcaliers au bas du rocher; il ne nous fut pas poffible d'y monter, à caufe des pierres, qui tombent fouvent d'en haut, & qui rendent le paffage très-dangéreux.

J'ai encore repréfenté *(lit. g.)* quantité d'autres Carriéres & de Grottes; mais comme on n'y a apporté aucun ordre, je ne crois pas qu'on y puiffe découvrir rien de remarquable.

En nous en retournant de cet endroit, nous vîmes quelques Perfonnes s'avancer, par ce qu'ils avoient entendu des coups de fufil, que nous avions tirés fur des Oifeaux.

A huit heures du foir, nous paffâmes devant

ELL BURTSCHEN,

Lieu compofé de deux petits Villages qui fe touchent. Nous les avions à notre droite.

Nous avançâmes encore jusqu'à

SOHORRA,

Qui peut être à une demi-lieuë plus haut, du même côté. Notre deffein étoit de continuer notre route toute la nuit. Un accident nous en empêcha. Notre barque donna fi fort contre un banc de fable, que nous eûmes beaucoup de peine à l'en retirer.

Voyez la Carte du Nil, Planche LXXVI.

Je ne dois pas manquer d'obferver, avant de finir le détail de la route du 25. Novembre, que je m'apperçus, qu'après avoir paffé Benefoef, le lit du Nil fe retrecit beaucoup; & que, depuis le matin jusqu'au foir, nous remarquâmes, à notre droite, un terrein affez large & bien cultivé: au lieu qu'à notre gauche nous ne découvrions presque que des montagnes, fablonneufes pour la plupart, & qui s'etendoient jusqu'au bord de la riviére.

Vis-à-vis de Sohorra, il y a une Isle de même nom, fituée cependant près de la rive orientale du Nil; & cette Isle a un Village.

MARDI, 26. *Novembre.*

Nous continuâmes à la voile, pouffés par un très-bon vent de Nord; & le tems étoit fort agréable. Dans la matinée, nous paffâmes devant trois Villages, fitués fur le bord occidental du Nil. Les deux prémiers étoient

TAGHEL, & AMUDEN,

Ils font attenans l'un à l'autre. Le troifiême s'appelle

EBNE - GHAZIIM.

Nous nous trouvâmes à Midi près de

MENIE.

On compte, que cet endroit eft la moitié du chemin depuis le Cayre jufqu'à Girge. On devroit dire à peu près à la moitié; car Girge eft à cent lieuës du Cayre; & Menie en eft feulement à quarante fept lieuës; de forte qu'il s'en faut de trois lieuës, qu'elle ne foit à la moitié du chemin. Les bâtimens, qui defcendent le Nil, pour aller au Cayre, font obligés d'aborder à Menie, & d'y payer quelques droits. La place paroît affez confidérable. On y voit plus d'une Mofquée; & j'y obfervai, entre autres quantité de Colonnes de granite.

On découvre, à l'oppofite de Menie, fur le bord Oriental du Nil,

SANUADA,

Village, dont le nom fignifie *Chafte*. On y voit divers moulins à Sucre.

A demi-lieuë au deffus de Menie, & à l'occident du Fleuve, nous rencontrâmes

BENEMHAMMED;

Compofé de trois Villages, fitués à un quart de lieuë les uns des autres.

Nous gagnâmes enfuite

ELL MOTTAGHARA, ou METAGHERA.

On appelle de la forte une étenduë de terre, qui comprend fix Villages; trois à la droite, & trois à la gauche du Nil, avec une Isle de même nom, fituée près du bord Occidental du Fleuve. J'en levai la vuë: auffi bien que celle de la Forêt de Palmiers, qui a trois lieuës de longueur, & s'étend le long de la rive Orientale, entre Ell Mottaghara & Sanuada.

Planche LXXVII.

Après avoir paffé Mottaghara, nous rencontrâmes

BENNEHASSEIN.

C'eft

C'est le nom de cinq Villages, situés sur la rive Orientale du Nil, & qui sont fort près les uns des autres. Une portion des terres qui sont de l'autre côté du Fleuve, dépend de ces Villages, dont le prémier, outre le nom général de Bennehassein, porte encore celui de

GIRGARES.

Les Montagnes de ce Quartier sont célébres par les Grottes des SS. Anachorétes, qui y ont fait autrefois leur demeure. Aussi n'ai-je pas manqué d'en prendre une vuë.

Voyez Planche LXXVIII.

Tout de suite nous passâmes les Villages de

SEGALE,
KIRKAR,
MESCHIEL DABES,
SAKIEDMUSA,
GARANDUUL,
& RODDA,

Tous situés au bord Occidental du Nil, à l'exception de Garanduul, qui peut être à trois quarts de lieuë dans les terres.

Un peu au dessus de Rodda, il y a un *Calisch*, appellé *Bagher-Jusef*.

De l'autre côté du Fleuve, s'éléve avec sa Mosquée la Ville de

SCHECH ABADE,

Autrefois Antinoé, Capitale de la Basse-Thébaïde. On y apperçoit diverses Antiquités, où l'on n'a pas employé de ces pierres énormes, dont les Edifices des anciens Egyptiens sont composés; mais des pierres d'une grandeur médiocre, & à peu près telles que celles dont on a fait usage pour bâtir les Arcs de triomphe à Rome. On remarque principalement, parmi ses ruïnes, trois grandes Portes, dont la prémiére est ornée de Colonnes de l'ordre Corinthien, cannelées: les deux autres, qui répondent à la prémiére, ont beaucoup moins d'ornemens. Ces ruïnes de l'ancienne Antinoé sont au pied des Montagnes, & voisines du Nil. Les murailles des maisons avoient été construites de briques, qui se trouvent encore aujourdhui aussi rouges, que si on ne faisoit que de les fabriquer. Il y a grande apparence, que le Village de Rodda, dont j'ai parlé un peu plus haut, étoit le Mokkias d'Antinoé.

Voyez la Carte du Nil, Planche LXXIX.

De l'autre côté du Fleuve on découvre, environ à demi lieuë dans les terres, & à un quart de lieuë du Calisch, le Couvent Cofte de

St. MICHEL.

Un peu plus haut, & au bord du Nil, nous vîmes un petit Village, nommé

BEYJADIE ELL KEBIRA.

Ici, les Villages recommencent à être un peu plus éloignés les uns des autres.

A huit heures du foir, nous nous trouvâmes devant

NESLET ELL RARAMU,

Village fitué fur la rive Occidentale du Nil. Les Barques ont coutume de s'arrêter devant ce Village, quand elles arrivent trop tard pour pouvoir paffer de jour devant Monfaluut. A mon retour j'y apperçus plus de vingt Barques, qui formoient une efpéce de Caravane.

Sur l'autre bord du Nil, à l'oppofite de Neslet ell Raramu, on voit un Couvent Cofte, nommé

DEIR ABUICHHANNA.

La largeur du terrein cultivé n'eft de ce côte-là que d'un quart de lieuë. Des montagnes continuelles occupent le refte du Pays; mais le long de la rive Occidentale, ce ne font que terres labourées, tant que la vuë peut porter; & on a même de la peine à découvrir les Montagnes.

MECREDI 27. *Novembre.*

Le tems fe trouvant très-beau, & le vent favorable, nous navigeâmes toute la nuit; & nous paffâmes d'abord devant

ELL BERSCHELL,

Nous avions ce Village à notre gauche, &

ACHEMUNEIM

Reftoit à notre droite. C'eft dans cet endroit, ou aux environs, qu'étoit l'ancienne Hermopolis, qu'Ammien-Marcellin compte parmi les plus célèbres Villes de la Thébaïde.

Environ à une lieuë plus loin, nous apperçûmes, à demi-lieuë dans les terres

MELLAVI;

Ville d'affez belle apparence, & où il y a une Mofquée & un Cafchef.

Plus loin encore, & du même côté, nous vîmes

MAGSERA,

Village situé presque à l'opposite de

STABLEANTOR,

On donne ce nom à une Grotte profonde, où l'on voit quantité de Pilastres, ou d'appuis quarrés, épargnés sur le roc.

DERUT ELL SCHERIFF

Se présenta ensuite à l'Ouest.   Ce Village a une Mosquée.

Une lieuë plus loin, & du même côté, mais à près d'une demi-lieuë dans les terres, nous apperçûmes le Village de

GALANISCH.

Il n'y a guére de sureté dans cet endroit pour les Barques, qui ne sont point armées. Les Arabes de ce Quartier sont de vrais Pirates; & ils se maintiennent dans cet usage, en dépit du Gouvernement. On nous raconta, que le Senschiak, y ayant, un jour, envoyé ses Barques, pour se saisir du Chef de ces Pirates, ils lui portèrent la tête d'un Esclave Chretien, qu'ils égorgèrent dans une Barque, qui se trouva par hazard près de leur terre. Ils firent entendre que c'étoit la tête de leur Chef; & le Senschiak, ravi du présent, le paya libéralement. Il découvrit pourtant la fourbe le lendemain; & en fit punir sévérement les Auteurs.

En avançant toujours, nous rencontrâmes le Village de

FASARA,

Et ensuite celui de

MISARA.

Ils sont tous deux sur la rive Occidentale du Fleuve; & le dernier se trouve vis-à-vis de

BENEAMRAEN, ou OMARNE.

On comprend sous ce nom une étenduë de terre, où sont situés quatre Villages voisins les uns des autres.

Du côté de l'Occident, nous apperçûmes deux Villages: l'un nommé:

SENABO.

L'autre appellé:

EL GUSIA.

Voyez la Carte du Nil, Planche LXXX.

Le prémier est cependant reculé à une lieuë dans les terres. Chacun d'eux est accompagné d'une Mosquée. Leurs Habitans ont la réputation d'être très-mauvais; de sorte qu'il faut se tenir sur ses gardes, quand on approche de leurs terres.

Le matin, nous gagnâmes deux Endroits, situés sur les bords du Nil : l'un à la droite, l'autre à la gauche. Celui qui est à l'Occident se nomme :

UM ELL GUSUER ;

L'autre s'appelle :

ELL KGUSUER.

C'est un Couvent de Coftes.

Dans ce Quartier, les Montagnes, qui regnent à l'Orient du Nil, s'approchent encore si près de l'eau, qu'on a de la peine à passer à cheval au bord du Fleuve. Ces Montagnes sont, dans cet endroit, semées de Grottes : les unes grandes, les autres petites. Elles servoient toutes de retraite aux Ouvriers, qui travailloient autrefois dans ces Carriéres, d'où ils tiroient des pierres, pour les Edifices qu'on vouloit élever.

Au dessus d'*Ell-Kgusuer* s'élévent les Montagnes d'

ABUFFODE,

Qui ne sont proprement que des rochers très-hauts & très-escarpés, & qui s'étendent le long du Nil. Nous les eûmes tout le long du jour à notre gauche.

Planche LXXXI.

On ne sçauroit trouver nulle part des montagnes, qui donnent des preuves plus évidentes du Déluge ; car on y remarque, depuis le sommet jusqu'au pied, les impressions que l'eau y a faites en tombant. J'en ai levé une vuë, qui se trouve parmi mes desseins.

Il y a, en différens endroits de ces Rochers, des Echos si distincts, qu'ils ne perdent pas une seule syllabe. On y trouve au bord du fleuve une infinité de Grottes, où ont demeuré de SS. Anachorétes, & occupées aujourdhui par une sorte d'Arabes, qui font sur le Nil le Mêtier de Pirates. Ils ont un Schech ; mais ils ne lui obeïssent qu'autant qu'il leur plaît. Ils ne s'embarrassent guére plus du Gouvernement Turc, qui les poursuit souvent, pour punir leurs brigandages ; mais ils sçavent se mettre à l'abri, en se retirant dans les Montagnes. Nous vîmes une douzaine de leurs Barques attachées dans une petite anse, que le Nil forme au pied des Rochers.

A onze heures du matin, nous passâmes devant le Village de

SCHUGERIA,

Situé sur la rive Occidentale ; & une heure après, nous arrivâmes devant

MONFALUUT,

Ville située du même côté, & à quelque distance du Fleuve. C'est une espéce

de

de Capitale; ſes Moſquées lui donnent une belle apparence, & elle eſt le ſiége d'un Evêque Cofte. J'en pris une vuë, que l'on voit parmi mes deſſeins.

Planche LXXXII.

Le Pays des environs eſt très-fertile. On y trouve toutes ſortes de fruits, & en abondance, juſqu'aux pommes.

Les Bâtimens, qui remontent le Nil, payent une Douane à Monfaluut. Tout Voyageur, qui n'eſt conduit que par la curioſité, fera fort bien de ne pas permettre qu'on charge ſur ſa barque aucune ſorte de marchandiſes. Cela expoſe à quantité d'avanies & d'incommodités. Nous en fîmes l'epreuve ici, & dans d'autres endroits.

A l'oppoſite de cette Ville il y a, au bord Oriental du Nil, un Couvent Cofte, abſolument inacceſſible. Ceux qui veulent y entrer ſont obligés de s'y faire élever dans un panier, par le moyen d'une poulie; ce qui a fait donner au Monaſtére le nom de *Couvent de la Poulie*.

Auprès des Montagnes voiſines demeure un Bedouin, nommé Haſſer Abuaſſi. Il a le ſecret de s'y maintenir ſans l'aveu du Gouvernement du Cayre. Il y ſême & plante: il léve même la dîxme ſur les recoltes que font ſes Sujets. Toutes les fois que le Senſchiak ſe rend à Monfaluut, on fait courir le bruit, qu'il a été réſolu de lui faire la guerre; mais l'affaire s'accommode toujours par le moyen de quelques bourſes, ou d'autres préſens qu'il fait.

Vers le ſoir nous gagnâmes une Iſle, ſituée entre deux Villages: l'un à l'Orient, nommé

ELL-MAABDA.

L'autre à l'Occident, appellé

TAVA.

Le paſſage eſt très-dangereux dans cet endroit; & nous y trouvâmes effectivement une Barque échouée & coulée à fond.

Environ à une lieuë plus loin, on rencontre une autre Iſle, où le paſſage eſt encore plus périlleux. Son nom eſt:

GIESIRET VULADBAGGID.

Cette ſeconde Iſle, qui a demi-lieuë de longueur, eſt auſſi ſituée entre deux Villages: l'un, dont elle eſt fort près, s'appelle

ELL MAHAMADIE.

L'au-

L'autre, dont elle eſt plus éloignée, & qui eſt ſur la rive Occidentale, ſe nomme:

NETSCHASCHIELLAVA.

En ſuite, après avoir paſſé

SCHACH TAMISCH,

Village ſitué pareillement ſur la rive Occidentale, nous amarrâmes la Barque à un quart de lieuë du Village de

SALLAEM,

Situé encore du même côté.

Nous vîmes ce jour-là le prémier Crocodille. Il étoit étendu ſur un banc de ſable, que l'abaiſſement des eaux du Nil avoit mis audeſſus du niveau du Fleuve. Quand il vit notre barque approcher, il s'élança & ſe précipita lourdement dans l'eau. Nous jugeâmes qu'il étoit de dix pieds de longueur.

JEUDI, 28. *Novembre.*

Au défaut de vent, nous fîmes tirer le matin notre Barque par nos Matelots. C'étoit un rude travail pour ces pauvres miſérables; car il faiſoit grand froid, & ils n'étoient guére vêtus. Il faloit pourtant s'y réſoudre, afin de ſe mettre en état de doubler le coude que le Nil fait entre

Voyez la Carte du Cours du Nil,
Planche LXXXIII.

BENUUP ELL HAMAN,

Village, qui nous reſta à la gauche, &

SALLAEM ELL ODDER,

Autre Village, que nous laiſſâmes à la droite.

Le coude que le Nil fait en cet endroit eſt ſi rude, que de Sallaem ell Odder juſqu'à la pointe de Siuut, c'eſt-à-dire dans un eſpace de plus de trois lieuës, notre route ſe dirigeoit du Nord à l'Orient. A moitié chemin nous rencontrâmes deux Villages, l'un à notre droite, nommé

MANGABAR,

L'autre à la gauche, appellé:

ELL EKRAT.

Il y a, entre ces deux Villages, une Iſle de trois quarts de lieuë de longueur. Quelque attention que l'on eût, il ne fut pas poſſible d'empêcher notre barque d'échouer à diverſes repriſes vis-à-vis de cette Iſle; mais comme nous avions un beau tems, nous la dégageâmes ſans beaucoup de difficulté.

L'après-

L'après-midi, nous doublâmes la pointe de

SIUUT.

Cette Ville fait la figure d'une autre Capitale. Elle a un Cafchef, & quelques Mofquées; & c'eft le fiége d'un Evêque Cofte. C'eft ici le rendez-vous de ceux qui veulent être de la Caravane, qui part de Siuut pour Sennar. Nous nous y arrêtâmes autant de tems qu'il en faloit pour deffiner la vuë de cette Ville, & fes Grottes antiques.

Planche LXXXIV.

Ces Grottes nommées préfentement *Sababinath*, font pratiquées dans la Montagne appellée *Tfchebat ell Kofferi*. On monte pendant deux heures, avant que d'arriver à la prémiére porte, où le chemin de la Montagne conduit. On entre, par cette porte, dans un grand falon, foutenu de quatre piliers exagones, ménagés dans le roc même. Les platfonds font ornés de peintures, que l'on diftingue encore fort bien aujourdhui; & l'or qu'on y a employé brille de tous côtés. Le pavé eft couvert de fable & de pierres; & c'eft tout ce qu'on peut remarquer dans ce Salon. On apperçoit à la vérité çà & là des ouvertures, qui conduifent à d'autres appartemens; mais comme elles font remplies de décombres, & que les paffages en font auffi embarraffés, perfonne ne veut s'y hazarder. Il y a feulement au deffus un appartement, auquel on peut arriver par dehors avec beaucoup de peine. Il n'eft pas fi grand que le prémier; & il n'a point de piliers; mais il eft peint comme l'autre. A chaque côté de ce fecond Salon, on apperçoit un tombeau de la même pierre que la montagne avec laquelle ils font corps. L'un eft ouvert, & l'autre fermé; mais presque enfeveli dans le fable. Ce falon fupérieur communique auffi à d'autres appartemens; mais la communication n'en eft pas libre; & on trouve les mêmes empêchemens que dans le Salon inférieur.

L'endroit de la Montagne, où l'on voit fept ouvertures, fur une même ligne, fe nomme *les fept Chambres*. Il y a parmi les Turcs, & parmi les Arabes une ancienne Tradition, qui veut, que ces Chambres ayent été habitées par fept Vierges. Quoiqu'il en foit, il n'y a point de doute que ces Grottes ne foient auffi magnifiques que celles dont j'ai parlé; & il eft fâcheux qu'aucun Voyageur n'y foit encore entré. J'avois une envie extrême d'y monter, pour confidérer les chofes de près; mais le chemin étoit trop long pour le faire à pied; & il ne me fut pas poffible de trouver une monture. Il falut m'en tenir à la defcription, qu'une perfonne de notre Compagnie me donna. Elle y avoit été l'année précédente; & je n'ai fait jusqu'ici, que répéter ce que je tenois d'elle.

Il y avoit autrefois, à Siuut, un Califch, appellé *Ell Maafrata*. Il alloit jusqu'à Senabo; mais il eft préfentement tout comblé.

Un peu au deſſus de la Ville de Siuut commencent les Habitations des Arabes, connus ſous le nom de

HAVARA.

Ils poſſèdent auſſi des terres de l'autre côté du Nil. On les dit originaires du Royaume de Maroc. C'eſt la meilleure ſorte d'Arabes qu'il y ait. Ils ſont gouvernés par un Schech; & ils ſont tous Gentils-hommes, à peu près comme les Polonois.

Le Vent étoit bon; nous en profitâmes, pour pourſuivre notre route, & nous paſsâmes d'abord entre deux Villages:

BENIMUUR,

Que nous avions à notre gauche; &

SCHIUB,

<small>Planche LXXXV.</small>

Que nous laiſsâmes à la droite. Je levai la vuë de ce dernier endroit.

A un bon quart de lieuë plus haut, nous rencontrâmes

CATEA,

Village ſitué du même côté; & preſque à l'oppoſite, il y en avoit un autre qu'on nomme

ELL MOTMAR.

VENDREDI 29. *Novembre.*

<small>Voyez la Carte du Nil, Planche LXXXVII.</small>

A l'Occident du Nil, le bord de ce Fleuve eſt tout couvert d'arbres, depuis Catea juſqu'à

ELL NECHCHEELE.

Nous ne profitâmes pas néanmoins de la beauté de cette vuë, parce que nous continuâmes, toute la nuit, à faire voiles. Il y a, vis-à-vis de Nechcheele un autre Village appellé

SACHET,

Aux environs duquel on remarque divers petits Califchs entretenus par les Poſſeſſeurs des terres; mais comme le Gouvernement ne les oblige point à cet entretien, ces Califchs ſe changent ſouvent: auſſi ne ſont-ils pas de la derniére importance.

Vers le matin le calme nous prit; & le Courant devint très fort; ce qui nous obligea de reſter tout le jour près de Sachet.

Un Prêtre Cofte, que nous avions reçu dans notre barque, à une petite diſtance du Caire, prit ici congé de nous. Perſonne ne regretta cette perte. Tout ſimple

qu'il

qu'il étoit, il le portoit néanmoins affez haut: jusque-là qu'il ofa nous dire plus d'une fois, qu'il ne pouvoit nous prendre pour des Chrétiens, puisque pas un de nous ne s'etoit mis en devoir de lui baifer les mains: au lieu que les Coftes accouroient, chaque jour, en foule auprès de lui, pour témoigner leur refpect par de femblables marques de foumiffion.

Nos Gens defcendirent à terre, pour y faire quelques provifions, qui nous manquoient; & ils tuèrent quantité de pigeons. Ils virent beaucoup d'autres Oifeaux; mais la difficulté étoit de les approcher. Ils tuèrent pourtant une Oie du Nil, & dont le plumage étoit très-beau. Ce qui valoit mieux encore, elle étoit d'un goût exquis, fentoit le gingembre, & avoit beaucoup de fumet, avec un goût aromatique. Son jabot fe trouva plein de bled de Turquie, & d'une racine qui croît au bord du Nil, quand l'eau eft baffe. C'étoit de cette racine que fa chair tiroit fon goût & fon fumet; car rien n'approche davantage du gingembre, que cette racine.

Les Arabes des environs étoient alors en guerre, & s'entre-tuoient tous les jours. Cela ne nous empêchoit pas pourtant d'aller à terre; & nous n'y fûmes expofés à aucune infulte.

Nous vîmes des Arabes moiffonner dans une plaine voifine. Ils ne coupoient à une fois, que le bled, dont leur bétail pouvoit confumer la paille dans un jour; & dès qu'ils avoient coupé ce bled, ils fe mettoient à labourer la terre, afin de la préparer à recevoir une autre femence.

SAMEDI 30. *Novembre.*

Le Calme & le grand courant continuèrent; de forte que nous reftâmes encore ce jour là dans le même endroit. Dans la matinée, je me rendis à Nechcheele, tant pour voir la place, que pour profiter du Marché qui s'y tenoit ce jour-là. Je trouvai que ce n'étoit qu'un fimple Village. Le Bazar étoit néanmoins affez pourvu de provifions & de quelque peu de quinquaillerie; le tout à bas prix; quoiqu'il n'y eût abondance d'aucune chofe. Ce Marché, ou Bazar, fe tient, de huit jours en huit jours. On y porte ce qu'on a pu épargner dans le cours de la femaine; & comme la pauvreté régne généralement dans ces Quartiers, ce qu'un Particulier apporte au marché ne confifte ordinairement qu'en trois ou quatre poules, en une demi-douzaine d'oeufs, en quelque peu de froment, en citrouilles & autres femblables denrées. Un chacun vient en perfonne au marché, avec fes petits effets. Il n'a pas affez de confiance dans fon voifin, pour les lui mettre entre mains; c'eft ce qui fait que communément il y a presque autant d'Hommes que de marchandifes.

L'argent eſt rare dans ce Pays: auſſi quatre parats y paſſent-ils pour cinq. On y achette deux Moutons bien gras pour 110. parats: deux poules pour 5. parats; une vingtaine d'oeufs pour 1. parat; & le reſte à proportion.

Nos Gens firent, ce même jour, une bonne chaſſe. Ils apportèrent entre autres, trois Coramanes, ſorte d'Oiſeaux de la grandeur d'une Bécaſſe, d'un goût délicieux; mais encore plus eſtimés à cauſe de leur belle voix. Les Turcs les payent juſqu'à huit & dix Sequins, lorſqu'ils ont été pris jeunes & qu'on les a dreſſés au chant. A l'égard de leur beauté, elle ne conſiſte guére que dans leurs grands yeux; car leurs plumes ne différent point de celles du Canard ſauvage.

DIMANCHE 1. *Decembre.*

Il commença à s'élever un petit vent, qui nous permit d'aller à la voile & nous porta vers les 8. heures du matin devant

ABUTITSCHE.

C'eſt une Ville aſſez conſidérable, ſur la rive Occidentale du Nil. Elle a quelques Moſquées.

Nous paſſâmes enſuite devant

DESNELE.

On nomme ainſi un Village, ſitué du même côté, mais reculé de près d'une

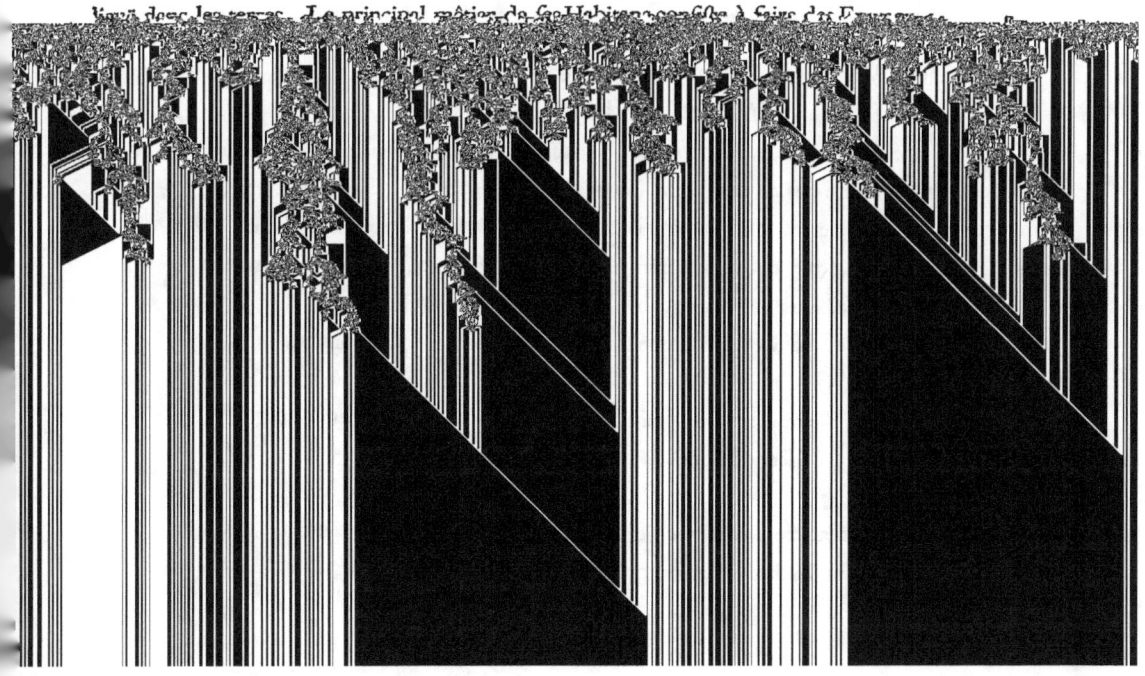

DUEER-AIT,

Paroît enſuite un peu plus haut; & à peu près à demi-lieuë dans les terres.

Un troiſiême Village vient encore après; & on le nomme
KARDOUS.

Il en a deux autres à ſon oppoſite; ſçavoir:
MERRESCHIS,
& ELL BEDARI,

Qui ſe touchent preſque l'un l'autre.

A une lieuë plus haut, mais ſur la rive Occidentale du Fleuve, on rencontre
NESLET ELL HEMMA;

Et à pareille diſtance encore plus haut
TAMÉ.

Entre ces deux Villages eſt ſituée une Iſle nommée
GIESIRET TOMA.

Elle peut avoir une demi-lieuë de longueur; & elle eſt plus près du bord Oriental que de l'Occidental. Elle tire ſon nom du Village
TOMA,

Situé à l'Orient du Nil, à quelque diſtance de ſon bord.

BERDENIS

Eſt un autre Village voiſin, ſitué du même côté, ainſi que
GAU SCHERKIE,

Qui a ſuccédé à la *petite Dioſpolis*. Auſſi y voit-on un ancien Temple, qui a, à-peu-près, ſoixante pas de longueur, ſur quarante de largeur. Il ſemble n'être couvert que d'une ſeule pierre, qui poſe ſur des Colonnes; & ſon platfonds eſt ſi bien conſervé, qu'on y diſtingue encore clairement les Hiéroglyphes, dont on l'avoit chargé. Il n'a rien d'ailleurs de remarquable. Les Arabes en font ſi peu de cas qu'ils y logent leur Bétail: auſſi eſt-il preſque tout rempli de ſable & de fumier.

Les côtés de ce Temple ne ſont point fermés. La Colonnade qui y régne eſt entiérement ouverte; & ſert quelquefois de paſſage.

Je dois cette Remarque à la même Perſonne, dont j'ai déja parlé ci-deſſus, & qui s'étoit tranſportée ſur les lieux l'année précédente.

Il y a, près de Gau Scherkie, un Califch, qui court du côté du Septentrion. Il ne paroît pourtant s'avancer qu'une demi-lieuë dans les terres, apparemment parce qu'il a été négligé. Il étoit bordé de chaque côté d'une digue de pierres de taille; mais ces digues font presque ruïnées par le Nil, qui en a emporté la plus grande partie.

De l'autre côté du Fleuve, on trouve fucceffivement

GAU ELL GERBIE,
MESCHTE,
SCHACHTURA,
SCHECH SEINETDIEN
& BENGE:

Cinq Villages qui n'ont rien de fingulier: fi ce n'eft que le troifiême & le cinquiême font un peu reculés dans les terres. Dès qu'on a paffé celui-ci, on fe trouve devant

TAGTA:

Ville d'affés belle apparence, fituée à l'occident du Fleuve, & accompagnée de Mofquées. Nous la quittâmes à quatre heures après midi; & à la diftance d'à-peu-près une lieuë, nous gagnâmes, du même côté,

SOU AMA,

Voyez la Carte du Nil, Village, où commence à l'Occident du Nil, le territoire du Prince d'Achmiin, comme

Planche LXXXVIII.

REJEGNA,

Planche LXXXVI. Autre Village, l'oppofite, fait le commencement du même Territoire, à l'Orient du Fleuve. J'ai donné une vuë de Rejegna. Ce Village eft fitué au pied des Montagnes de la grande Thébaïde; ce qui eft caufe que fon terroir n'eft guère fertile. Le peu de terres qu'on y cultive eft aride. Quelquefois néanmoins les Dattiers y paroiffent fortir du fable. Le plus grand ornement de cet endroit lui vient de fes Colombiers, qui de loin font une affez belle figure. Ses Habitans fubfiftent principalement de la navigation qu'ils font fur le Nil, avec leurs Barques; car ils en ont une affez grande quantité. D'ailleurs ils ont la réputation d'être extrêmement mauvais. Souvent ils fe rebellent contre leur Emir, qui eft le Prince d'Achmiin.

A Sept heures du foir, nous paffâmes devant

TABERBUUR,

Village à l'Orient du Nil, & en fuite devant

MARAGA,

Belle

Belle Ville, à l'Occident du Fleuve, située dans une jolie Plaine, où l'on recueille le meilleur froment de toute l'Egypte; mais les terres des environs souffrent beaucoup des inondations du Nil, qui en emporte chaque année quelque chose.

Lorsque nous eûmes doublé la pointe d'environ quatre lieuës formée par le rivage du Nil, qui forme un coude vers Maraga, nous avançâmes dans un pareil espace jusqu'à une Isle, nommée:

GIESIRET SCHENDOVIIL;

Elle peut avoir une petite lieuë de longueur; & environ à pareille distance de la rive Occidentale du Fleuve, on découvre dans les terres le Village de

GILFAN.

Le Nil forme dans cet endroit un second coude, un peu moins grand néanmoins que le précedent; & il en fait encore un troisième, vis-à-vis du Village de

SUHAEDSCH,

Situé à l'Occident de ce Fleuve; & au dessus duquel il y a un grand Calisch, qui porte le nom d'*Ell-Suhadschia*, & qui court d'Orient en Occident.

Voyez la Carte du Cours du Nil, Planche LXXXIX.

Presque à l'opposite de Suhaedsch, on voit

SCHECH HARIDI,

Endroit célèbre par le tombeau d'un prétendu Saint Turc. Ce Tombeau est en forme de petite Coupole, élevée au dessus de la montagne, comme on peut le voir dans la Planche LXXXVI.

Lit. b.

On fait, dans le pays, trop de bruit des miracles de ce Saint, pour n'en point parler ici. Je m'en suis informé le plus exactement qu'il m'a été possible; & voici ce qu'on m'a raconté:

Les Arabes soutiennent, que Schech-Haridi, étant mort dans cet endroit, y fut enterré; & que Dieu, par une grace particulière, le convertit en un Serpent, qui ne meurt jamais, & qui procure la guérison & accorde des graces à tous ceux qui implorent son secours, & lui font des sacrifices.

Il paroît néanmoins, que ce Serpent miraculeux fait quelque distinction des personnes. Il est bien plus propice envers les Grands Seigneurs, qu'envers le petit Peuple. Si un Schech se trouve attaqué de quelque maladie, le serpent a la complaisance de se laisser porter chez lui, au lieu que pour le Commun Peuple il faut que le Malade ait témoigné défirer fa vifite, & fait voeu de le recompenfer de fa peine. Dans ce cas même il ne fort point, fans une cérémonie affez particuliére. Il faut abfolument qu'une Vierge fans tache foit chargée de l'ambaffade; càr la vertu du beau féxe a feule du crédit auprès de lui; & fi celle de l'Ambaffadrice avoit fouffert la moindre atteinte, il feroit inéxorable.

Dès qu'elle fe préfente, elle lui fait un compliment, & le fupplie, avec la plus humble foumiffion, de daigner fe laiffer porter chez la perfonne qui a befoin de fon fecours. Le Serpent, qui ne fçauroit rien refufer à la vertu du beau Séxe, commence d'abord à remuer la queuë, & fait quelques fauts. La fille redouble alors fes priéres & fait de nouvelles inftances. Enfin le Serpent lui faute au cou, fe place fur fa gorge & s'y tient fort tranquille; tandis qu'on le porte en cérémonie avec de grands Holla! & de grands *Hauffai!* chez la perfonne qui l'a fait demander.

A peine y eft-on arrivé, que le Malade commence à fe fentir foulagé. Ce Médecin miraculeux ne fe retire pas pour cela. Il veut bien refter quelques heures auprès du Patient, pourvu que, pendant ce tems-là, on ait foin de régaler fes Prêtres, ou fes Saints, qui ne le quittent jamais.

Tout cela va à merveilles, pourvu que quelque Impie ou quelque Chrétien ne furvienne pas dans ces entrefaites. Sa préfence troubleroit la fête. Le Serpent, qui s'en appercevroit, difparoîtroit auffi-tôt. On auroit beau le chercher, on ne le trouveroit pas. L'eût-on tranfporté de l'autre côté du Nil, il fçauroit fe rendre invifiblement dans le Tombeau, qui eft fa retraite ordinaire.

Les Arabes ofent encore avancer, que, fi on coupoit ce ferpent en morceaux, les parties fe rejoindroient fur le champ, fans que cet attentat pût terminer fa vie, puis qu'elle doit être éternelle.

Les Chrétiens du Pays, qui fe croient plus éclairés que les Arabes, raifonnent bien différemment fur ce fujet. Ils décident le cas felon l'efprit de leur Religion. Ils croient fort pieufement, que ce prétendu Saint eft le Démon lui-même, qui, par un jufte jugement de Dieu, a le pouvoir d'abufer ce Peuple aveuglé & ignorant; & ce qui les affermit encore plus dans cette croyance, c'eft qu'ils ont chez eux une Tradition, qui veut, que ce foit dans cet endroit, que l'Ange Raphaël relégua le Diable Afmodi, dont il eft parlé dans le Livre de Tobie.

Chap. 8. v. 3.

Pour moi, je crois, que les uns & les autres péchent contre les régles du raifonnement. Avant que de regarder une chofe comme miraculeufe ou furnaturelle,

il

il s'agit d'examiner le point capital, qui est de constater si le fait est reel, si les circonstances sont telles qu'on les donne; & si la supercherie n'y a point de part.

Je conviens que le serpent y est. On ne sçauroit pas le nier. Mais est-il immortel? C'est ce que je me donnerois bien de garde d'accorder. Il meurt sans doute comme les autres; & les Prêtres qui le servent, & en tirent du profit, sçavent bien en substituer un autre de la même espèce lorsqu'il vient à leur manquer.

Dans la délicatesse qu'on attribuë à cet Animal, de ne vouloir être touché que par une Vierge, & de ne pas remuer de sa place, si sa vertu a reçu la moindre atteinte, je ne trouve rien de surnaturel. Quiconque a vu les Bateleurs, qui jouent tous les jours de si beaux tours sur la grande Place, qui est au devant du Chateau du Cayre, a été frappé de choses bien plus fortes, que ce qui se fait ici. Y a-t-il rien de plus facile que de faire obeïr à de certains signes un serpent apprivoisé; & pour ce qui est de la virginité de leur Ambassadrice, ils sont toujours surs de ne s'y point tromper; puis qu'ils la choisissent toujours si jeune qu'elle est à l'abri de tout soupçon. D'ailleurs on sçait que les Serpens sont attirés par certaines odeurs, & par certaines herbes. La fille en peut avoir été frottée; on peut l'avoir préparée par des bains: du moins est-elle ornée de Couronnes & de guirlandes de fleurs & d'herbes, où l'on a soin de ne pas oublier celles qui sont capables de faire impression sur le serpent.

Si l'on demande comment il est possible, qu'il disparoisse aux yeux de tant de monde, & qu'il regagne son tombeau, lors même qu'il doit rencontrer le Nil sur son passage? Je réponds que cela n'est pas plus difficile que le reste. Il suffit de se représenter, que ces Prêtres ou Saints, qui servent ce Serpent & qui l'accompagnent, sont d'excellens Joueurs de Gibbecière; & on n'aura pas de peine à concevoir qu'ils sont capables d'escamoter le Serpent, en présence d'un grand nombre de Spectateurs, sans que le plus attentif & le plus clair-voyant s'en apperçoive. Leur rolle ainsi joué, ils feignent de suivre leur Saint, se rendent à son tombeau, avec une foule de peuple, qui, par respect, n'ose approcher avant que les Prêtres ne soient entrés, & n'ayent remis à leur aise le Serpent dans son tombeau.

Couper le Serpent à morceaux, & voir les parties se rejoindre, ce seroit-là une preuve incontestable de son immortalité. Mais on n'en est jamais venu-là; & quand l'Emir d'Achmiin ordonna un jour, de faire cette épreuve en sa présence, les Prêtres se défendirent d'en faire l'essai. Ils n'en viendront jamais à cette extrémité.

Du reste, je ne suis pas surpris, de voir des Arabes & des Chrétiens Coftes donner tête baissée, dans une fraude pieuse, dépourvuë de toute vraisemblance. Leur ignorance réciproque les fait donner dans le panneau; mais ce que j'ai de la peine à pardonner, c'est que des gens éclairés, & qui ont voulu faire les fins fur ce chapitre; n'ont pas laissé de croire qu'il y avoit du myftère dans une fable fi ridicule.

LUNDI, 2. *Decembre.*

Nous nous trouvâmes, le matin, entre

SCHECH FLAECK,

Village, au bord Oriental du Nil, & un Couvent Cofte appellé

DEIR ELL ABBIAT

A l'Occident du Fleuve; & environ à une lieuë dans les terres. Quelques Perfonnes de notre Compagnie, qui avoient été voir autrefois ce Couvent, nous dirent qu'ils y avoient trouvé une Croix, qui étoit un refte d'une ancienne Eglife bâtie fous l'invocation de St. Héléne.

En continuant notre route, nous vîmes à notre droite:

BARASBURA,

Village, où il y a une Mofquée; & plus loin nous rencontrâmes deux autres Villages; fçavoir:

BIBAR,

Sur la rive Orientale du Nil; &

ELL SAUVIE,

Voyez la Carte du Nil, Planche XC.

Sur la rive Occidentale. Le Vent étoit bon; mais les Coudes, que fait le Nil, nous obligèrent fouvent de recourir à la corde, pour faire, avancer la barque & pour pouvoir arriver à

ACHMIIN

Cette Ville fituée fur la rive Orientale du Nil, eft la Réfidence du Prince de même nom. Elle eft grande & ornée de diverfes Mofquées. Les Coftes y ont un Couvent & les Péres de la *Propaganda* un Hofpice. Comme le tems étoit extrêmement couvert, j'eus bien de la peine à lever le deffein d'Achmiin.

Planche XCI.

Vis-à-vis de cette Ville eft celle de

MESSCHIE,

Située fur le bord Occidental du Fleuve. Nous y arrivâmes avec la nuit; & nous y attachâmes notre barque à terre, parce que notre deffein étoit de nous y arrêter quelque tems.

Toutes les Barques, qui viennent du Cayre, pour fe rendre à la Cataracte, de même que celles qui viennent de la Cataracte, & qui doivent fe rendre au Cayre, s'arrêtent

rêtent ici, afin d'y faire provifion de pain & des autres chofes, dont elles ont befoin. C'eft effectivement l'endroit le plus commode pour cela; car cette Ville fe trouve à moitié chemin, & tout s'y vend à fort bon marché.

Il y avoit hors de la Ville un affez grand Campement; & nous apprîmes, que c'étoit celui du Bey de Girge, qui alloit vifiter fes Domaines. Par-tout où il s'arrête, les Places des environs font obligées de lui fournir une certaine quantité de pain, & d'autres provifions; & afin que l'une ne foit pas plus chargée que l'autre, on a fixé les jours qu'il peut refter en chaque endroit. Il ne retourne à Girge que vers la fin de Décembre; & même il eft alors dans l'obligation de camper hors de la Ville; car quoique ce foit fa Réfidence, il ne lui eft pas permis d'y demeurer plus de trois ou quatre mois chaque année.

Sa tente étoit diftinguée des autres par une quarantaine de lanternes fufpendues au devant, en forme d'Echicquier. Il y avoit parmi nous des Perfonnes, qui avoient des lettres de recommandation à lui préfenter; mais on n'en fit point ufage, parce qu'on n'avoit befoin de rien, & qu'on avoit été informé qu'il partoit le lendemain.

MARDI, 3. *Décembre.*

Nous reftâmes tout ce jour-là à Mefchie. Notre Reis s'y rendit dès la pointe du jour, pour y faire faire du pain, pour lui & pour fon Equipage. Nous eûmes auffi foin de nous en pourvoir, parce que notre provifion de bifcuit diminuoit. On ne trouve pas le pain tout fait. Quand on veut en avoir, il s'y faut prendre de cette manière; on achette du Bled au Bazar: on le fait porter au moulin à cheval, pour le faire moudre. Si ce Moulin ne peut pas vous expédier promptement parce qu'il a déja entrepris de moudre d'autre bled, vous le remettez par boiffeaux à des Particuliers, qui le font moudre à des moulins à la main, dont prefque chaque maifon eft pourvuë. Après avoir retiré votre farine, vous la donnez à certaines femmes, faites à cela; elles ont foin de la faffer & d'en faire du pain. Elles s'en acquittent affez promptement, quoique leur Boulangerie ne foit pas des plus commodes, ni des mieux en ordre. Les fours fur-tout font fort petits, & conftruits de mortier & chauffés de fimple paille. Cela n'empêche pas qu'elles ne faffent affez bien le pain, quoiqu'un peu à l'Arabesque. Auffi n'y apportent-elles pas grande façon. Elles tiennent la pâte très molle; & on ne fe plaint jamais que le pain eft trop cuit. Il réuffit ordinairement quand il eft en forme de gâteaux; & c'eft un affez bon manger, lorsqu'il eft frais. Mais n'eft-il plus du jour, il faut avoir appétit pour le manger avec goût.

J'allai voir le Bazar; & je le trouvai beaucoup mieux garni que ceux que j'avois rencontrés jusque-là. En effet l'abord ordinaire des Barques contribuë à rendre Mes-

fchie

schie commerçante. On y apporte, tous les jours de marché, des denrées de tous les lieux voisins, parce qu'on est toujours assuré de s'en pouvoir défaire. Avec cela tout y est à fort bon compte. Nous eûmes un Veau de lait de Buffle, pour quarante parats; des poules, à deux parats la piéce; & ainsi du reste.

Cet endroit est encore renommé par une sorte de Conserve, qu'on y fait en grande quantité, & dont les Turcs & les Arabes font grand cas, à cause de sa douceur.

En me promenant au Bazar, j'y rencontrai deux de leurs prétendus Saints, que le Marché y avoit attirés. Ils étoient nuds comme la main; & ils couroient comme des Fous par les ruës, en branlant la tête, & en criant de toute leur force.

Une Fille de joie y étoit encore venuë, pour embellir la fête par sa présence. Elle avoit le visage découvert, ainsi que la gorge, & sa chemise étoit blanche; au lieu que celle des autres Femmes est bleuë. Sa tête, son cou, ses bras & ses jambes, étoient ornés de quantité de Quincailleries; mais tous ces embellissemens ne la caractérisoient pas si bien, que son air effronté & ses gestes lascifs. Il semble, que ces sortes de Personnes doivent, dans tous les Pays avoir une marque commune, qui les fasse distinguer. Celle-ci en avoit pourtant une extraordinaire; c'est qu'elle l'emportoit infiniment sur les autres pour la laideur.

Avant de quitter Mesfchie, il faut dire à sa louange, qu'elle a de très-beaux Colombiers, & qu'ils sont en très-grande quantité. Elle est aussi accompagnée d'une Mosquée; & on y voit un Cimetière très-vaste, où l'on peut remarquer les différens Monumens, dont on honore ici la mémoire des Morts. Elle doit cette dernière distinction à la hauteur de son assiette, qui fait qu'on y apporte les morts de tous les endroits voisins, pour qu'ils ne soient pas exposés aux inondations annuelles du Nil.

Les Chrétiens Coftes, de même que les Proselytes de la *Propaganda*, ont dans cette Ville, & même dans toute l'étenduë des Etats de l'Emir d'Achmiin de fort grands priviléges. Ils ne craignent pas d'y frapper un Musulman: au lieu que dans d'autres Quartiers, dès qu'on en vient-là, on court risque de la mort.

Les deux jours que nous nous arretâmes à Mesfchie, nous y vîmes arriver une grande quantité de barques. Elles y vinrent dans la même intention que nous; c'est-à-dire pour y faire des provisions.

MECREDI

MECREDI, 4. Decembre.

Nos provisions étant faites nous mîmes à la voile vers les huit heures du matin; & nous eûmes bien-tôt gagné deux Villages qui sont à l'Occident du Nil; l'un nommé:

GHARAFFE,

L'autre appellé:

EL HAIGUA.

Mais ce dernier est, à près d'une lieuë dans les terres.

Nous passâmes en suite entre quatre autres Villages; sçavoir:

GALEFMUND, &
TUG,

Tous deux à l'Occident du Nil.

Les deux autres situés à l'Orient du Fleuve, se nomment:

ELL ASAUVIE &
ELL HAUUIE,

C'est un peu au dessus de ce dernier Village, que se termine la partie Orientale des Etats du Prince d'Achmiin.

Nous eûmes ensuite à notre droite le Village d'

ASSERAT;

Et ensuite celui d'

ELL GHORAEN,

Au dessus duquel se termine la partie Occidentale des Etats du même Prince.

Vis-à-vis d'Ell-Ghoran, on apperçoit:

DEIR MELAC,

Où les Coftes ont un Couvent; & où il y a un Cimetiére pour les Chrétiens de Girge.

Enfin nous nous trouvâmes entre deux autres Places, dont la prémiére n'est qu'un Village appellé:

SCHARAQUE.

Il est pourtant assez renommé, parce qu'il donne ordinairement une retraite assurée aux Turcs mécontens du Gouvernement, ou qui ont d'autres raisons pour s'y retirer. Les Arabes qui y demeurent maintiennent si bien leur liberté, qu'ils ne payent aucun tribut, si ce n'est à leur Schech. Il y a aux environs de Scharaque, diverses Grottes dans les Montagnes; mais il ne m'étoit pas permis de les aller voir.

Voyez la Carte du Nil.

Planche XCII.

L'autre

L'autre Place que nous avions à notre droite étoit :

GIRGE, ou TSCHIRCHE.

Je defcendis à terre pour voir cette Ville, qui peut paffer pour grande : auffi eft-elle la Réfidence du Bey, ou Gouverneur de la Haute-Egypte, dont elle eft la Capitale. Les Turcs y ont plufieurs Mofquées. C'eft le Siége d'un Evêque Cofte ; & les Péres de la *Propaganda* y ont un Hofpice, dans lequel ils fe maintiennent, par le moyen de la Médecine qu'ils pratiquent, & qui les rend néceffaires aux Turcs. Cela n'empêche pas néanmoins qu'ils ne foient expofés à des avanies continuelles, & quelquefois à de véritables perfécutions.

Du refte, quoique Girge ait le titre de Capitale des Turcs, dans la Haute-Egypte, elle eft, en quelque maniére, la borne de leur domination. Si on remonte plus haut, on s'apperçoit que leur pouvoir n'y eft que fur un pied très-foible. Les Arabes ne craignent point d'y donner ouvertement leur protection à ceux qui ont offenfé le Gouvernement Turc.

Planche XCIII.

J'ai donné, dans mes deffeins, une vue de l'extrémité Orientale de cette Ville.

VOYAGE D'EGYPTE ET DE NUBIE,

PAR

Mr. F. L. NORDEN.

SIXIEME PARTIE,

Contenant la suite du Voyage de l'Auteur,
depuis Girge, jusqu'à Effuaen.

JEUDI, 5. *Decembre.*

ous avions bien mis à la voile, le 4. au soir, en partant de Girge; mais il survint un calme dans la nuit; & nous en prîmes occasion de mettre à terre quelques-uns de nos Gens, à qui nous donnâmes ordre de nous aller chercher du bois, & de faire en sorte de nous rejoindre à Bagjura, qui pouvoit être à dix lieuës plus haut. Pour nous, en poursuivant notre route, autant que la foiblesse du Vent le pouvoit permettre, nous vîmes à notre gauche les Montagnes appellées:

SCHERCK ULADIACHCHIA,

Elles commencent, dès Scharaque, à s'approcher jusqu'au bord du Nil. Elles occupent un vaste terrein indépendant des Turcs, & qui est gouverné par les Chefs des Arabes, qui en sont les souverains: aussi n'y paye-t-on tribut à personne. Si quelque Mécontent du Cayre, ou de quelques autres endroits de l'Egypte, se réfugie parmi ces Arabes, il y trouve une protection assurée, & personne ne seroit assez hardi pour l'aller chercher dans ce Quartier, où les Turcs eux-mêmes craignent d'aborder.

Tom. II.　　　　　　　　Qq　　　　　　　　A la

A la droite, nous paſsâmes devant deux Villages:

NESLET ASSCHERIF,
& SAU-ADNE.

Ces deux Villages ſont peu conſidérables. Enſuite nous gagnâmes

BARDIS,

Ville, qui a une jolie apparence. Elle eſt ornée d'une Moſquée; & elle a, au Midi un Caliſch, qui avance beaucoup dans les terres, & va à Barasbura, à Ell-Turaet, & à Ell-Kebira, &c.

Nous eûmes encore à notre droite:

ELL-MAGASCH,
BELLIENE,
BENNIER-AKAEP,
SCHECH BEREECK,
SCHENINE,
& SAMHUUD.

Voyez la Carte du Nil, Planche XCIV.

Ce ſont autant de Villages, dont le dernier eſt à près d'une lieuē du bord du Nil. Belliene, a été ci-devant une Ville, qui faiſoit quelque figure, & qui avoit une Moſquée; mais elle eſt aujourd'hui entiérement ruïnée.

De l'autre côté du Fleuve, presque vis-à-vis de Samhuud, nous vîmes

ELL-BELLABIISCH,

Simple Village, un peu au deſſus duquel on rencontre l'Isle

GIESIRET-ABDELKADIR:

Elle peut avoir deux lieuēs de longueur, & gît Nord & Sud. On y remarque un Village, à l'oppoſite duquel, il y en a un autre nommé

NERARNISCH;

Il eſt ſitué ſur la rive Orientale du Nil.

Vis-à-vis la pointe méridionale de Gieſiret-Abdelkadir ſont deux autres Villages:

BAGANES,
& BENIBERSA.

Le prémier eſt ſitué ſur la rive Occidentale du Fleuve: le ſecond ſur la rive Orientale.

Après

& de Nubie.

Après avoir paſſé, avec beaucoup de difficulté, Beniberſa, à cauſe des bancs de ſable, qui étoient fort hauts, dans cette ſaiſon, nous vîmes à notre gauche

ELL-UMBIIR,

Village accompagné d'une Moſquée; & en pourſuivant notre route, nous apperçûmes quatre autres Villages; ſçavoir:

SCHECHMEBADIR
& ELL-GOUASA,

Situés encore à l'Orient du Fleuve; &

ALKILLUUG,
& SAUAGGEL,

Tous deux à l'Occident. Un peu plus haut, & du même côté, eſt le Village appellé

SAGH ELL BAGJURA.

Entre ce Village & celui de Sauaggel, il y a un Calſch, nommé Maharakka, & tout auprès de Sagh ell Bagjura, on rencontre la Ville même de

BAGJURA.

Cette Ville, ſituée à une petite Diſtance du bord du Nil eſt aſſez grande: à quoi contribuë le voiſinage du Caliſch de Maharakka; & elle a une Moſquée. Nos Gens nous rejoignirent à Bagjura, & nous apportèrent du bois; ce qui nous fit bien du plaiſir, parce que nous en avions diſette. Dans le tems que nous étions à Bagjura, quinze Janiſſaires allèrent à notre Barque, & y demandèrent paſſage. Le Reys le leur refuſa néanmoins, leur alléguant, que par l'accord qu'il avoit fait avec des Francs, qui l'avoient louée, il ne lui étoit pas permis d'y admettre perſonne, ſans leur conſentement. Les Janiſſaires ſe mocquèrent de cette réponſe, dirent qu'ils alloient chercher leurs hardes; & que ſi on leur refuſoit l'entrée dans la Barque, ils y entreroient de force. Le Reys m'en avertit dès que nous fûmes arrivés, & nous lui fîmes auſſi-tôt prendre le large. Par-là nous nous garantîmes, ſans doute, d'une très-mauvaiſe compagnie; & peut-être évitâmes-nous quelques funeſtes accidens.

Voyez la Carte du Nil, Planche XCV.

VENDREDI, 6. *Décembre.*

Nous allâmes à la voile pendant toute la nuit, & nous paſſâmes d'abord l'Iſle de

GIESIRET NEJAGHEYE.

Cette Iſle, où il y a un Village, peut avoir trois quarts de lieuë de longueur. Elle eſt ſituée vis-à-vis d'

ATTARIFF,

Village, sur la rive Orientale du Nil; & où commencent les Montagnes de

TSCHIBEL MONNA.

A l'opposite de la même Isle de Giesirèt Nejagheye, on apperçoit à l'Occident du Fleuve, mais à une bonne lieuë dans les terres, la Ville de

FARSIUUT;

Elle a une Mosquée & la Mission de la *Propaganda* y entretient un Hospice.

Nous eûmes ensuite à la gauche deux Villages:

ELLAKLURAES,
& SELEMIE.

Ils sont opposés à deux autres, nommés

DIRP,
& HAU.

Dès le matin, nous nous trouvâmes devant

SCHAURIE,

Autre Village, à l'Occident du Nil. Comme le calme nous prit, je me proposai d'en profiter, pour aller voir les ruïnes d'un Temple, qu'on me disoit être voisines de Hau; mais j'appris qu'il s'y tenoit une Assemblée de trois à quatre cens de ces prétendus Saints Mahométans; & que cela y avoit attiré une grande foule de monde. Il n'en faloit pas tant pour m'empêcher de m'y exposer; de sorte que je ne pus satisfaire ma curiosité. Un Janissaire vint à Schaurie nous demander passage; & nous le lui accordâmes. Il fuyoit, parce qu'il avoit tué un des quinze Janissaires, qui avoient voulu s'emparer de sa Barque. Il étoit lui-même griéfvement blessé. Du reste c'étoit un très-brave Garçon, qui, plus d'une fois me rendit bien service, quand les Arabes me voulurent empêcher de considérer les ruïnes antiques, que je jugeois à propos de dessiner.

Le Vent se trouvoit fort bon alors: ainsi nous mîmes à la voile, & continuâmes notre route. Le Nil est, dans ce quartier assez irrégulier, tant pour ses courbures, que pour sa largeur; mais pour ce qui est de son fonds, nous le trouvâmes très-net: aussi passâmes-nous, sans beaucoup de difficulté, les quatre Villages qui suivent:

ELL-GAESSER,
GASSERUSEJAED,
JASENIE,
& FAU.

Ces quatre Villages étoient à notre gauche; & nous en laiffâmes en même tems à notre droite trois autres; fçavoir:

REIESIE,
NETZCHE ELL ABIID,
& DINEDERA,

Auprès de ce dernier endroit, nous vîmes plufieurs Crocodiles, étendus fur des bancs de fable, que l'écoulement des eaux du Nil laiffoit à fec. Nous gagnâmes tout de fuite trois autres Villages fitués du même côté, & qu'on nomme

CASSARNA,
SENAEPSI,
& ELL WOKF.

Le dernier eft remarquable, parce que c'eft dans fon voifinage que finit le Territoire des Arabes appellés *Hauara*; & le fecond a, à fon oppofite, un autre Village nommé

DISCHNE, ou DEHESCHNE.

Ce nom, qui fignifie *Admiration*, lui vient de ce que les Arabes, qui remontoient le Nil, fe trouvèrent ici embarraffés pour fçavoir de quel côté ils devoient fe tourner quand ils vouloient prier. Ils s'étoient réglés auparavant felon le cours du Nil, qu'ils fçavoient aller du Midi au Nord. Ils avoient par conféquent le foleil levant à leur gauche, & le foleil couchant à leur droite. Ce ne fut plus cela quand ils fe trouvèrent dans cet endroit. Le Nil y fait un coude, qui étoit caufe qu'ils voyoient le foleil fe lever à leur droite. Ils en furent dans un grand étonnement; ce qui fit qu'ils donnèrent à ce lieu le nom de *Dehefchne*, ou Admiration.

Près de ce même endroit, nous vîmes plufieurs radeaux, formés de pots de terre liés enfemble avec des fafcines. C'eft la maniére ordinaire de les tranfporter; & il ne faut que deux Hommes pour gouverner un femblable radeau.

A huit heures du foir, le calme nous prit. Nous nous apperçûmes que le courant nous faifoit reculer : ainfi nous mouillâmes au bord Occidental du Fleuve, où régnoit une grande plaine ftérile couverte de fable & de quelques brouffailles. Le Village le plus proche de nous étoit

MERASCHDEH.

Nous avions à l'oppofite, de l'autre côté du Nil, le Village de

SAEIDA.

SAMEDI, 7. *Décembre.*

Nos gens allèrent, de grand matin à terre, pour y chercher quelque gibier; mais ils n'y trouvèrent qu'une quantité prodigieuse de Moineaux. Ils en tirèrent plusieurs, & en ramassèrent une centaine parmi les Broussailles. Ils étoient néanmoins extrêmement maigres, & d'un goût amer.

A huit heures du matin, nous quittâmes cette terre ingratte; & nous gagnâmes bientôt le Village de

DAR.

Situé sur la rive Orientale du Nil; & tout vis-à-vis est

MAGDSCHER.

C'est le nom qu'on donne à un grand chemin, qui va d'Orient en Occident.

Voyez la Carte du Nil, Planche XCVI.

Nous laissâmes ensuite à notre gauche le Village d'

ELL-GAESSER,

Après quoi nous arrivâmes devant la Ville de

DANDERA.

Cette Ville a une Mosquée; & c'est sans doute un reste de l'ancienne *Tentyra*, dont Strabon, Pline & d'autres Auteurs ont parlé: aussi me dit-on, qu'on y voyoit encore un ancien Temple; & j'avois grande envie d'y aller; mais il n'y eut pas moyen de persuader à Notre Reys de mettre à terre; ce qui me fit manquer une belle occasion que je regrette.

La Ville de Dandera est située très-agréablement. Dans un espace de deux lieuës, on ne voit, par tout le long du Nil & bien avant dans terres, qu'une suite continuelle d'arbres fruitiers & de toutes les espéces que l'Egypte produit. Tous ces arbres étoient verds, & quelques uns se trouvoient chargés de fleurs, comme au Printems.

Un peu plus haut nous rencontrâmes, sur la rive Orientale, le Village de

KENAUVIE.

Mais, à deux heures après midi, il vint un calme, qui nous obligea de mettre à terre du même côté, un peu au dessous de

GIENE, ou KIENE,

Ville, qui n'est pas maintenant fort considérable, & qui a cependant une Mosquée. Il s'y faisoit autrefois un grand commerce; car on avoit pratiqué un chemin,

qui

qui conduifoit à Coffir, Port de la Mer rouge; & dans trois jours, on traverfoit les déferts de la Thébaïde. Mais prefentement cette route n'eft point affurée à caufe des Voleurs.

On m'avoit beaucoup parlé des Antiquités de cet endroit; ce qui m'engagea à y aller. Je n'y trouvai pourtant rien. Les Habitans mêmes du Lieu ne purent m'en donner aucunes nouvelles. Envain j'y cherchai l'ancien Canal creufé, pour conduire les marchandifes à la Mer rouge, & pour en apporter d'autres ici. Je n'en apperçûs pas le moindre veftige, ni dans la Ville, ni dans les environs. C'eft dans cette Ville que fe célébre, tous les ans, la grande Fête, où le Bey de Girge fe rend ordinairement; mais, non, fans en avoir auparavant obtenu la permiffion des Princes, ou Schechs Arabes.

Je m'apperçûs que les environs de Giéne étoient couverts de toutes fortes de plantes, comme Citrouilles, Colloquintes & autres qui m'étoient pour la plupart inconnues. Comme je n'y voyois point de bled, je m'imaginai qu'on l'avoit coupé; & que les plantes, qu'on appercevoit, étoient la feconde production de la terre.

Il y avoit aux environs de la Ville divers Etangs, où l'on confervoit l'eau après l'inondation; mais elle n'étoit pas bonne à boire. Elle avoit un goût faumâtre, qu'elle prend du terrein même. Auffi les Habitans ne s'en fervent-ils, que pour arrofer leurs terres, & pour abbreuver leurs Beftiaux.

DIMANCHE, 8. *Décembre.*

Nous avions mis à la voile, la veille, à 9. heures du foir, & nous fîmes route toute la nuit, durant laquelle nous paffâmes devant trois Villages, fitués fur la rive Orientale du Nil; fçavoir:

ASSALIE,
EBBENUUT,
& ELL-BARUUT.

Vis-à-vis de la derniére de ces Places, on trouve

TIURAET

Simple Village. C'eft à peu près dans cet endroit, que commencent les Habitations des Arabes appellés *Schoraffa;* ce qui veut dire Princes, ou Gentils-hommes.

Un peu plus haut le Nil fait un grand coude; & quand nous l'eûmes paſſé, nous nous trouvâmes, le matin, entre deux Villages, dont l'un appellé

SCHECH-HIE

Eſt à l'Orient; & l'autre, nommé

ELL-BALLAES,

Eſt à l'Occident.

Voyez la Carte du Nil, Planche XCVII.

Environ une lieuë plus loin nous rencontrâmes deux autres Villages, ſçavoir:

HARADSCHIE:

Il étoit à notre gauche; &

TUUG;

Celui-ci reſtoit à notre droite. Nous mîmes à terre auprès de ce dernier, que nous allâmes voir; mais comme nous n'y trouvâmes rien de remarquable, nous n'y reſtâmes qu'une demi-heure: après quoi nous nous rembarquâmes & prîmes le large. Presque auſſi-tôt nous apperçûmes, ſur la rive Orientale du Fleuve, le Village de

KOFT;

Un peu après celui de

KOS

Il y a une Moſquée.

Il eſt ſitué du même côté: Nous gagnâmes en ſuite celui de

GHATTARA,

Situé ſur la rive Occidentale; & vers les quatre heures après midi, nous nous vîmes devant le Village de

ELL-HELLA,

Il nous reſtoit à la gauche, tandis que nous avions à notre droite

NAGADI,

Ville, qui peut paſſer pour grande, & qui a des Moſquées. Lorsque nous y fûmes arrivés, le Schech Arabe fit appeller notre Reys, pour lui demander qui étoient les Francs, qu'il conduiſoit. La réponſe fut, que nous étions des Marchands, protégés par Osman Bey, de qui nous avions même des Lettres de recommandation. Le Schech ayant repliqué qu'il n'en croyoit rien, & qu'il avoit entendu divers bruits ſur notre compte, & ſur nos intentions, qui n'étoient pas des plus favorables pour le Pays: Le Reys chercha à nous juſtifier de ce reproche du mieux qu'il put; mais tout ce qu'il allégua ne fut point écouté, jusqu'à ce qu'un de nos Drogmans, que nous envoyâmes au Schech, lui eût préſenté une des Lettres d'Osman Bey. Quand il l'eut luë, il ſe

con-

contenta de dire, qu'il n'auroit jamais cru, qu'Osman Bey eût voulû nous pourvoir de recommandations, avec lesquelles nous pouvions aller dans des Lieux, où il n'appartenoit pas à des Francs de pénétrer. L'affaire en demeura-là.

Il y a plufieurs Coftes à Négadi: auffi y ont-ils un Evêque. Du refte ils ne font pas fort obligeans envers les Francs; & ils leur jouent même de mauvais tours, quand ils en trouvent l'occafion. Nous reftâmes toute la nuit dans cette Ville, ainfi qu'une partie du jour fuivant.

LUNDI, 9. *Décembre.*

Nous fûmes ce jour-là accablés d'une foule de Chrétiens Coftes, qui entraînoient même avec eux quantité d'Arabes. Les uns & les autres fe mirent vis-à-vis de notre barque, & parurent d'abord nous contempler avec beaucoup de furprife. Mais quand ils virent, que perfonne ne fe mettoit en devoir de les chaffer, ils devinrent plus hardis; & à la fin fi infolens, qu'ils oferent entrer dans la Barque où ils vifitèrent tout jusqu'à la viande qui étoit au pot. Notre Barque étoit comme une place de marché, où les uns venoient, & les autres s'enalloient. Nous avions de la peine à comprendre d'où pouvoit venir une femblable curiofité, d'autant que nous n'avions rien vu de femblable dans aucun autre endroit. Mais notre Reys, en venant à bord, nous dévoila le myftére. Il nous fit entendre, que tous ces gens-là, en voyant nos coffres & nos uftenciles de cuifine, avoient jugé, que les prémiers étoient remplis d'or & d'argent; & que tout le laiton & l'etain que nous avions, étoient pareillement de l'un ou de l'autre de ces Métaux; qu'ils en avoient conclu, que nous avions avec nous des richeffes immenfes; que le bruit s'en étoit répandu dans toute la Ville & qu'il n'y avoit point de fureté pour nous, fi nous avancions plus loin. Là-deffus, il s'offrit de nous reconduire au Cayre. "Ils nous tueront, vous & moi, ajouta-t-il, pour fe faifir des tré-"fors qu'ils s'imaginent que vous avez. Ils en répandront par-tout le Pays le bruit; "& fi vous échappez dans un endroit, vous périrez certainement dans l'autre. Les "Arabes font affez méchans pour fe porter à cet excès." Notre Homme, qui avoit pris l'epouvante, & perdu entièrement la tramontane, infifta encore long-tems pour que nous retournaffions au Cayre. Mais tous ces difcours ne firent aucune impreffion fur nos efprits. Nous lui dîmes, pour le raffurer, que nous n'avions rien à craindre; que nous étions bien armés; que perfonne ne lui feroit, ni à lui, ni à nous, le moindre mal, fans le payer fur le champ de fa vie; & que nous étions réfolus d'avancer, & d'aller jufqu'à la Cararacte. Notre fermeté, & les affurances que nous lui donnions de défendre fa vie, comme la nôtre, le tranquillifèrent un peu; & il fe contenta de nous répondre par un *Infchallach!* c'eft-à-dire: Dieu le veuille! A dire le vrai,

Meſſieurs les Coftes nous avoient rendu un très-mauvais office. Depuis ce tems-là nous ne pouvions mettre à terre, ſans être obſédés d'une foule de monde. Les bruits, que l'on avoit commencé à répandre dans Nagadi, nous devançoient toujours; de ſorte que nous aurions été expoſés à bien des accidens, ſi nous ne nous fuſſions pas tenus ſur nos gardes. Le pire de tout, c'eſt que notre Reys étoit devenu ſi craintif, qu'il trembloit, quand on lui parloit de mettre à terre. Il faloit l'y forcer, dans les endroits où il avoit quelque choſe à voir. On s'appercevra en effet par la ſuite de ce Journal, qu'il y avoit bien des difficultés à ſurmonter.

Enfin, à cinq heures du ſoir, nous quittâmes Nagadi, nous prîmes le large; & nous rencontrâmes bien-tôt une Iſle, que nous avions à l'Eſt. On la nomme

GIESIRET METERA.

Elle a un Village & peut avoir trois quarts de lieuë de longueur. Mais ce qui la rend plus recommandable; c'eſt qu'elle eſt l'ancienne Iſle *Tabenna*, où St. Pachôme avoit bâti le prémier Monaſtére de ſa Congrégation; & on en voit encore les ruïnes, à l'oppoſite du Village de

MENESCHIA,

Situé ſur la rive Occidentale du Nil.

Environ à demi-lieuë plus haut, nous nous vîmes entre deux autres Villages; ſçavoir:

DEMFIIG,
& GIERAJOES.

Le prémier reſtoit à notre droite; & le ſecond à notre gauche. Le Vent ne ſe trouvant pas alors aſſez fort, nous mîmes à terre auprès de Gierajoes.

MARDI, 10. *Décembre*.

Le Calme nous obligea de reſter, toute la nuit, dans cet endroit; mais comme il ſe leva un peu de vent, avec le jour, nous remîmes à la voile, ſans néanmoins beaucoup de ſuccès; car le vent ceſſa bien-tôt, & nous fîmes tirer la Barque juſqu'à

SOES;

C'eſt un Village ſitué à l'Occident du Nil. En avançant plus loin, nous fûmes ſouvent agravés, ſans en ſouffrir pourtant aucun dommage, ſi ce n'eſt que nos Gens en furent extrêmement fatigués, & que cette raiſon nous obligea encore de nous arrêter. Notre Reys, que la peur n'abandonnoit point, mouilla auprès de quelques Iſles, que la baiſſe du Nil avoit miſes au deſſus de l'eau. Nous étions aſſez près du Village de

GAMOLA,

Situé

Situé sur la rive Occidentale du Fleuve, & vis-à-vis d'un autre Village, qui est sur la rive Orientale, & qu'on nomme

SCHENHUER.

Le hazard avoit voulu, que trois, ou quatre Crocodiles, avoient choisi pour lits de repos les petites Isles, près desquelles notre barque étoit à l'ancre. Nous tirâmes sur ces Animaux, dont deux s'élancèrent aussi-tôt dans l'eau; & l'un d'eux parut rester sans mouvement. Nous crûmes l'avoir tué, ou du moins l'avoir bien blessé; de sorte que nous fîmes avancer la barque, & nous saisissans de perches & d'autres instrumens, que nous trouvâmes sous la main, nous allâmes à lui, pour l'achever, au cas qu'il ne fût pas mort. Mais, à peine étions nous à une quinzaine de pas de lui, qu'il se réveilla au bruit que nous faisions, se leva, & se jetta dans l'eau, comme les autres. Il pouvoit avoir trente pieds de longueur. Nous rencontrâmes encore ce jour-là, une vingtaine d'autres Crocodiles, étendus sur des bancs de sable; & ils étoient de différentes grandeurs, comme depuis quinze pieds jusqu'à cinquante.

Les terres de ce quartier nous parurent assez bien cultivées. Nous y remarquâmes, entre autres, du bled de Turquie, des cannes de sucre, des lupins, &c.

Nous vîmes aussi, ce jour-là, un Radeau de paille, supporté par des Calebasses, & gouverné par deux Hommes.

MECREDI, 11. *Décembre.*

Nous ne mîmes à la voile que vers le Midi. Le vent, qui souffloit, n'étoit pas fort; mais il étoit bon; de sorte que nous nous trouvâmes bien-tôt entre

ELL-KERNE
& DAMAMIN:

Deux Villages, dont le prémier est à la gauche, & le second à la droite du Fleuve.

A une lieuë plus loin, nous vîmes à notre gauche

MAGDSCHER,

Simple Village; & peu de tems après nous apperçûmes à notre droite les ruïnes d'une Ville, nommée

MEDINET HABU.

Elle étoit environ à une demi-lieuë dans les terres.

Voyez la Carte du Nil, Planche XCVIII.

En avançant encore un peu, nous nous trouvâmes entre deux Villages, d'aſſez peu d'importance, qui ſont:

KURNABILAL
& GHOSAEM.

Le prémier eſt ſur la rive Occidentale, & le ſecond ſur la rive Orientale. Enſuite nous nous approchâmes du Village d'

ELL - AKALITA,

Situé à l'Occident, & presque vis-à-vis de

CARNAC,

Nom que l'on donne à un vaſte terrein ſitué à l'Orient du Nil, & où on découvre, presque à chaque pas des ruïnes très-conſidérables, qui continuent, dans un eſpace de plus de trois lieuës en quarré, juſqu'à

LUXXOR, ou LUKOREEN.

Pour n'en point faire à deux fois, je traiterai ces ruïnes toutes enſemble.

Il étoit quatre heures après midi, quand je commençai à appercevoir, du côté de l'Eſt, un Obéliſque; & un peu après je découvris une grande quantité de Periſtiles, quelques Portes, & des Edifices antiques diſperſés confuſément çà & là dans la Plaine.

Ces indices ne me permirent pas de douter un moment, que, ce que nous voyions ne fût des reſtes de l'ancienne Thébes. Je fis dire à notre Reys de m'y mettre à terre; mais je ne pus l'obtenir ni par bonnes paroles, ni par promeſſes, ni par menaces. Il n'allégua point, pour cette fois-là, la crainte qu'il avoit des Arabes. Il diſoit, pour toute excuſe, qu'il n'y avoit pas moyen d'aborder, à cauſe des Isles & des bancs de ſable, qui en empêchoient; & il jura par ſa barbe, qu'à moins de faire un grand détour par terre, il n'étoit pas poſſible d'y aller. Perſuadé alors, qu'il n'y avoit pas moyen de ſatisfaire ma curioſité, je tâchai d'attrapper de loin ce que je pourrois. Je deſſinai ces antiquités magnifiques de toutes les façons qu'il me fut poſſible; & comme elles s'offroient à mes yeux. Mais, à mon retour, je mis pied à terre à Carnac, & je fis mon poſſible, pour ajouter à mes deſſeins ce qui y pouvoit manquer. J'ai l'honneur de vous en préſenter deux Planches, où l'on a quatre vuës de ces ſuperbes ruïnes.

Planche C. & CI.

Quand à Luxxor, j'eus de même, au retour, le bonheur d'y aborder. J'y perfectionnai la vuë que j'avois déja levée de la Ville de ce nom, & que l'on trouve dans la Planche CI, marquée *d*. J'eûs occaſion d'y ajouter ce qui y manquoit, & de meſurer le tout avec aſſez de commodité. On peut conſulter les Planches que j'ai données à ce ſujet.

La

La CII. & la CIII. repréfentent trois différentes vuës des Antiquités de Luxxor.

La CIV. fournit le Plan de toutes ces ruïnes.

Dans la CV., on voit la Coupe & le Profil des Edifices.

Les Planches CVI. CVII. & CIX. repréfentent en particulier deux Coloffes mitrés, & d'autres Antiquités.

Enfin la CVIII. contient, en deux feuilles, une Carte particuliére des ruïnes incertaines de l'ancienne Thébes.

J'avois grande envie de deffiner auffi les Hieroglyphes, dont la plupart de ces morceaux d'Antiquité font couverts; mais il auroit falu plus de tems, & plus de commodité, pour entreprendre un tel ouvrage.

JEUDI, 12. *Décembre.*

La veille, vers le foir, nous avions attaché notre Barque au côté Occidental du Nil, vis-à-vis de Carnac, qui eft, à peu près, à 135. lieuës communes de France, au deffus du Cayre. Je me levai avec le jour, dans le deffein d'aller voir s'il n'y avoit pas, de ce côté-là, quelques autres reftes de l'ancienne Thébes. Je ne fis pas beaucoup de chemin fans rencontrer deux grands Coloffes, que je pris d'abord pour ceux dont Strabon a fait mention; mais j'eûs, après cela, lieu d'être perfuadé, que les Statuës Coloffales, dont parle cet Auteur, n'étoient pas les mêmes, que celles que je voyois.

Cette prémiére découverte m'ayant encouragé, je retournai à bord, pour y prendre des armes, & pour me faire accompagner de ceux qui auroient du goût pour fe mettre de la partie. Le Reys, qui s'apperçut de nos préparatifs, s'y oppofa de toutes fes forces. Il fe fervit prémiérement de toute fa Rhétorique, pour tâcher de nous intimider tous. Enfuite, voyant que perfonne ne fe rendoit à fes repréfentations, il eut recours à un moyen qu'il croyoit plus efficace. Il jura, que, fi nous allions à terre, il s'en retourneroit avec fa Barque, fans attendre, que nous fuffions revenus. Je lui fis dire, que c'étoit un deffein formé; que nous irions à terre; & que s'il étoit affez ofé pour partir, nous ne manquerions pas de le rejoindre & de lui faire payer chérement fon infolence. Cette menace fit effet fur lui. Il fe retrancha à nous prier de ne point defcendre, du moins pour l'amour de lui. "Si le bonheur, difoit-il, vous "favorife affez pour que vous échappiez au péril; vous me mettez pourtant dans le "plus grand danger du monde pour l'avenir. Les gens du Pays ne me le pardonne-"ront jamais; & lorfque dans la fuite j'aurai occafion de revenir ici, & de mettre à terre, "ils

"ils m'aſſommeront impitoyablement, pour vous avoir amenés dans leur Pays, d'où
"ils croiront certainement que vous aurez emporté des tréſors."

J'étois trop fait à ces ſortes de diſcours, pour m'y rendre. Mais comme je m'appercevois, que le tems ſe paſſoit, & qu'il m'en faloit beaucoup pour faire mes recherches, je balançois ſur le parti que j'avois à prendre, lorsque le Janiſſaire, dont j'ai parlé ci-deſſus, & qui ſe plaiſoit aux coups de réſolution; car ces Meſſieurs ſe croient plus privilégiés que les autres, commença à menacer le Reys, & deſcendit auſſi-tôt à terre, avec moi. Quelques-uns de nos Gens nous ſuivirent, & nous traverſâmes la Campagne, en prenant pour guides les deux Coloſſes, dont j'ai déjà fait mention.

Voyez
Planche
CX.

Il n'y avoit qu'une lieuë de chemin pour y arriver, ſi nous euſſions pu marcher en droite ligne; mais la Campagne, ſe trouvant entre-coupée de Canaux, & couverte de bled de Turquie, nous fûmes obligés de faire bien des détours; & trois heures ſe paſſèrent, avant que nous puſſions arriver auprès des Coloſſes, pour en faire les deſſeins. A l'égard de l'endroit où on les a placés, j'ai déjà averti qu'ils ne ſont qu'à environ une lieuë du Nil; & c'eſt-là que la Plaine commence à s'élever, par le moyen du ſable, qui avance juſqu'au pied des montagnes.

Environ à deux cens pas de ces Coloſſes, on voit, du côté de l'Orient & du Nord, des ruïnes de diverſes autres ſtatuës renverſées; & vers le midi, à la diſtance d'une demi-heure de chemin, il y a encore d'autres ruïnes, tant anciennes que modernes.

Les Figures Coloſſales ſont marquées dans la Planche, *a.* & *b.* Elles ſont face au Nil. La prémiére ſemble repréſenter un Homme, & la ſeconde une Femme. Du reſte toutes deux ſont de même grandeur, & cette grandeur eſt prodigieuſe. Elles ont environ 50. pieds Danois de hauteur, depuis les baſes des piedeſtaux juſqu'au ſommet de la tête. C'eſt par leur ombre que j'ai déterminé cette meſure; & en y appliquant la perche, je trouvai, que, depuis la plante des pieds juſqu'aux genoux, il y avoit 15. pieds; ce qui juſtifie le compte que j'avois fait; car, ſelon la proportion ordinaire d'un Homme, il s'enſuit auſſi de-là, que la hauteur de chaque figure eſt de 50. pieds, y compris les piédeſtaux.

Elles ſont aſſiſes ſur des pierres preſque cubiques de 15. pieds de hauteur & d'autant de largeur, en y comprenant les figures Iſiaques, qui ſervent pour l'ornement, aux deux coins de chaque pierre. Le derriére de chaque pierre eſt plus haut que le devant d'un pied & demi.

Les

Les piedeſtaux ont chacun cinq pieds de hauteur, trente ſix & demi de longueur, & 19. & demi de largeur.

La diſtance entre les deux Statuës eſt de 21. pas.

Elles ſont faites toutes deux de divers blocs d'une ſorte de pierre ſablonneuſe & griſâtre, qui ſemble avoir été tirée de quelques-une des Grottes, qu'on remarque en grande quantité dans les Montagnes voiſines.

Leurs poitrines & leurs jambes ſont couvertes de quantité d'Inſcriptions Grecques & Latines, qui y ont été gravées après coup & du tems des Romains.

Le derriére & les côtés des chaiſes ſur lesquelles elles ſont aſſiſes, ſont couverts de figures Hieroglyphiques, qui, en général ſe reſſemblent beaucoup, quoiqu'il y ait de la différence dans la forme particuliére des caractéres. Outre cela, il y a encore de chaque côté un Terme. Ces chaiſes ſemblent être d'une ſeule piéce & faites de la même ſorte de pierre que le reſte. Elles paroiſſent pourtant un peu plus brunes & un peu plus dures.

Les deux Figures Iſiaques, qui comme je l'ai déjà remarqué, ornent le bout des chaiſes à chaque coin, paroiſſent plus blanches & d'un grain plus fin que le reſte; ce qui peut faire ſoupçonner, que quoiqu'elles ſoient ajuſtées dans l'ancien goût Egyptien; elles n'y ont pourtant été placées, qu'après que les Statuës y eurent été miſes.

J'ai remarqué, que les piédeſtaux ſont auſſi plus durs & plus bruns, que les chaiſes. Leur inſcription ne conſiſte qu'en une ſeule ligne de figures Hiéroglyphiques, gâtées & par l'injure des tems & par la violence qu'on y a faite.

Il ne me ſemble pas, que les corps des Figures Coloſſales ayent rien ſouffert des mains des Hommes. Toute défigurées qu'elles ſont, on n'y voit pas un ſeul coup qui ſoit à reconnoître; c'eſt ſeulement l'injure du tems, qui les a renduës difformes, & qui les a privées des parties qui avoient de la ſaillie.

Après avoir achevé ce deſſein, je m'approchai plus près, pour en tirer un autre plus particulier, qui répréſenteroit un des côtés de ces Figures Coloſſales, marqué lit. *a.* avec les Hiéroglyphes & les autres ornemens. Mais pendant que j'étois occupé à cet ouvrage, je m'apperçus qu'une cinquantaine d'Arabes nous entouroient; au lieu qu'à notre arrivée nous n'en avions pas vu un ſeul, ni au près, ni au loin. Cependant ils ſe contentèrent au commencement de nous ſaluer, & de nous regarder avec quelque étonnement. Ils m'approchoient le plus; & ils étoient curieux de voir ce que je faifois.

Quand ils eurent paffé une demi-heure dans cette contenance, ils en vinrent à demander le *Bakfifch*; c'eft à dire de l'argent; mais nous trouvâmes à propos de leur en refufer, parce que cela auroit pu tirer à conféquence. Choqués de ce refus, ils commencèrent à devenir infolens, & fe mirent à crier à pleine tête. Pendant ce tems-là je me tenois tranquille, toujours appliqué à mon deffein. Je laiffois aux Péres Miffionnaires le foin de travailler à les appaifer, & aux Valets, la liberté de crier avec eux du mieux qu'ils pouvoient. Ils étoient encore foutenus par le Janiffaire, qui avoit la poitrine bonne, & un bon bâton, dont n'éanmoins il fe garda bien de frapper perfonne.

Durant ce tumulte il furvint un homme à cheval. Il étoit précédé d'un autre, armé d'une longue picque. Le prémier, à qui les Arabes donnoient le titre de *Schech*, nous approcha; &, d'un air d'autorité, demanda au Valet Juif ce que nous faifions-là, & qui nous avoit donné la permiffion d'y venir? Le Juif lui demanda infolemment à fon tour ce que cela lui faifoit, & qui lui avoit donné à lui-même la permiffion de faire une demande avec tant d'audace? On fe prit ainfi de paroles, & dans un inftant toute la Troupe s'en mêla. Surquoi le Schech nous déclara, que fi nous ne nous en allions pas, fur le champ, il nous chafferoit à main forte.

A cette menace, le Janiffaire s'approcha de lui, & lui dit, par maniére de confidence, qu'il devoit bien fe garder de nous toucher, parce que nous étions bien pourvus d'armes à feu, & parfaitement au fait de leur ufage. Il ajouta, qu'il pourroit aifément arriver, que s'il ne fe retiroit pas d'abord, la fantaifie pourroit prendre à quelqu'un de nous de lui tirer un coup, qui le renverferoit mort par terre.

Ce difcours férieux donna à penfer au Schech; & comme le hazard voulut, qu'un de nos gens abattît, dans ce moment, un petit oifeau d'un coup de fufil, notre Homme parut tout décontenancé. Il fembla pourtant presque auffi-tôt fe remettre de fa frayeur. Il nous dit net, que fi nous ne nous en allions pas, il iroit brûler notre barque, & piller tout ce qui s'y trouvoit.

Notre Janiffaire ne put digérer cette menace. Il jugea que le Schech étoit moins mauvais, qu'il ne le faifoit paroître. Il fe mit dans une colére épouvantable, & jura, que s'il ofoit entreprendre la moindre chofe contre nous, il feroit lui-même homme à le tuer comme un chien.

Le

& de Nubie. 169

Le Schech, à ces mots se mit à sourire, nous donna le bon jour, & se retira suivi de tous les Arabes. Il nous laissa pourtant dans l'incertitude de sçavoir, s'il n'iroit point à la barque, ou s'il ne chercheroit point à nous couper chemin à notre retour. Dans le fonds néanmoins nous étions bien aises de nous voir délivrés d'une si désagréable compagnie.

J'avois, pendant ce tems-là, achevé le dessein particulier, qui fait voir un côté de la chaise d'une des Statuës Colossales; & j'avois levé les Inscriptions qu'on a gravées sur leurs jambes. A l'égard du dessein. Je l'ai tiré avec toute l'éxactitude possible, dans l'espérance, que ce seul côté sera suffisant, pour donner une juste idée des autres, que le tems & les circonstances ne me permettoient pas de dessiner; car quoique les Hiéroglyphes y soient différens en quelques endroits, on a pourtant observé dans la disposition générale le même arrangement. *Voyez* **Planche CXI.**

Il y a par derrière une espéce de repos & par devant un Terme; & outre les Hiéroglyphes, on voit encore sur le dessein les deux Figures Isiaques dont j'ai parlé ci-dessus.

Pour ce qui regarde les Hiéroglyphes en particulier, je remarquerai, qu'ils sont très proprement travaillés, en plein pied & très bien conservés. Les deux figures qu'on voit au bas sont de grandeur plus que naturelle. Il semble qu'elles forment un noeud, & qu'elles serrent étroitement les préceptes, que prescrivent les Hiéroglyphes. Elles sont travaillées en bas relief, de maniére pourtant que le sommet de leurs têtes, n'a pas plus de relief que la superficie toute unie de la pierre.

Les petites Figures représentées au dessus des deux Statuës Isiaques, sont aussi en bas relief; mais elles n'ont pas l'apparence d'un Ouvrage Egyptien; & sont toutes différentes du reste.

Quant aux Inscriptions, elles ont été gravées, pour témoigner, qu'on avoit entendu la voix de Memnon. Je les ai copiées, telles qu'elles sont sur les jambes de de la Statuë Colossale marquée *lit. b.* Mais comme j'étois obligé de les prendre à la hâte, de peur de perdre trop de tems, je n'oserois pas assûrer qu'elles soient dans la derniére éxactitude, sur-tout pour les Inscriptions Grecques; car je n'entends pas cette Langue. J'aime mieux néanmoins les donner telles que je les ai levées sur les lieux, que de hazarder d'y faire des corrections après coup. **Planche XC.**

Nous passâmes ensuite aux ruïnes, qu'on trouve du côté du Nord, & qui ne sont pas bien éloignées de ces Colosses. Il n'y a point de doute, que ce ne soient des

Tom. II. Uu restes

restes du Palais de Memnon. Je les avois déjà ébauchées dans la CX. Planche, sous les Lettres *c. d. e. f. g. h. i.*; mais plus je les confidérai de prés, plus elles me parurent mériter un deffein particulier. Je le fis en effet; & on le trouve Planche CXII.

On y peut remarquer, *Lit. c.* le Portique d'un Temple, capable de donner une grande idée de l'Architecture Egyptienne. Pour peu qu'on l'examine, on voit, que chaque Colonne avoit, au deffus de fon chapiteau, de petites pierres quarrées, qui fervoient de poutres, fur lesquelles répofoient de grands blocs de pierre; & dont toutes les parties, qui pouvoient être vuës, font couvertes de Hiéroglyphes, qui, pour un plus grand luftre, font incruftés des couleurs les plus vives. Quelquefois ce font des blocs de quarante pieds de longueur, & de deux pieds d'épaiffeur en tout fens. Au deffus de ces pierres, il y en a d'autres grandes, pofées en travers, & jointes l'une à l'autre, comme fi c'étoit des planches; & tout ce qui peut être vu de ces pierres, au platfonds, eft auffi chargé de Hiéroglyphes.

On obferve dans cet Edifice deux fortes de colonnes. Celle qui eft marquée (a.) eft de la plus belle efpéce. Leur épaiffeur & leur folidité leur donnent de loin une belle apparence; quand on approche, les Hiéroglyphes font agréables à voir; & lors qu'on en eft tout près, leurs couleurs font un effet charmant.

Cette forte de peinture n'a, ni ombre, ni dégradation. Les figures font incruftées comme les chiffres dans les cadrans des montres: avec cette différence qu'on ne fçauroit les détacher. Il faut convenir que cette matiére incruftée furpaffe, pour la force, tout ce que j'ai vu dans ce genre. Elle eft au deffus de l'*Al-fresco*, & de la Mofaïque: auffi a-t-elle l'avantage de durer plus long-tems. C'eft quelque chofe de furprenant que de voir comment l'or, l'outremer & diverfes autres couleurs, ont confervé leur éclat jusqu'à préfent. Peut-être me demandera-t-on, comment toutes ces couleurs vives ont pu s'adoucir enfemble; mais j'avouë que c'eft une queftion que je ne fçaurois décider.

J'ai remarqué néanmoins, que les Hiéroglyphes, employés dans ces bâtimens, n'ont pas la même apparence qu'ont d'autres piéces plus anciennes: il n'y a pas non plus toute la juftesse, que les Grecs & les Romains étoient accoutumés de donner à leurs Figures.

On voit, en dedans, fur la muraille Occidentale, en tirant vers le Nord, trois grandes Figures, qui ont le défaut, dont je vient de parler. J'enai donné le deffein

dans

dans une Planche particuliére; &, si je ne me trompe, il y est fait allusion à la chûte d'Adam & d'Eve. On y a représenté un arbre verd, à la droite duquel est un Homme assis, tenant à la main droite quelque instrument, dont il semble vouloir se défendre contre une petite figure ovale, couverte de caractéres Hiéroglyphiques, que lui présente une Femme, qui est debout à la gauche de l'arbre, pendant que de l'autre main il accepte ce qui lui est présenté. Derriére l'Homme, paroît une figure debout, la tête couverte d'une mitre, & qui lui tend la main. J'ai examiné le reste, pour voir, si je ne pourrois point découvrir la suite de l'Histoire; mais je n'ai rien vu, qui parût y avoir le moindre rapport. La pluspart des figures ressemblent plutôt à des devises amoureuses, ou à des représentations de quelques exploits héroïques.

Planche LVIII.

Pour retourner à l'Architecture de l'Edifice, j'avertirai, que, du côté de l'Orient & de l'Occident, il y a une muraille, qui sert d'enceinte; & que du côté du Nord & du Midi, il y a deux Colonnades; mais les Colonnes extérieures ne sont pas aussi hautes, ni aussi-bien ornées, que celles du milieu. Elles n'ont point de chapiteau. On a seulement ménagé, en haut, un gonflement, qui opére à peu près le même effet que le gros bout d'une massuë. Les unes & les autres sont toutes couvertes de Hiéroglyphes.

Il devroit y avoir vingt & une Colonnes de chaque côté; mais il n'y en a sur pied que trente deux; & c'est du côté du Nord qu'il en manque.

Celles du milieu, étant les plus hautes, rendent le platfond plus élevé que les Galleries. On n'en découvre, sur le dessein, qu'une, marquée (a). Elles ont 24. pieds Danois de circonférence; & de la hauteur à proportion.

On ne voit point le pavé, parce qu'il est couvert de décombres, & de trois à quatre pieds de sable.

A une cinquantaine de pas de cet Edifice, on trouve d'autres restes d'antiquité, que j'ai représentés dans la même Planche (*Lit. D. & E.*) Il semble que c'étoit une Galerie, qui regnoit au tour de la Cour. Ces ruïnes sont d'autant plus dignes d'attention, qu'il paroît que Philostrate en a parlé dans ce qu'il a écrit du Temple de Memnon, dans la Vie d'Apollonius.

On y voit, sous *lit. D.*, quatre pilastres, formés de diverses piéces, toutes de cette pierre sablonneuse, dont j'ai parlé ci-dessus. Chaque pilastre est orné d'un Terme, les bras croifés, & qui tient à la main droite une efpéce de croc. On leur a abattu la tête; mais il refte encore aux épaules une partie de la coëffure ordinaire aux figures Egyptiennes. Au deffus de chaque terme, il y a une efpéce de maffuë.

Trois grands blocs de pierre couvrent ces quatre pilaftres, qui de même que le refte font remplis de Hiéroglyphes; mais le tems ne me permit pas d'en faire un deffein particulier.

Sous la Lettre *E.* font marqués quatre autres pilaftres, pareils à ceux qui viennent d'être décrits, & dont les faces regardent celles des prémiers.

Derriére la Gallerie, il y a une muraille, marquée *lit. F.* Elle eft fort délabrée. On y remarque pourtant qu'un bout de cette muraille étoit joint en haut, à la Colonnade par de larges pierres; de forte que c'étoit une promenade, à couvert des rayons du foleil. On s'apperçoit de la même chofe à la pierre, marquée *Lit. D.* & pofée fur les quatre prémiers pilaftres.

La diftance entre les Pilaftres D. & E. eft trop large pour avoir été couverte. Il s'en fuit, que fi c'étoit la place, où l'on avoit mis la Statuë de Memnon, elle devoit être découverte & en plein air; ce qui paroît d'autant plus vraifemblable, qu'elle pouvoit de la forte mieux recevoir les rayons du foleil.

Sous la Lettre G. eft repréfenté le fragment d'un Coloffe renverfé, & à demi enféveli. A peine en découvre-t-on affez, pour juger qu'il a été affis, & dans la même attitude, que ceux que j'ai décrits dans la Planche CX. La partie fupérieure y manque; & il paroît, qu'on a employé la violence, pour la féparer. Les marques en font encore vifibles. Tout le corps de ce Coloffe étoit d'une feule piéce de marbre granit noir. Son piedeftal eft en quelque façon entier; & l'on y voit quelques Hiéroglyphes, comme des couteaux, des demi-cercles & d'autres figures.

Le refte de ce Coloffe eft tellement défiguré & démembré, qu'il ne me fut pas poffible d'en prendre une mefure exacte. Il me femble pourtant, que fa hauteur devoit être d'environ 20. pieds.

Tous ces indices femblent dire, que c'eft ici qu'il faut chercher la Statuë vocale de Memnon, dont Strabon, Paufanias, Philoftrate, Lucien, Juvenal, Tacite & divers autres anciens Auteurs, Grecs & Latins, ont fait mention. Cependant je ne fuis pas affez préfomptueux, pour rien déterminer de mon chef. Je laiffe à d'autres, plus éclairés que moi, à prononcer fur ce point.

Comme

Comme la plupart des Auteurs racontent, que la Statuë de Memnon rendoit un certain fon au lever du Soleil, je fus curieux de frapper, avec une clef, fur ce qui refte de cette figure Coloffale; mais comme tout y eft folide, elle ne rendit pas plus de fon, qu'un autre bloc de granit, qui eft enfoncé dans la terre. L'urne Sépulcrale, qu'on voit dans la prémiére Pyramide, quoiqu'elle pofe toute fur fa bafe, fonne pourtant comme une cloche; mais il faut faire attention qu'elle a du creux.

Il y a outre cela, dans cet endroit un autre Coloffe, marqué *Lit. H.* Il eft entier & d'une feule piéce de Marbre granit; mais fa hauteur n'eft que médiocre. Il eft maintenant renverfé, couché fur la face, & à demi enféveli dans la terre. Ce qu'on en peut voir, ne paroît nullement endommagé; & par rapport à l'attitude, elle eft la même que celle des autres Coloffes, dont j'ai parlé.

Je vis encore une tête Coloffale, coëffée à l'Egyptienne, & qui eft repréfentée fous la lettre I. Elle a deux pieds de hauteur. Elle eft faite de granit noir, dans le goût des Anciens, & finie avec beaucoup d'art & de patience. Cependant elle eft avec cela d'une fimplicité qui charme, & qui fait juger, que le refte de même doit avoir été de la main d'un grand Maître. On n'en trouve pourtant point d'autres reftes préfentement: à moins qu'ils ne foient cachés fous le fable, qui couvre tant d'autres Antiquités.

Enfin j'ai trouvé à propos d'ajouter à cette defcription un Plan particulier des ruïnes remarquables du Palais de Memnon, dans l'ancienne Thébes. **Planche CXIII.**

Lorfque j'eus achevé de confidérer tout ce qui me parut digne d'attention, je pris, avec les perfonnes qui m'accompagnoient, ma route le long des montagnes; &, d'efpace en efpace, j'entrai dans plufieurs Grottes. Après quoi nous arrivâmes à

MEDINET HABU.

C'eft une Ville ruïnée préfentement, & qui avoit été bâtie à l'Occident du Nil, environ à trois quarts de lieuës dans les terres, & fur une partie des ruïnes de Thébes.

Nous y rencontrâmes un Portail antique & magnifique. Les Arabes en avoient fait une porte de la Ville. Il faifoit face au Nil; & comme il s'eft bien confervé, & qu'il eft d'une beauté extraordinaire, j'en pris le deffein. **Planche XCIX.**

Nous furmontâmes enfuite quelques petites collines formées par des ruïnes & par le fable; & nous arrivâmes à un quarré, qui étoit comme une efpéce d'anti-chambre

bre à l'égard du Portail, & bâti de grands blocs de pierres blanches, de la hauteur d'un homme. On en voit encore les restes, qui s'élèvent au dessus de la terre. La partie supérieure est couverte d'une simple corniche. Vis-à-vis du portail, il y a une ouverture assez large, qui a de chaque côté un morceau de muraille, ornée de Hiéroglyphes. Ce quarré n'aboutit pas proprement au portail; mais aux murailles de l'ancienne Ville, dont on voit encore quelques restes au Nord du Portail. La face de ce quarré est marquée *lit. a.*, afin de la distinguer d'une autre muraille, qui est plus près du portail de vingt pas, & fait une autre séparation. Elle est sans corniche; & le morceau de muraille, qui se trouve près de son ouverture, est aussi rempli de Hiéroglyphes, & en est séparé, comme on le voit au dessein.

En avançant encore une douzaine de pas on arrive à deux Colonnes, composées de diverses grandes pierres. Elles n'ont point de Hiéroglyphes; mais leurs chapiteaux canellés sont incrustés de couleurs, & font le plus joli effet du monde, quoiqu'ils n'ayent pas l'avantage d'être faits sur les regles d'aucun ordre d'Architecture.

Quand on a passé ces colonnes, on a à surmonter quantité de grands blocs de pierres, qui encombrent le passage du Portail. Ils sont tous remplis de Hiéroglyphes; & j'y observai, entre autres quatre frises, d'une pierre grisâtre, avec des vignettes en bas relief. Elles étoient par terre, parmi les autres ruïnes; & elles me frappèrent d'autant plus que je m'appercevois que c'étoit un ouvrage des Romains, orné, au milieu, de têtes de Diane & de Bacchus; & du reste couvert de feuillages de vigne & de chêne. Je n'apperçus rien de semblable, ni au près, ni au loin; & je ne vis point de bâtimens, où ces Frises auroient pu servir. Tout le reste étoit d'une Architecture Egyptienne, ou Arabesque: la derniére, comme on sçait, faite de boue & de crachat; car c'est ainsi que les Arabes construisent aujourd'hui.

L'Architrave du portail a deux frises l'une sur l'autre. Il est uni, & forme une ouverture assez grande. Mais le frontispice est fort délabré. J'y reconnus pourtant des aîles de Dragon, telles qu'on en voit à quantité d'autres Edifices; & j'y remarquai aussi les restes de cette sorte de Cartouche, ou ornement si familier aux Egyptiens. Tout cela est en bas relief, & incrusté de couleurs.

Au dessus de cette ouverture, il y a un petit cordon; & tout au tour de la porte un bord large rempli de Hiéroglyphes. A l'égard du dedans de la porte, il est couvert de grands blocs de pierre, qui forment un platfonds uni, & orné pareillement de Hiéroglyphes.

Je ne dois pas oublier la grande pierre, qui est étenduë sur l'Architrave. Nous n'en connoissons pas l'usage; mais elle est toute couverte de Hiéroglyphes parfaitement beaux.

Lorsqu'on a traversé cette porte, on en rencontre une autre faite de la même manière. Celle-ci méne à une troisième; & peut-être y en-a-t-il une quatrième; mais c'est ce qui n'est pas aisé à vérifier: à peine la seconde laisse-t-elle une entrée libre; & la troisième est tellement remplie de décombres, & sous terre; qu'il faut que la curiosité se borne-là.

Nous nous en retournâmes donc pour contempler les bâtimens, qui sont à la droite du Portail. Rien n'est plus magnifique; mais malheureusement ils sont inaccessibles, à cause des ruïnes & des décombres qui bouchent les passages.

Enfin nous passâmes, en nous en retournant, par divers petits Villages, sans y rencontrer personne qui nous insultât. On se contentoit de nous donner le bon jour. Mais quand nous arrivâmes au bord du Nil, nous n'y trouvâmes plus notre Barque. Il ne faut pas demander si cela nous fâcha. Cependant comme il n'y avoit point de vent ce jour-là, nous jugeâmes qu'elle ne pouvoit pas être fort loin. Nous continuâmes donc à marcher au bord du Nil; & au bout d'une demi-heure nous la découvrîmes.

Le Reys vint alors à notre rencontre, la joie peinte sur le visage. Il nous félicita de notre heureux retour; & nous dit que quoiqu'il eût navigé plus de vingt ans sur le Nil, il n'auroit jamais osé mettre pied à terre dans cet endroit: tant les Habitans avoient la réputation d'être mauvais. Ce qui est certain, c'est que toute la grande Ville de Medinet Habu n'a été ruïnée qu'à cause de leur opiniâtreté & de leur rébellion.

Ces Gens-là occupent aujourd'hui les Grottes, qui se trouvent en grand nombre dans les Montagnes des environs. Ils n'obéïssent à personne. Ils sont logés si haut, qu'ils découvrent de loin si quelqu'un vient pour les attaquer. Alors, s'ils se croient assez forts, ils descendent dans la plaine, pour disputer le terrein: si non, ils se tiennent à couvert dans leurs grottes, ou bien ils se retirent plus avant dans les Montagnes, où on n'auroit pas beau jeu à les suivre.

Notre Reys voulut s'excuser sur la nécessité où il s'étoit trouvé de changer de place; mais son excuse fut reçuë pour ce qu'elle valoit; car nous sentions bien, que la peur dont il ne pouvoit se défaire, l'avoit porté à cette démarche.

Cependant je me trouvois extrémement fatigué de la marche que j'avois faite ce jour-là. Elle avoit été rude, fur-tout parce que le terrein étoit par-tout, ou raboteux, ou couvert de fable. La grande chaleur avoit auffi beaucoup contribué à l'abattement où je me trouvois: fans compter, que je ne m'étois pas encore bien remis de la maladie que j'avois effuyée au Cayre. Il me prit, le même jour, un grand mal de tête & une fiévre violente; de forte que je commençai à craindre pour une rechutte.

VENDREDI, 13. Décembre.

J'avois été fort mal toute la nuit; mais un grand vomiffement qui me furvint, m'emporta la fiévre. Il me laiffa pourtant encore le mal de tête & un grand abattement.

Comme le calme continuoit, nous fûmes obligés d'avoir recours à la corde; & nous laiffâmes à notre droite les deux Villages,

KURNABILAL,
& ELL-AKALITA.

Nous gagnâmes même vers le foir, celui de

NEZLETAMERIS.

Il eft du même côté & nous y mouillâmes affez près d'

ELL-TSCHELAME.

C'eft une Ville affez confidérable, accompagnée d'une Mofquée, & qui eft voifine d'

ARMENT,

Ce n'eft plus aujourd'hui qu'un fimple Village; & c'étoit autrefois une Ville nommée *Hermonthis*. On y découvre quelques antiquités; mais la foibleffe, où j'étois ne me permit pas de m'y rendre: outre cela j'aurois trouvé bien de la difficulté pour perfuader à notre Reys de s'y arrêter.

Nous vîmes, chemin faifant, quantité de Cabanes d'Arabes, difperfées dans la Campagne. Quelques-uns de nos gens mirent à terre pour aller à celles qui étoient les plus près du Fleuve, afin d'y chercher du froment pour nos Poules; mais ces Arabes ne connoiffent point l'ufage de faire des provifions. Ils ne vivent que du jour à la journée; & comme ils n'ont prefque rien à manger: encore moins ont-ils quelque chofe à vendre.

Nos Gens tirèrent ce jour-là fur plufieurs Crocodiles, fans en tuer aucun. La plus grande partie de ces Animaux ne fe laiffoit point approcher. Il s'élançoient dans l'eau, avant qu'on fût à la portée du fufil.

SAMEDI,

SAMEDI, 14. *Décembre.*

Nous n'avions point de vent: ainsi il falut de nouveau recourir à la corde; & ce fut de cette manière que nous avançâmes, depuis Arment, jusqu'à

ELL-RETSEGAET,

Village situé du même côté. Le terrain qui se trouve entre deux, & qui peut avoir une lieuë & demie d'étenduë, est rempli d'anciennes ruïnes bien remarquables.

En continuant notre route, nous vîmes tout de suite sur la rive Orientale du Nil, cinq Villages; sçavoir:

HAMBDIE,
MAGDSCHERGARONA,
TOT, autrefois TYPHIUM,
SENEMJE,
& GIBBAEG.

Le dernier de ces Villages est situé vis-à-vis de celui de

DEMEGRAED.

Il tient la place de l'ancienne *Crocodilopolis*. Nous mouillâmes auprès, & nos Gens qui mirent pied à terre, dans cet endroit, y tuèrent quelques oyes du Nil.

Je me trouvai, ce jour-là, assez bien rétabli, à un peu de foiblesse près, qui me resta toujours.

Les terres des environs de Demegraed paroissoient avoir été négligées. On ne les avoit point cultivées depuis la dernière inondation du Nil; & le soleil les avoit tellement desséchées, qu'elles étoient pleines de crevasses si profondes, que je n'en pouvois atteindre le fond avec une zagaye de six pieds de longueur. On se mettoit pourtant en devoir de les labourer; & six boeufs attelés à une charuë, avoient bien de la peine à les remuer.

DIMANCHE, 15. *Décembre.*

Nous eûmes bon vent, toute la nuit; mais notre Reys ne fut pas d'humeur de mettre à la voile. Quand le jour commença à paroître, nos Gens descendirent pour aller à la chasse, & me laissèrent seul à bord, avec le Valet Juif.

Il y avoit eu un grand calme tout le matin; mais vers les huit heures un vent frais s'étant levé, le Reys se mit en devoir d'en profiter. Le Valet Juif voulut alors éxiger d'un Barberin, qu'il allât appeller nos Gens. Celui-ci dit qu'il n'en feroit rien. Ils se prennent de paroles, se disputent & s'echauffent au point, que le Barberin, qui avoit un morceau de bois à la main, en appliqua un coup sur la tête du Juif. Celui-ci voulut

voulut fe défendre; mais il fut bien-tôt accablé par les autres. Je courus à fon fecours, le piftolet à la main. La vuë de cette arme à feu fépara d'abord les combattans. Cependant, comme de pareilles difputes pouvoient tirer à conféquence, je fis dire au Reys, d'avertir fes Barberins, que fi déformais aucun d'eux étoit affez hardi que de toucher nos gens, il courroit risque d'être tué *comme un chien*, c'eft l'expreffion ufitée dans le Pays. Le Reys prit la chofe au pied de la lettre; & ma menace fit un fi bon effet, que depuis ce tems-là, il n'y eut plus de difpute.

Celle que l'on venoit d'avoir, fit perdre l'idée de mettre à la voile. Notre barque refta à l'ancre, tout le jour, que j'employai à voir les environs de Demegraed, fans pourtant y découvrir le moindre veftige de l'ancienne *Crocodilopolis*, qu'on prétend y avoir été fituée. Ce ne fut que vers les huit heures du foir que nous mîmes à la voile.

LUNDI, 16. *Décembre*.

Nous allâmes, toute la nuit, à la voile; & le vent étoit fi favorable, qu'à cinq heures du matin, nous avions déjà paffé

MAHAMIID,

GERERA

& ELL-TSCHIBBELEEN.

Voyez la Carte du Nil, Planche CXIV.

Ce font trois Villages, fitués fur la rive Occidentale du Nil. Le dernier en eft pourtant éloigné de près d'une demi-lieuë; & presque vis-à-vis, on voit

SCHAGAB,

Simple Village: ainfi que

ELL-KIMAN,

Que nous laiffâmes quelque tems après à notre droite.

A une lieuë au deffus nous rencontrâmes

ASS-FUUN,

Ville d'affez belle apparence, & qui a une Mofquée. Elle eft la Capitale de la Vallée de Mettani; & cependant fituée un peu dans les terres, à l'Occident du Nil. Elle a, à l'oppofite, fur la rive Orientale du Fleuve, le Village de

MAGDSCHERADOME.

A une lieuë & demie plus haut, nous vîmes, du même côté du Nil, un Convent de Coftes, appellé

DEIER OMALI.

Et vis-à-vis un Village nommé:

ELL-ARDIE.

Enfuite

Ensuite à une bonne lieuë & demie plus loin, nous apperçûmes
HELLE,
Village situé à l'opposite d'
ESNAY.

C'est une grande Ville, à l'Occident du Nil, ornée d'une Mosquée, & dont j'ai donné une vuë. Planche CXXI. Fig. 2.

Esnay est la Résidence d'un Schech Arabe; & on croit, que l'ancienne *Latopolis* étoit située dans cet endroit. Un des Péres, qui entendoit l'Arabe, mit pied à terre, pour porter à ce Schech la Lettre d'Osman Bey. Mais il retourna une heure après, avec la nouvelle, que le Schech à qui la lettre s'adressoit, étoit mort; que ses deux Fils étoient partis, qu'il n'y avoit dans la ville, que leur Cachef, qui même étoit sur le point de partir, pour aller voir quelqu'un de ses domaines; & qu'il n'avoit pas été possible de lui parler, parce qu'il étoit alors avec ses femmes.

Il y a au milieu d'Esnay un ancien Temple, clos de trois côtés & dont la face est fermée seulement avec des Colonnes. Elles sont au nombre de 24. & paroissent très-bien conservées.

Un bord canellé régne en haut, tout au tour de l'Edifice; mais au milieu, du côté qui fait la face du temple, on a menagé un cartouche, ou ornement, tel qu'on en voit sur toutes les principales portes de l'Egypte, comme on peut le remarquer dans le dessein particulier que j'en donne. Planche CXLIV. Lit. A.

Un demi cordon borde tout l'Edifice, dont les côtés sont remplis de figures Hiéroglyphiques, qui semblent être de la plus ancienne espéce; & qui paroissent avoir été exécutées, à la hâte & par des Ouvriers d'une grande pratique.

Les colonnes supportent des pierres placées en travers & sur lesquelles posent de grandes tables, qui forment un platfond, orné pareillement de Hiéroglyphes, de même que les côtés. On observe néanmoins aisément, que les figures du dedans sont d'une autre main & éxécutées avec plus d'attention, que celles que l'on voit au dehors; mais aucuns de ces Hiéroglyphes ne sont incrustés de couleurs. Les Colonnes sont aussi couvertes de figures Hiéroglyphiques, qui, en quelques endroits, sont très-petites & très-pressées.

Il est à remarquer, que, dans tout ce temple, un chapiteau de Colonne ne ressemble pas à l'autre. Quoique la proportion soit la même, les ornemens différent entre eux. C'est la fumée du feu qu'on y a fait autrefois, qui a noirci tout l'intérieur de cet Edifice, dont, au reste, toutes les parties sont très-bien conservées, à l'exception de la porte, & de l'entre-deux des colonnes de la face; mais ce font là des ouvrages des Arabes, qui ont voulu remplir les vuides, pour pouvoir renfermer leur Bétail dans ce Temple, qui ne fert pas maintenant à d'autres ufages.

On doit confulter la Planche CXV. où j'ai deffiné cette Antiquité, quoiqu'avec affez de peine, tant à caufe d'un abfcès très fenfible, qui m'étoit furvenu, qu'à caufe de l'inquiétude que me donnoient les Arabes.

Comme la jaloufie de ce Peuple m'étoit parfaitement connuë, j'avois eu la précaution, en entrant dans le Temple, de m'y placer derriére une colonne, & de laiffer quelques-uns de nos gens à la porte; mais cela n'étoit pas fuffifant, pour me délivrer des importuns. Les Arabes étoient accourus en foule, & le bruit qu'ils faifoient étoit fi grand, qu'il falut que j'expédiaffe mon deffein à la hâte, de peur qu'ils ne vinffent me faifir, dans le lieu où je m'étois caché. Je fortis donc; & cette Canaille demanda d'abord, pourquoi j'avois été écrire dans cet endroit? Comme on étoit bien fûr, que perfonne ne m'avoit vu, nos Gens nièrent le fait; mais les Arabes n'en voulurent pas démordre; & un d'eux ayant apporté à la fin pour preuve une écritoire à la Turque, que j'avois oubliée de reprendre, nos Gens en parurent un peu décontenancés. Les Arabes en devinrent plus infolens & demandèrent à voir mes papiers; mais je le refufai conftamment.

Cependant nous faifions en forte d'avancer, à grands pas, vers notre barque, quoique la foule qui groffiffoit toujours, nous fuivît de bien près. A la fin même ils en vinrent à nous jetter des mottes de terre & des pierres; mais nous ne fîmes pas femblant de nous en appercevoir. La partie étoit trop inégale, pour en venir aux mains avec eux. D'ailleurs nous nous étions approchés de la Barque: Nous appellâmes à nous; & on nous apporta des fufils & des piftolets. Ce fut le coup de partie. Les Arabes ne nous virent pas plutôt les armes à la main, que la plus grande partie d'entre eux fe fauva. Les plus braves fe tinrent encore à quelque diftance, pour voir ce que nous voudrions entreprendre; mais toute notre ambition n'étoit que d'arriver fains & faufs à notre Barque. Dès que nous y fûmes nous nous tinmes tranquilles: fur-tout moi, à qui le mouvement avoit fait ouvrir mon abfcès; ce qui me foulagea extrêmement.

Il y a quelque chofe de bien furprenant dans cette jaloufie, que les Turcs & les Arabes font paroître pour leurs Antiquités, dès qu'ils voient que quelque Etranger les vient examiner. Cette jaloufie eft même d'autant plus étonnante, qu'on s'apperçoit aifément, qu'ils en font eux-mêmes peu de cas, & que s'ils trouvent trop de peine

à les

à les démolir, ils enplâtrent les figures de bouë & de terre, & emploient ces vénérables monumens à renfermer leur bétail, qui les remplit d'ordures. Mais autant qu'on le peut comprendre, & comme je l'ai déjà infinué dans plus d'un endroit, la véritable caufe de cette jaloufie vient de la fuperftition, qui régne dans le Pays, & qui leur perfuade, que tous les Etrangers font autant de Magiciens, & que les deffeins qu'ils lévent font autant de talismans.

Je ne dois pas oublier d'avertir, que les Parats n'ont point cours à Effenay, ni au deffus. On n'a pour le commerce, que des Bourbes, dont les 12. font un Parat, ou des Sevillans qu'on reçoit pour cent Parats la piéce.

Une autre remarque à faire, c'eft qu'il n'y a rien de plus rare ici que le bois. Nous en voulûmes achetter ; mais on n'en trouve point pour de l'argent.

Enfin je dois obferver, que les Arabes, qui demeurent au deffus d'Effenay, font appellés *Ababuda*. Ce font des Rebelles ; & il faut continuellement employer la force pour les foumettre.

Le foir, à fix heures, le Cacheff partit dans une barque accompagnée de deux autres, chargées de Soldats. Son départ fe fit au bruit des Timballes, qu'il avoit à bord de fa Barque. Deux heures après, nous mîmes à la voile & nous avions le vent bon.

MARDI, 17. *Décembre.*

A peine néanmoins eûmes-nous fait route l'efpace d'une demi-heure, que le Vent ceffa. Cela nous obligea, après avoir paffé

DUEEG,

Village, un peu au deffus d'Effenay, & du même côté, de gagner la terre, près de

SERNIIG,

Autre Village, fitué à l'Orient du Nil, & tant foit peu plus haut que celui de Dueeg. Nous y avions à peine attaché notre barque, qu'une de celles qui étoient chargées de Soldats ; vint fe placer tout près de nous. Ce voifinage nous inquietta. Ils font fi peu difciplinés, & fi infolens, qu'il n'y a pas de plaifir à avoir à faire avec eux. Nous eûmes foin de nous bien tenir fur nos gardes. Heureufement le vent fe leva, au bout d'une heure ; & nous quittâmes cet endroit, pour fuivre notre route.

Dans un espace de quatre lieuës, ou environ, nous ne rencontrâmes que les trois Villages, qui suivent; sçavoir:

Voyez la Carte du Nil, Planche CXVI.

GASCHEILE,
MESSAUVIE
& ELL-ADEIME.

Nous les laissâmes tous trois à notre droite, avec cette différence, que les deux prémiers, sont à une demi-lieuë du bord du Nil; & que le troisième en est tout près.

Depuis Demegraed jusqu'ici, & même un peu plus haut, les Places sont assès clair semées. Elles se trouvent communément éloignées les unes des autres d'une lieuë, ou d'une lieuë & demie & quelquefois de deux lieuës.

Nous vîmes ensuite

KELLABIE,

à notre gauche,

KUMBEER,

à la droite,

SCHERAUNA

Encore à notre gauche, &

TURRAEG

à la droite.

Nous ne fîmes pourtant pas cette route tout de suite. Elle fut interrompuë, parce que nous donnâmes deux fois sur des bancs de sable; & il fallut bien du tems & de la peine, pour nous remettre à flot.

Nous rencontrâmes ensuite

SIBBAGE,
ELL-GANAAN,
& ELL-BESSALIE

Trois Villages situés sur la rive Occidentale: le dernier est néanmoins un peu plus haut que

ELL-AUVANIE,

Qui se trouve sur la rive Orientale.

ELL-HEIKS

Se trouve du même côté. Ce Village est situé au pied des montagnes, qui dans cet endroit s'approchent si près du Fleuve, qu'il ne reste qu'un petit espace de terrein cultivé.

Nous

& de Nubie.

Nous continuâmes, tout le jour, à faire voile: ainsi nous passâmes encore

SAÏDE
& ELL-KILG,

Que nous laissâmes à la droite;

HELLAL,
ELL-KAEP
& ATTUAEN,

Restèrent tous trois à notre gauche.

Voyez la Carte du Nil, Planche CXVII.

Nous approchâmes ensuite d'

EDFU,

Ville située à l'Occident du Nil. C'est l'ancienne *Apollinopolis*; & j'en ai donné une vuë.

Planche CXVIII.

On trouve dans cette Ville un Monument considérable d'Antiquité, & qui est parfaitement bien conservé. Les Turcs en on fait une Citadelle; & quelques-uns prétendent qu'il a été bâti originairement pour un semblable usage; mais, sans vouloir offenser personne, je trouve que cet Edifice a plutôt la ressemblance d'une Porte que d'une Citadelle.

Il regne, tout à l'entour, un cordon, à demi-rond, tel qu'on en voit communément au tour des bâtimens Egyptiens.

On n'apperçoit point de corniche au dessus de l'Edifice; mais peut-être qu'elle a été ruïnée, ou qu'elle est tombée.

La fabrique en général est très-bien ordonnée. Sa simplicité sur-tout lui donne une fort belle apparence. Il y a sur ses faces trois rangs de figures Hiéroglyphiques; & il semble que l'on ait voulu représenter des Enfans, dont la taille surpasse néanmoins celle des Hommes d'aujourd'hui.

Le côté du midi, & celui du Nord, ne différent presque en rien, si ce n'est que le prémier a plusieurs fenêtres, dont les quatre d'en bas, pratiquées à côté de la porte, sont très-hautes, & donnent une clarté diagonale, qui tombe obliquement.

Au dessus de la porte, il y a, un Cartouche, ou ornement, tel que ceux que nous avons déja remarqués dans d'autres Edifices.

Je ne puis pas me vanter d'avoir eu le bonheur de voir cette antiquité en dedans. Peut-être ne me l'auroit-on pas permis; ce qui est plus certain; c'est que je n'eûs pas l'occasion d'en demander la permission, parce que nous ne mîmes pas pied à terre dans cet endroit; nous en passâmes cependant assez près, pour que je puffe en prendre le dessein.

Il y a encore à Edfu un autre Monument antique; mais il ne consiste guère, que dans les ruines d'un ancien Temple d'Apollon; & dont la plus grande partie est ensévelie sous la terre. Les Arabes ne se font point fait une peine d'employer à faire quelques méchans Colombiers, ce qu'ils ont pu enlever d'un Edifice si respectable. J'ai donné dans la même Planche CXVIII. le dessein de ces ruines.

En continuant notre route, nous passâmes devant deux Villages situés du même côté; sçavoir:

NAGGEL-ABDEDDEIN
& SCHECH-TSCHIBERIM.

Et nous en laissâmes à notre gauche trois autres, qui sont:

ELL-BEHERA,
REDESIE,
& ELL-BUEEB, ou SERAIK.

Planche CXIX.

Il y a eu autrefois, dans cet endroit, un grand nombre de Chrétiens: aujourd'hui le Village est presque ruiné, comme on peut le remarquer dans la vuë que j'en ai levée.

En montant plus haut, nous gagnâmes

SELUAH,

Village, sur la rive Orientale du Nil; & tout de suite nous passâmes entre quatre autres, dont deux sçavoir:

TSCHIBEKA
& ELL-KAJOUDSCHE

Se trouvent du même côté. Les deux autres nommés

ROMADIE
& ELL-HAMMAEN

Sont sur la rive Occidentale.

Nous

Nous étions alors fort près de

TSCHABEL-ESSELSELE;

C'eſt-à-dire *la Montagne de la Chaîne*. La Tradition du Pays veut, qu'on fermât ici le paſſage du Nil, par le moyen d'une Chaîne. Ce qui eſt conſtant, c'eſt que le lit du fleuve eſt fort étroit dans cet endroit, & que la montagne Tſchabel-Eſſelſele à l'Orient, & un Rocher ſitué à l'Occident, ont bien pu, comme on le prétend, ſervir à cet uſage.

Je ne fis pas alors un plus grand examen de cette antiquité, parce qu'il étoit huit heures du ſoir & que l'obſcurité m'empêchoit de bien découvrir les objets. Mais, à mon retour, je tâchai d'y remédier; & pour n'en point faire à deux fois, je joindrai ici les remarques & les deſſeins que je fis alors.

Le prémier objet, qui me frappa, fut l'endroit de la montagne dont je donne une vuë, & où on peut remarquer préciſément les pierres où la chaîne en queſtion doit avoir été attachée, à chaque bord du Nil, dont la largeur n'eſt guére que d'une portée & demie de fuſil.   Planche CXX.

J'y joints une autre vuë de la même montagne, avec le deſſein particulier de la pierre, qui eſt ſur le bord Occidental, & où on veut que la chaîne a pu être attachée, près du ſommet. On y remarque, que le bas de cette pierre eſt taillé en quarré irrégulier, avec douze trous pratiqués pour la commodité de ceux, qui avoient beſoin d'y monter. La hauteur eſt de 15. pieds; & le ſommet en à dix.   Planche CXXII.

Dans une autre vuë, outre la repréſentation du même rocher, on peut remarquer une groſſe Maſſe de granit *lit. b.* qui eſt chargée d'une grande Inſcription en caractéres Hiéroglyphiques; & l'on y voit encore des Chapelles pratiquées dans le roc, *lit. c.* & des rochers de granit.   Planche CXXI.

J'ai cru devoir donner, encore en particulier, la vuë de ces mêmes Chapelles, taillées dans le roc, & ſituées près de la pierre de la Chaîne. On en aura par-là une idée plus diſtincte.   Planche CXXIII.

Dans les environs, on découvre une grande quantité de Grottes, d'autant plus remarquables, que leurs côtés ſont partout couverts des plus beaux Hiéroglyphes.

Planche CXXIV. phes. J'en donne une vuë générale, qui fuffira pour fe faire une idée jufte de leurs dehors.

Pour ce qui eft des dedans, je rencontrai bien de la difficulté à les deffiner. Le jour n'entrant uniquement que par l'ouverture de chaque grotte, il n'y avoit pas affez de clarté pour diftinguer les objets. J'en étois fort en peine, lorfqu'à la fin j'apperçus une ouverture en haut. Je me mis donc à faire mon ébauche; mais je fur bien-tôt troublé dans mon travail par l'allarme, que nos Gens avoient prife, en voyant accourir une foule d'Arabes. Je ne laiffai pas de finir mon ouvrage, qui **Planche CXXV.** repréfente quatre figures en haut relief, affifes, & de grandeur naturelle. Il y a deux figures d'Hommes & deux de femmes. Les Hommes, qui font au milieu, ont les bras croifés fur la poitrine; & chaque femme tient un Homme fous le bras. Je déteftai avec raifon la malice & la fuperftition des Arabes ou des Turcs, qui ont étrangement gâté ces figures, fur-tout au vifage.

J'ai ajouté dans la même Planche CXXV. *fig.* 2. la Table Hiéroglyphique, qui fe trouve à côté des figures. Elle eft taillée en bas relief, avec beaucoup de pratique; & ce qui eft d'autant plus rare, elle s'eft parfaitement bien conservée jufqu'à aujourd'hui, quoique le roc, dans lequel toutes ces grottes font taillées, ne foit qu'une pierre fablonneufe jeaunâtre. Il y a apparence, que la Table Hiéroglyphique contient les Epitaphes des perfonnes, dont les corps ont été renfermés dans cette grotte.

Nous nous apperçûmes, que le Nil reprenoit un peu au deffus de cet endroit fa largeur naturelle; & nous paffâmes tout de fuite devant deux Villages, le prémier nommé

FATIRA;

Le fecond, qui eft à près d'une lieuë au deffus, appellé

ELL-GLIID.

Nous les laiffâmes tous deux à notre gauche; & vis-à-vis du dernier nous avions, à notre droite, celui de

FARIS.

Pres-

& de Nubie.

Presque auſſi-tôt nous apperçûmes une Isle, située aſſez près du bord Oriental du Nil. On la nomme

MELIA;

Et à l'oppoſite nous vîmes, ſur le bord Occidental du Fleuve, le Village

AMUNGAER.

Le calme nous ayant pris, dans cet endroit, à deux heures de nuit, nous mouillâmes près d'une ſeconde Isle, voiſine de la prémiére, & qui eſt au milieu du Nil. Son nom eſt

MANSORIA.

Voyez la Carte du Nil, Planche CXXVI.

MECREDI, 18. *Décembre.*

L'Isle où nous mouillâmes, la nuit précédente, n'eſt pas éloignée du Village de

BAMBAN,

Situé au bord Occidental du Nil, vis-à-vis de celui de

KOMOMBU.

Qui eſt ſur le bord Oriental. J'avois grande envie, d'aller deſcendre à ce dernier Village, afin d'y contempler les reſtes d'Antiquités, qui y ſubſiſtent encore; mais certaines circonſtances, m'obligèrent de ſuſpendre ma curioſité, juſqu'à mon retour, où j'aurois le loiſir de me ſatisfaire. Ainſi, je donne ici par anticipation les deſſeins que je ne fis que depuis; & j'en uſe d'autant plus volontiers de la ſorte, que je n'interromps point le cours naturel de la route.

Voyez Planche CXXVII.

Le principal Monument antique, qui ſoit ici, eſt ſitué derriére une montagne de ſable, & caché, d'un autre côté, par quelques miſérables cabanes; mais tout cela n'empêche pas un Voyageur curieux de pouvoir contempler avec beaucoup de ſatisfaction ces belles ruïnes.

Le bâtiment repoſe ſur vingt-trois colonnes, bien travaillées & ornées de Hiéroglyphes. Les pierres qui ſervent à couvrir le toit ſont d'une grandeur prodigieuſe; & on voit clairement, que l'Architrave, qui préſentement eſt fendu en deux, a été anciennement d'une ſeule pierre. Sous ſa corniche, on apperçoit, le cartouche, ou l'ornement ordinaire des Portes; & ce cartouche eſt taillé très-proprement.

Aaa 2   Toutes

Toutes les pierres font couvertes de Hiéroglyphes, de la même forte que ceux que nous avons vus, fur les ruïnes de *Medinet-Habu.*

Les colonnes ont plus de 24 pieds de circonférence, & font plus grandes que celles de *Medinet-Habu.*

C'est dommage, que cet Edifice ne puiffe pas fubfifter long-tems. On le peut juger par l'état où il fe trouve. A peine le voit-on de deux côtés. Le deffus eft déja couvert de terre; & les colonnes, ainfi que le refte de l'Edifice, font enfévelies jufqu'aux trois quarts.

Environ à cinquante pas de-là, on apperçoit fur la pente de la Montagne, un autre Monument antique, dont j'ai auffi donné le deffein, dans la même Planche. Il eft de plus de dix-huit pieds de hauteur, avec une Niche regulièrement quarrée, dans le milieu, mais plus large en haut, qu'en bas. Ses côtés font femés de Hiéroglyphes, qui font fort gâtés vers la terre; & le derriére eft presque tout caché fous le fable.

Tout cet Edifice eft bâti de grands blocs quarrés, d'une pierre blanchâtre, qui approche fort du marbre. Du refte je ne fçaurois fixer l'ufage de ce Monument: à moins que ce n'ait été autrefois un Autel, dont peut-être la table aura été enlevée, ou fera tombée parmi les ruïnes: peut-être auffi que dans la niche, dont j'ai parlé, il y avoit un Idole.

Le Vent s'étant levé, à huit heures du matin, nous remîmes à la voile; & après avoir paffé l'Isle d'

OMMELUT,

Située tout près de la rive Orientale du Nil, & proche du Village de

RAKKABA,

Qui eft du même côté; nous apperçûmes celui de

DERRAU,

Situé à l'oppofite; & nous nous approchâmes de

ELL-SCHECH-AMER,

Village à quelque distance du bord Oriental du Nil, & dont j'ai donné une vuë. On y trouve quelques ruïnes, qui d'abord me parurent considérables; mais lorsque je les eus examinées de près, avec un peu d'attention, je remarquai, que ce n'étoit que les restes d'un bâtiment moderne. Elles sont situées, parmi une quantité de tombeaux de prétendus Saints Mahométans.

Planche CXXVIII.

Dès que nous eûmes remis à la voile, nous rencontrâmes une quatrième Isle appellée

GALLAGIS;

Et vis-à-vis, sur la Rive occidentale le Village d'

ELL-KABUNIA.

On nous y fit signe d'amener la Barque à terre: à quoi notre Reys n'avoit pas grande envie d'obeïr; mais comme il vit qu'on prenoit les armes, il ne résista plus. Le Prince du Pays étoit Ibrim, Cacheff en Nubie; & il avoit reçu à Girgé le Caffetan du Bey; c'est l'unique marque de respect, que l'on rende ici au gouvernement Turc. La force décide, entre les Compétiteurs, à qui aura la Charge; & celui que l'on envoye à Girgé, doit absolument être revetu du Caffetan par le Bey. Notre Reys ne retourna qu'au bout d'une heure; & nous dit que le Cacheff s'étoit informé de nous; &, que, sur ce qu'il avoit appris, que nous étions sous la protection d'Osman Bey, & que nous avions dessein d'aller jusqu'à la seconde cataracte, il l'avoit chargé de nous donner le *Salamalek*, ou le bonjour de sa part. Nous lui envoyâmes quelques bouteilles de Rossoli, du Sorbek & du Tabac.

En poursuivant après cela notre route, nous passâmes devant le Village d'

ETTUESA,

Et ensuite devant

GIRBE.

Ces deux Villages sont situés au bord Oriental du Nil; mais le dernier donne beaucoup plus dans la vuë. J'en ai levé un dessein, où j'ai tâché de représenter les ruïnes, qui s'y trouvent. Elles s'y distinguent par les grands blocs de pierres quarrées, qui d'ordinaire ne sont pas d'usage dans les bâtimens des Turcs.

Planche CXXVIII.

190   *Voyage d'Egypte & de Nubie.*

Nous continuâmes ensuite notre route, sans nous arrêter, & nous laissâmes à notre gauche prémiérement quatre Villages; sçavoir:

GANNAEK,

ELL-AKABBE,

ABUSEBERA,

& GAPTARA.

Au dessus de ce dernier Village, on voit l'Isle de

GIESIRET BEHERIF,

Située fort près de la Rive orientale du Fleuve; & un peu plus haut encore & du même côté, après avoir passé le Village de

ELL-TOFT, ou TEFFEL,

Nous arrivâmes à huit heures du soir à

ESSUAEN,

Nous y attachâmes la barque près de la Citadelle.

VO-

VOYAGE D'EGYPTE ET DE NUBIE,

PAR
Mr. F. L. NORDEN.

SEPTIEME PARTIE,
Contenant la suite du Voyage de l'Auteur, depuis Essuaen jusqu'à Deir, ou Derri.

JEUDI, 19. Décembre.

a Ville d'Eſſuaen, ſituée, ſur la Rive orientale du Nil, n'eſt guére plus conſidérable, que la plupart des autres Villes de la Haute-Egypte. Elle a pourtant, outre ſes Moſquées, une Citadelle, avec un Aga, qui s'appelloit alors *Ibrahim*. Une choſe qui la diſtingue beaucoup des autres Places du même Gouvernement, c'eſt qu'on n'y voit point, au deſſus des maiſons, ces ſortes de Colombiers, qui, de loin, donnent aux autres Villes une ſi belle apparence.

Mais ce qui rend ſur-tout cette Place remarquable, c'eſt que c'eſt l'endroit, où commence, ou bien, ſi l'on veut, l'endroit où finit la prémière Cataracte, marqué par des rochers de granit, qu'on trouve au milieu du Nil, avant que d'y arriver.

Notre Reys, qui étoit Janiſſaire, ne manqua pas d'aller avertir l'Aga de notre arrivée, & de lui annoncer, en même tems, qu'il y avoit dans ſa Barque des Francs, à qui Osman Aga, Chef des Janiſſaires au Grand-Cayre, avoit donné des lettres, qui lui ſeroient préſentées.

A 8. heures du matin, l'Aga nous envoya deux Janiſſaires, chacun un baton à la main ; & ils nous offrirent de nous conduire à la Citadelle. Nous y allâmes ; & l'Aga, qui étoit malade, nous reçut couché par terre, & couvert d'une vieille toile des Indes. Nous lui préſentâmes nos lettres, & nous lui fîmes entendre, que notre intention étoit d'aller juſqu'à la ſeconde Cataraĉte ; ce qui le ſurprit beaucoup, & l'engagea à nous faire dire, que le conſeil qu'il avoit à nous donner, c'étoit de borner notre curioſité à voir la prémiére Cataraĉte.

Ce conſeil ne fut point de notre goût. Nous lui fîmes répondre, que nous étions déterminés à avancer, à moins qu'il ne fût dans le deſſein d'y mettre obſtacle : "Je ferai plutôt, *repliqua-t-il*, tout mon poſſible, pour vous faciliter ce voyage ; "& vous n'avez qu'à faire vos préparatifs, pour vous pouvoir mettre en route." Là-deſſus, il nous fit préſenter le Caffé ; & après que nous l'eûmes bu, nous prîmes congé de lui.

Quand nous fûmes de retour à notre Barque, nous n'eûmes rien de plus preſſé, que de ſonger à lui faire un préſent. Nous lui envoyâmes un habit d'écarlate, une veſte de ſoie, deux boîtes de Sorbek, avec quelques bouteilles de liqueurs ; & il en parut extrêmement ſatisfait. Nous reçûmes en contre-préſent un Mouton ; & l'après-midi, il nous envoya préſenter le Caffé dans notre Barque. Nous nous contentâmes néanmoins de le goûter, parce qu'il étoit cuit avec de la ſauge ; ce qu'on avoit fait apparemment pour lui donner du haut goût.

Nous avions déjà parlé le matin des Chameaux, des Chevaux & des Anes, que l'Aga nous devoit fournir pour de l'argent, afin de nous porter nous & notre bagage au Port de la Cataraĉte. L'après-midi, nous lui fîmes demander, ſi nous pouvions compter, que tout cela ſeroit prêt pour le lendemain matin. La réponſe fut, qu'il ne négligeroit rien à cet égard, & que les lettres de recommandation aux Puiſſances du Pays, où nous nous propoſions de paſſer, ſeroient prêtes.

Nous avions encore demandé, qu'il nous fît accompagner par quelqu'un de ſes gens, à la charge de le défrayer, & de lui faire outre cela un préſent. Il nous offrit, pour cet effet, ſon Frére. Il nous l'envoya, pour convenir du prix ; & nous fûmes bien-tôt d'accord.

L'Aga en uſoit d'une maniére très-honnête avec nous : il nous avoit même offert ſa maiſon, que nous ne crûmes pas devoir accepter, parce que nous ne comptions

demeu-

demeurer devant Effuaen que jusqu'au lendemain: nous lui envoyâmes donc encore quelques petits préfens, dont il fut bien charmé; & en même tems, nous le fîmes prier, de ne pas oublier les lettres, qu'il nous avoit promifes. Sur quoi il nous fit dire, qu'il les auroit déjà écrites, fi le papier ne lui avoit pas manqué; qu'il ne lui en reftoit pas une feuille; & qu'il nous prioit de lui en envoyer. Nous en étions pourvus: ainfi il nous fut aifé de le tirer de cette difette.

VENDREDI, 20. *Décembre*.

Le matin à 8. heures, un des Péres, qui parloit l'Arabe, fe rendit chez l'Aga, pour preffer notre départ. Il trouva que l'Aga avoit engagé un Reys à nous mener de la prémiére Cataracte à la feconde. L'accord fut fait pour vingt Sevillans, outre quelques petits préfens. Mais le Reys demandoit le tems de faire du pain pour fon Equipage. Nous en avions befoin nous mêmes: ainfi notre départ fut fixé au Dimanche matin.

Ces mefures étant prifes, je me rendis à une petite Isle fituée au voifinage d'Effuaen, & affez près de la Rive occidentale du Nil. On l'appelle

ELL-SAG.

C'eft, fans doute, celle que les Anciens ont connuë fous le nom d'*Eléphantine*. Sa partie Meridionale eft montueufe & couverte de ruïnes. Il n'y en a cependant que fort peu que l'on puiffe bien diftinguer, parce que le refte eft enféveli fous la terre.

J'y trouvai, entre autres, un ancien Edifice encore debout, quoique couvert de terre par deffus, ainfi que d'un côté; & il méritoit que je me donnaffe la peine de le deffiner. On l'appelle *le Temple du Serpent Knuphis*; mais, à en juger par l'apparence, c'étoit plutôt un Monument fépulcral, qu'un Temple.

Planche CXXXII.

Quoiqu'il en foit, il a une enceinte, qui forme tout à l'entour une efpèce de cloître, foutenu, dans fa longueur, par des colonnes. Aux quatre coins il y a une muraille folide; & fur la largeur, on ne remarque qu'une feule colonne au milieu. Cette enceinte renferme un grand appartement, qui a deux grandes portes: l'une au midi, l'autre au Nord; & dont prefque tout l'intérieur eft rempli de pierres & de terre. Les murailles, couvertes de Hiéroglyphes, font enduites de bouë, & noircies par la fumée du feu, que les Bergers y ont fait.

On remarque, du côté de l'Oueft, au dedans de cet appartement, & précifement au milieu, une Table quarrée, toute nuë, fans aucune Infcription. Je préfumai qu'il pouvoit y avoir deffous une Urne ou une Momie; & je fus fort tenté de faire lever cette Table; mais la fuperftition du Peuple, & celle du Gouvernement même, ne le permettent pas. Un Voyageur doit fe trouver heureux, s'il peut avoir la liberté de contempler tranquillement ces anciens Edifices. Il ne faut pas qu'il aille plus loin. Je n'oublierai jamais, que quand nous vînmes mouiller devant Effuaen, la Populace accouroit en foule, pour voir, difoit-elle, les Sorciers expérimentés dans la Magie noire.

La longueur de ce bâtiment intérieur eft d'environ 80. pieds Danois, & fa largeur de 20. pieds. On ne doit pas s'attendre à des mefures plus précifes. En mefurant exactement, on donneroit trop dans la vuë des gens; & on s'expoferoit à être privé entiérement de la liberté de voir les Antiquités.

On peut remarquer, par le deffein, que tout cet Edifice eft couvert de Hiéroglyphes; & ils femblent être de la plus ancienne forte.

Il y a tout auprès une efpéce de piédeftal, fait de grands blocs d'une pierre blanche, chargés d'Infcriptions Grecques; mais le tems ne me permit pas d'en faire des copies.

Planche CXXIX.

En quittant l'Isle d'Ell-Sag, j'allai faire un tour aux environs, du côté de l'Oueft, pour y voir les ruïnes de l'ancienne *Syene*, dont Strabon, Pline & d'autres Auteurs, Grecs & Latins, ont fait mention. A dire le vrai néanmoins, la plupart de ces ruïnes ne paroiffent pas de grande conféquence. Je n'ai pas laiffé d'en lever une vuë; & pour l'éclaircir d'autant plus, je remarquerai ici, que l'on ne voit fous *lit. a.*, que des ruïnes modernes; que fous *lit. b.* eft repréfentée une muraille antique, bâtie de grandes pierres quarrées, & qui autrefois fervoit à foutenir les terres de l'Isle. *Lit. i.* montre l'endroit où étoit l'ancienne Ville; & il en refte encore quelques veftiges, qui s'élèvent au deffus de la terre. Je les ai marqués fous *lit. c. d. e.* Pour le refte, il eft tellement couvert de terre, qu'il n'y a que les décombres, qui percent en quelques endroits, qui puiffent faire juger qu'il y a eu autrefois de magnifiques bâtimens.

On découvre en effet çà & là, quoiqu'affés confufément, dans des endroits où la terre s'eft écoulée, quelques Colonnades, accompagnées de tables chargées d'anciennes Infcriptions Grecques. Ces tables font de granit; mais les blocs, qu'on a employés

pour

pour les bâtimens, font d'une pierre blanchâtre, qui reſſemble à la pierre de Brême, quoiqu'elle ſoit plus dure. *Lit. e.* marque la route, qui conduit, par eau, à la prémiére Cataracte. Elle eſt remplie de petites Isles, ou de rochers de granit, dont les deux bords du Nil ſont auſſi couverts. Sous *lit. b.* on apperçoit une Moſquée à demi-ruïnée; & *lit. g.* fait voir une vieille Citadelle, derriére laquelle ſe trouve une petite Baie, qui, du côté du Midi, a pour ſoutien une digue naturelle de grandes pierres de granit, ſur leſquelles l'art a gravé différens Hiéroglyphes.

La CXXX. Planche repréſente l'endroit le plus remarquable. On y remarque ſous *lit. a.* la pierre angulaire, qui, outre quelques Hiéroglyphes, a vers le bas une niche quarrée, avec une eſpéce de colonne au milieu, marquée *lit. b.* Les meſures, qui ſont taillées dans les pierres de cette niche, me firent conjecturer, que tout cela pouvoit anciennement être deſtiné à ſervir de Mokkias, pour connoître l'accroiſſement & la diminution des eaux du Nil.

Sur ce rocher, il y a, *lit. e.*, des ruïnes conſidérables; mais ce ſont des ruïnes d'Edifices modernes.

J'ai deſſiné, ſous *lit. f.* l'ancien ſoutien de la Baie, ou la digue, dont j'ai fait mention dans la planche précédente; & ſur une des pierres de granit, qui ſervent de fondement, il y a, *lit. g.* deux Hiéroglyphes, les ſeuls que j'aye apperçu, de ce côté-là, ſur les pierres de cette eſpéce.

Un Valet, que l'Aga m'avoit donné pour m'accompagner, me fit dire, que ce que je voyois étoit peu de choſe, en comparaiſon de ce qu'il y avoit de l'autre côté du Fleuve; & que ſi j'y voulois paſſer, j'y trouverois toute une Ville ancienne. "Il y a, "dit-il, des peintures, des inſcriptions & des Momies." Cet avis me ſurprit extrêmement. Je ne pouvois m'imaginer quelles Antiquités ſi remarquables on pouvoit trouver dans cet endroit. Mais il étoit trop tard alors pour y paſſer; & je me propoſai d'employer le lendemain à en faire la viſite.

SAMEDI, 21. *Décembre.*

Nous avions fait faire une bonne proviſion de pain, que nous n'eûmes pourtant pas ſans peine. Il falut achetter le bled, & le donner en différens endroits de la Ville, pour le faire moudre à la main. Nous avions déjà trouvé la même difficulté dans d'autres endroits; mais plus nous avancions, plus elle devenoit grande; & nous la ſentîmes encore davantage, à meſure que nous remontâmes plus haut. Rien n'étoit ſi difficile

difficile que de se procurer, pour de l'argent, les choses nécessaires à la vie. Le bois à brûler sur-tout est, dans ces Quartiers, d'une rareté inconcevable. Quelques mouvemens que nous nous fussions donnés pour en achetter, nous n'en avions pu avoir. Heureusement l'Aga nous envoya un morceau de bois de Sicomore. C'étoit un vrai présent, dont un de nos Péres alla le remercier, & il lui porta en revanche quelques bagatelles, qui avoient leur prix dans le Pays.

Le vieil Aga fut si touché de notre reconnoissance, que pour témoigner combien il s'intéressoit pour nous, il exhorta le Pére à ne pas avancer plus loin. "Vous ferez "tous perdus, dit-il; Vous n'allez pas chez des Hommes; mais chez des Bêtes féroces. "Ils tueroient un Homme pour un Parat: de quelle manière en useront-ils avec vous, "qui portez tant de trésors?" Le Pére lui répondit, qu'il ne dépendoit pas de lui de rester, quand même il le voudroit. "Eh-bien! reprit l'Aga, parlez donc, de ma part, "à vos Compagnons de voyage, & détournez-les du dessein d'aller plus loin." *Ils ne se laisseront pas persuader*, repliqua le Pére; *ce ne sont pas des gens à reculer.* "Im-schalla! s'écria l'Aga: Tiens, voilà les Lettres qu'ils m'ont demandées pour "les Puissances. Qu'ils aillent au nom de Dieu! Mais je suis bien fâché, que ces "Gueux attrappent tant de belles choses que vous avez avec vous.

Le Pére nous fit un recit fidéle de ce Dialogue. Mais comme personne d'entre nous n'ignoroit, que les Turcs ont une peine extrême à permettre aux Etrangers de passer au-de-là de la prémière Cataracte, nous crûmes que le dessein de l'Aga étoit de de nous intimider; & comme nous avions reçu le reste de notre pain; & achetté ce que nous avions pu avoir pour de l'argent, nous mîmes tout en ordre, & nous fîmes nos pacquets, pour être en état de partir le lendemain, parce que l'Aga nous avoit promis de nous fournir assez de Chameaux & d'autres Montures, pour nous conduire à la Cataracte.

Dans le tems que nos Gens étoient occupés à empacquetter notre bagage, nous eûmes la visite d'un Saint Mahométan, qui, d'une main, jouoit du Tambourin, & de l'autre tenoit un petit bâton courbé, dont il toucha tous nos coffres, & nous mêmes, en nous donnant une espéce de bénédiction à sa manière. Un Chien, qui appartenoit à un de nos Gens, & duquel le Saint s'approcha aussi pour le toucher à son tour avec son bâton, ne goûta point cette cérémonie. Il prit cette bénédiction Mahométane pour une menace; & pour en prévenir les suites, il saute au cou du Saint & le renverse par terre. Celui-ci se mit à crier & à nous donner autant de malédictions qu'il nous avoit donné de bénédictions un moment auparavant; tandis qu'une foule de

Canaille

Canaille accouroit, & que chacun offroit, de venger l'infulte, faite à leur Saint, par des Infidéles.

Pour finir ce jeu, qui auroit pû nous coûter cher, j'envoyai vers le Saint, notre Valet Juif avec une couple de Sévillans, qui firent leur effet. Le Saint fe retira de notre Barque, & emmena avec lui la foule, qu'il appaifa le mieux qu'il put.

J'avois une envie extrême d'aller voir les Antiquités, dont on m'avoit parlé; mais il ne fut pas poffible de trouver un Canot. Le feul qui étoit dans la Ville, & qui appartenoit à notre Reys, avoit été envoyé quelque part avec du fel. Ce contretems me mortifia beaucoup. Mais il falut prendre patience jufqu'au retour, où j'aurai occafion d'en toucher quelque chofe.

Le Fils de l'Aga, qui étoit Commandant & Douanier du Port de la Cataracte vint nous voir, dans ces entrefaites, avec fon Compagnon. Ils nous dirent, qu'ils nous accompagneroient eux-mêmes jufqu'à la Cataracte; & que, felon l'ordre de l'Aga, ils auroient foin que les Montures fuffent prêtes pour le lendemain. Nous leur donnâmes le Caffé, & nous leur fîmes préfent de quelques épiceries & de quelques babioles.

DIMANCHE, 22. *Décembre.*

A dix heures du matin, l'Aga envoya une garde de Janiffaires, auprès de notre Barque, afin que tout notre bagage pût être déchargé en fureté & fans confufion. Il nous fit enfuite amener treize chameaux, trois Chevaux & autant de Bouriques qu'il en faloit pour tout porter.

Malgré la précaution de l'Aga, l'affluence du Peuple étoit fi grande, que nous employâmes plus de deux heures, avant que de nous pouvoir mettre en chemin; & quoiqu'enfuite le Fils de l'Aga, revêtu de fon Caffetan, & fon Campagnon, l'un & l'autre à cheval, conduififfent notre Troupe, & empêchaffent le défordre, la Populace, qui s'étoit affemblée devant notre barque, ne laiffa pas de nous fuivre jufqu'à la moitié du chemin.

Nous prîmes notre route à l'Orient du Nil, & après avoir traverfé une affez grande plaine, bordée de rochers, nous trouvâmes un Défilé fi étroit, qu'à peine un Chameau chargé y pouvoit paffer. Nous vîmes après cela une Forterefle Turque, & nous pourfuivîmes par un chemin affez étroit, qui couroit le long de la Cataracte. Enfin au bout de deux heures & demie de marche, nous arrivâmes au Havre de Morrada, ou de la prémière Cataracte.

Voyez la Carte du Nil, Planche CXXXIII.

Nous y rencontrâmes la Barque, que l'Aga avoit frétée pour nous. Elle étoit bien plus petite que la prémiére, que nous avions louée au Cayre. Cependant quand nous y eûmes mis notre tente, elle nous parut affez commode. Nous donnâmes au Fils de l'Aga & à fon Compagnon fept Sevillans, tant pour le droit de la Douane, que pour la peine qu'ils avoient prife de nous accompagner. Ils auroient bien voulu avoir davantage; car il eft bien rare de pouvoir contenter quelqu'un dans ce Pays; mais nous fîmes femblant de ne pas nous appercevoir de leur mécontentement. A l'égard de la voiture, elle nous coûta 10. Parats, par chaque Chameau, & 3. parats, par chaque Bourique. J'obferverai, à cette occafion, que ce qu'on appelle ici des Chameaux, ce font des Dromadaires, qui ne portent pas une grande charge; & qu'on ne peut mettre fur les Bouriques qu'un fac, tant elles font petites & foibles.

LUNDI, 23. *Décembre.*

Le Fils de l'Aga vint, de grand matin, prendre congé de nous; & nous renvoyâmes un Janiffaire, que nous avions, depuis notre arrivée à Effuaen. Il parut très-content d'un Sevillan que nous lui donnâmes. Le Reys, qui nous avoit amenés du Cayre, vint auffi prendre congé; & nous lui fîmes préfent d'un habit verd & de quelques quincailleries, pour fa femme & pour fes Enfans. A l'égard des trente Fendouclis, que nous étions convenus de lui donner, pour notre paffage, ils lui avoient été payés d'avance, avant que de partir du Cayre.

Dans le tems que nous comptions de mettre à la voile, on nous fit entendre, qu'il ne faloit pas y fonger, de trois ou quatre jours, parce que le *Rammadam* étoit commencé, & que la Loi du Prophéte ne permettoit pas d'entreprendre un voyage dans les prémiers jours de cette Fête. C'eft pour cette raifon, que notre nouveau Reys ne s'étoit encore pas rendu à bord.

Suivant l'accord que nous avions fait avec lui, fa Barque, comme celle que nous avions louée au Cayre, ne devoit être chargée que de nos perfonnes & de notre bagage; mais il nous arriva ici la même chofe qu'au Cayre. Non-obftant l'accord, nous vîmes qu'on fe mettoit en devoir d'y charger du fel & du bled, qui avoient été apportés au port fur plufieurs Chameaux. J'en fis faire des plaintes au Pilote, qui dit que fa barque ne tirant que deux pieds d'eau, au lieu de trois qu'elle devoit tirer, pour être leftée, il convenoit de recevoir ces marchandifes. Il obtint là-deffus la permiffion de les charger. Il en refulta pourtant d'abord un inconvénient; c'eft que notre Barque faifoit beaucoup d'eau, parce que le deffus avoit été long-tems expofé au foleil, & que la plupart des jointures s'étoient entre-ouvertes.

Durant

Durant le séjour qu'on nous obligeoit de faire, malgré nous, je me promenois dans les environs du Port. L'envie me prit de passer un Défilé, qui menoit de l'autre côté de la Montagne, que nous avions au Midi, & qui étoit si étroit qu'un homme seul pouvoit à peine y passer de front. Je pris avec moi quelques-uns de nos Gens; mais, dès que nous fûmes à l'entrée du Défilé, une vingtaine de Barbarins, la Zagaie à la main, s'opposèrent à notre passage. Il falut arrêter; & je fis d'autant moins d'instance, pour avoir la liberté de passer, que la Barque devoit bien-tôt nous mener de ce côté-là. Je feignis donc de m'embarrasser peu de pénétrer plus avant; & je le leur fis dire par le Valet Juif.

Cette indifférence n'étoit pas ce qu'ils souhaitoient. Ils répondirent que je pourrois passer, & qu'ils me conduiroient eux-mêmes, pourvu-que je leur donnasse le *Backsich*; mais pour leur persuader que j'agissois de bonne foi, je refusai leur offre, & me retirai vers notre Barque. Ils m'y vinrent trouver, & me prièrent d'aller dans l'endroit que je m'étois proposé de voir; mais je ne me laissai point persuader. Ils dirent après cela à un de nos Péres, qu'ils m'avoient refusé le passage, parce qu'il y avoit quantité de trésors enterrés dans une Isle voisine.

MARDI, 24. *Décembre.*

Avec le jour, il nous arriva un Exprès dépêché par le Cacheff Ibrim. Cet Exprès étoit chargé d'une lettre adressée à notre Reys. Elle lui faisoit défense de partir avec sa barque, & de nous mener plus loin. Le Cacheff ajoutoit, que, dans le jour il seroit à Essuaen; & que de-là il lui donneroit ses ordres, pour ce qui nous concernoit. Du reste, la lettre, selon l'usage des Turcs, étoit ouverte; & comme le Reys ne se trouvoit pas à bord, le Pilote la porta à un de nos Péres, pour qu'il la lût.

Le contenu de cette lettre nous surprit extrêmement. Nous ne pouvions concevoir la raison de cette défense. Nous proposâmes à un des Péres de se rendre chez l'Aga, pour le consulter, & pour convenir avec lui de la manière, dont nous devions nous conduire dans cette facheuse rencontre. Mais le bon Pére, qui, apparemment avoit été intimidé par les discours, que l'Aga lui avoit tenus, s'excusa, sous prétexte de quelque incommodité. Les autres s'offrirent d'y aller; mais, comme ils n'étoient pas assez forts dans la Langue, je résolus d'y aller moi-même, avec le Valet Juif, à qui je fis faire serment de ne dire absolument à l'Aga, que ce que je dirois, & de me rapporter fidèlement les réponses de cet Officier, afin que j'en pusse juger, si on avoit dessein de nous faire quelque avanie, ou de nous jouer un mauvais tour.

Cette résolution prise, j'envoyai pour chercher des Montures; mais il ne fut pas possible d'en trouver. Il falut donc se résoudre à faire le Voyage à pied, quoique le soleil fût déjà bien haut, & qu'il fît une chaleur extrême. Cela ne m'empêcha pas de me mettre en route; & je puis dire que je fis une promenade des plus agréables; car je pouvois contempler à loisir la Cataracte, & les rochers de granit qui la forment.

Lorsque je fus entré dans la Plaine de Sable, je m'arrêtai souvent, pour contempler les Hiéroglyphes, qu'on avoit taillés dans la roche vive, & les quarreaux de marbre granit, qu'on avoit commencé à travailler, & dont une grande partie restoit sans être achevée.

A force d'avancer dans cette grande plaine, j'arrivai à un Cimetiére très-vaste & rempli de pierres, qui avoient toutes leurs Inscriptions. Je l'avois pris pour un Cimetiére des Turcs, quand j'y passai pour la prémiére fois; mais comme j'avois plus de tems pour le considérer, je remarquai bien-tôt, qu'il étoit d'une toute autre espéce. Les tombeaux, presque tous semblables, n'avoient aucun rapport à ceux que je pouvois avoir vu ailleurs; & j'avois de la peine à me faire une idée des Personnes, qui avoient été enterrées dans ce lieu. Je dis à notre Valet Juif, qui lisoit le Turc & l'Arabe, d'examiner s'il pourroit déchiffrer quelque Inscription. Sa réponse fut, qu'il n'y avoit pas une lettre, qui ressemblât à celles des Turcs, ou des Arabes, & qu'il ne comprenoit rien à ce qu'on avoit écrit. Je lui recommandai de s'en informer, afin d'apprendre au moins quelle étoit la tradition du Pays; & on lui dit que c'étoit-là des Tombeaux de Mammelus, qui avoient été tués, lorsque le Calife entra en Egypte. J'ai donné, dans mes desseins, la vuë de ce Cimetiére.

Planche CXXXI.

En avançant plus loin j'arrivai à une porte antique, qui avoit été ruïnée, & ensuite rebâtie: aussi n'y voyoit-on point le goût des anciens Egyptiens; mais plutôt celui des Sarazins. La matière étoit de bricques cuites au Soleil, mêlées de quarreaux de pierres de la Thébaïde, & de quelques morceaux de Colonnes; & ce mélange ne disoit que trop, que la porte avoit été sujette à bien des changemens.

Je traversai ensuite une grande quantité de ruïnes, qui témoignoient par un semblable mêlange, qu'elles étoient du même tems que la porte. Le tout étoit ceint d'une muraille ruïnée comme le reste.

Je me serois arrêté, tout le jour, à considérer ces ruïnes, si je n'avois pas été obligé de penser à notre sureté commune. Je les quittai donc à regret, pour me rendre

rendre chez l'Aga, à qui je fis expofer mes juftes plaintes. Le Bon-homme, qui commençoit un peu à fe rétablir de fa maladie, parut indigné de la maniére dont le Cacheff en ufoit avec nous. Il hauffa les épaules, & me fit dire, qu'il voyoit bien où tout cela tendoit. "Le Cacheff craint, dit il, que, par mes bons confeils, vous "ne changiez de fentiment, & que vous ne renonciez au deffein d'aller plus loin: ainfi "il veut tirer de vous tout ce qu'il pourra. Du refte, ajouta-t-il, foyez affurés, que, "fi vous pénétrez plus avant, vous êtes tous perdus. Nous en avons des exemples "funeftes. Des Gens, même de notre propre Religion, ont été dans le Pays & n'en "font jamais retournés. Le nouveau Cacheff eft un grand Coquin. Son Pére & "fon Frére lui reffemblent; & tous ceux qui ont quelque chofe à dire dans le gouver-"nement ne valent pas mieux."

Pour ne pas témoigner de foibleffe, je lui fis répondre, que nous étions déterminés à aller jufqu'à la feconde Cataracte, pour peu que la chofe fut poffible; que les Puiffances du Cayre nous avoient accordé pour cela leur protection, & que notre deffein étoit d'en ufer, à moins que lui, ou le Cacheff ne nous défendiffent d'aller plus loin. "Vous le voulez, reprit l'Aga, je ne vous en empêcherai pas d'autorité. Les "Lettres que vous m'avez apportées m'ordonnent de vous affifter, & non pas de vous "arrêter. J'y obéïs de mon mieux, & je vous protefte, que, tant que vous ferez "dans mon gouvernement, ou dans celui de mon Fils, perfonne ne vous fera le moin-"dre tort. Mais je vous avertis, que, dès que vous ferez fortis du Port de la Cata-"racte, ma protection ne vous fert plus de rien; & je vous ai dit d'avance ce qui "vous arrivera. Reftez, pourfuivit-il, le Cacheff va venir. Vous le verrez: j'en-"voyerai mon Fils avec vous; & vous fçaurez plus précifément de quoi il eft queftion." Là-deffus il fit fervir le Caffé, & me régala de quelques grappes de raifin, qui étoient d'un très-bon goût, mais fort petites.

Nous en étions encore à cette frugale collation, quand la décharge de deux Canons & de quelque Moufquetterie nous annonça l'arrivée du Cacheff. Je me rendis chez lui avec le Fils de l'Aga & le Juif. Nous trouvâmes cette *Puiffance* affife fur une natte, étenduë dans la pouffiére d'une grande Baffe-cour. Le Fils de l'Aga me préfenta. Le Cacheff fe leva, me donna la main, & me fit affeoir à côté de lui.

Après ce *Salamaleck*, c'eft-à-dire après la falutation ordinaire, le Fils de l'Aga demanda, de la part de fon Pére, au Cacheff, quelle raifon il avoit pu avoir de nous arrêter. "Vous fçavez, *répondit-il*, *fans héfiter*, que notre Peuple eft bien mé-"chant; & que ces Francs courrent de grands risques, s'ils avancent dans le Pays, "sans ma protection, sans celle de mon Pére, & sans celle de mes Amis. Le Bey de "Tschirche m'a chargé d'avoir soin d'eux: ainsi je prétends, que pour leur propre "sureté, ils ne partent pas, avant que j'aille moi-même dans le Pays, où je répondrai "de chaque pas qu'ils feront, & où je les pourrai garentir de toute insulte."

Cette réponse m'ayant été expliquée, je fis dire au Cacheff, que je le remerciois de ses soins; mais que nous ne pouvions pas attendre son départ, puisqu'il n'auroit lieu que dans trois ou quatre semaines; que nous ne craignions rien de la part du Peuple; & que si quelqu'un nous attaquoit, nous sçavions nous défendre: en un mot que toute la grace que nous lui demandions, c'étoit de lever l'ordre qu'il avoit donné de suspendre notre départ. "Je le veux, dit-il, si vous voulez signer de votre main, que "vous avez refusé ma protection & celle de mes Amis; & que vous me tenez quitte de "tous les accidens, qui vous peuvent arriver." Je n'avois garde de consentir à une pareille demande. Pour trouver un milieu je lui fis proposer de nous donner des Lettres pour ses Amis; & j'ajoutai, que je les croyois capables de nous procurer le peu de protection, dont nous pouvions avoir besoin. "Afin de vous montrer, reprit-il, "combien je suis porté à vous faire plaisir, je vous les donnerai telles que vous les vou- "drez & j'envoyerai au Reys la permission de mettre à la voile."

Là-dessus nous prîmes congé de lui; mais quand nous fûmes prêts à sortir de sa Basse-Cour, il nous rappella, & dit tout bas au Fils de l'Aga, qu'il me devoit avertir, que si nous voulions avoir des lettres, il faloit les payer d'un bon présent & de quelque argent comptant. Il y avoit trop de monde dans la Cour, pour entrer en discours sur cette matiére; de sorte que le Fils de l'Aga se tut, & ne communiquà l'avis qui lui avoit été donné, que lorsque nous fûmes sortis. Il le déclara au Juif, qui m'en fit le rapport.

Nous retournâmes chez l'Aga, pour lui faire part de ce qui s'étoit passé. Il prit d'abord tout le discours du Cacheff dans son vrai sens; & conclud, que, si nous voulions avancer, il faudroit absolument en passer par-là: d'autant qu'il ne convenoit guére de l'avoir pour ennemi. Comme je voyois l'Aga agir de bonne foi, je le fis prier de composer avec le Cacheff au meilleur marché qu'il lui seroit possible. Il le promit; & me dit d'envoyer le lendemain notre Juif, pour apprendre des nouvelles de sa négociation. Je le priai de me procurer deux Montures, pour retourner au Port de la Cataracte. Il me prêta son Cheval, & me fit avoir une Bourique pour mon Valet. Bien nous en prit d'être montés. Le pourparler avoit tellement duré, que le jour se trouvoit avancé; & nous eûmes de la peine à arriver à notre Barque avant la nuit.

J'eus soin de défendre au Juif de rien dire des difficultés qu'on nous avoit faites. Je craignois que nos Compagnons de voyage ne perdissent le courage, qui est si nécessaire pour franchir des pas difficiles.

MECREDI, 25. *Décembre.*

Aujourdhui, jour de Noël, après avoir satisfait à quelques devoirs qu'exigeoit un si saint jour, j'employai tout le reste du tems à visiter la Cataracte; & pour ne pas donner trop dans la vuë des Gens du Pays, je me dérobai, avec une seule personne de la Compagnie, qui n'entendoit pas plus l'Arabe que moi.

L'endroit où je me rendis d'abord fut celui, où j'avois observé, le jour précédent, que se rencontroit la plus grande chute. Je fis tant de tours & de détours sur les rochers, qui avancent le plus dans le Fleuve, que j'eus de la peine à en sortir à sec; & je m'y étois arrêté plus d'une heure à faire mes observations, sans y avoir vu ame qui vive; mais en montant sur un rocher, j'y trouvai un Barbarin qui peschoit. Je pris plaisir à le regarder: il s'en apperçut; & il me conduisit dans un endroit, où à l'aide d'un petit crochet, il me fit prendre d'excellentes Carpes. Je lui donnai alors quelques parats; & ce petit présent, qui étoit une espéce de fortune pour lui, me gagna entièrement son affection; de sorte qu'il abandonna sa pêche, & me mena dans tous les endroits qui étoient accessibles: Je demeurai plus de quatre heures avec lui, & j'eûs tout le loisir de contempler la situation de cette Cataracte, qui, dans ce tems-là, pouvoit avoir quatre pieds de chute & trente pieds de longueur. Je ne manquai pas d'en lever une Carte particuliére, que je joints à mes desseins.

Voyez Planche CXXXIV.

De dessus un de ces rochers, je découvrois les beaux restes d'Antiquité de *Giesiret Ell-Heist*; mais j'en étois trop éloigné pour en tirer un bon dessein. Je m'en consolai par l'espérance d'y aller un autre jour, ou du moins d'y passer lorsque nous aurions la liberté de continuer notre route.

Durant toute cette promenade, j'essuyai une grande chaleur. Je mourois de soif; & quoique je fusse au milieu du Nil, je ne pouvois attrapper une seule goutte d'eau, pour me désaltérer. Le prompt écoulement de l'eau rendoit les rochers de granit si glissans, que je ne pouvois parvenir à prendre de l'eau avec la main. J'y faisois des efforts inutiles. Henreusement mon Barbarin fut plus habile que moi. Il me fit arrêter, se coucha ensuite sur le ventre; & après qu'il se fut bien lavé les mains, il me présenta de l'eau, que je bus avec un plaisir, que je ne sçaurois exprimer.

Cette promenade finie, le Barbarin me conduisit à sa Cabane, pour m'y régaler de quelques Dattes & d'un peu de lait. Il me montra ensuite tout son ménage, dont l'inventaire auroit été aisé à faire. Ce qu'il y avoit en plus grande abondance, c'étoit des Enfans, qui couroient, tout nuds, au tour de nous; & je les régalai de quelques bagatelles.

Le Barbarin, gagné par mes largesses, m'ouvrit une de ses grandes jarres, afin de me montrer comment on conservoit le bled dans le Pays. Il apporta lui-même les Carpes à notre barque, & le lendemain il y retourna encore pour nous présenter du lait. Je puis dire, qu'il en usa si bien avec moi, que j'en fus édifié. Il fut le prémier & le dernier, qui nous rendit quelque service dans notre route, sans demander auparavant le *Backsich*. Il fit pourtant une faute, qui faillit à entraîner de mauvaises suites. Il étoit si charmé du peu de parats que je lui avois donnés, qu'il les montroit à tous ceux, qui se rencontroient en chemin; & il leur faisoit en même tems le recit de ce qui s'étoit passé sur les rochers de la Cataracte & dans sa Cabane.

Tout cela fit un très-mauvais effet. Lorsque je fus de retour à la barque, les Péres qui apprirent où j'avois été & ce que j'avois vu, sans rencontrer qu'une seule personne, se mirent en chemin, avec nos autres Compagnons de voyage, sour-tout pour voir la pesche. Ils y parvinrent effectivement. Mais à peine furent-ils sur le rocher, qu'une vingtaine de Barbarins accoururent pour leur demander le *Backsich*. Ils étoient en trop grand nombre, pour qu'on pût les contenter tous; & il n'y avoit pas moyen de donner à quelques-uns, sans offenser les autres. Nos Gens crurent, que le plus court étoit de refuser tout net; & comme ils sçavoient la Langue, ils demandèrent, de quel droit on prétendoit éxiger quelque chose d'eux? La réponse fut prompte & claire. "Il y avoit ici ce matin, dirent-ils, un des nôtres qui a reçu de l'ar-"gent d'un Etranger, nous voulons aussi en recevoir de vous autres." Cette réponse insolente fut accompagnée d'un geste encore plus insolent; car l'un d'entre eux mit sans façon la pointe de sa Zagaie à la poitrine d'un des nôtres. Pour se tirer d'affaire, il fallut mettre la main à la bourse, donner à quelques-uns & promettre de donner aux autres, quand ils seroient à la Barque. Les Barbarins ne manquèrent pas de s'y rendre; mais ils n'y trouvèrent pas ce qu'ils cherchoient. Au lieu d'argent ils n'essuyèrent que des menaces; & on punit ainsi l'insolence qu'ils avoient eue.

Pendant

& de Nubie.

Pendant que cette scène s'étoit passée, sur les rochers de la Cataracte, je m'étois occupé dans la Barque à dessiner une Plante, appellée en Arabe *Oschar*. Elle croît dans ces Quartiers, & je l'avois fait apporter par le Barbarin, qui m'avoit accompagné à la promenade. On en peut voir la figure parmi mes desseins; & j'ajouterai ici une courte description pour la faire mieux connoître.

Planche LIX.

Cette Plante a trois pieds Danois de hauteur. Sa tige est droite, & il en sort ordinairement quinze à vingt feuilles, & trois ou quatre fruits, assez près l'un de l'autre. Tout cela ensemble forme un bouquet verd; car la tige, les feuilles & les fruits sont de cette couleur. Ses fleurs, de la grandeur de celles du Cerisier, ont cinq feuilles, au milieu desquelles il y a un pentagone verd, qui repose sur cinq pieds violets. Elles sont blanches en dehors; & le dedans est moitié blanc, moitié violet. Le fruit de la grosseur d'un oeuf d'Oie, approche de la figure d'une Pesche, & a des veines, ou des côtes comme les feuilles. Il est presque tout rempli de vent, qui en sort, dès qu'on y fait quelque ouverture; & alors la peau demeure un peu relâchée. Le dedans de ce fruit est blanchâtre, & on y voit une espèce de filet, comme dans les melons. On y trouve aussi une féve, veluë par dehors, & quand on l'ouvre, on en rencontre une autre, qui, sur sa superficie, porte la semence rangée comme des écailles de poisson, & qui ressemble aux pepins du Melon. Cette féve intérieure, où la semence se trouve, est d'une matiére blanche & cotonneuse. Quand on romp, ou le fruit, ou les fleurs, ou les branches, il en découle quantité de lait, d'un goût aigre. On avertit les Etrangers de ne le point approcher des yeux; parce qu'on prétend, qu'il est très-nuisible à la vuë. Le Peuple le regarde comme un préservatif contre la peste. Du reste, on n'attribuë à cette plante aucune autre vertu, si ce n'est qu'on applique assez communément, sur les plaies des feuilles d'*Oschar*, après les avoir fait rôtir devant le feu.

Notre Valet Juif étoit parti dès le matin, pour Essuaen; & il ne revint point ce jour-là. Son retardement nous inquiettoit, & nous laissoit toujours en suspens par rapport à la continuation de notre voyage.

JEUDI, 26. Décembre.

Je levai, ce jour-là, la vuë du Port, qui est au dessus de la prémiére Cataracte, & qu'on nomme, dans la Langue du Pays,

MORRADA.

J'y ai marqué, *Lit. a. & b.*, les deux passages, qui donnent la facilité de remonter le Nil. Ils sont formés par l'Isle, *c*. Quand on sort de celui, qui est du côté

Planche CXXXV.

côté du Midi, on commence à appercevoir la pointe de l'Isle de *Ell-Heift*, remarquable par fes fuperbes Antiquités, & dont je parlerai bien-tôt. *Lit. d.*, eft l'endroit où les barques, qui vont à la feconde Cataracte, ou qui en reviennent, jettent l'ancre. Ce font des bâtimens conftruits, à peu près, de la façon d'un *Merkeb*; mais plus petits. Ils n'ont qu'un maft; & ne tirent guére plus de trois pieds d'eau, quand ils font leftés. Du refte la Douane de ce Port ne rend pas au-delà de trois Bourfes.

Il étoit midi paffé; & notre Juif ne revenoit point. Mais nous reçumes de fa part un meffager par lequel il nous manda, que l'Aga efpéroit de finir bien-tôt avec le Cacheff; & que lui-même comptoit être en état de nous rejoindre vers le foir. Il arriva effectivement à l'entrée de la nuit, amenant avec lui le Reys & le Frére de l'Aga, qui devoit nous accompagner. Le Cacheff avoit fait tant de difficultés, & porté fes prétentions fi haut, que, dans tout le jour précédent, l'Aga n'avoit rien pu conclurre avec lui. Le 26. il rabattit pourtant de quelque chofe; mais il demandoit encore cent piaftres, ou Sevillans. L'Aga voyant qu'il ne fe mettoit point à la raifon, s'y prit d'une autre façon. Il envoya chercher des Chameaux & d'autres Montures, pour nous ramener à Effuaen. Cette démarche fut décifive. Le Cacheff fentit, que fes affaires alloient prendre un tour peu favorable à fes intérêts; & que, pour vouloir trop exiger, il n'auroit rien. Il donna bien-tôt les mains à l'accommodement, que l'Aga lui avoit propofé. Il nous envoya deux Lettres, & un de fes Janiffaires, qu'il chargeoit de nous fervir en chemin: le tout pour 21. Sevillans, & quelques livres de tabac, par deffus le marché. Nous lui envoyâmes l'argent & le tabac par le Meffager, qui étoit venu d'Effuaen, & à qui nous fîmes auffi divers petits préfens.

Je fis parler, le foir, à notre Reys, & je lui fis demander de mettre le lendemain à la voile de fi bonne heure, que nous puffions nous arrêter quelques heures à l'Isle d'Ell-Heift. Il fit d'abord beaucoup de difficultés. Il le promit cependant à la fin; & nous mîmes tout en ordre pour notre départ.

Nous avions, entre autres provifions, quatre à cinq facs de froment, tant pour notre propre ufage, que pour échanger diverfes petites chofes, que les Barbarins ne veulent pas toujours vendre pour de l'argent.

VENDREDI, 27. Décembre.

Le matin, à huit heures, nous mîmes à la voile, avec un Vent de Nord, très-fort; nous fortîmes du Havre de la première Cataracte; & nous paffâmes bien-tôt

GARBELTHEES;

Village, fur la Rive occidentale du Nil.

Le prémier objet, qui s'offrit ensuite à notre vuë, fut

GIESIRET ELL HEIST.

Cette Isle, la *Phile* des Anciens, est située à quelque distance de la Rive orientale du Nil, & près d'une autre Isle beaucoup plus grande, mais déferte & toute couverte de rochers de Granit. Ses bords sont taillés en forme de mur ménagé sur le roc; & au dedans il y a quantité de Colonnades, de Batimens & d'autres antiquités des plus magnifiques.

En approchant de cette Isle, j'eûs soin de faire ressouvenir notre Reys de la promesse qu'il m'avoit faite. Mais il me fit répondre, que le vent étoit si fort, qu'il risqueroit sa barque & nos personnes mêmes, s'il entreprenoit d'y aborder. La raison étoit trop plausible, pour que j'insistasse davantage. Cependant pour lui faire sentir, que je n'étois pas facile à tromper, je lui montrai, en passant, un endroit, où il auroit pu mettre à terre sans courir le moindre risque. Je me consolai de ce contre-tems, comme j'avois fait auparavant à Carnac & à Luxor; c'est-à-dire que je dessinai, tout ce que je pus découvrir; & on peut recourir aux trois vuës que je levai alors.

La prémiére représente l'Isle, telle qu'elle se montre aux yeux, lors qu'on sort du Port de la prémiére Cataracte. On y voit une Porte, ou une espéce de Citadelle, semblable à celle que j'ai décrite, en donnant les Antiquités d'Edfu. Celle d'Ell-Heist est pourtant mieux conservée. Quant aux figures Hiéroglyphiques qu'on y a gravées, elles sont de la même grandeur que celles d'Edfu; mais leurs attitudes différent. Quelques-unes sont assises, & ont la tête couverte d'une mitre: d'autres sont debout, & tiennent des armes à la main, &c.

Planche CXXXVI.

Il y a des espéces de bastions, ou de boulevards qui paroissent être encore en assez bon état. Si la muraille n'étoit pas ruïnée, en quelques endroits, on courroit risque de ne pas découvrir la plupart des Colonnes, qui sont au dedans; & qui, autant qu'on le peut juger, y sont en grand nombre, & d'un fort beau travail.

On apperçoit de ce côté-là sur le roc de granit divers Hiéroglyphes taillés, à peu près, de la même maniére, que ceux que nous avons vus à Essuaen.

La seconde vuë est prise du côté du Couchant; & la troisième représente le côté Méridional de l'Isle. On y voit aussi la Porte, ou Citadelle dont j'ai déja parlé; & l'attitude des figures Hiéroglyphiques ne différe point de celle des figures qui sont de l'autre côté.

Planche CXXXVII.
Planche CXXXVIII.

Tom. II.   Ggg   Cette

Cette partie de l'Isle paroît la plus ruïnée ; mais le Temple, marqué dans le deffein fous Lit. A. femble être d'une grande beauté. Il eft très-bien confervé ; & les ornemens, ainfi que les Chapîteaux des colonnes, font de la derniére délicateffe.

Voilà tout ce que j'ai pû obferver, en allant ; mais au retour la fortune me favorifa davantage. Quoique le Reys voulût alors recommencer fes mêmes Chanfons : à quoi il ajoutoit, que fon Equipage étoit fatigué d'avoir ramé tout le jour, il ne s'oppofa pas néanmoins fi vivement à mon deffein. Il y confentit même, après que j'eûs gagné moi-même le Pilote, par le moyen d'un Sévillan, & qu'une autre Perfonne en eût fait autant auprès de l'Equipage.

Le Reys fe fit mettre à terre alors, avec le Frére de l'Aga, & avec le Janiffaire. Ils fe rendirent tous trois à Effuaen par terre ; & nos Barbarins, animés par le préfent qui leur avoit été fait, jouèrent de la rame de plus belle ; de forte qu'ils attachèrent bien-tôt la Barque à l'Isle d'Ell-Heift.

Comme il étoit déja tard, j'eus deffein d'abord de différer ma curiofité jufqu'au lendemain matin ; mais la nuit fe trouvant belle, & mon impatience redoublant par-là, je demandai fi l'Isle étoit habitée. On me fit entendre, que je n'y trouverois perfonne. Cette réponfe m'anima. Je me munis de mes mefures de mes papiers & d'une lanterne, & je defcendis avec une feule Perfonne de notre Compagnie.

Planche CXXXIX. No. CXL. & CXLI. Planche CXLII.

La prémiére chofe à laquelle nous penfâmes, fut de faire le tour de l'Isle, pour avoir une idée générale de la fituation des Edifices ; & j'en donne le Plan dans mes deffeins. Il eft fuivi de deux Coupes, prifes fur le travers de l'Isle, & repréfentées dans une même feuille ; & dans une troifième feuille, on a une troifième Coupe prife fur la longueur de l'Isle.

Nous fûmes bien furpris, quand nous apperçumes parmi ces Antiquités un affez grand nombre de Cabanes de Barbarins ; & nous crûmes véritablement que notre Pilote nous avoit joué un mauvais tour. Cependant nous ne laiffâmes pas d'avancer ; & comme nous n'entendions aucun Chien aboyer, cela nous raffûra un peu. Enfin nous nous trouvâmes entiérement hors d'intrigue, en voyant que ces Cabanes étoient défertes & en ruïne.

Nous ne balançâmes pas alors à entrer dans le grand Temple d'Ifis, monument des plus fuperbes, & qui refte prefque entiérement fur pied. J'en fis une Ebauche géné-

& de Nubie.

générale, où je marque, sous *Lit. C.* l'Entrée principale. La Cour intérieure se voit *Lit. D.* La seconde Entrée est désignée, *Lit. E.* Le Vestibubule suit, *Lit. F.* La Basse-cour vient en suite *Lit. G.* Diverses Chambres sont représentées sous, *Lit. H.*; & la Cour extérieure est marquée, *Lit. I.*

De-là nous allâmes voir un autre Temple, qui, quoique beaucoup plus petit est d'une beauté & d'un goût extraordinaires. Il est marqué, *Lit. A.*; & je crois que ce doit être le Temple de l'Epervier; car Strabon, Livre XIII. fait mention d'un Temple de ce nom. Il y a encore d'autres Temples, que j'ai marqués, *Lit. K.* mais le tems ne me permit pas de les examiner en d'etail.

A la prémiére pointe du jour, j'apperçûs des Escaliers, qui me firent juger, que l'Isle avoit par-tout des Souterreins. Je tentai de descendre en divers endroits; mais il ne me fut pas possible d'avancer bien loin. Tous les passages étoient remplis, ou bouchés d'immondices, ou de décombres.

Quand le jour fut venu, je m'occupai à dessiner diverses sortes de Colonnes & de Chapiteaux, que j'ai représentés dans une feuille particuliére; & j'y ai ajouté l'ornement, qu'on observe non seulement sur l'entrée principale du Temple d'Isis; mais encore sur presque toutes les portes Egyptiennes. Je l'ai marqué *Lit. A.*

Planche CXLIV.

J'avois déjà commencé à tirer les Hiéroglyphes du grand frontispice, quand quelques Barbarins du voisinage, qui venoient de se lever, apperçurent notre Barque, & jugèrent que quelqu'un avoit dessein de mettre pied à terre dans l'Isle. Ils crièrent aussi-tôt au Pilote de s'éloigner, & de ne pas permettre, que personne descendît. Le Pilote ainsi que son Equipage, gagné par nos largesses, ne fit pas grand cas de ces ordres. Mais une Centaine de Barbarins, ayant paru, dans le moment, sur le bord du Nil, & menacé de brûler la barque, si elle ne s'éloignoit, il prit l'épouvante, vint à moi en diligence, & me pria de me rembarquer. Je l'amusai le plus qu'il me fut possible, afin de gagner du tems. Il me falut pourtant lâcher prise, lorsque tout l'Equipage de la Barque survint, & me fit entendre qu'il n'y avoit pas de sureté à demeurer plus long-tems dans ce lieu.

Je ne quittai cette Isle qu'avec beaucoup de regret. Un seul jour auroit suffi, pour dessiner une infinité de Hiéroglyphes, capables d'éclaircir l'Histoire & le culte d'Isis. Mais la prudence vouloit que je cédasse à la nécessité. Je me félicitai néanmoins de ce que j'avois gagné sur ces sortes d'Ennemis; & je souhaite que quelque autre après moi ait le bonheur d'achever un ouvrage que j'ai ébauché.

Pour revenir à notre prémiére route, je remarquerai, qu'après avoir passé l'Isle d'Ell-Heist, nous avançâmes, tout le jour, à la voile, & laissâmes prémiérement à notre droite le Village d'

UBSCHIIR.

Environ une lieuë au dessus, nous eûmes, à notre gauche,

SCHEMT-ELL-UAH,

Et un peu plus haut, du même côté,

SARDSCH ELL FARRAS.

Ces deux Villages n'ont rien de considérable: si ce n'est qu'à une lieuë, ou environ, au dessus du prémier, il y a, dans le Nil, un endroit très-dangereux à passer, à cause des pierres, qui embarassent le lit du Fleuve, comme je l'ai remarqué dans la Carte.

Voyez Planche CXLV.

Vis-à-vis de Schemt-Ell-uah, on apperçoit

DEBOUDE,

Autre Village, où j'aurois souhaité de mettre pied à terre, pour y voir de près quelques anciens Edifices, qui donnent extrêmement dans la vuë. Mais le Vent étoit bon: on voulut en profiter; & il falut me contenter de prendre une vuë de ces Antiquités.

Planche CLVI.

On y remarque un grand & long Edifice, bâti de grandes pierres de taille, fermé de toutes parts, à l'exception de la façade, où il y a une grande porte, & comme deux fenêtres de chaque côté, formées par quatre colonnes.

Au haut de l'Edifice régne une simple Corniche, au dessous de laquelle, ainsi qu'aux quatre angles, est le cordon, que l'on voit d'ordinaire dans les Batimens Egyptiens.

Cet Edifice est entouré d'une muraille assez haute, & qui est fort endommagée, sur-tout vers le portail.

A la droite, on voit un morceau de muraille, de grandes pierres quarrées, & qui aboutit à ce Bâtiment.

Vis-à-vis de la façade, il y a une file de trois Portails, qui semblent faire le passage, pour conduire à un Canal de 40. pieds de largeur, & dont la sortie aboutit au

Nil.

& de Nubie.

Nil. Ce Canal est ruïné, & rempli de fable. On ne laisse pourtant pas de remarquer, que ses bords étoient revêtus d'une épaisse muraille faite de grands blocs de pierres.

On voit outre cela une grande masse d'une méchante maçonnerie moderne, qui déshonore ces anciens bâtimens, & rend leur prospect un peu confus.

On peut s'appercevoir, qu'il y a des Colonnes au dedans du principal Edifice, qui, à ce qu'on en peut juger, a servi anciennement de Temple.

Environ, une lieuë & demie plus loin, nous nous trouvâmes entre deux Villages, dont l'un, situé à l'orient, s'appelle

DEMHIID;

L'autre, situé à l'Occident, se nomme

DIMMEL.

Plus haut, & du même côté, nous rencontrâmes

HINDAU.

Village, où nous apperçûmes, quatre à cinq Colonnes, qui sont des restes de quantité d'anciens Bâtimens, qu'il y a eu dans ce quartier. En effet, dans l'espace de plus d'un quart de lieuë, on remarque de tous côtés des murailles & des fondemens de divers superbes Edifices; mais il ne seroit pas aisé d'en donner une vuë exacte; car tout y est en ruïne, percé d'outre en outre, & presque couvert de sable. J'en donne une idée, dans un de mes desseins.

Planche CXLVII. Fig. 1.

Nous avançâmes ensuite jusqu'à l'Isle de

GIESIRET MABUES.

Elle est située à six lieuës au dessus de la prémiére Cataracte, & assez près de la Rive orientale du Nil.

Vis-à-vis de cette Isle, & sur le même bord du Fleuve, se trouve

SAHDAEB,

Village où l'on apperçoit un ancien Edifice, dont je donne une vuë. Il n'a au devant qu'un simple cordon; & son portail quarré pose sur un socle de six pieds de hauteur, fait de grands blocs de pierres, jointes fort artistement. Cet Edifice est entouré d'une muraille.

Planche CXLVIII.

Un peu plus loin nous rencontrâmes

HUVAED;

Et à

Et à une lieuë & demie plus haut,

UMBARAKAEB.

Ces deux Villages font fur la Rive occidentale du Nil; & c'eſt un peu plus haut que l'on rencontre les confins de l'Egypte & de la Nubie. On peut voir dans la Carte du Nil, que la Nubie commence aux Villages de

<small>Planche CXLV.</small>

ELL KALABSCHE

& de

TESTA.

<small>Voyez Planche CXLVII. Fig. 2.</small>

Le prémier eſt à l'Orient du Nil, & le ſecond à l'Occident. Ils font peu de choſe par eux-mêmes. Il y a cependant auprès de Teſta quelques reſtes de bâtimens anciens, que je pris ſoin de deſſiner. Ils ſont ainſi que ceux, dont j'ai parlé en dernier lieu, bâtis de pierres blanches, parfaitement bien jointes les unes avec les autres. Les Colonnes y ſubſiſtent encore en dedans; mais celles qui étoient au dehors, ſe trouvent ruïnées.

Nous n'étions pas à un coup de fuſil de ces Villages, qu'il nous arriva un accident, qui nous fit connoître le caractére de leurs Habitans. A huit heures du ſoir, on nous cria, que la Barque devoit mettre à terre. Le Reys en demanda la raiſon. On lui répondit, qu'on vouloit voir les Francs qu'il conduiſoit, & qu'ils donnaſſent quelque choſe des richeſſes qu'ils portoient avec eux. Le Reys s'en mocqua, & dit qu'il n'approcheroit point du bord. Là-deſſus on nous tira deux coups de fuſil, un de chaque côté du Fleuve; & quoiqu'il fît aſſez ſombre, on viſa aſſez bien pour que nous puſſions entendre ſiffler les balles. Nous répondîmes ſur le champ à cette inſulte par deux décharges de ſept fuſils, en tirant vers les endroits d'où les voix étoient venuës. Mais nos Ennemis s'étoient cachés derriére des pierres: ainſi nous ne leur fîmes pas grand mal. Ils gardèrent quelque tems le ſilence; mais ils reprirent courage & recommencèrent à tirer, & à nous dire des injures. Ce jeu ne nous plaiſoit point; de ſorte que nous leur criâmes, que s'ils ne ſe tenoient pas tranquilles, nous mettrions effectivement à terre & les exterminerions entiérement. Nous ne les entendîmes plus & nous ne laiſſâmes pas, quelque tems après, faute de vent, & par ce qu'il étoit nuit, d'attacher notre Barque aux environs de

BERBETUUD,

Village ſitué ſur le bord Occidental du Nil.

SAMEDI, 28. Décembre.

Durant toute la nuit nous avions fait bonne garde. Vers le matin, il ſe leva un peu de Vent; & nous mîmes à la voile; mais le calme ayant recommencé, peu de

tems

tems après, nous approchâmes de la Rive orientale, & nous nous arrêtâmes devant un Village nommé

SCHERCK ABOHUER.

Son District a près de deux lieuës d'étenduë. Notre Pilote étoit de cet endroit-là. Il nous affura que nous trouverions fes Compatriotes honnêtes-gens; & que nous pouvions defcendre chez eux en toute fureté. L'événement le confirma; & je puis leur rendre cette juftice.

Voyez la Carte du Nil, Planche CXLIX.

DIMANCHE, 29. Décembre.

Comme le calme nous retint à Scherck Abohuer, jufqu'à midi, j'en vifitai les environs; & du côté du Nord, à la portée du fufil, je trouvai, le long du Nil, un Quai antique. Il eft fait de quarreaux de pierres, toutes taillées en prisme, & fi bien jointes l'une avec l'autre, qu'il n'y avoit pas le moindre efpace entre deux. Le côté qu bordoit le Nil, étoit tout uni.

A quelque diftance de-là, il y avoit cinq à fix Cabanes bâties de pierres entiérement couvertes de Hiéroglyphes. Je cherchai, dans le voifinage, fi je ne pourrois pas remarquer l'Edifice d'où on les avoit tirées; mais je n'apperçus qu'un amas de pierres. Tout étoit détruit. Les pierres de ces ruïnes étoient auffi couvertes de Hiéroglyphes, tous d'une bonne main; mais qui n'avoient jamais été peints. Un Barbarin, qui me voyoit attentif à examiner ces pierres, me fit figne de le fuivre, comme s'il vouloit me montrer quelque chofe de curieux. J'allai à lui; & il me mena vers un gros caillou, qui, par la chute qu'il avoit faite des rochers voifins, s'étoit caffé, ou partagé en deux. Il étoit brun; & le merveilleux que le Barbarin y trouvoit; c'eft que le milieu, qui avoit la forme d'un noyeau, étoit tout rouge.

La plus grande largeur du terrein, depuis les montagnes jufqu'au bord du Nil, n'eft dans ce diftrict que de 100. pas. Si dans quelques endroits il a un peu plus d'étenduë: il en a dans d'autres beaucoup moins.

Nous achettâmes à Scherck Abohuer une Geniffe, pour quatre Sevillans. Elle nous avoit paru en affez bon état; mais quand on l'eût tuée, nous y trouvâmes plus d'os que de chair.

Après midi, il fembla qu'il fe levoit un peu de vent; & nous mîmes à la voile.

Ce ne fut pas pour long-tems. Le calme, qui revint auſſi-tôt, nous obligea de remettre à terre, devant

GARBE-ABOHUER.

Ce Village eſt ſitué à l'Occident du Nil, vis-à-vis de Scherck-Abohuer.

LUNDI, 30. *Décembre*.

A huit heures du matin, le vent ſe trouvant bon, nous mîmes auſſi-tôt à la voile; & au bout de quelques heures nous gagnâmes

SCHERCK-MERRUVAU
& GARBE-MERRUVAU.

Ces deux Villages ſont vis à vis l'un de l'autre. Nous avions le prémier à notre gauche & le ſecond à la droite.

Nous avançames encore jusqu'à

SCHERCK-MERIE
& GARBE-MERIE,

Planche CL.

Deux autres Villages, dont le prémier nous reſtoit pareillement à la gauche & le ſecond à la droite. Je pris la vuë de Garbe-Merie, parce que j'y voyois les ruïnes d'un ancien Edifice, que je deſſinai en particulier ſur la même feuille.

A une lieuë plus loin nous rencontrâmes

SCHERCK-DENDOUR
& GARBE-DENDOUR.

Le prémier, ſitué ſur la Rive orientale du Nil, & le ſecond vis-à-vis ſur la Rive occidentale.

On voit à Scherck Dendour le tombeau d'un ſaint Mahométan; & on compte, que cet endroit eſt préciſément à la moitié du chemin depuis la prémiére Cataracte, jusqu'à Derri.

Auprès de Garbe-Dendour, il y a un ancien Temple, que j'eus envie d'aller examiner; & notre Reys ſe laiſſa aiſément perſuader, pour cette fois, de m'y mettre à terre. J'eus le loiſir de deſſiner ce Temple & de le meſurer; & j'en donne le Plan & la perſpective.

Planche CLI.

Mon ouvrage fini, je me rembarquai: Nous mîmes au large; & nous vîmes bien-tôt, à notre gauche,

BARASBOUR.

J'y

J'y apperçus quelques ruïnes fur la pente d'une Montagne, & presque en forme d'un Amphithéâtre; mais en les confidérant avec attention, je remarquai qu'elles étoient des reftes d'Edifices modernes.

Vers le midi, nous approchâmes d'une Isle fituée entre
SCHERCK-GIRCHE
& GARBE-GIRCHE.

Je pris la vuë de ce dernier Village, fitué à l'Occident du Nil; & j'y joignis les deffein des Antiquités qui s'y trouvent. Il y a encore des ruïnes confidérables fur les montagnes des environs; mais ces ruïnes ne font pas anciennes. Il paroît que ce font des reftes de quelques maifons, qu'on y avoit bâties pour s'y retirer.

Planche CLII.

Entre Scherck-Girche & Garbe-Girche, fe trouve le paffage le plus difficile, qu'il y ait dans tout le cours du Nil. Toute la largeur du Fleuve eft remplie d'ecueils, cachés fous l'eau, qui a une grande profondeur aux côtés de ces Ecueils, dont les entre-deux ne forment que des gouffres avec des tournoyemens, ou tourbillons. Nous nous y prîmes avec toute la précaution que demandoit un paffage fi périlleux. Ce qu'il y avoit de plus trifte, c'eft que la Barque n'obeïffoit point au gouvernail. Nous donnâmes fur un rocher, & nous y reftâmes dans une fituation effrayante. La Barque avoit été prife précifement par le milieu; & le tournoyement de l'eau nous faifoit tourner fur le rocher, comme fur un pivot. Il y avoit trop de profondeur, pour que nos gens fe miffent à l'eau, au fond de laquelle la perche ne pouvoit pas atteindre. Le Reys voulut perfuader à fes Gens de fortir, avec une corde, & de tirer la Barque à la nage; mais ils lui repréfentèrent, que les tournoyemens de l'eau les empêcheroient de nager. Nous nous voyions dans un péril évident. Heureufement le courant & le vent battoient la barque tout à la fois: ce fut fon falut. Elle fe dégagea par-là d'elle-même. Pour furcroît de bonheur, le vent fe trouvoit affez fort; & nous en profitâmes fi bien, que, dans peu, nous nous vîmes hors de danger.

Notre furprife fut grande, lorfqu'après notre délivrance, nous apperçûmes le Reys, & tout fon Equipage, s'armer de fufils, & de piftolets. La prémiére penfée qui nous vint, fut, qu'ils avoient formé quelque mauvais deffein contre nous. Il falut néanmoins diffimuler, pour ne leur pas donner à penfer, que nous étions capables de prendre l'allarme. De fon côté le Reys s'étonnoit, de ce que nous n'en faifions pas autant; & il nous fit dire enfin, que nous ferions bien d'imiter leur exemple, parce que dans peu nous rencontrerions un endroit, où nous ne manquerions pas, fans doute, d'être attaqués. Quand nous en demandâmes la raifon; il nous répondit, que le

Peuple y étoit si mauvais, qu'il ne laissoit presque jamais passer de barque sans tirer dessus; & que s'ils la pouvoient forcer d'approcher de la terre, ils la pilloient impunément. "Ils sont si méchans, ajouta-t-il, que le Cacheff lui-même n'ose s'exposer à "aller chez eux."

Comme nous avions toujours nos fusils en état, nous feignîmes de ne pas nous embarasser de ce qu'il nous disoit; & pour lui donner encore une meilleure idée de notre intrépidité, je lui fis demander de me mettre à terre, pour aller voir les ruines antiques que j'avois dessinées à Garbe-Girche. A ces mots, il jetta un cri épouvantable, & jura par tout ce qu'il connoissoit de plus saint, & de plus sacré, qu'il ne consentiroit point absolument à ma demande. Ce n'étoit pas non plus mon intention: aussi n'insistai-je pas beaucoup là-dessus.

Enfin nous arrivâmes à l'endroit en question; & nous n'y vîmes qu'une douzaine de Barbarins, assis au bord du Nil, & qui tenoient chacun leur Zagaie à la main. Mais ils demeurèrent tranquilles, sans nous demander seulement d'où nous venions.

Lorsque notre Reys, & son Equipage, se crurent hors de danger, ils en témoignèrent leur joie du mieux qu'ils purent; & c'étoit un vrai plaisir d'entendre un chacun raconter comment il s'y seroit pris, si nous avions été attaqués; ce qui nous apprêta plus d'une fois à rire.

Les deux Villages, où ces Perturbateurs du repos public se tiennent, sont situés sur les deux bords du Nil. Celui qui est sur la Rive orientale s'appelle:

GESCH-STOBNE.

L'autre à l'opposite se nomme

SABAGURA.

Comme le vent continuoit à être favorable, nous en profitâmes; & nous gagnâmes bien-tôt

HOKUER;

Village, à quelque distance de la Rive occidentale du Nil.

Voyez la Carte du Nil, Planche CLIII.

A trois quarts de lieuë plus loin; nous nous trouvâmes, entre

KUBAEN,
& DECKKE.

Le prémier de ces endroits étoit à notre droite, & le second à la gauche. Celui-ci

& de Nubie. 219

ci eſt remarquable par les reſtes d'un ancien Temple, qui n'en eſt pas éloigné; & j'en donne deux vuës dans une même feuille. On le nomme

Planche CLIV.

ELL - GURAEN.

Ce Temple eſt un peu avancé dans les terres. On n'y voit aucun Hiéroglyphe. Il ne laiſſe pas cependant d'être dans le goût des anciens Edifices Egyptiens; & il peut paſſer pour magnifique.

Nous rencontrâmes, après cela, deux autres Villages: l'un à l'Orient nommé

ALAGI:

L'autre à l'Occident appellé

GURTA.

Nous gagnâmes enſuite trois différens Diſtricts, qui ont chacun deux Villages de même nom: l'un à l'Orient: l'autre à l'Occident du Nil; ſçavoir:

MOHARRAKA,
UMHENDI,
& SCHEMEDE RESCHIED.

Nous attachâmes la Barque, auprès de celui de ces derniers, qui eſt ſitué ſur la Rive occidentale du Nil.

Le Fleuve commence ici à devenir plus large, qu'il n'a été depuis la prémiére Cataracte, comme on peut le remarquer dans la Carte. Cependant ſa ſituation continuë à être la même, ſi ce n'eſt que les rochers de Granit ont ceſſé un peu au deſſus de l'Isle d'Ell-Heiſt; & que les Montagnes & les rochers de ce Canton ſont d'une pierre ſablonneuſe, mêlée de Cailloux & couverte de ſable & de petites pierres. Du reſte tout le Pays eſt fort ſtérile.

MARDI, 31. Décembre.

Nous reſtâmes toute la nuit auprès de Schemede-reſchied. Nous ne mîmes à la voile, que vers les ſept heures du matin; & peu de tems après il m'arriva une aventure aſſez plaiſante, que je ne veux pas obmettre, parce qu'elle donne en quelque ſorte occaſion de juger du génie de ce Peuple.

J'étois ſorti de ma tente, pour confronter les noms des endroits, où nous avions paſſé le jour précédent. Le Reys & le Valet Juif étoient aſſis auprès de moi. Ils me répétoient les noms que j'avois dèja écrits; & je les corrigeois ſur leur prononciation.

Dans ces entrefaites, un Paſſager Barbarin, qui n'étoit pas fort éloigné de nous, ſe léve, ſaute ſur moi, s'empare du papier que je tenois, le déchire, & ſe retire enſuite tranquillement à ſa place, où il s'aſſied, comme ſi de rien n'étoit. Je ne ſçavois que dire de cette inſolence; & je réfléchiſſois ſi je me fâcherois, ou non, lorſque le Reys & les autres perſonnes, qui étoient préſentes, ſe mirent tous à éclatter de rire. J'en voulus ſçavoir la raiſon; & après beaucoup de diſcours, on m'expliqua à la fin le myſtére. Le Barbarin ne vouloit pas, que je connuſſe l'endroit d'où il étoit. Il en donnoit pour raiſon, qu'il pouvoit arriver, que je retournerois, dans quelques années, en Nubie; & qu'y amenant plus de monde avec moi, je me rendrois maître du Pays; que ſi je connoiſſois le Village où il étoit né, & ſi j'en avois le nom par écrit, il ne manqueroit pas d'être pris comme les autres; que c'étoit uniquement à cauſe de cela qu'il m'avoit ôté le papier, où j'en allois écrire le nom.

J'eûs bien de la peine à m'empêcher de rire de la ſimplicité de cet Homme; mais pour prévenir les conſéquences d'une pareille fantaiſie, je pris un grand ſérieux; & je fis dire au Reys, qu'il devoit approcher du bord du fleuve & jetter à terre cet Inſolent. La Barque, ajoutai-je, eſt toute à nous. Ce n'eſt que par grace, que nous donnons paſſage à quelqu'un; & lorſqu'il fait l'inſolent, nous le chaſſons.

Le Reys fut prompt à obeïr. Il tourna auſſi-tôt ſa barque vers la terre. Notre Barbarin, qui s'en apperçut, me vint prier humblement de ne pas le chaſſer; & promit de ſe mieux comporter à l'avenir. Je me laiſſai gagner. Il obtint la permiſſion de demeurer; & depuis ce tems-là il fut tranquille & fort ſerviable.

Cependant nous avions déja paſſé trois autres Diſtricts, qui ont pareillement un Village de même nom ſur chaque bord du Nil; ſçavoir:

BUBEBAED,
NAGHALHADJEMUSE
& GABT ELL ABIID.

Il nous ſurvint enſuite un ſi grand calme, que nous fûmes obligés d'attacher la Barque dans un autre Diſtrict ſemblable, auprès du Village, ſitué ſur la Rive occidentale du Nil, & qu'on nomme

SABUA.

Planche CLV.

Il y a, dans le voiſinage, quelques antiquités remarquables, que je deſſinai. Elles n'ont pas une apparence auſſi magnifique, que celles de Dekke. Les pierres non plus n'y ſont pas ſi bien jointes: on voit entre quelques-unes des ouvertures aſſez grandes; & les pierres même ne ſont que d'une eſpéce ſablonneuſe & jaunâtre.

Cepen-

& de Nubie.

Cependant cet Edifice est bâti dans l'ancien goût Egyptien. Son portail est endommagé; mais le reste est encore debout.

Ces ruïnes se trouvent dans une plaine, couverte de sable; & on y remarque encore quatre morceaux de muraille, qui donnent à connoître, qu'il y a eu autrefois, dans cet endroit, de vastes Edifices.

Nous n'avions ici, autour de nous, que des Montagnes & des roches sablonneuses. Le pied des montagnes est en talut & cultivé jusqu'à la hauteur, où les eaux du Nil étoient parvenuës dans son débordement. Le bas de ce terrein étoit rempli de Haricots & de Lupins, qu'on y avoit plantés; & le haut étoit couronné de buissons d'épines, qui y venoient d'elles-mêmes.

MECREDI, 1. Janvier 1738.

Nous restâmes, à notre ordinaire, toute la nuit tranquilles. Le matin, à sept heures, le vent se trouvant bon, & même un peu fort, nous nous mîmes en route. Le Nil continuoit à avoir sa largeur, & les bords leur situation ordinaire.

Nous passâmes bien-tôt devant un autre District, nommé

GUAD ELL ARRAB
ou AREB.

Il occupe aussi les deux bords du Nil, sur lesquels il a deux Villages de son nom.

Un peu plus haut nous eûmes à notre gauche, & à quelque distance du Nil, le Village de

SCHIATURMA.

Ensuite, nous nous trouvâmes entre deux grands Villages nommés

ANGORA
& MALCKI.

Le prémier est à l'Orient: le second à l'Occident.

Voyez la Carte du Nil, Planche CLVI.

Nous en vîmes ensuite deux autres; sçavoir:

AREGA,

Il étoit à notre droite;

& SINGARI.

Celui-ci nous restoit à la gauche.

Après midi, nous approchâmes d'un Village, situé sur la Rive orientale. On le nomme

KOROSKOF.

On nous avoit crié d'y amener la Barque à terre. Nous obéîmes; & on nous apprit, que le *Schorbatschie*, Pére du Cacheff Ibrim y étoit dans sa maison de Campagne. Nous descendîmes alors à terre; & j'allai voir cette *Puissance*. J'étois accompagné du Frére de l'Aga d'Essuaen, du Reys, du Juif, & du Janissaire.

Nous trouvâmes sa Seigneurie, assise au milieu de la Campagne, exposée à toute l'ardeur du soleil, & occupée à décider un procès entre deux Barbarins, au sujet d'un Chameau. Il avoit l'air d'un Loup, & il étoit vêtu comme un Gueux. Une vieille serviette, autrefois blanche, faisoit son Turban; & un habit rouge, encore plus vieux, couvroit assez mal son corps, qui paroissoit à nud, au travers des trous.

En l'abordant, je le saluai à la maniére ordinaire; mais comme il vit que je ne lui apportois point de présens, il ne me fit pas un grand accueil. Il ne me pria même pas de m'asseoir. Je ne laissai pas de le faire sans permission; & je lui remis les lettres de l'Aga d'Essuaen, & celles dont son Fils nous avoit pourvus, pour de l'argent. Il mit celles-ci dans son Turban; mais il lut les autres avec beaucoup d'attention: après quoi il se tourna vers les Plaideurs, qui sembloient vouloir chacun gagner leur procès à force de crier. Le *Schorbatschie* y mêloit quelquefois sa voix, & se faisoit si bien entendre, qu'on ne pouvoit pas douter, qu'il ne fût le Juge.

Comme ce procès avoit l'air de ne pas finir si-tôt, je dis au Juif de parler à l'*Effendi*, qui étoit présent, afin qu'il engageât le *Schorbatschie* à nous expédier promptement. L'Effendi eut cette complaisance; & sur ce que le *Schorbatschie* apprit de lui, que le Juif étoit mon Truchement, il le fit appeler & lui demanda, pourquoi je ne lui avois pas apporté quelque bon présent. Le Juif, qui étoit au fait du métier, repondit: "Tu vas bien vîte. Comment! Tu demande des présens, "avant de lui avoir rendu le moindre service? Va: montre-toi son Ami; & tu verras "quil te payera bien."

Cette flatteuse espérance changea entiérement notre Homme. Il prit un air de douceur, recommença à me saluer, & me fit dire, que nous n'avions qu'à nous en aller à Derri, où il seroit aussi-tôt que nous; que-là nous parlerions d'affaire; & qu'il feroit en sorte que nous serions contens. En même tems, il donna ordre à son fils de me conduire à sa maison de Campagne, de me la faire voir, & d'envoyer un Mouton pour présent à la Barque.

Je

Je vis donc ce Lieu de plaifance, que je ferois tenté de qualifier plutôt du titre d'écurie; & pendant que je m'occupois à le regarder, mon Conducteur s'appliquoit à choifir, entre fept à huit Chévres, la plus maigre qu'il pourroit trouver. Il y réuffit; & il eut la fatisfaction de voir tous les Domeftiques approuver fon choix.

Lorfque nous retournâmes à la Barque, le Juif me raconta, chemin faifant, que l'*Effendi*, qui étoit du Cayre, lui avoit témoigné être fort furpris de ce que nous avions ofé nous engager fi avant, ajoutant, que nous n'avions pas affurément été bien confeillés; & que nous ferions heureux, fi nous pouvions échapper fains & faufs. Je ne fis pas femblant de prêter l'oreille à ce difcours. On eft fouvent dupe, fi on fe fie trop à ce qui fe dit dans ce Pays. Les Interprétes peuvent quelquefois en faire accroire à un Etranger, qui n'entend pas la Langue: fenfibles à l'intérêt, ils fe laiffent quelquefois corrompre; & quelquefois on trouve le fecret de les intimider. D'un autre côté, il y a encore plus d'inconvénient à négliger un avis falutaire; de forte qu'il eft expédient de tenir un certain milieu; ce qui n'eft pourtant pas toujours aifé.

Quand nous fûmes arrivés à la Barque, nous trouvâmes, que la Chévre, quelque chétive qu'elle fût, y étoit devenuë une pomme de difcorde. L'Equipage y formoit des prétentions, & foutenoit, que le *Schorbatfchie* l'avoit envoyée pour leur fouper. Le Reys les appuyoit de fon témoignage. Notre Valet, de fon côté, ne vouloit pas lâcher prife; de forte qu'on fe difputoit vivement de part & d'autre, à qui auroit la proie. Nous vîmes que les efprits s'aigriffoient: cela nous engagea à nous mêler de la difpute, & à foutenir notre droit par des menaces férieufes, qui décidérent, que la Chévre nous demeureroit. Cependant, comme nous n'en avions pas befoin, & que ce n'étoit pas un morceau bien friant, nous en fîmes généreufement préfent à l'Equipage.

Nous mîmes enfuite à la voile, pour continuer notre route. Le Reys commença alors à faire entendre, qu'il ne nous conduiroit que jufqu'à Derri; ajoutant, que fi nous lui voulions donner cinquante Sévillans de plus, il ne nous meneroit pas jufqu'à la feconde Cataracte. Nous prîmes cela pour des difcours en l'air, & nous jugeâmes qu'il étoit inutile d'y répondre. Cependant comme il s'adreffa enfuite à un de nos Péres, & qu'il le pria de nous en avertir, nous lui en fîmes demander la raifon: à quoi il fe contenta de répondre, qu'il n'avoit point été accordé, qu'il iroit plus loin. Nous le menaçâmes de nous faire rendre juftice à Derri; mais il fe mit à rire, & dit d'un air mocqueur; qu'il croyoit, que nous ne parlerions pas fi haut, quand nous y ferions arrivés.

Tous ces discours, & les avis que nous avions reçus de l'Effendi, nous firent faire diverses réfléxions. Mais nous étions trop engagés pour reculer, & nous résolûmes d'avancer toujours pour voir ce qui en résulteroit. En attendant nous crûmes, qu'il étoit à propos d'imposer silence au Reys, & de l'assurer, que, de quelque façon, que les choses tournassent, il nous resteroit toujours assez de pouvoir pour lui casser la tête, parce que, s'il nous arrivoit du mal, nous l'en regarderions comme l'Auteur. "Dûssions-nous tous périr, ajoutâmes nous, tu peux être assuré, que tu seras la pré-miére victime."

Ces menaces le firent entièrement changer de langage. Il jura, qu'il n'auroit aucune part à ce qui pourroit nous arriver; que si Baram Cacheff, à qui appartenoit la barque, le vouloit permettre, il nous conduiroit de bon coeur aussi loin qu'elle pourroit aller, mais qu'il craignoit bien, que le Cacheff n'y voulût pas consentir. Il nous avertit de prendre bien garde, de ne pas offenser ce Tyran, dont il nous fit un portrait affreux, quoique ce fut son Maître. Nous n'en crûmes pourtant, que ce que nous voulûmes, remettant à juger du reste par nous-mêmes, lorsque nous serions chez lui.

Le Calme qui survint alors, nous fit mettre à terre; & comme le courant nous avoit repoussés, nous attachâmes la Barque près d'

AMADA,

Village situé sur la Rive Occidentale du Nil, presque vis-à-vis de Koroskof. J'y mis pied-à-terre, pour aller voir un ancien Temple Egyptien, qui, dans la suite passa entre les mains des Chrétiens. Ces derniers en firent une Eglise. Les murailles en fournissent une preuve bien sensible, puisqu'on y voit des peintures, qui représentent la Trinité, les Apôtres & divers autres Saints; & dans les endroits, où la chaux est tombée, les Hiéroglyphes, qui sont dessous, viennent à paroître. Ce Temple est encore tout entier; mais le Monastére qu'on avoit bâti auprès, est absolument ruïné. Je dessinai cet ancien Edifice. Je le mesurai très-exactement; & j'en donne le Plan, ainsi que la Perspective.

Planche CLVII.

Après avoir fini mon dessein, je me retirai. Je n'avois apperçu personne en chemin; mais auprès de la Barque je rencontrai un Barbarin, à cheval, & entièrement nud, si ce n'est qu'il avoit la poitrine couverte d'une peau de chèvre. Il étoit armé d'une longue picque & d'un bouclier de peau de Rhinoceros. Il m'arrêta, & me fit plusieurs demandes, auxquelles je tâchai de répondre, du mieux qu'il me fut possible; mais comme il parloit le Barbarin, & moi la Langue Franque, nous ne nous satisfîmes guére l'un l'autre. Il se lassa, à la fin, & s'en alla. J'en fis de même.

Nous vîmes ce même jour un Crocodile; & ce n'étoit que le second que nous avions apperçu depuis la prémiére Cataracte.

Du reste le lit du Nil avoit si peu de profondeur, que la Barque pouvoit à peine passer en plusieurs endroits.

JEUDI, 2. *Janvier*.

Le matin, à huit heures, le Vent étant au Nord, nous détachâmes pour continuer notre route; mais comme le Nil se tournoit ici vers le Nord, nous fûmes obligés, durant tout le jour, de nous servir de la corde pour tirer notre barque. Nous rencontrâmes prémiérement deux Villages vis-à-vis l'un de l'autre, nommés

ABUHANDEL,
& HASSAJA.

Le prémier nous restoit à la gauche & le second à la droite. Vers le soir nous mîmes à terre, près d'un Village situé aussi à notre droite. On l'appelle:

KUDJUHED.

La situation du Nil, & de ses bords, continuoit toujours d'être la même. Nous remarquâmes, que le talut du rivage du Fleuve étoit pour la plupart, couvert de Lupins & de raves, dont la graine sert à faire de l'huile. Il y avoit aussi quelques autres plantes, comme de la Chicorée & de la Pimpenelle.

On n'est pas mieux pourvu de Canots, dans ce Quartier, qu'aux environs de la prémiére Cataracte. Nous remarquâmes ce jour-là, qu'on s'y prenoit d'une plaisante façon pour traverser le Nil. Deux Hommes étoient assis sur une botte de paille, tandis qu'une Vache les précédoit à la nage. L'un deux tenoit d'une main la queuë de la Vache, & de l'autre il dirigeoit une corde attachée aux cornes de l'Animal. L'autre Homme, qui étoit par derrière, gouvernoit avec une petite rame, par le moyen de laquelle il tenoit, en même tems, la balance.

Nous vîmes encore, ce même jour, des Chameaux chargés, qui traversoient le Fleuve. Un Homme nageoit devant, tenant à la bouche la bride du prémier Chameau: le second étoit attaché à la queuë du prémier, & le troisième à la queuë du second. Un autre Homme assis sur une botte de paille, faisoit l'arriére-garde, & avoit soin que le second & le troisième Chameaux suivissent à la file.

Voyez la Carte du Nil, **Planche CLVIII.**

VENDREDI, 3. *Janvier.*

Le matin, de bonne heure, nous recommençâmes à faire ufage de la corde. Le Vent étoit bien toujours du côté du Nord; mais il ne fouffloit pas affez fort; de forte que nous n'avancions guére.

Nous ne fîmes ce jour-là que trois lieuës, & nous ne vîmes que trois Villages; fçavoir

ABADU,

Situé fur la Rive orientale du Nil; & à peu près deux lieuës plus loin, nous nous trouvâmes entre

KERAVASCHIE
& DIVAN.

Le prémier de ces Villages étoit à notre droite, & le fecond à la gauche. Nous attachâmes la barque près de Divan.

SAMEDI, 4. *Janvier.*

Le matin, avant que de mettre au large, nous eûmes une fcène férieufe avec le Pilote. Il vint à nous & nous demanda fon habit. Perfonne ne lui en avoit promis; & ce n'étoit pas non plus la coutume de faire de femblables préfens aux Pilotes. Ainfi on fe mocqua de lui; & on lui déclara tout net, qu'il n'en auroit point. Il ne laiffa pas d'infifter encore; & quand il vit à la fin qu'il ne pouvoit rien gagner, il fut affez infolent, que d'en venir aux menaces.

Pour foutenir le caractére de fermeté, que nous avions toujours montré, nous lui fîmes dire, que s'il ne fe taifoit fur le champ, nous lui ferions mal paffer fon tems. Cette menace, accompagnée de la vuë d'un piftolet bandé, lui impofa filence. Il ne dit pas un mot; mais après avoir pris fes hardes, il quitta la barque, jurant tout bas, qu'il nous feroit refter une quinzaine de jours dans l'endroit où nous étions. Nous en fûmes avertis par le Valet; & nous lui fîmes dire, que puifqu'il avoit tant fait que de quitter la barque, il devoit bien fe donner de garde d'y rentrer fans notre permiffion. Il fe mit à rire, & s'en alla. Cependant comme il vit, qu'on n'envoyoit perfonne après lui, pour le prier de retourner, il revint de lui-même au bout d'une heure; & & en approchant de la barque, il demanda s'il pouvoit y entrer. Nous lui fîmes dire, que, pour cette fois, nous voulions bien y confentir; mais que s'il s'avifoit d'éprouver davantage notre patience, il n'en feroit pas quitte à fi bon marché.

La tranquillité étant ainsi rétablie, nous mîmes à la voile; & après avoir passé entre deux Villages, nommés

TOMAS
& SIU SIUGA;

Le prémier à notre droite, & le second à la gauche, nous arrivâmes vers le Midi à

DEIR, ou DERRI.

Cette Place est située sur la Rive orientale du Nil, à peu près dans l'endroit où ce Fleuve commence à diriger sa course vers l'Occident; & on en trouve une vuë dans mes desseins.

Planche CLIX.

La nouvelle de nôtre arrivée nous avoit devancée; car lorsque nous attachâmes la Barque à terre, nous vîmes accourir une foule de monde curieuse de nous voir. On m'y avertit d'abord, que le *Schorbatschie* étoit de retour, & qu'il avoit assemblé d'autres Puissances chez lui. Je m'y rendis aussi-tôt accompagné du Pére, qui entendoit la Langue, & de notre Valet Juif. Ils étoient en grand Divan. Nous fûmes reçus avec beaucoup de civilité. Baram Cacheff présidoit, & me fit dire, après les prémiers complimens, qu'ils avoient délibéré ensemble à notre sujet; & que comme ils étoient dans l'intention d'avancer notre Voyage, ils avoient cru, que le meilleur expédient qu'il y eût, c'étoit de nous garder à Derri, jusqu'à l'arrivée du nouveau Cacheff; parce qu'alors ils iroient faire la guerre à un Peuple, qui demeuroit aux environs de la seconde Cataracte; & que, comme ils méneroient une Armée de 500. hommes, nous ferions la route en bonne compagnie, & en toute sureté. Tout le Divan témoigna être du même sentiment. Pour moi qui commençois à sentir la méche, je leur fis dire, que nous préférions de continuer notre route sur le Nil, avec la Barque que nous avions frétée; & que cependant nous ferions nos réfléxions sur les offres qui nous étoient faites.

Il étoit aisé de voir, au travers de ces offres obligeantes, qu'on avoit envie de nous tendre un piége, dont nous aurions bien de la peine à nous débarrasser, à moins que nous ne trouvassions un expédient, pour leur faire prendre le change. J'engageai le Pére à parler à Baram Cacheff, pour lui dire, que je souhaiterois fort de m'entretenir avec lui tête à tête. Il y consentit, & me fixa une heure. Je me levai alors; & après avoir salué le Divan, je me rendis à la barque, afin d'y concerter avec nos Compagnons de voyage, les mesures, que nous avions à prendre dans une circonstance si critique.

Lorsque je leur eûs fait le recit des propositions du Divan & que nous nous fûmes rappellé tout ce qui nous avoit été dit à Essuaen, & ce qui nous étoit arrivé depuis, il parut à un chacun, qu'il seroit insensé de nous engager plus avant; & qu'il faloit tâcher de s'en retourner au plutôt. On me remit le soin de procurer notre départ, du mieux qu'il me seroit possible; mais cette permission n'étoit pas une chose aisée à obtenir.

Cependant, je me rendis, à l'heure marquée, chez Baram Cacheff, à qui je fis exposer, qu'il n'y avoit personne des nôtres, qui fût en état de soutenir un si long voyage par terre; & que nous lui demandions en grace, d'obliger le Reys à nous conduire, par eau, jusqu'à la seconde Cataracte. Il répondit que cela ne se pouvoit pas; que la Barque étoit à lui; que si le Reys s'étoit engagé à nous conduire plus loin, il avoit passé ses ordres; que d'ailleurs il n'étoit pas possible de remonter le Nil, jusqu'à la Cataracte, parce que les eaux étoient trop basses; & que nous serions forcés de rester quelque part en chemin, avec sa barque; ce qui lui causeroit une grande perte. "Puisqu'il ne nous est pas possible d'avancer par eau, repliquai-je, & que, d'un autre "côté, nous ne sommes pas en état d'aller par terre, nous n'avons donc pas d'autre "parti à prendre, que de nous en retourner." *Vous le pouvez,* reprit-il; *mais ce ne sera pas avec ma Barque. J'en ai besoin ailleurs; & il faut même, que vous la vuidiez au plutôt.*

Un pareil discours ne me permettoit plus de douter des mauvais desseins que l'on avoit formés. Il n'y avoit point alors d'autre barque à Derri, & quand il y en auroit eu, elle n'auroit jamais osé entreprendre de nous conduire, sans la permission de cet Homme, qui étoit un vrai Tyran, & qui, quoique hors de charge, gouvernoit le Pays. Il faloit donc se résoudre à tout, plutôt que de quitter la Barque. Pour cet effet, je lui fis offrir, par le Pére & par le Juif, tous les avantages qu'il pouvoit espérer, en nous la louant; & je lui fis représenter, qu'il gagneroit plus avec nous, qu'avec toute autre Personne.

Après bien des difficultés, l'accord fut fait. On appella le Reys; & nous jurâmes tous, en tenant la barbe à la main, d'accomplir le Traité, tel qu'il avoit été convenu. Baram Cacheff en fut si content, qu'il me fit présent de deux Zagaies neuves, & d'un nerf d'un jeune Eléphant, qu'il me dit avoir porté lui-même, plus de dix ans. Nous nous retirâmes ensuite à la barque, où Baram Cacheff nous envoya une Chevre & un panier de dattes.

Nous envoyâmes alors le Juif avec du Sorbet, des liqueurs, du tabac, &c. pour en faire présent à Baram Cacheff. Mais les choses avoient déja changé de face. Le Schorbatschie, ayant appris que nous avions fait un accord avec lui, & craignant

de

de perdre, si nous nous en allions, tout l'avantage qu'il s'étoit proposé de tirer de nous, avoit parlé à Baram Cacheff, & l'avoit fait changer de sentiment. Il rejetta nos présens, en disant, que nous nous mocquions de lui; qu'il lui faloit bien d'autres choses de plus grande valeur, pour nous conserver sa protection; & qu'en tout cas nous n'avions qu'à attendre l'arrivée du nouveau Cacheff, qui, comme on nous l'avoit dit, le matin, nous conduiroit à l'endroit où nous avions dessein d'aller.

Le Juif étant venu nous faire ce rapport, nous eûmes de la peine à ajouter foi à ce qu'il nous disoit. Nous chargeâmes le Pére d'aller trouver Baram Cacheff, afin de sçavoir au juste ce qui en étoit. Il fut reçu comme un Chien dans un jeu de quilles. Baram Cacheff lui dit mille sottises; & quand le Pére voulut lui dire, qu'il devoit pourtant penser, que nous venions munis de la protection du Grand-Seigneur; il répondit en colére: "Je me mocque, des cornes du Grand-Seigneur: je suis ici moi "même le Grand-Seigneur; & je vous apprendrai bien à me respecter. Je sçais déja, "ajouta-t-il, quelles gens vous êtes. J'ai consulté ma couppe; & j'y ai trouvé, que "vous étiez ceux, dont un de nos Prophétes a dit: *Qu'il viendroit des Francs tra-* "*vestis, qui par de petits présens & par des maniéres doucereuses & insi-* "*nuantes passeroient partout, examineroient l'état du Pays, en iroient en-* "*suite faire leur rapport, & feroient venir enfin un grand nombre d'autres* "*Francs, qui feroient la conquête du Pays & extermineroient tout*; mais, "*s'écria-t-il*, j'y mettrai bon ordre; & sans plus de délai vous n'avez qu'à quitter "ma barque."

Le Pére, à son retour, nous ayant confirmé le changement de Baram Cacheff, & rapporté tout le galimatias, qu'il lui avoit fait, nous prîmes la résolution de ne quitter la Barque qu'avec la vie. Nous arrêtâmes, qu'en attendant nous tiendrions bonne mine; & que nous irions même au devant du danger, pour ne point marquer de foiblesse. Nous restâmes pourtant tranquilles, le reste du jour & toute la nuit.

DIMANCHE, 5. *Janvier*.

Selon que nous en étions convenus la veille, je me rendis d'assez bonne heure chez Baram Cacheff. J'étois accompagné à l'ordinaire du Pére, qui parloit la Langue & du Juif. Notre Barbare ne tarda pas à paroître. Il nous repeta sa chanson accoutumée, & offrit de nous mener à la Cataracte. Je lui répondis, tout net, que nous ne voulions pas y aller. Il changea alors de note. Il demanda de gros présens, & fit sentir, que, quand il les auroit reçus, il verroit ce qu'il pourroit faire pour nous. Là-dessus, je lui fis demander de quel droit il formoit une prétention semblable: si nous lui devions quelque chofe; & à quoi il penfoit quand il fe jouoit ainfi de fon ferment, & rompoit l'accord qu'il avoit fait avec nous?

Ces reproches le mirent dans une colére épouvantable. Il jura, qu'il nous feroit connoître qui il étoit, & ce que nous lui devions. "Vous êtes, *dit-il*, dans un "Pays qui m'appartient; & je vous ferai payer jusqu'à la dixième partie de votre fang." Je me contentai de répondre, que nous fçaurions prendre nos mefures. Nous étions indignés d'une telle conduite. Nous n'attendîmes pas fa replique: nous le quittâmes fans prendre congé; & nous nous rendîmes fur le champ chez le *Schorbatfchie*.

Celui-ci, qui ne valoit pas mieux, nous tint à peu près le même langage; & lorsqu'on m'eût expliqué ce qu'il avoit dit, je me levai, & hauffant la voix je recommandai au Pére de lui dire; que s'ils avoient pris leur réfolution, nous avions pris la nôtre; & que nous attendrions la fin de cette fcène les armes à la main. Je pris là-deffus le chemin de la porte; & le Pére, ainfi que le Juif, après lui avoir expliqué mes fentimens, me fuivirent de près.

Mon deffein étoit de me rendre à la barque; mais lorsque je traverfois la grande Place, Baram Cacheff, qui s'y trouvoit me fit appeller. Il étoit alors dans fa bonne humeur. Il nous fit affeoir auprès de lui; & après les falutations ordinaires, il dit: que nous devions l'habiller comme un Prince, & lui faire outre cela divers autres préfens qu'il ftipula. Ses demandes m'ayant été expliquées, je répondis que nous le contenterions & que nous lui accorderions tout ce qu'il fouhaitoit, pourvu qu'il voulût donner inceffamment fes ordres pour notre départ. Il demanda quel habit je lui donnerois? Je dis qu'il auroit le mien, qui étoit tout neuf & magnifique. Il falut lui en faire une defcription, dont il parut content.

L'accord fembloit conclu. Il manquoit encore de compofer avec le *Schorbatchie*. Je voulus l'aller trouver; mais Baram Cacheff m'en empêcha. "Envoie les "autres, me dit-il, & refte avec moi, jusqu'à leur retour. S'ils conviennent avec le "*Schorbatfchie*, ce fera une affaire faite: fi non, je lui parlerai; & s'il eft opiniâtre, "vous n'en partirez pas moins pour cela."

Pour ne montrer, ni défiance, ni crainte, je demeurai avec lui; & lorsque nous fûmes feuls, il fit apporter des dattes & de l'eau, dont il me régala: pour lui, il ne mangea, ni ne but à caufe du Rammedan. Il m'accabla pendant ce tems-là de civilités; & me fit entendre, que je devois lui donner quelques-unes de mes chemifes, du

Caffé,

Caffé, du Ris, &c. Je lui promis tout cela par signes, & par quelques mots Arabes mal-articulés. Il en ressentit une grande joïe, qu'il me faisoit comprendre par des caresses reïtérées.

Je m'apperçus pourtant, que parmi ses caresses il y en avoit, dont son avarice étoit le principe. Les Arabes, ainsi que les Turcs, ont pour coutume de mettre ce qu'ils ont de plus précieux, dans les plis de leur Turban & dans ceux de leur Echarpe. Baram Cacheff vouloit sçavoir, si je ne portois point quelque chose de prix sur moi. Pour cet effet il commença par me remplir mes poches de dattes; & quand elles en furent remplies, il en mit dans mon Turban, & dans mon Echarpe, ayant soin de fouiller en même tems pour voir s'il n'y trouveroit rien. Mais j'avois eu la précaution de tout oter, avant que de sortir de la barque; de sorte qu'il y perdit & sa peine & ses dattes.

Dans ces entrefaites, le Pére & le Juif retournèrent d'auprès du *Schorbatschie*, avec la nouvelle, qu'ils n'avoient rien pu gagner sur lui. Baram Cacheff me fit dire alors, que si je voulois rester avec lui, & laisser partir les autres, il me traiteroit comme son Frére, & me feroit bien passer mon tems. Je le remerciai de ses offres gracieuses, le priant seulement de finir notre affaire, & d'ordonner notre départ. Il y consentit. Nous nous levâmes; & nous retournâmes à sa maison, où nous conclûmes un nouvel accord. Il y fut dit; "Que mon habit seroit pour lui; qu'il auroit "de plus une paire de pistolets, de la poudre, du plomb, une certaine quantité de Ris "& de Caffé, quinze Sévillans; & que je donnerois, autant d'argent pour le *Schor-* "*batschie*, trente cinq Sévillans pour le fret de la barque, six Sévillans au Reys & "trois pour les Matelots." A ces conditions le Reys devoit partir avec nous, pendant la nuit, afin que nous pussions nous en aller plus sûrement.

Ce nouvel accord terminé, Baram Cacheff nous dit, qu'il alloit trouver le *Schorbatschie*, pour lui faire entendre raison; & qu'il viendroit ensuite à la barque, afin d'y voir les présens qu'on lui destinoit. Pour nous, nous gagnâmes la barque, où nous ne fûmes pas plutôt arrivés, que nous fîmes tirer de nos malles toutes les choses en question, afin de n'avoir pas besoin de les ouvrir en présence de Baram Cacheff. Nous eûmes soin de cacher toutes les ustenciles de notre ménage, & mille bagatelles qui nous étoient nécessaires, n'exposant rien à la vuë que les armes, dont nous avions une assez bonne provision.

Baram Cacheff n'arriva qu'au bout d'une heure. Il fit d'abord écarter tout le Peuple, qui se tenoit au bord du Nil; & aussi-tôt qu'il fut entré dans la barque, il demanda à voir son présent, dont il parut très-satisfait. "Il convient, *dit-il*, de le cacher, parce que le *Schorbatschie* va venir. Vous le garderez jusqu'au soir; & quand il commencera à faire nuit, j'enverrai un de mes Esclaves pour le prendre.

Le *Schorbatschie* étant arrivé, on parla de l'accord, qui avoit été arrêté, mais il n'en parut pas content. En vain nous lui offrîmes une piéce de drap rouge ordinaire, dont il pouvoit se faire un habit. Il ne le trouva pas à son gré, & ne voulut point l'accepter; de sorte qu'il se retira mécontent.

Nous craignîmes une seconde rupture de l'accord. Cela m'engagea à faire ressouvenir Baram Cacheff de ses promesses. Il répondit, que nous ne devions douter de rien; que tout se feroit de la maniére qu'on en étoit convenu. Qui n'auroit pas cru après cela qu'il agissoit sincérement? sur-tout lorsque nous vîmes venir le Reys, qui nous dit, qu'il avoit reçu les ordres de son Maître, & qui, tout l'après-midi, déchargeoit ce qu'il avoit apporté, & rechargeoit de nouvelles marchandises à la place.

Cependant la nuit vint; & elle étoit déja bien avancée, sans que l'Esclave eût paru. L'inquiétude nous prit; & nous fîmes partir le Juif & le Frére de l'Aga, pour aller voir ce qui causoit ce retardement. Ils y restèrent jusqu'à minuit passé; & revinrent enfin, avec la fâcheuse nouvelle, que les choses avoient entièrement changé de face; que Baram Cacheff étoit plus endiablé que jamais; qu'il ne juroit que notre perte; & qu'il ne parloit que de Caisses d'or, qu'il vouloit avoir, avant que de nous laisser échapper.

L'*Effendi*, dont j'ai fait mention, le prémier de ce mois, & qui paroissoit avoir quelques principes d'honneur, vint alors nous trouver, & nous témoigna, qu'il étoit très-mortifié des tristes circonstances où il nous voyoit. "Vous n'avez pas à "faire, *dit-il*, à des Hommes, mais à des Diables. Ma mauvaise fortune m'oblige "de vivre avec eux; & je me maintiens dans mon poste, parce que je sçais écrire; ce "qu'ils ne sçavent pas eux-mêmes. J'ai horreur de la maniére dont ils traitent les "Etrangers. Aucune barque ne vient plus ici. Ils ont pillé toutes celles qui ont "paru, & ont maltraité les Reys jusqu'à leur faire donner la bastonade. Je ne sçais "pas, *poursuivit-il*, ce qui les retient si long-tems, par rapport à vous. Ce sont, "ou vos armes, ou vos lettres. Je ne sçaurois pas dire lequel des deux. Mais je sçais "bien qu'avant votre arrivée, on a agité au Divan, si on se déferoit de vous d'abord, &

"de

"de quelle façon on pourroit s'y prendre. Après de grandes difputes, on étoit con-
"venu de vous conduire dans les déferts, fous prétexte de vous accompagner jufqu'à
"la Cataracte. Ce qu'ils vouloient faire de vous, le Prophéte le fçait. Mais tout ce
"qu'ils difent d'une guerre, qu'ils veulent entreprendre, ce font de purs menfonges,
"pour vous faire donner dans le piége. Croyez, que vous avez à faire au plus grand
"Scélérat qu'il y ait fur la terre. Il a tué neuf Hommes de fa propre main. Ils étoient
"cependant de fes Amis, & des plus puiffans du Pays. C'eft ce qui l'a rendu fi redou-
"table: outre qu'il foutient fa puiffance par les largeffes qu'il fait aux uns, de ce qu'il
"prend aux autres. Il feroit encore Cacheff s'il ofoit aller à Tfchirche, pour y deman-
"der le Caffetan. Mais il eft retenu par la crainte, que les plaintes qu'on y porte fi
"fouvent contre lui, ne lui faffent jouër quelque mauvais tour: ainfi il aime mieux y
"envoyer quelque jeune imbécille, fous le nom de qui il gouverne. De plus, *ajouta*
"*l'Effendi*, il eft yvre tous les foirs: il devient alors comme infenfé: il couche avec fes
"propres Filles. En un mot c'eft l'Homme le plus vicieux, que j'aye jamais vu."

Nous écoutâmes cet afreux panégyrique, fans y répondre un feul mot, parce que nous ne connoiffions pas affez l'Effendi, pour nous fier à lui. Nous lui demandâmes néanmoins fon confeil; mais il ne put nous en donner aucun. Il nous laiffa dans l'incertitude où nous étions; & dans laquelle nous reftâmes toute la nuit.

LUNDI, 6. *Janvier.*

Dès que le jour commença à paroître, un Efclave de Baram Cacheff vint à bord, pour annoncer au Reys, qu'il devoit jetter tout notre bagage à terre, & nous obliger à vuider la barque. Celui-ci, nous en ayant auffi-tôt donné avis, nous lui dîmes en préfence de l'Efclave; qu'il devoit bien prendre garde à ne rien toucher de ce qui nous appartenoit; que nous étions réfolus, à ne point quitter la barque qu'avec la vie; & que le prémier qui entreprendroit de nous en chaffer, feroit affuré de refter mort fur la place. Nous promîmes pourtant d'aller parler à Baram Cacheff, & je me rendis fur le champ à fa maifon, fuivi des Interprétes.

Nous y fûmes reçus, à peu près, de la maniére qu'il nous avoit accueillis, le jour précédent au matin; & quand je voulus parler du fecond accord, qui avoit été fait, il entra en furie, & nous apoftropha d'un *Roug, Roug!* ce qui veut dire: *Allez vous en!*

Nous ne nous fîmes point répetter ce brutal compliment, nous nous en allâmes droit chez le *Schorbatschie*, afin de tâcher de connoître, par sa contenance, ce que nous en devions espérer. Nous y arrivâmes, avant son lever, & nous y trouvâmes quantité de personnes, qui s'y étoient assemblées. Un chacun s'empressoit à vouloir nous parler; & tous leurs discours n'aboutissoient qu'à demander, que nous leur donnassions quelque chose. Le Pére, qui étoit avec moi, me repettoit ce qu'ils disoient; & leurs demandes ridicules nous apprêtèrent plus d'une fois à rire.

Un de leurs *Santoni*, qui s'étoit tenu dans un coin, où il avoit gardé un morne silence, s'approcha enfin, & fut choqué de la bonne humeur où il nous voyoit. Il nous avertit charitablement en Lange Franque, qu'il parloit assez mal, que nous ne devions pas montrer un air si joyeux. "Il vous conviendroit, plutôt, *dit-il*, dans "les circonstances où vous êtes, de pleurer; car peut-être qu'avant la fin du jour vous "aurez perdu toute votre gayeté."

Ce Conseil, opposé à la maxime que nous nous étions faite, ne fit pas grande impression sur nous. Le *Santon* s'en apperçut. Il changea alors de ton, & nous dit quelques sottises en François mal prononcé, qu'il avoit appris à Alger parmi les Esclaves. Il en étoit revenu tout nouvellement; & à demi-nud; ce qui joint à son prétendu caractére de Saint, l'avoit mis en vénération parmi les Barbares.

Enfin, le *Schorbatschie* parut. Nous lui présentâmes le bonjour, qu'il nous rendit avec assez d'indifférence. Je lui fis demander dans quel sentiment il étoit, & si nous pouvions nous promettre d'en venir à quelque composition avec lui? "Donnez "moi, *dit-il*, cinq, ou six bourses: après cela je vous parlerai;" & sans attendre notre réponse: "Il faut, *poursuivit-il*, voir vos coffres. J'irai aujourd'hui à la barque; "vous me les ouvrirez; & s'ils ne sont pas remplis d'or, vous partagerez avec moi ce "qu'il y aura."

Lorsque j'entendis qu'il touchoit cette corde, je lui fis sçavoir, qu'il ne verroit point le dedans de nos coffres, qu'il ne les fît ouvrir avec une hache; mais qu'il devoit compter, que celui à qui il en donneroit la Commission, ne retourneroit pas pour lui dire ce qu'il y auroit trouvé. Le *Schorbatschie* ne répondit pas à cette menace. Il se contenta de me regarder fixement: après quoi il se tourna vers ses gens pour parler avec eux.

Nous en avions affez appris, pour juger ce que nous devions attendre: ainfi nous nous retirâmes, dans le deffein de rejoindre la Barque. Mais quand nous fûmes fur la grande Place, nous y vîmes Baram Cacheff, affis en grand Divan. Il nous appella dès qu'il nous vit. Nous feignîmes de ne le pas entendre, & nous paffâmes notre chemin. Cependant lorsqu'il nous eût envoyé un Efclave, pour nous appeller, nous allâmes à lui.

Ce n'étoit plus le même Homme. Il nous reçut d'un air gay; & après m'avoir fait affeoir à fon côté, il me fit demander, pourquoi j'étois fi dur envers lui; & pourquoi je ne voulois pas lui donner une caiffe d'or, tandis que nous en avions un fi grand nombre? Le Pére, m'ayant expliqué fa plainte, je me levai pour m'en aller, fans lui faire de réponfe; mais Baram me retint par mon habit, & m'obligea de me raffeoir. Il demanda pourquoi je ne lui répondois pas? Et je lui fis dire par l'Interpréte; qu'il étoit un miférable, qui n'avoit ni foi, ni loi, ni parole; & que je ne voulois pas perdre les miennes avec lui, puisque mon parti étoit pris.

L'Interpréte héfitoit de rendre ma réponfe. Baram s'en apperçut; & lui ordonna d'un air févére de lui dire tout, fans omettre une feule parole. "Tu le veux, "reprit l'Interpréte; Tiens voilà ce qu'il dit; & il rendit, mot pour mot, ce qu'il "avoit entendu."

Baram, au lieu de fe fâcher, comme je m'y attendois, fe mit à rire, & me fit dire que je n'avois qu'*à lui amener le Cheval, & qu'il le monteroit*. "Je n'ai "déjà que trop offert, *répondis-je;* mais s'il veut nous laiffer partir d'abord, je n'y "regarderai pas de fi près; & je lui donnerai encore quelques petits préfens, qui ne lui "feront pas défagréables."

Cette nouvelle ouverture parut être du goût de notre Homme. Il me combla de careffes & m'appella fon Frére. Mais quand il en falut venir à la conclufion, il demanda quelques bourfes pour lui, & ajouta, qu'il en faloit autant pour le *Schorbat-fchie*. Il forma encore outre cela diverfes autres prétentions, auxquelles je ne daignai pas répondre.

Il me preffoit cependant pour avoir ma réfolution; & à la fin je lui fis dire: que comme nous n'avions que ce qui nous étoit néceffaire pour les befoins de notre voyage, nous ne pouvions rien donner; qu'il étoit vrai que je lui avois fait des promeffes; mais que, puis qu'il ne tenoit pas lui-même fa parole, j'étois difpenfé de tenir la mienne; qu'il pouvoit être fûr, qu'il n'auroit rien que par force; & que de ce pas j'allois à la barque, afin d'y mettre tout en ordre pour fa reception.

Il fe fit expliquer ce que je venois de dire, & eut la patience de l'entendre, fans fe fâcher. Il fe contenta de répondre, qu'il avoit pourtant affez de force pour nous détruire s'il le vouloit. "Nous le fçavons, *repliquai-je*; & nous avons été informés "de votre mauvaife volonté, avant que de partir d'Effuaen. Nous n'avons pas laiffé "de venir, après avoir pris la précaution, de faire venger les infultes qui nous feroient "faites, au cas que nous ne fuffions point en état d'en tirer vengeance nous-mêmes. "Là-deffus, je me levai. Je pris congé; & je m'en allai à la barque, avec la ferme "réfolution de n'en plus fortir."

Je n'y fus pas une demi-heure, que Baram m'envoya dire de lui envoyer un Interpréte. Le Juif y alla; & retourna bien-tôt avec la nouvelle, que Baram étoit férieufement dans le deffein de nous laiffer partir; qu'il demandoit, qu'on lui envoyât les préfens qu'on étoit convenu de lui donner. Il demandoit encore quelques autres bagatelles de fi peu d'importance, qu'il ne valoit pas la peine de les lui refufer. Moyennant cela il promettoit de nous faire partir d'abord, & de nous accompagner lui-même, jufqu'à une certaine diftance.

Il n'y avoit pas beaucoup de fureté à fe fier à la parole d'un Homme, qui en avoit manqué fi fouvent. Il falut néanmoins en paffer par-là. Les préfens lui furent envoyés avec l'argent; & le *Schorbatfchie* eut auffi fa portion, avec quelques piaftres de plus, qu'il avoit demandées pour fes Enfans.

Vers le Midi, Baram Cacheff, acccompagné de deux de fes Braves, fe rendit à la Barque. Il vint d'abord à notre tente; mais comme il vit que nous étions à table, il ne voulut abfolument pas entrer, de crainte de nous troubler. Il fit d'abord appareiller & mettre à la voile. Quand il vit que nous avions dîné, il me remit fon fabre & ceux de fes Gens, pour les garder, & pour montrer qu'il agiffoit de bonne foi. Alors, il me fit demander, fi j'étois content de lui & fi je l'appellerois encore un Homme fans foi? Je n'avois garde de chercher à l'irriter. Je lui fis dire, que je n'aurois pas cru qu'il étoit fi honnête-homme; & que préfentement je lui voulois du bien. J'en difois trop, à un Homme de cette trampe: auffi ne manqua-t-il pas de me prendre au mot. "Puifque tu me veux du bien, *reprit-il*, donne-moi donc quelque "chofe." Nous parûmes un peu ferrés; mais il ne démordoit point; & il falut encore fe défaire de bien des bagatelles en fa faveur. Ce qu'il y avoit de pire, c'eft qu'il ne finiſſoit point. Il n'avoit pas plutôt une choſe, qu'il en vouloit avoir une autre. Rien n'étoit plus ennuyant. Il demandoit: nous refuſions: on diſputoit de part & d'autre; enfin il faloit en venir à compoſition; & toujours donner, des bagatelles à la vérité; mais des bagatelles, qui auroient pu nous ſervir dans une autre occaſion.

Cependant nous avions fait bonne route; & la nuit approchoit. Nous mîmes à terre à Karavaſchie. Baram nous y quitta, fit apprêter ſon ſouper, & mangea à la belle étoile, à une petite diſtance de la Barque.

Dans ces entrefaites un Garçon des Péres, à qui on avoit volé une Redingotte, alla ſe plaindre à Baram Cacheff, qui commençoit déjà à s'enyvrer. Il entra dans une furieuſe colére, ſe leva, tira ſon ſabre, & jura, que quiconque avoit fait le vol le payeroit de ſa tête. "Je veux bien, *ajouta-t-il*, prendre tout ce que je puis attrap-"per; mais je prétends que mes Eſclaves tiennent leurs mains nettes." Là-deſſus il ordonna une récherche exacte; & dans un inſtant la Redingotte ſe trouva. L'Eſclave, qui l'avoit volée, ſe jetta à ſes pieds, pour demander grace; nos Gens mêmes implorèrent pour lui; & Baram ſe laiſſa fléchir. L'iſſuë de cette affaire fut heureuſe pour nous; car ſi Baram avoit tué ſon Eſclave, nous aurions été obligés de le lui payer. C'eſt la moindre choſe qui nous en ſeroit arrivée. Nous étions fort fachés de ce que le Garçon avoit porté ſa plainte à notre inſçu; mais il n'en prévoyoit pas les conſéquences.

Avant que de ſortir de la Barque, Baram Cacheff nous avoit obligés de payer deux Sévillans à chacun des Braves qu'il avoit amenés avec lui. Lui-même, comme je l'ai dit, nous avoit eſcroqué tout le jour, tantôt une choſe, tantôt l'autre; & n'avoit ceſſé de demander, que parce qu'il n'avoit plus rien vu, qu'il pût exiger. Il ſembloit, qu'il vouloit encore revenir à la charge; car il fit entendre, qu'il avoit envie de retourner à la barque, pour y prendre congé de nous. Le Frére de l'Aga, qui avoit ſoupé avec lui, nous ſauva cette rechutte. Il lui repréſenta, qu'il avoit tout à craindre, s'il nous approchoit pendant la nuit, qu'on nous avoit tant véxés, que nous étions pouſſés à bout; & qu'il ne répondroit pas de ſa vie, s'il faiſoit tant que de rentrer dans la Barque.

Tout yvre qu'étoit Baram, ces repréſentations firent effet ſur lui. Il ſe contenta de nous envoyer ſouhaiter un bon voyage de ſa part. Mais il nous fit dire en même tems qu'il venoit d'être informé, que ſa Sultane étoit accouchée; & que nous aurions la bonté de donner à l'Enfant les *Mannottes* d'argent. Nous répondîmes, que nous les enverrions par le Reys; & nous n'y manquâmes pas; mais ce ne fut que dans le tems que nous l'envoyâmes avertir, que nous allions partir.

Baram fut content de notre préfent. Il chargea le Frére de l'Aga d'Effuaen de lettres pour fon Frére, & pour le Cacheff Ibrim; & il donna ordre au Reys de nous conduire. Enfin nous nous vîmes heureufement échappés des mains de ce Tyran; & nous nous félicitâmes d'en être quittes à fi bon marché.

Le Nil change ici de cours; il tourne vers le Nord; & nous avions un grand calme. Nous eûmes recours aux rames, qui, fecondées du courant du Fleuve, nous firent fi bien avancer, que, dans peu, nous perdîmes de vuë, le feu que Baram Cacheff avoit fait allumer pour fe chauffer.

VOYAGE D'EGYPTE ET DE NUBIE,

PAR
Mr. F. L. NORDEN.

HUITIEME PARTIE,
Contenant la suite du Voyage de l'Auteur,
pour retourner de Deir, ou Derri, jusqu'au Cayre.

MARDI, 7. Janvier.

N ous avions continué, toute la nuit, à nous servir de la rame: nous en fîmes aussi usage durant tout le jour; & le soir à huit heures, nous avions déja passé

GURTA.

Ce jour-là, notre Reys s'avisa de faire le petit Tyran. Il crut, qu'à l'éxemple de son Maître, il devoit aussi nous rançonner. Il demanda cinquante Sévillans, au dessus du prix qui lui avoit été accordé; & menaça de nous ramener à Derri, si nous refusions de lui donner cette somme. Heureusement il n'avoit pas, comme Baram Cacheff, le pouvoir en main. Nous lui fîmes donc entendre, que s'il étoit désormais assez osé pour nous tenir de de semblables propos, il pouvoit être assuré, que nous le jetterions, sans façon, dans le Nil, & que nous aurions bien soin nous mêmes de conduire la barque. Cette menace le fit changer de langage. Il dit, que son intention n'avoit pas été de rien exiger de nous; qu'il avoit seulement voulu plaisanter; mais qu'il éspéroit néanmoins, que nous serions assez généreux pour lui faire quelque présent. "Notre générosité, ré"pondîmes-nous dépendra de ta propre conduite; & nous en agirons avec toi, comme "tu agiras envers nous." Il parut content de cette déclaration, & nous laiſſa depuis en repos.

MECREDI, 8. *Janvier*.

Nous avions fait route, toute la nuit, à la faveur du courant. Nous continuâmes de même jusqu'à midi, que nous fûmes obligés de mettre à terre, à cauſe d'un Vent de Nord, qui étoit trop fort, & qui nous empêchoit d'avancer. Nous attachâmes la Barque au bord Oriental du Nil, près de

DENDOUR.

Nous avions fait un peu plus de la moitié de la route, de Derri à la Cataraɛte: route où l'on a beaucoup de peine à faire des proviſions. On ne trouve que quelques moutons extrêmement maigres & des Chevres, qui ne valent rien. Les Poules ſont très-rares; & les oeufs par conſéquent ne ſont pas communs. A l'égard du pain, on n'en vend point. Les Barbarins ne font moudre le bled, qu'à meſure qu'ils veulent cuire; & les gâteaux qu'ils font, ne ſont jamais qu'à moitié cuits. Ce qu'il y a de plus déſagréable, c'eſt que, quand on rencontre quelque choſe à achetter, la marchandiſe venduë, livrée & payée, ne fait pas une vente-parfaite. Nous en eûmes ce même jour une preuve convaincante. Notre Valet avoit achetté un mouton, qu'un Barbarin avoit amené à la barque, dans le deſſein de le vendre. Après bien des conteſtations, il le laiſſa pour deux Sévillans, avec leſquels il s'en alla. Mais, au bout d'une demi-heure, il retourna pour demander ſon mouton, & offrit de rendre l'argent, qu'il avoit reçu. Indignés de ſon procédé, nous refuſâmes de rompre le marché: d'ailleurs nous avions beſoin du Mouton. Là-deſſus notre Homme s'obſtina, fit un vacarme terrible, & aſſembla tant de monde, par ſes cris, que, pour n'être-pas obligés d'en venir à quelques extrémités, nous acquieſçames à ſa demande, moyennant les deux Sévillans qu'il reſtitua. La Comédie ne finit pas-là. Un moment après, il retourna avec le même Mouton, dont il demanda trois Sévillans. Nous voulûmes le chaſſer. Quand il vit que nous ne paroiſſions pas avoir envie de ſon Mouton, il prétendit nous obliger à le prendre, pour le prix qui lui en avoit été donné la prémiére fois. Nous fîmes les difficiles. Enfin on s'accommoda; & le Mouton nous demeura pour un Sévillan, & quelques meſures de bled, ce qui étoit pourtant au deſſous de ce qu'on lui avoit donné au commencement.

JEUDI, 9. *Janvier*.

Quoique le vent du Nord fût encore aſſez fort, nous ne laiſſâmes pas de faire route,

tout

tout le jour, par le moyen de la rame & du courant; de sorte que, vers le soir, nous gagnâmes le Village d'

ABOHUER.

Nous approchâmes de la terre; & nous en avions fait autant ce jour-là en divers endroits, sans pourtant nous y arrêter. On nous avoit seulement demandé, comment on nous avoit permis de retourner de Derri. Quelques-uns avoient ajouté fort civilement, que, si le Reys vouloit nous faire descendre chez eux, ils partageroient le butin avec lui. Mais à Abohuer une vingtaine d'Hommes osèrent venir à la nage jusqu'à notre barque, pour y demander des nouvelles de notre voyage. Ils se tinrent pourtant dans de certaines bornes, & ne marquèrent aucunement avoir envie de nous faire du mal. Ils témoignèrent seulement beaucoup de surprise, de ce qu'on nous avoit laissé échapper si aisément.

Comme depuis Essuaen jusqu'à Derri, on n'a pas l'usage de traverser le Nil avec des Canots, les Habitans sçavent suppléer à ce defaut de diverses maniéres. J'en ai déja donné deux. En voici une troisième assez singuliére. Ils se mettent à cali-fourchon sur un grand morceau de bois, après avoir ajusté leurs habits sur leur tête, en forme de Turban. Ils y attachent aussi leur Zagaie. Ensuite, il se servent de leurs bras, en guise de rames, & traversent ainsi le Fleuve, sans beaucoup de peine. Cette maniére est encore en usage un peu au dessous d'Essuaen; & même dans des endroits où il y a plus de Crocodiles qu'ici. Cependant on n'apprend pas qu'il arrive aucun malheur; & ceux qui se baignent, tous les jours, dans le Nil, ne prennent non plus aucune précaution contre cet Animal.

VENDREDI, 10. *Janvier*.

On reprit la rame de grand matin, parce que le Vent du Nord continuoit toujours. L'après-midi nous mîmes à terre à

UBSCHIIR.

Le dessein étoit pris de rester, toute la nuit, devant ce Village. Cependant à force de sollicitations, & par quelques liberalités que je fis, j'obtins que nous ferions en sorte de gagner

GIESIRET ELL HEIFF.

J'ai déjà dit, d'avance, de quelle manière j'employai toute la nuit à examiner les magnifiques Antiquités de cette Isle, jusqu'à ce que l'importunité des Barbarins m'obligeât de me retirer, le lendemain matin. Ainsi je me contente de renvoyer le Lecteur à la relation que j'en ai donnée.

SAMEDI, 11. *Janvier.*

Après avoir quitté Giesiret Ell Heiff, nous descendîmes le Nil jusqu'à
MORADA.

Il n'étoit guére que neuf heures du matin, quand nous arrivâmes dans ce Port. Nous nous y crûmes en un lieu de sureté; puisque c'étoit l'endroit où commençoit le gouvernement de notre bon Aga d'Essuaen. Mais nous y apprîmes bien-tôt que sa maladie empiroit tellement, qu'on croyoit qu'il n'iroit pas loin. Cette nouvelle nous affligea; car nous connoissions assez son fils, pour ne pouvoir pas nous promettre de lui les mêmes honnêtetés, que nous avions reçuës de son Pére.

Il avoit été informé de notre arrivée par le Reys; & en venant d'Essuaen, pour nous joindre, il avoit rencontré, le Valet Juif, que nous avions dépêché à l'Aga, pour l'avertir de notre retour, & pour le prier de nous faire fournir, le plutôt qu'il seroit possible, des Montures, afin que nous pussions nous rendre à Essuaen, avec nos bagages.

Dans cette rencontre, le fils de l'Aga fit entendre à ce Valet, qu'il ne nous rameneroit pas à si bon marché qu'il nous avoit ménés. "Nous sçavons, dit-il, main-"tenant de quelle façon il en faut user avec vos Gens. Nous, qui les avons traités avec "toute la civilité imaginable, nous n'en avons reçu que des bagatelles, tandis que ceux, "qui les ont tyranisés, en ont tiré des choses d'une grande valeur." Notre valet lui demanda, s'il vouloit se mettre en paralléle avec des Voleurs, qui auroient voulu prendre jusqu'à la chemise, s'ils n'avoient appréhendé que leurs doigts ne s'écorchassent, en la tirant. "Tout cela est bon, reprit le fils de l'Aga; mais je ne serai pourtant pas si "fou que je l'ai été."

Nous ne sçavions pas encore l'intention où il étoit, quand il vint nous voir vers les 10. heures, dans notre barque, avec le Reys. Mais après les prémiers complimens, il eut soin de nous faire sentir, qu'il lui faloit un présent de quelque valeur, pour l'engager à nous conduire à Essuaen; & que moyennant cela, il nous fourniroit toutes les commodités que nous pouvions souhaiter. Nous répondîmes, que nous l'avions toujours regardé comme un Homme d'honneur, que nous espérions n'avoir qu'à nous louer de lui, comme nous nous louïons de son Pére; que s'il prétendoit marchander avec nous, il n'avoit qu'à mettre ses services à prix; que s'il prenoit garde à ses intérêts, nous en faisions de même de notre côté; & que, du reste, il y avoit au Cayre des Puissances à qui nous sçaurions faire le rapport de la maniére, dont il en auroit usé avec nous.

Cette

Cette réponse parut un peu l'intriguer. Il tint bon néanmoins; &, moitié par nécessité, moitié par courtoisie, nous nous engageâmes à lui donner un habit de drap & quatorze Sévillans, outre trois Sévillans, que nous accordâmes pour les Montures. Ce marché conclu, notre Homme parut content, & promit de venir nous prendre le lendemain.

Je fis encore, ce jour-là, un tour à la Cataracte, pour la contempler de nouveau. Après cela je retournai à la barque, où nous restâmes tranquilles, tandis que nos gens tiroient des Tourterelles, qui se trouvent ici en quantité, de même que le poisson; & on nous en apporta autant que nous en pouvions souhaiter.

DIMANCHE, 12. *Janvier*.

Vers le Midi, le Fils de l'Aga arriva, avec un assez grand nombre de Montures, pour nous porter commodément à Essuaen. Nous fîmes aussi-tôt charger notre bagage, & nous nous mîmes en chemin. Mais en approchant de la Ville le Fils de l'Aga prit les devants, & nous étonna fort lorsque nous vîmes qu'il passoit au delà d'Essuaen. Il falut pourtant le suivre; car il en avoit donné l'ordre à ses gens. En vain je fis demander à quelques-uns la raison de cette contre-marche: personne ne put, ou ne voulut, m'en dire le motif.

On nous avoit joué tant de mauvais tours, que cette marche à contre-tems nous devoit un peu allarmer. Cela ne m'empêcha pas de tourner un peu à la gauche, pour y voir un Obélisque, qui est à moitié enterré dans le sable, & dont j'ai déja fait mention ailleurs. Cependant, je ne m'y arrêtai pas beaucoup. Le tems ne me le permettoit pas; car il faloit suivre le gros de la troupe, avec laquelle nous arrivâmes enfin dans une, soi-disant, Maison de Campagne de l'Aga. Le Commandant du Port de la Cataracte y étoit déja. Il ordonna dès que nous fûmes arrivés, que l'on fît entrer tous nos bagages: après quoi il donna ordre qu'on fermât la porte.

Tous ces mystéres nous donnoient beaucoup à penser. Ils ne nous allarmèrent pas néanmoins. Il n'y avoit pas beaucoup à craindre pour nous, puisque nous étions assez bien armés pour lui faire tête.

Quand il eut payé les Chameliers, il vint à nous pour nous saluer, & nous fit dire, par les Interprétes, qu'il ne nous avoit conduits dans cette Maison de Campagne, qu'afin de faire prendre le change au Peuple, qui s'étoit assemblé, en foule, à Essuaen, pour nous voir arriver. "Ils sçavent tout, dit-il; & on les a instruits de la maniére,

"dont

"dont on vous a traités à Derri. Ils pourroient prendre la fantaisie d'en user de la
"même façon à votre égard. Il ne seroit pas en notre pouvoir de vous en garantir.
"Notre force n'est pas capable de résister ici au Peuple, lorsqu'il vient à se révolter.
"J'ai donc jugé, qu'il étoit plus convenable, & pour vous & pour nous, de vous con-
"duire dans cette Maison de Campagne, où vous serez en toute sureté."

Nous entrâmes dans ses raisons, & nous commençâmes à le croire plus honnête-
homme, qu'il ne nous avoit paru dans ses prémiéres démarches. Je puis même dire
à sa louange, qu'il soutint depuis ce caractére assez bien ; car quoiqu'il ne laissât échapper aucune des occasions où il pouvoit nous excroquer quelque petit présent, il ne
laissa pas néanmoins de nous servir de tout son pouvoir.

Cependant le séjour, que nous nous voyions réduits à faire dans une campagne,
n'étoit guére de notre goût; & nous ne manquâmes pas de parler de notre départ.
Mais pour cela il faloit une Barque; & il n'y en avoit point à Essuaen. Le fils de
l'Aga nous offrit néanmoins, en tout cas, d'en faire venir une du Port de la Cataracte.
Je vis qu'il se passeroit quelques jours, avant que nous pussions l'avoir : ainsi je lui fis
demander, s'il ne pourroit point me procurer un batteau, ou un Canot, pour aller de
l'autre côté du Nil, où je souhaitois de voir les Antiquités, dont le Valet de l'Aga
m'avoit parlé, avant que nous partissions pour Derri. "Je te satisferai me dit-il; mais
"ce n'est pas le tout qu'un Canot. Il te faut encore une Escorte, pour te garantir des
"insultes des Arabes, qu'on rencontre quelquefois de ce côté-là;" & sur ce que je répondis, que nous irions en assez grand nombre, & assez bien armés, pour ne rien
craindre, il promit d'y penser, & nous laissa assez contens de sa conduite.

Nous prîmes alors pleine possession de notre nouvelle demeure, qui, au lieu de
chambres, n'avoit que trois espéces de remises voûtées, & pourvuës chacune, pour
tous meubles, d'un Divan de maçonnerie. Celle du milieu, recevoit le jour, par
toute sa façade, qui étoit entiérement ouverte. Il y avoit pourtant encore une Cuisine
découverte par en haut, outre un petit réduit, où logeoit un Esclave avec sa femme.
Il étoit le Chatelain, ou le Concierge du Chateau. Son Maître lui avoit donné ordre
de nous obeïr en toutes choses; & il devoit nous remettre les clefs tous les soirs.

Ce qu'il y avoit de meilleur dans cette Maison de Campagne, c'étoit une grande
Cour remplie de Brebis & de volailles. Le tout étoit à notre service, à condition que
nous le payerions; c'est à dire plus cher qu'au marché.

Sur

Sur le corps du principal bâtiment régnoit une platte forme, très-propre pour s'y rôtir au Soleil, qui y donnoit tout le jour. On auroit pu pourtant y respirer la fraîcheur, le soir & la nuit; mais il y avoit un grand obstacle; car on y avoit porté, depuis long-tems, les immondices de la maison : elles s'y étoient pourries; & donnoient une odeur, qui ne permettoit pas de s'y tenir long-tems.

Nous étions accoutumés à loger si étroitement dans notre barque, que malgré le peu de commodité, qu'il y avoit dans cette maison, nous nous trouvions mieux que nous n'avions été depuis long-tems: nous y étions du moins au large. Cet avantage ne nous touchoit guère pourtant, & nous soupirions après le moment où nous pourrions quitter ce triste séjour.

LUNDI, 13. *Janvier*.

On nous avoit avertis le matin, qu'il y avoit à Essuaen une petite barque, qui offroit de nous mener au Cayre. J'allai la voir; mais elle étoit trop petite; & le Maître demandoit 45. Sévillans pour notre passage. Je n'étois pas tenté de conclurre le marché; & le Fils de l'Aga, qui arriva dans ces entrefaites, n'y voulut pas non plus consentir. Il dit que le voyage étoit assez fatiguant par lui-même, sans en augmenter la fatigue, en se mettant dans une prison; & il me fit espérer qu'il arriveroit dans peu une barque plus large. J'accordai pourtant avec le Maître de celle-ci, pour qu'il me menât le lendemain de l'autre côté du Nil; & le Fils de l'Aga me promit deux Janissaires, avec le Valet, qui m'avoit parlé des Antiquités, qui s'y trouvoient. C'étoit lui qui devoit servir de guide.

MARDI, 14. *Janvier*.

Dès le matin, je passai de l'autre côté du Nil. J'étois accompagné des Pères, des Janissaires & des Valets. Nous fûmes obligés de descendre le Nil plus d'une lieuë, parce que le bord du Fleuve, entre l'Isle Eléphantine, & le Continent, du côté Occidental n'avoit pas assez de fond, pour en pouvoir approcher avec une barque.

Lorsque nous eûmes mis pied à terre, il falut remonter, le long du rivage, aussi haut que nous étions descendus. Notre Guide nous fit, après cela, traverser des montagnes sablonneuses, qui dans ce quartier s'approchent jusqu'au bord du Fleuve. C'étoit la marche la plus incommode du monde; car outre que nous avions à monter dans des Sables; ce qui est fatiguant: ils cachoient à leur surface, quantité d'épines, qui n'accommodoient pas nos jambes nuës; comme on les a toujours dans ce Pays-là.

De plus il faisoit une chaleur extrême; de sorte que le chemin, que notre Guide avoit fixé à la durée de quelques pipes de tabac, nous sembla d'une longueur épouvantable.

Au bout de trois heures de marche, nous arrivâmes enfin au lieu que nous cherchions, sans autre accident que celui de nous être bien lassés. Mais quel fut mon étonnement, quand au lieu de quelques superbes anciens Edifices, je n'apperçus que de vieilles masures de briques & de bouë? Je fis demander au Valet de l'Aga, si c'étoient là ces belles choses, qui valoient plus que ce que j'avois vu dans l'Isle Eléphantine? Il répondit tranquillement, qu'oui; & comme il s'apperçut que j'en étois irrité, il chercha à m'adoucir, en disant, que je verrois quelque chose de plus beau en dedans. Il falut prendre patience, & avancer pour entrer. Je n'y trouvai non plus que de vieilles masures. Je commençois à éclatter contre mon homme, qui ne fit que rire de la colére où il me voyoit, comme s'il eut voulu plaisanter de ce qu'il m'avoit trompé de la sorte.

Je cherchai à éteindre ma colére par le boire & le manger que j'avois fait apporter avec moi. Je me refis en même tems de ma fatigue; & je me rappellai alors, que le Drôle m'avoit parlé de Momies, de Peintures & d'Inscriptions. Je lui en fis demander des nouvelles; & il offrit de m'en donner de bien sures, en me montrant toutes ces choses. Aussi-tôt, il me conduisit dans un endroit, dont les murailles étoient effectivement peintes; mais lorsque je les vis, je ne doutai pas un moment que toutes ces ruïnes ne fussent des restes d'une Eglise, & d'un Couvent Copte, ou Grec. Il me mena après cela dans une espéce de Cimetiére, dont les Arabes ont ouvert les tombeaux. Il me donnoit quelques os de morts pour des Momies: encore, passe, s'il en avoit fait des Reliques. Il ne manquoit plus après cela qu'à me montrer les Inscriptions. Il n'y fut pas embarrassé, quand je les lui fis demander. Il soutint la gageure jusqu'au bout, & me fit remarquer des Cellules ruïnées où l'on avoit écrit, avec du charbon, sur le plâtre dont les murailles étoient enduites.

Mon homme n'en demeura pas-là: il se picqua de faire plus qu'il n'avoit promis. Il me fit descendre dans un endroit, où on voyoit un puits à moitié comblé. "Tiens, "dit-il, voila l'endroit où les tresors sont enterrés. Si tu sçais les tirer de-là: tu seras "suffisamment payé de la peine que tu as prise de venir jusqu'ici." Je me mis à rire, à mon tour, de la simplicité de ce Barbarin, commune à tous ses Compatriotes. Je jugeai alors, que ces Couvens ruïnés pourroient bien avoir occasionné le sentiment général, qu'on y a enterré des tresors. Il peut se faire, que les Moines, en danger de voir leurs Couvens détruits, enterroient l'argenterie & les Reliquaires de leurs Eglises; que les Arabes, dans la suite, ayant découvert quelques-uns de ces tresors, se sont

ima-

imaginés qu'il y en avoit partout; & que comme ils ne sçavent pas faire de différence, entre une ruïne antique, & une ruïne moderne, ils croient qu'il y a des tréſors dans tous les endroits, où il y a eu des Edifices. Je crois même, qu'on ne courroit pas risque de ſe tromper, ſi on diſoit, que la conſervation de tant d'Antiquités, qu'on admire encore aujourdhui, n'eſt duë qu'à cette fauſſe perſuaſion, bien incommode pourtant, & bien périlleuſe, pour un Voyageur, qui cherche à y ſatisfaire ſa curioſité.

Comme j'avois tant fait que de me rendre ſur le lieu, je voulus le voir entiérement. J'en fis tout le tour; mais, à dire le vrai, je n'y apperçus rien qui valût la peine d'être remarqué. Je ne trouvai, que les veſtiges d'un bâtiment, qui avoit été habité par des Chrétiens uniquement occupés au culte du vrai Dieu. Du reſte ce bâtiment étoit d'une mauvaiſe conſtruction, & ſitué dans le terrein le plus ſtérile du monde. On n'y voit à perte de vuë, que des plaines & des montagnes couvertes de ſable. L'eau, ſelon les apparences, n'y étoit pas fort bonne; & ſi ceux qui ont demeuré dans ce lieu, étoient obligés d'en aller chercher à la riviére, ils avoient aſſez d'incommodité pour ſe la procurer.

Après nous être un peu repoſés, nous nous mîmes en chemin, pour regagner notre barque. La marche qu'il nous falut faire pour cela, fut encore plus déſagréable, que celle du matin. Prémiérement nous étions alors tous frais; & l'eſpérance de voir quelque choſe de beau nous encourageoit: au lieu qu'à notre retour, nous étions déjà las de la marche précédente; & de plus, nous avions le déplaiſir de nous être fatigués inutilement.

Ni en allant, ni en revenant, nous ne rencontrâmes perſonne ſur la route. Autant que je puis l'imaginer, les Arabes ne viennent guére dans ce quartier, que quand ils s'attroupent pour y aller chercher quelque choſe. Je payai trois Sévillans, pour la Barque; & j'en donnai deux qui furent partagés entre les Janiſſaires & le Valet de l'Aga. Ces derniers furent plus contens de ma libéralité, que je ne le fus de la corvée que j'avois faite.

MECREDI, 15. *Janvier*.

Le Fils de l'Aga nous amena un Reis, dont la barque étoit au Port de la Cataracte; & il devoit la faire deſcendre, dans trois jours, à Eſſuaen. Nous accordâmes avec lui, moyennant ſoixante Sévillans; ce qui faiſoit dix Sévillans par rames. Il s'obligea de nous conduire au Cayre, & de nous mettre à terre, par-tout où nous voudrions. Nous payâmes dix Sévillans d'avance.

Nous eûmes, ce jour-là, la visite du Frére de l'Aga, qui nous avoit accompagnés à Derri. Il arriva un moment après que le fils de l'Aga nous eut laissés, après avoir conclu le marché de la barque. Nous n'avions pas encore vu ce Bon-homme, depuis notre retour. Il nous félicita de nouveau sur ce que nous étions échappés, à si bon marché, des mains de Baram Cacheff. Nous lui demandâmes, s'il croyoit véritablement, qu'on en avoit voulu à notre vie. "Je ne crois pas, dit-il, qu'ils en fussent "venus à cette extrémité, s'ils eussent pu vous enlever votre bien sans cela; mais com-"me ils vous voyoient résolus à le défendre, & qu'ils craignoient d'un autre côté, que, "si quelqu'un de vous échappoit, il n'eût porté des plaintes, leur prémier dessein fut, "de tâcher de vous surprendre & de se défaire de vous. Ils ne purent pas heureuse-"ment convenir de la maniére, dont ils s'y prendroient, car ils n'avoient pas envie de "s'exposer eux-mêmes, d'autant qu'ils voyoient, que vous n'étiez pas gens à lâcher prise "aisément. Il survint, poursuivit-il, une autre circonstance, qui contribua beaucoup "à vous faire partir. C'est que le bruit de vos richesses s'étant répandu, il venoit "tous les jours, de divers endroits, des personnes, qui prétendoient avoir part au ga-"teau. Baram sentit alors, que, s'il partageoit vos dépouilles, avec tant de Gens, il "courroit risque d'avoir beaucoup moins, que s'il s'accordoit avec vous. Son intérêt "particulier le détermina donc à tirer de vous le plus qu'il pourroit, & à vous faire "partir de la maniére qu'il s'y prit." Nous lui fîmes encore demander, s'il n'avoit jamais parlé de nous à Baram Cacheff. "Je n'y ai pas manqué, répondit-il; Je ne l'ai pas "vu une seule fois, sans lui représenter le tort qu'il se feroit, s'il vous maltraitoit. "L'Effendi, ajouta-t-il, se joignoit à moi; mais le Tyran nous chargea l'un & l'autre "d'injures, & menaça d'en user, avec nous, comme avec vous. Je nommai une fois "mon Frére. Baram se mocqua de sa recommandation; & cependant le Misérable à "osé lui écrire; qu'en sa considération, il vous avoit témoigné toute la civilité imagi-"nable, & rendu tous les services qui dépendoient de lui." Le bon Vieillard nous détailla encore une infinité de circonstances, que nous ignorions, & s'étendit beaucoup sur la cruauté de Baram; ce que nous avions moins de peine à croire, que quand il nous en avoit parlé d'avance. Du reste, ce Frére de l'Aga ne nous avoit pas été d'un grand secours dans notre voyage. Il craignoit encore plus que nous; & il étoit d'un tempérament trop flegmatique, pour se remuer, comme il faut, dans une occasion délicate. Je m'imagine pourtant, que Baram Cacheff l'auroit souhaité bien loin. Un témoin, de cette espéce, devoit l'embarrasser; & il n'y avoit pas moyen de le tuer. Son Frére étoit trop proche voisin, & trop puissant, pour être offensé impunément.

Quant

Quant à nous, nous nous félicitions d'avoir esquivé un si grand péril; & quoique nous eussions encore bien des difficultés à surmonter, avant que d'arriver au Cayre; ce n'étoit plus rien, en comparaison du danger que nous avions couru à Derri. Nous n'oubliâmes pas de faire quelques présens au Bon-homme; & il ne faut pas demander s'il en fut charmé.

JEUDI, 16. *Janvier.*

Vers le midi, mourut Ibrahim Aga. Son fils nous envoya annoncer cette mort; & nous fit dire, en même tems, qu'il succédoit au gouvernement. Nous l'envoyâmes bien-tôt complimenter, & nous lui fîmes porter, en présent, diverses choses, qu'il avoit paru souhaiter. En reconnoissance, il nous donna le soir une garde de trois Janissaires, en nous faisant dire, que, comme il ne pouvoit pas garantir, qu'il ne survînt quelques troubles à l'occasion de la mort de son Pére, il avoit cru, qu'il convenoit de nous mettre en sureté. Il falut prendre en bonne part cette attention, dont nous l'aurions volontiers dispensé. Nous aurions mieux aimé n'avoir point de garde. Tout nous étoit suspect: aussi, tant que ces Janissaires restèrent auprès de nous, deux de nos Gens faisoient la nuit bonne garde tour-à-tour. Il ne nous arriva néanmoins aucun fâcheux accident.

J'avois été le matin faire un tour sur une hauteur, d'où j'apperçus notre barque, qu'on faisoit descendre du Port par la Cataracte. On employoit, dans quelques endroits, des Chameaux, qui la tiroient, par le moyen d'une corde; & dans d'autres endroits, des Hommes faisoient cet office. C'étoit un ouvrage bien lent, & qui me fit craindre, que notre départ n'en fût retardé de quelques jours.

VENDREDI, 17. SAMEDI, 18. DIMANCHE, 19. } *de Janvier.*

Durant ces trois jours, il ne se passa rien de bien intéressant. Comme le nouvel Aga nous avoit mandé, de ne point sortir, pour la même raison qui l'avoit porté à nous donner une garde, nous ne nous éloignâmes pas beaucoup de notre demeure. Nos Gens s'amusoient à la chasse; & nous fîmes des provisions, pour notre prochain voyage.

LUNDI, 20. *Janvier.*

Vers le soir, notre Reys vint nous avertir, qu'à la fin il étoit arrivé avec sa barque;

qu'elle étoit attachée au deſſous de la Citadelle ; & quil eſpéroit, le lendemain, ou, pour le plus tard, le jour d'après, l'amener à l'endroit où ſe faiſoit l'embarquement.

MARDI, 21. Janvier.

Ce jour-là, le vent étoit trop fort, pour entreprendre de conduire la barque dans l'endroit où nous devions nous embarquer. De plus, c'étoit le jour de Pâques des Turcs.

MECREDI, 22. Janvier.

Les mêmes raiſons empêchèrent la barque de deſcendre. Ce même jour, l'Aga nous envoya une Brebis & du pain blanc, fait à l'occaſion de la fête de Pâques. Il nous les fit préſenter, au nom de ſa Sultane ; ce qui, dans le langage du Pays, vouloit dire: "Vous avez oublié de lui faire un préſent : penſez-y, & reparez votre faute."

JEUDI, 23. Janvier.

La barque arriva enfin le matin à ſa place. J'allai la voir ; & je la trouvai aſſez ſpacieuſe. Elle ne tiroit qu'un pied & quelques pouces d'eau étant vuide ; & elle étoit à fonds plat. Toutes ces ſortes de barques ſont conſtruites de bois de Sicomore, bois, dont ſont auſſi faites les Caiſſes des Momies. Ce bois eſt extrêmement dur ; & on peut dire, que les barques ſont bien fortes. Cela n'empêche pourtant pas qu'il n'en périſſe un grand nombre, tant à cauſe de leur mauvaiſe conſtruction, qu'à cauſe de l'ignorance des Pilotes, qui ne ſçavent pas gouverner. Je convins avec le Reys, de la manière dont les choſes devoient être diſpoſées dans ſa barque, pour notre plus grande commodité.

Vers le ſoir, nous envoyâmes quelques Quinquailleries à Madame l'Agaſſe, qui fit dire, qu'elle en étoit très-ſatisfaite. Mais Monſieur ſon Epoux ſe plaignit au Juif, de ce que nous étions trop reſſerrés à ſon égard ; & ajouta, qu'il n'étoit que juſte, que nous nous déſiſſions encore de quelque choſe en ſa faveur. Le Juif répondit, que nous avions déja tant donné, & qu'on nous avoit tant pris, qu'il ne ſçavoit pas, s'il nous reſtoit ſuffiſamment de quoi nous conduire au Cayre. L'Aga témoigna, qu'il ne ſe payoit pas de cette réponſe. Il nous fit dire néanmoins, que, le lendemain, il nous envoyeroit des montures, pour nous conduire à la barque.

Notre Valet Juif nous pria, de lui permettre de charger dans la Barque une partie de Dattes, ſur leſquelles il feroit quelque profit, en les vendant au Cayre. Nous étions érions en droit de disposer de toute la Barque, ainsi nous fûmes bien aises de lui procurer ce petit avantage. Nous lui avançâmes même une douzaine de Piastres, pour faire cet achat. Nous ne connoissions pas alors la conséquence de la chose. Sans cela nous nous serions bien gardés de lui accorder la permission qu'il demandoit: nous l'aurions plutôt avantagé d'une autre façon.

VENDREDI, 24. *Janvier*.

Les Chameaux arrivèrent le matin, avec des Bourriques, sur lesquelles on devoit charger notre bagage. Mais le Reys fit difficulté de se mettre en besogne, sous prétexte qu'il n'avoit pas touché les dix Sévillans, que nous avions remis à l'Aga, pour les lui donner. Il étoit aisé de juger, que l'Aga les vouloit retenir pour son courtage. Nous ne crûmes pas devoir nous mêler de cette affaire. Nous nous contentâmes d'envoyer le Juif, avec ordre de faire des plaintes du Reys. L'Aga fit appeler celui-ci; il lui remit les 10. Sévillans en présence du Juif; & l'obligea de déclarer, qu'il les avoit reçus de nous. Cette procédure étoit dans l'ordre; mais l'Aga étoit trop avide, pour lâcher prise si aisément. A peine le Reys eut-il reconnu avoir reçu cet argent, que l'Aga lui ordonna de le lui rendre. Il fit venir ensuite le Cadis, pour dresser un contract, où le pauvre Reys fut contraint de souscrire, qu'il avoit reçu les 10. Sévillans. On ne sçauroit concevoir de quelle manière ces Misérables sont écorchés par leurs supérieurs, qui tirent d'eux tout ce qu'ils peuvent: ainsi il n'est pas étonnant, s'ils veulent aussi tirer à leur tour de ceux, qui ont de quoi leur donner.

Nous ne nous rendîmes à bord, qu'après midi; & nous n'avions pas encore embarqué tout notre bagage, lorsqu'il s'éleva une dispute entre les Chameliers & les hommes, qui conduisoient les Bourriques. Ce ne fut d'abord que des paroles: les injures succédèrent; & enfin ils en vinrent tout de bon aux mains. Ils se battirent avec des bâtons assez courts, & plombés, qu'ils portent ordinairement. Le Peuple, qui accourut bien-tôt en foule, se mit de la partie; & en moins de rien on vit quatre à cinq cens Hommes engagés dans la mêlée. Le combat fut rude. Plusieurs furent renversés des coups qu'ils reçurent; & quelques-uns paroissoient à demi-morts. Pour nous, dès le commencement de la querelle, nous nous retirâmes dans notre barque, où nous eûmes soin de tenir nos armes prettes, au cas que l'orage s'approchât trop près de nous.

Cependant, l'Aga, informé de ce tumulte, envoya une douzaine de Janissaires, pour l'appaiser. Leur présence n'en imposa point. Ils furent obligés de jouer long-tems de leurs bâtons; & ce ne fut qu'au bout d'une demi-heure, qu'ils parvinrent à séparer les Combattans. Il ne resta alors qu'un Garçon étendu sur la place. Il étoit griévement blessé d'un coup de couteau, qu'il avoit reçu dans les reins.

La Mére de ce misérable accourut bien-tôt, lorsque les Janissaires se furent retirés. Elle étoit suivie d'une douzaine d'autres femmes. Toutes jettoient des cris épouvantables, & pour achever la cérémonie, elles s'égratignoient le visage. La Mére, entre autres, se tournoit, de tems à autre, vers notre barque, nous donnant mille malédictions, menaçant & jurant de ne point quitter la place, qu'elle n'eût vu couler notre sang, pour venger celui que son Fils avoit répandu.

Nous ne craignions pas beaucoup les menaces de ces Femmes, nous appréhendions seulement que leurs cris ne rassemblassent de nouveau la Populace, avec qui nous n'étions pas curieux de nous compromettre. Nous fîmes donc avertir l'Aga, qui envoya d'abord deux Janissaires, chargés de chasser ces Femmes. Elles se défendirent d'abord comme des enragées. Il falut prendre le bâton. Leur courage céda alors à la douleur des coups qu'elles recevoient. Elles prirent enfin la fuite, & nous fûmes en repos. Cependant un des Janissaires resta avec nous, suivant l'ordre qu'il en avoit reçu, pour nous servir de garde.

Depuis la mort du vieil Aga, nous n'avions pas encore vu le nouveau. Sa Loi l'obligeoit à ne point sortir de sa maison, qu'après un certain tems. Il voulut bien néanmoins enfreindre cette Loi, en notre faveur, ou, pour mieux dire, en faveur de son propre intérêt. Il vint à bord à minuit, accompagné d'un seul Homme, qui portoit une longue picque, marque de sa dignité. Je n'étois pas encore couché. J'allai le recevoir; je le fis entrer dans notre tente; & après avoir pris le Caffé, il ne tarda pas à me donner à entendre le sujet de sa visite, en me faisant sentir qu'il étoit bien naturel, que nous lui fissions encore quelque présent. Nous répondîmes, que nous n'ignorions pas, que nous étions dans ses dettes, pour le loyer de la maison où il nous avoit logés, & qu'il devoit compter qu'avant de partir, nous aurions soin de nous en acquitter. Quand il vit, que notre intention répondoit si bien à ses vues, il changea de discours, & nous pria de vouloir bien nous charger des Lettres, qu'il écrivoit aux Puissances du Cayre, & où il demandoit d'être confirmé dans sa Charge, sans être obligé d'aller en personne demander cette confirmation. Au bout de quelques heures d'entretien, il nous quitta, en nous souhaitant un bon voyage, & nous promettant d'ordonner notre départ, pour le Dimanche suivant.

SAMEDI,

SAMEDI, 25. Janvier.

L'endroit, où l'on avoit attaché notre barque, étoit à un quart de lieuë de la Citadelle d'Essuaen. Nous avions devant nous une plaine d'environ 130. toises; c'étoit un terrein que l'écoulement des eaux du Nil avoit laissé à sec. Cela nous reculoit de la terre ferme, où nous ne pouvions pas aller, sans nous éloigner trop de la Barque: ainsi nous nous occupions à tirer des Corbeaux & des Poules de Pharaon, parce que notre voisinage ne fournissoit pas d'autre gibier.

Vers le midi, nous eûmes un spectacle, qui nous intrigua un peu. Une vingtaine de personnes, à cheval, parurent vouloir s'approcher de notre barque. L'Escadron étoit précédé d'une longue picque; ce qui marquoit qu'il y avoit dans la troupe un Schech Arabe. Quand nous vîmes, qu'ils avançoient effectivement à nous, nous prîmes tout de bon l'allarme, & nous songeâmes à nous mettre en défense. Lorsqu'ils furent à dix pas de la barque, ils mirent pied à terre, attachèrent leurs Chevaux, plantèrent la picque, & avancèrent assez près de nous le pistolet au ceinturon. Nous les fîmes prier alors, par un Interpréte, de ne pas approcher davantage, sans nous dire ce qu'ils souhaitoient. A cette sommation, le Schech s'arrêta, & ordonna aux autres d'en faire autant. Il porta lui-même la parole, & nous dit, que nous ne devions point prendre ombrage d'eux; qu'il n'étoit venu, que pour nous voir, parce qu'il avoit entendu dire, que nous avions été à Derri; & qu'il souhaitoit de nous connoître.

Persuadés qu'il n'avoit nulle mauvaise intention, nous nous rendîmes auprès de lui, & nous l'invitâmes d'entrer dans notre barque, à condition qu'il y viendroit seul. Il nous remercia civilement de notre offre. Alors nous lui fîmes présenter le Caffé & le Sorbert. Il en prit; & après nous avoir fait plusieurs questions sur notre voyage, il prit fort honnêtement congé de nous, remonta à cheval, & s'en alla comme il étoit venu.

Le Reys demanda ce jour-là, qu'on lui avançât une quinzaine de Sévillans. Il nous représenta, qu'il n'avoit pas touché la moindre chose des dix prémiers que nous avions avancés; qu'il avoit absolument besoin d'argent, pour faire des provisions, & pour donner quelque chose à son Equipage. Il étoit de notre intérêt de l'aider de notre mieux, afin qu'il hâtât d'autant plus notre départ. Nous entrâmes donc dans ses peines, & nous lui donnâmes ce qu'il nous demandoit. Mais nous ne sçavions pas que c'étoit un piége, que le Drôle nous tendoit. Le Juif & lui s'entendoient ensemble. Ils employèrent tous deux leur argent à achetter des dattes, qu'ils chargèrent dans la barque, & qui nous exposèrent dans la suite à bien des avanies.

Sur le soir, le Reys, qui nous avoit conduits du Cayre à Essuaen, vint nous voir, & nous présenta un Mouton excellent, avec un panier de pain de Pâques. Nous reconnûmes, comme nous devions sa générosité. Il étoit Janissaire, & vivoit avec une certaine aisance. Je dois pourtant avertir, que, quoique toute la Milice de ce Canton prenne le nom de Janissaires, ce ne sont pourtant que des Assafs.

DIMANCHE, 26. *Janvier.*

Notre Reys & le Juif achevèrent, ce jour-là, de charger leurs dattes dans la Barque; & le Reys, qui nous avoit menés à Derri & nous en avoit ramenés, vint à bord, avec une prétention à notre charge. Il ne demandoit pas moins qu'un habit avec une dixaine de Piastres. Nous l'envoyâmes au Cadis, qui jugea, qu'il n'avoit plus rien à prétendre de nous. Cette sentence coûta une piastre, y compris les frais de l'accord dressé pour le Reys, qui devoit nous conduire au Cayre.

Vers le soir, nous envoyâmes, en présent à l'Aga, un pacquet de ris, d'épiceries & de quelques autres babioles, avec quatre Sévillans pour le loyer de sa maison. Il parut content du prémier Article; mais il faisoit difficulté d'accepter l'argent, parce qu'il trouvoit la somme trop modique. Cependant l'Interpréte lui ayant réprésenté, qu'il n'étoit pas de son intérêt de nous chagriner, puisque cela pourroit nous porter à négliger ses affaires, ou à le desservir au Cayre, il accepta l'argent, & donna ses ordres pour notre départ. Il nous fit remettre, en même tems, les lettres, dont il nous chargeoit; & nous apareillâmes aussi-tôt, pour être en état de partir la nuit, ainsi que l'Aga l'avoit conseillé, pour notre plus grande sureté.

LUNDI, 27. *Janvier.*

A une heure après minuit, nous mîmes à la rame. Le vent, qui venoit du Nord, souffloit assez fort, & nous retardoit; mais vers le midi il tomba entièrement; ce qui fit que, sans nous arrêter nulle part, vers les sept heures du soir nous gagnâmes

GIESIRET ELL MANSORIA.

Le Cacheff d'Esnay campoit dans cet endroit. Il nous fit mettre à terre. Je me rendis d'abord auprès de lui, avec quelques petits présens. Il me reçut fort civilement, & me fit apporter le Caffé. Mais il refusa absolument ce que je lui présentai, & me fit dire par l'Interprete, que, dans les endroits d'où nous venions, nous avions donné des choses de plus grande valeur, & que nous ne devions pas avoir moins d'égard pour lui. Nous disputâmes beaucoup de part & d'autre; mais je tins bon; & tout se termina à faire connoître, qu'il souhaitoit quelque chose de plus.

Pour parvenir à son but, il offrit de nous faire accompagner par une douzaine de ses Soldats. "Les Arabes, dit-il, rendent le passage dangéreux; &, depuis peu, "ils ont tué un Effendi, qui venoit de Girge." Je le fis remercier de sa bonne volonté; & je m'excusai d'accepter ses offres, sous prétexte, que nous étions trop étroitement logés pour recevoir quelqu'un dans notre barque. "Du reste, ajoutai-je, nous nous "croyons assez forts pour résister à ceux qui oseroient nous attaquer." Je le priai seulement, de nous laisser partir le même soir; mais il n'y voulut pas consentir. Il promit pourtant de nous expédier le lendemain.

Ce Cacheff étoit Turc de naissance. Il avoit suivi la fortune d'un Bey, rebelle au Gouvernement du Cayre; & avoit lui-même tué un autre Bey, envoyé contre son Maître. Ce dernier ayant enfin succombé, & s'étant noyé dans le Nil, il se retira auprès des Princes Arabes, qui lui donnèrent leur protection, & le firent ensuite leur Cacheff à Esnay.

MARDI, 28. *Janvier*.

Le Cacheff nous envoya, de grand matin, en présent deux Moutons bien gras, avec un grand panier de pain. Il falut répondre à cette honnêteté, par un autre présent plus considérable. Il eut donc un morceau de drap rouge pour un habit, du Savon, des Epiceries, du Caffé & d'autres bagatelles. Nous le contentâmes ce jour-là; & il ordonna au Reys de partir dans deux heures. Il ne laissa pas, dans cet intervale, de nous envoyer divers Messages, pour demander tantôt une chose tantôt l'autre; & comme il ne demandoit véritablement que des bagatelles, on ne lui refusa rien.

Dans un entretien, il montra au Pére Interpréte un morceau de Marcassite, & lui demanda, comment on pouvoit en tirer l'argent. Le bon Pére se tira d'affaire du mieux qu'il put. Ce Cacheff, persuadé, comme tout le Peuple du Pays l'est généralement, que les Francs n'ignorent rien, chargea le Pére de demander à nos Gens, si quelqu'un d'entre eux vouloit rester avec lui, pour mettre en valeur les Mines d'argent, qu'il disoit être très-abondantes dans les Montagnes. Il promit d'enrichir celui qui demeureroit; mais personne ne fut tenté d'accepter sa proposition.

Nous étions prêts à partir, quand il nous vint un nouveau Message, chargé de nous dire, que le Cacheff nous demandoit quelque chose, capable de le rendre plus formidable dans son Serrail. Nous ne pûmes, nous empêcher d'éclatter de rire à cette proposition. Pour répondre néanmoins, en quelque manière, à sa confiance, nous lui envoyâmes deux bouteilles d'eau de la Reine de Hongrie; & nous lui conseillâmes d'en prendre une bonne dose le soir & le matin.

Nous partîmes aussi-tôt; & nous nous trouvâmes dans peu vis-à-vis de l'ancien Temple de

KONOMBU.

Je mis pied à terre pour l'aller voir. Chemin faisant, je remarquai, qu'une grande quantité de Poules de Pharaon suivoit le petit Camp du Cacheff. Il y en avoit de blanches, avec les aîles noires, & d'autres étoient entiérement noires. Elles se nourrissoient de ce qu'on jettoit; & elles passoient entre les tentes, comme des Oiseaux apprivoisés.

Il régnoit un grand calme; de sorte que nos Rameurs, aidés du courant, nous firent faire bonne route.

Un peu après midi, nous étions déja arrivés à

TSCHIBAL ESSELSELE:

C'est-à-dire à la Montagne de la Chaîne. Notre Reys, qui étoit convenu de nous mettre à terre, partout où nous voudrions, fit beaucoup de difficulté pour s'arrêter. Il eut beau faire, je descendis, & je me mis d'abord à dessiner & à mesurer, tout ce que je trouvai de remarquable. J'avois à peine commencé, que le Juif vint m'avertir de me retirer dans la barque, parce qu'on avoit apperçu une troupe d'Arabes, qui s'approchoient. J'avois été si souvent la dupe de pareilles chansons, & j'avois tant de peine à me faire mettre à terre dans les endroits où ma curiosité m'appelloit, que je renvoyai mon homme, sans vouloir l'écouter, & je continuai mon travail.

Peu de tems après, un autre de nos Gens fut dépêché, pour me dire, que le Reys détachoit la Barque, afin de s'en aller. Je ne fis pas plus de compte de ce second avis, que du prémier. J'avois commencé, & je voulois finir. Je retins mon homme avec moi, en lui faisant entendre, que la barque n'iroit pas loin, & que nous la rejoindrions bien-tôt. Je travaillai ainsi tranquillement toute l'après-dînée jusqu'au soir. Je visitai les grottes voisines; & je ne quittai la place, que quand l'obscurité de la nuit, qui commençoit, ne me permit plus de voir les objets.

J'avois cependant un bon chemin à faire, avant que de pouvoir joindre la barque; & je ne m'y rendis pas sans peine. A mon arrivée, un chacun m'y reçut en

riant

riant de la terreur panique, qui les avoit faifis; car ils m'apprirent, que la prétendue troupe d'Arabes n'avoit confifté, qu'en une vingtaine de chameaux, fuivis de leurs Chameliers. Je fis pourtant un peu le fâché; & j'avois fujet de l'être. Je remarquois, à mon grand regret, que les périls paffés avoient fait une trop forte impreffion fur l'efprit de quelques-uns de nos gens. Le Juif, qui avoit fes dattes dans la barque étoit plus craintif que jamais; & le Reys, frippon fiéfé, avoit fait tant de coquineries tout le long du Nil, qu'il trembloit de peur quand il entendoit une feuille tomber. C'étoit d'ailleurs le même Reys, qui avoit conduit le Pére Siccart, lorfqu'il fit fon voyage dans la Haute-Egypte. Ce Reys fçavoit beaucoup de circonftances, touchant ce Pére; mais j'étois furpris, de ce que l'ayant accompagné par-tout, il n'étoit pas meilleur Guide. Il nous avoit montré dans la matinée de quoi il étoit capable.

Avant que d'arriver à la montagne de la Chaîne, nous avions paffé devant un endroit, où un jeune Garçon, gardoit quelques brebis. Le Reys lui dit des injures; & l'Enfant lui répondit fur le même ton. Picqué de la réponfe, le Reys fe jette fur un fufil chargé à trois balles, qui étoit toujours en cet état hors de la tente; & il tire fur le troupeau de brebis. Nous avions cru qu'il ne prenoit cette arme, que pour faire peur à l'Enfant; mais, lorfqu'il l'eût tirée, nous en fûmes très-fcandalifés. Heureufement il ne tua rien. Ce qui nous furprit beaucoup, c'eft que l'Enfant, au lieu de s'enfuïr, demeura ferme fur la place, & fe mit à vômir mille injures contre notre Barbon, qui, pour s'en venger, ne parloit pas moins, que de mettre à terre, & de s'emparer de toutes les Brebis. Son Equipage ne valoit pas mieux que lui. C'étoit de véritables Corbeaux. Ils voloient la viande du pot, qui bouilloit fur le feu.

Nous continuâmes à defcendre à la rame, jufqu'à mi-nuit, que nous nous trouvâmes devant

BUEBBE.

MECREDI, 29. *Janvier*.

Le calme dura toute la nuit, & même tout le jour fuivant; ce qui nous fit beaucoup avancer. Nous vîmes de tems en tems, divers Crocodiles; & nous tirâmes deffus, fans en pouvoir tuer aucun.

L'après-midi, nous apperçûmes, fur le haut d'une Montagne, un Edifice, qui paroiffoit de conftruction Sarafine; & à un quart de lieuë de-là, je remarquai quelques ruïnes, dans une Vallée, derriére la montagne. Il n'y eut pas moyen d'y aller. Je n'aurois pu y arriver que dans la nuit: le Reys outré cela s'y oppofoit; & d'ailleurs, le tems étoit fi favorable, pour defcendre le Fleuve, qu'on crut devoir en profiter.

Je fis, dès lors, une convention avec le Reys, pour qu'il nous arrêtât à Luxxor & à Carnac; & je lui proteftai que s'il y manquoit, il perdroit tout ce qu'il devoit encore avoir pour notre paffage. Il me le jura par fa barbe; & pour être plus fur de mon fait, je promis de lui donner une piaftre, lorsque je ferois de retour de ces deux endroits.

Vers la minuit nous arrivâmes devant

TURRAEG.

Nous y trouvâmes fept à huit Barques, qui étoient à terre, & qui s'appelloient mutuellement l'une l'autre, comme c'eft la coutume ordinaire du Pays. Il y avoit, dans ce lieu deux *Schorbatfchiers* d'Effuaen, qui devoient figner les lettres, que l'Aga écrivoit aux Puiffances du Cayre. Nous les leur envoyâmes par le Reys; &, dès qu'ils les eurent fignées, nous mîmes au large.

JEUDI, 30. *Janvier.*

Nous avions continué toute la nuit à faire bonne route, à la faveur du calme. Il en fut de même dans la matinée. Mais, vers le Midi, il fe leva un Vent de Nord très-fort; & notre gouvernail fe caffa. Il nous falut refter au milieu du Nil, bien empêchés, entre le Vent & le courant, qui fe combattoient, & qui occafionnoient un fi grand roulis, que quelques-uns de nos Gens en furent malades. Nous fîmes pourtant fi bien jouer nos rames, qu'à la fin nous approchâmes de la terre à

DUREG.

Tandis que nous y étions, il paffa une petite Barque, dans laquelle il y avoit trois Francs. Nous remîmes presque auffi-tôt à la rame; de forte que nous arrivâmes, vers le Midi, vis-à-vis d'

ESNAY.

La prémiére chofe à laquelle nous fongeâmes, ce fut de faire réparer notre Gouvernail. Nous demandâmes enfuite des nouvelles des Francs, que nous avions rencontrés; mais perfonne ne nous en put rien dire de pofitif. L'unique circonftance, que nous pûmes apprendre, fut qu'ils avoient été voir l'ancien Temple, où ils avoient voulu rompre une piérre; mais que le Peuple s'y étoit oppofé. Je fçavois déja, par ma propre expérience, que ce n'étoit pas une chofe à tenter. J'eus regret de n'avoir pas pu parler à ces Meffieurs. Je les aurois informés de mes avantures, dont ils auroient

roient pu profiter. Mais ils paſsèrent ſi vîte, que nous perdîmes leur barque de vuë dans un moment.

Le vent venoit toujours du Nord, & étoit encore très-fort; de ſorte que nous paſsâmes la nuit devant Eſnay.

VENDREDI, 31. *Janvier.*

J'allai, de grand matin, conſidérer de nouveau l'ancien Temple. Je confrontai mon deſſein, où je ne trouvai rien à changer. J'aurois ſeulement ſouhaité d'y ajouter quelque choſe; mais je me vis dans l'inſtant entouré d'une telle foule de monde, que je fus contraint de m'en tenir à ce que j'avois déja, & de ſonger à la retraite; car je le dirai: les gens d'Eſnay ſont la plus méchante Canaille, que j'aye jamais rencontré. Notre Reys en étoit. Il ne démentoit pas ſon origine.

Il doit y avoir aux environs d'Eſnay un autre ancien Temple. Je m'en informai, & perſonne ne put m'en donner des nouvelles. Notre Reys, qui y avoit conduit déja le Pére Siccart n'en ſçavoit pas davantage, ou ne voulut pas me donner cette ſatisfaction. Il me dit ſeulement, que ce Pére avoit perdu tous ſes papiers, en allant au Couvent Copte; mais qu'il les lui avoit fait rendre. Il ajouta, que le même Pére avoit été fort maltraité dans ce Couvent.

Notre gouvernail, ſe trouvant refait, nous quittâmes Eſnay, quoique le Vent du Nord continuât, & fût toujours bien fort. Il étoit huit heures du ſoir, quand nous partîmes; & à mi-nuit, nous n'étions pas encore hors de la vuë d'Eſnay. Nous mouillâmes alors au milieu du Nil, environ à une demi lieuë d'Eſnay.

SAMEDI, 1. *Fevrier.*

Dès la pointe du jour nous levâmes le Grapin, pour eſſayer de faire route. Cependant le Vent du Nord, qui devint encore plus violent, nous obligea bien-tôt de remettre à terre. Nous mouillâmes à

ELL ARDIE,

Lieu ſitué ſur la Rive occidentale du Nil, entre Eſnay & Asfuun. Nous y demeurâmes tout le jour. Nos Gens allèrent à la chaſſe, & tuèrent une douzaine d'Oyes du Nil. Le ſoir nous voulûmes éprouver, ſi nous ne pourrions point avancer chemin. Le vent étoit encore trop fort. Nous nous vîmes contraints de remettre à l'attache auprès d'une petite Iſle, que l'écoulement du Nil avoit formée.

DIMANCHE, 2. *Fevrier*.

Le vent du Nord regnoit toujours; & il étoit très-fort. Nous fîmes cependant une tentative, pour remettre à la rame; mais tous nos efforts furent inutiles. Ils n'aboutirent qu'à traverser le Nil, & à gagner l'autre bord du Fleuve vis-à-vis d'

ASFUUN.

Nous avions devant nous une plaine, qui n'étoit guére cultivée. Elle s'étendoit en largeur, l'espace d'un quart de lieuë: après quoi les Montagnes s'élevoient de nouveau. Vers le soir, le vent ayant tombé entiérement, nous détachâmes la barque, & fîmes route. Nous avançâmes jusqu'à

SCHAGAB.

La nuit approchoit; & nous aurions bien pu continuer à descendre le Nil; mais nous prîmes le parti d'arrêter, afin de faire le lendemain provision de bois, dont nous avions grande disette. Le Village de Schagab est situé à une portée de fusil de la Rive occidentale du Fleuve, & à égale distance des montagnes. Il y a aux environs des Dattiers, avec un bosquet d'arbres de diverses espéces. Le terrein n'est pas d'une grande étenduë; mais il est très-bien cultivé.

LUNDI, 3. *Fevrier*.

Le matin on apporta à bord trois grands sacs de Séné-méque. Nous les fîmes jetter dehors, dès que nous les apperçûmes. La Barque étoit déjà assez chargée.

Peu de tems après que nous eûmes mis à la rame, nous vîmes plusieurs Crocodiles. L'après-midi nous passâmes devant les Antiquités d'Arment. Je voulois y mettre pied à terre; mais le Reys me fit représenter, que si j'y allois, il lui seroit impossible de me satisfaire à l'egard de Luxxor, où nous devions arriver le soir. Je n'insistai pas d'avantage, & nous continuâmes à faire route, parce que je sçavois d'ailleurs, que nous n'étions pas éloignés de

MAGSCHERADONE,

Ce Passage est difficile, & impraticable même au moindre vent qu'il fait. La raison en est, que le Nil n'y a point de Courant. Quand nous y fûmes le Reys eut soin de me le faire remarquer, afin de mieux excuser le refus qu'il avoit fait de me faire aborder à Arment.

Le Nil forme ici une grande Isle, après laquelle nous en rencontrâmes encore une autre.

Enfin

Enfin nous arrivâmes auprès de

LUXXOR,

On ne peut pas y aborder, dans cette faifon, parce que l'eau eft trop baffe. Nous mîmes à terre à un quart de lieuë du Village, hors duquel font les principales Antiquités. Je propofai au Reys d'y aller, dans la nuit; il approuva mon deffein, & offrit de m'y accompagner. Quelques-uns des nôtres voulurent auffi être de la partie.

Nous partîmes à minuit, & nous arrivâmes à ces Antiquités, fans rencontrer en chemin ame qui vive. Les Arabes fe défient fi fort les uns des autres, qu'ils fe retirent avec le Soleil, & ne fe montrent qu'après fon lever.

MARDI, 4. Février.

J'eus tout le tems qu'il me faloit, pour mefurer ces belles Antiquités; & j'avois même fini, avant que le jour arrivât. Je voulus tenter d'aller mefurer auffi les Antiquités, qui font dans le Village; mais à peine m'en fus-je approché, que l'aboyement des Chiens m'obligea de me retirer. Nous prîmes donc le parti de nous rendre à la barque.

Le matin, je retournai à Luxxor. Nos Gens amufèrent les Arabes, qui accouroient pour achetter des provifions; & ils les occupèrent affez long-tems, pour que je puffe employer la meilleure partie de la matinée à prendre les mefures, qui me manquoient.

A onze heures, nous retournâmes à la barque, & nous mîmes d'abord au large, dans le deffein de nous rendre à

CARNAC.

Comme le Nil n'avoit, de ce côté-là, que très peu de profondeur, il nous falut faire plus de deux lieuës, avant que de trouver une place où nous puffions mettre à terre. Le tems étoit calme, & le Courant affez fort; de forte que nous fîmes ce chemin en moins de deux heures.

Je ne tardai pas à mettre pied à terre, pour aller aux ruïnes, quoique je fuffe très-fatigué du travail que j'avois fait dans la nuit. Notre Reys, qui s'en apperçut, m'offrit de me procurer un cheval; & j'acceptai volontiers fon offre. Il m'en amena un, qui ne paroiffoit pas être un grand Courfier. Sa mine étoit trompeufe. A peine fus-je deffus, qu'il partit comme un éclair, & m'emporta bien loin, fans qu'il me fût poffible de le gouverner. La bride ne confiftoit, qu'en un morceau de ficelle, & la felle, qui étoit de bois, ne fe trouvoit guére bien fanglée: ajoutons à cela que, je ne suis pas des meilleurs Cavaliers du monde. J'avouë, que j'étois dans une situation peu agréable. Je me tenois pourtant ferme à force de serrer les genoux, qui en furent bien écorchés. A la fin j'eus le bonheur de rencontrer un Datrier. Je fis donner mon cheval droit contre cet arbre. Il en fut épouvanté; & s'arrêta tout court, jusqu'à ce que nos Gens vinssent à mon secours. Je descendis alors bien vîte; & je me rendis à pied à l'endroit, qui faisoit l'objet de ma curiosité.

J'y dessinai à la hâte tout ce qui m'en parut mériter la peine. Je me pressois, parce qu'on nous avoit apperçus, & que je me doutois bien, qu'on accourroit bien-tôt en foule autour de nous. Je n'y fus pas trompé. En allant, nous n'avions rencontré parmi les ruïnes que deux ou trois Personnes; mais au retour nous trouvâmes tout le chemin semé de pelottons d'Arabes, qui demandèrent tous le *Backsich*. Je leur fis dire, que je ne portois jamais rien sur moi; mais qu'ils pouvoient me suivre à la barque, où je leur donnerois quelque chose. Il y en eut, qui nous suivirent, & d'autres se retirèrent tranquillement.

En arrivant à la Barque, nous y trouvâmes un Schech Arabe, non pas de ceux qui vivent en Princes; mais un Schech tel que celui, que j'avois rencontré de l'autre côté du Nil, lorsque j'allai visiter les ruïnes de Thébes. Il nous fit d'abord demander un droit, qu'il prétendoit lui être dû, parce que nous étions descendus sur ses terres. Nous fîmes l'oreille sourde. Il se borna alors à nous prier de lui faire présent d'un peu de poudre & de quelques balles. Nous lui en donnâmes, sans songer à la conséquence; car le Drôle n'eut pas plutôt ce qu'il avoit souhaité, qu'il chargea son fusil, le banda, & demanda avec hauteur, qu'on lui payât son droit. Nous sçavions qu'il ne lui en étoit du aucun. Ainsi nous sautâmes sur nos armes; & en les lui présentant fiérement, nous le menaçâmes de le renverser mort sur la place, s'il ne posoit à l'instant son fusil par terre.

L'ordre étoit trop pressant, & trop bien soutenu, pour qu'il n'obeït pas. Il débanda son fusil, sans la moindre difficulté, & nous pria d'être persuadés, qu'il n'avoit eu aucune mauvaise intention, contre nous. "Ce n'est qu'au Reys, dit-il, à qui j'en "veux." Nous lui fîmes entendre, que quiconque offensoit notre Reys nous offensoit. Il ne souffla pas après cela, voyant bien qu'il n'y avoit rien à gagner avec nous.

Les Arabes, qui nous avoient suivis jusqu'à la barque, commencèrent alors à se remuer. Ils demandèrent le *Bachsich*, qui leur avoit été promis. Notre réponse fut courte. Nous leur montrâmes nos armes; & nous leur fîmes dire, que ce que nous

nous avions à leur donner étoit dedans. Ils demeurèrent confus, & n'infiſtèrent pas davantage. Cependant ils dirent, que s'ils l'avoient ſçu plutôt, ils auroient bien trouvé le moyen de nous empêcher de rejoindre la barque, avant que nous les euſſions ſatisfaits.

En courant avec le Cheval, j'avois perdu les papiers, qui contenoient les meſures & les deſſeins des Antiquités de Luxxor. Je n'y avois pas pris garde dans le tems. Je m'en apperçus à Carnac, & j'envoyai d'abord le Valet pour les chercher, avec ordre d'offrir le *Bachſich* à celui qui les auroit trouvés. J'étois encore aux ruïnes, quand il revint me dire, qu'il n'en avoit pu avoir aucune nouvelle. J'étois fort en peine; & je ne voyois guére de poſſibilité à réparer cette perte.

Quelqu'un avoit pourtant trouvé ces papiers, dont le Schech s'étoit emparé, pour en faire ſon profit. Il n'eût garde de les faire voir d'abord. Il étoit perſuadé, que nous nous trouverions toujours trop heureux de les rachetter; & il vouloit eſſayer auparavant d'autres moyens, pour tirer quelque choſe de nous. Quand il vit, qu'il ne pouvoit rien obtenir, il montra enfin les papiers, & offrit de les rendre, moyennant vingt Sévillans. Je lui fis répondre que je lui conſeillois de les bien garder; que je n'en avois plus beſoin; & que j'avois trouvé celui, dont j'étois le plus en peine. Je défendis au Valet d'en parler davantage; & j'ordonnai au Reys de détacher la barque, pour mettre au large.

On ſe mit auſſi-tôt en devoir d'éxécuter cet ordre; mais le Schech, qui n'y trouvoit pas ſon compte, ſe jetta, avec quelques Arabes, ſur le Matelot, qui détachoit la corde, & l'empêcha de faire ſon office. Nous accourûmes à ſon ſecours. Nous appliquâmes, à droit & à gauche, de ſi rudes coups de croſſe de fuſils, que le Schech & les Arabes furent contraints de lâcher priſe. La barque gagna après cela le Courant, & nous fîmes route, comme ſi nous ne nous inquiettions plus des papiers.

Ce n'étoit pas ce que le Schech ſouhaitoit. Il nous ſuivit toujours, le long du rivage, juſqu'à ce que la nuit commençât à venir. Alors, il nous cria de mettre à terre; qu'il nous rendroit nos papiers, & qu'il ſe contenteroit de ce que nous lui donnerions. Nous abordâmes effectivement; mais nous eûmes la précaution de ne faire deſcendre que le Juif ſeul; & nous tenions la barque le plus près de la terre qu'il étoit poſſible. Les papiers furent rendus, pour une piaſtre. Je ne ſçaurois exprimer la joie que j'eus, en les recouvrant. Nous reprîmes le Juif; & nous avançâmes à la rame, juſque vers les neuf heures du ſoir, que nous fûmes obligés de mettre à terre entre

GAMOLA, & SOES.

Il s'étoit élevé un vent ſi fort, que la barque ne pouvoit pas tenir contre.

MECREDI, 5. *Fevrier.*

Au lever du Soleil, nous reprîmes les rames, & nous gagnâmes, à onze-heures,

ELL-HELLA.

Ce Village est vis-à-vis de Negadi. Nous y relâchâmes, parce que le vent étoit devenu trop fort.

Nous n'étions qu'à une lieuë de

GIERA JOES.

Il y a dans cet endroit quelques Antiquités, que j'aurois voulu aller visiter; mais ma Cavalcade du jour précédent m'empêcha de me satisfaire.

Vers le midi, dans le tems que nous étions tous retirés dans la tente, à l'exception de quelques-uns, qui étoient à terre, la fantaisie prit à un jeune Garçon, fils du Reys, & déja à peu près aussi grand Coquin que son pére, de jouer avec notre fusil de garde. Il s'y prit si bien qu'il vint à bout de le décharger. Le coup fit un grand trou dans la barque, mit le feu à notre tente, faillit à tuer un de nos gens; & par le plus grand bonheur du monde, la foule qui accourt, dès qu'on voit arriver une barque, s'étoit retirée: sans quoi quelqu'un auroit assurément été, ou tué, ou grièvement blessé.

L'après-midi, le vent ayant baissé considérablement, nous reprîmes notre route; & le soir nous mîmes à terre un peu au Nord de

SCHECHHIE.

JEUDI, 6. *Fevrier.*

Avec le jour, le Reys éveilla son monde, & leur annonça qu'il faloit partir. Le Pilote n'étoit pas de cet avis. Ils se chamaillèrent. Grande dispute entre eux; & l'affaire auroit été plus loin, si nous ne nous fussions approchés, pour mettre le hola! On mit pourtant à la rame, jusqu'à midi, qu'il s'éleva un grand vent, qui nous obligea de nous arrêter à

EBBENUUD.

Le Reys nous demanda, dans cet endroit, la permission de chasser son Pilote. Nous y consentîmes aisément, parce que nous sçavions, qu'il ne valoit pas grand-chose. Cette permission obtenuë, ils allèrent trouver le Cadis d'Ebenuud. Le pilote perdit son procès, & la moitié de ses gages. Il vint ensuite à bord y prendre ses hardes; & enfin il s'en alla.

Nous restâmes, tout le jour, dans ce lieu; car le Vent étoit au Nord, & trop-fort pour pouvoir avancer.

VENDREDI, 7. *Fevrier*.

Le Vent continuoit toujours du même côté & souffloit de la même force. De plus notre Barque s'étoit ouverte à la proue, & faisoit beaucoup d'eau. C'en étoit la moitié plus qu'il ne faloit pour nous retenir. Le Reys fit venir un Charpentier, qui acheva, vers le soir, de remédier au mal. Le Vent se trouvant alors un peu tombé, nous nous trouvâmes en état de faire route, jusqu'à neuf heures du soir, que nous mîmes à terre au bord occidental du Nil, sur le Territoire de

DANDERA.

Je parlai de descendre à terre pour voir une Antiquité qui s'y trouve. Personne ne fut de mon sentiment. Le Reys fit, à son ordinaire, le difficile. J'eus beau solliciter, & même offrir de l'argent, il n'y eut pas moyen de le persuader. Il y avoit apparemment fait quelque fredaine, qui l'empêchoit de s'y arrêter. Nos gens firent aussi mille obstacles. Ils craignoient qu'on n'y arrêtât la barque, pour lui faire payer quelque douane. Ils me prièrent de ne pas mettre pied à terre. Enfin personne ne fut d'humeur de m'accompagner. Il n'y eut pas jusqu'au Valet, qui s'en excusa, sous prétexte qu'il ne sçavoit pas le chemin. Nous l'aurions bien trouvé, si quelqu'un avoit été d'humeur de faciliter la descente.

SAMEDI, 8. *Fevrier*.

Un peu après mi-nuit, on mit à la rame. Je dormois. On eut soin de ne me point avertir du départ; de sorte que, le matin, à mon reveil, je me vis si éloigné de Dendera, qu'il n'y avoit plus d'espérance de voir une antiquité, qui pourtant, après Thébes, tient la première place dans mon esprit, sans en excepter celles qui sont du côté de la Cataracte. J'en étois véritablement mortifié; & je ne pus m'empêcher de faire sentir à la compagnie le déplaisir qu'on m'avoit fait; mais un chacun s'excusa du mieux qu'il put.

Vers le midi, il faisoit bien du vent. Cependant, comme le Courant étoit très-fort, nous ne mîmes à terre, que vers le soir, proche de

REIESIE.

DIMANCHE, 9. *Fevrier*.

Lorsque le jour commença à paroître, nous mîmes au large. Le vent prit bien-tôt de la force; nous ne nous arrêtames néanmoins que vers le Midi, aux environs de

HAU.

Il y a tout auprès de cette Ville un amas de pierres, restes d'un Edifice antique tout-à-fait ruïné. Je descendis pour voir la Ville, où je remarquai, qu'on avoit employé pour la batisse des maisons, des morceaux de colonnes & d'autres pierres tirées de quelques anciens Bâtimens. Je me mis en chemin, pour aller faire la visite des ruïnes que j'avois apperçuës. Il me fut impossible d'y arriver. Le Vent étoit si fort, & élevoit tant de sable, qu'il n'y avoit pas moyen de tenir les yeux ouverts. Il falut absolument rebrousser chemin.

Le calme étant revenu, vers le soir, nous mîmes de nouveau à la rame; & quoique nous eussions ensuite une nuit très-obscure, nous ne laissâmes pas de faire si bonne route, que, vers les onze heures du soir, nous avions déjà passé

BAGJURA.

A une petite distance, au dessous de cet endroit, nous donnâmes sur un banc de sable, où nous restâmes jusqu'au lendemain.

LUNDI, 10. *Fevrier.*

Notre monde travailla beaucoup, pour dégraver la barque. Ils se mirent tous dans l'eau pour la soulever. Le Reys les aidoit avec une longue perche; mais elle se cassa, & il tomba alors dans l'eau. On le retira; & on recommença à faire d'autres efforts, qui mirent enfin la barque à flot.

Comme l'équipage s'étoit extrêmement fatigué dans cette manoeuvre, nous abordâmes pour le laisser reposer. Au bout de quelque tems, nous remîmes à la rame; & nous arrivâmes à

SAUAGGEL.

Dans cet endroit, le Reys fit provision de Broussailles, pour brûler. Le terrein cultivé, aux environs de ce Village n'a guére plus de cinquante pas de largeur. Les Montagnes commencent au-delà; & on y apperçoit quantité de Grottes & diverses Carriéres.

Pour continuer notre route, nous prîmes à l'Orient du Nil; & nous eûmes beaucoup de peine à avancer. Le lit du Fleuve avoit changé cette année; & avoit jetté des bancs de sable au travers du passage. Nous en surmontâmes trois, avec bien du travail; & nous en trouvions toujours quelques autres devant nous. Le Reys étoit obligé d'aller de tems à autre à terre pour s'informer des profondeurs. On lui fit espérer, qu'après qu'il seroit un peu plus avancé, il y auroit assez d'eau. Nous prîmes courage là-dessus; & tantôt on se servoit des rames, tantôt on avoit recours à la

corde,

corde, lorsque le besoin l'exigeoit. Par ce moyen nous sortîmes des bancs, & fîmes tant de diligence, que vers le soir nous avions gagné

SAMHUUD.

Nous jettâmes le grapin au milieu du Nil, en attendant que le jour vînt.

MARDI, 11. *Fevrier*.

Le matin, à six heures, nous remîmes à la rame, & fîmes bonne route, parce que nous n'avions pas beaucoup de vent. Nous étions déja, à neuf heures, près de

BELLIENE.

Nous fûmes obligés, dans cet endroit, de prendre le long de la Rive orientale du Nil, parce que l'autre côté n'avoit presque point d'eau cette année. Quand nous fûmes un peu plus loin, le vent devint fort, & nous força de mettre à terre. Nous y trouvâmes une barque qui déchargeoit, parce qu'elle ne pouvoit pas passer les bancs de sable, qui traversoient le Fleuve.

L'après-midi, le vent étant tombé, nous reprîmes notre route; & nous avançâmes tant, que nous passâmes au de-là de

BARDIS.

Nous nous trouvâmes alors tellement engagés dans des bancs de sable; que nous ne sçavions pas par où prendre pour en sortir. Deux grandes barques chargées de Scéné, y avoient déjà déchargé depuis sept jours, sans avoir pu se remettre à flot. Nous craignions de nous voir dans la nécessité d'en faire autant. Mais nous attrappâmes un petit Canot, & promîmes à l'homme, qui y étoit, de le bien payer s'il nous pouvoit trouver un débouché, pour nous faire sortir de ce Labyrinthe. Il en vint à bout; & quand il nous eut tiré d'intrigue, nous continuâmes notre route, de façon que, vers les neuf heures du soir, nous arrivâmes à

GIRGE, ou TSCHIRCHE.

MECREDI, 12. *Fevrier*.

Le matin nous descendîmes à terre, pour faire des provisions. Un des Péres de l'Hospice nous demanda passage pour aller au Cayre; & nous le lui accordâmes, avec plaisir. Le Bey de Tschirche n'étoit pas encore de retour; mais le Prince d'Achmiin se trouvoit dans cette Ville; & il devoit se rendre à Bardis, pour y tenir une Assemblée générale de tous les Schechs Arabes.

Nous étions prêts pour partir, & nous croyions que rien ne pouvoit nous arrêter. Mais notre Reys, & le Valet Juif, y avoient mis bon empêchement. Au lieu de déclarer à la Douane une charge de trente *Ardebs*, ils n'en avoient déclaré que quatre. Les Douaniers s'en apperçurent aisément, en faisant la visite; de sorte qu'ils arrêtèrent la barque, qu'on ne pût délivrer, qu'en payant pour ceux à qui appartenoit la marchandise. Nous fîmes chercher notre Reys, qui avoit eu soin de se mettre à l'écart, en prenant les devans. Il étoit trop connu dans cet endroit, pour s'y montrer. Cependant, il avoit eu l'attention d'engager un Pilote, qui vint à bord.

Tout l'après-midi se passa à réparer la faute faite par nos deux Marchands de Dattes. Le Directeur de la Douane lui-même vint à notre barque; & après quelques complimens, il nous fit dire, qu'il étoit bien fâché de nous demander, que nous ouvrissions quelques-uns de nos coffres. "Le bruit ajouta-t-il, s'est répandu dans la Ville, "que vous aviez avec vous quantité de Caisses remplies d'armes; & je crois que, pour "votre sureté & pour la mienne, le mieux est que vous en ouvriez quelques-unes." Nous trouvâmes sa demande raisonnable; & nous ne balançâmes pas un moment à le satisfaire. Nous lui donnâmes le choix des Caisses; Il en fit ouvrir deux en présence des Douaniers, & d'autres Personnes qui l'avoient suivi. Il n'y trouva que des choses nécessaires pour notre voyage; & il prit ensuite congé de nous fort civilement.

Il n'eut pas plutôt quitté la barque, que nous partîmes. Nous fîmes peu de chemin; car nous aggravâmes fortement; & après avoir mis la barque à flot, nous mîmes à terre au bord Oriental du Nil, au pied de ces haut rochers, qui viennent tout proche de l'eau.

JEUDI, 13. *Fevrier*.

Dès que la Lune fut levée, nous mîmes à la voile; & à 7. heures du matin nous arrivâmes devant

MESSCHIE.

Un Marchand Grec vint nous demander passage; mais comme nous n'avions guère de place de reste, nous le lui refusâmes. Non-obstant ce refus, il ne laissa pas de faire embarquer ses hardes; car il s'entendoit avec notre Reys, qui nous avoit rejoint. Nous fûmes indignés de ce procédé; & sans autre façon, nous fîmes oter de la barque le bagage de ce Grec. Il ne s'en tint pas-là. Il s'adressa au Caïmakan, qui vint à bord nous prier de recevoir cet Homme. Nous demeurâmes fermes, refusant néanmoins le plus honnêtement qu'il nous étoit possible. Quand il vit qu'il n'obtenoit rien par prières, il commença à parler haut; & ne gagnant pas davantage par-là, il en vint aux menaces, disant qu'il nous joueroit des tours, qui nous feroient repentir de l'avoir

refusé.

refusé. Nous nous en mocquâmes. Nous n'etions plus à Derri. Nous connoissions la Carte; & un si petit Officier n'étoit pas capable de nous intimider.

A huit heures du soir, le Prince d'Achmiin arriva dans une barque, accompagnée de six autres. Il ne s'arrêta guére: il partit peu de tems après, comme il étoit venu; c'est-à-dire au bruit des timballes, qu'il avoit à bord. Nous le suivîmes de fort près; & nous arrivâmes un peu avant mi-nuit à

ACHMIIN.

Nous y attachâmes la barque, pour reprendre nos Péres, qui s'y étoient rendus, par terre, dès le matin.

J'observai une Isle, que le Nil avoit formée cette année, vis-à-vis de Mesfchie, qui est de l'autre côté du Fleuve. Le Prince d'Achmiin s'en étoit mis en possession; mais elle lui étoit disputée par ses Voisins, habitans d'Uladjechche, qui prétendoient qu'elle leur appartenoit; & il y avoit procès entre eux.

VENDREDI, 14. Fevrier.

Les Péres vinrent nous joindre de grand matin. Le Procureur du Prince & plusieurs autres Chrétiens Romains les accompagnèrent jusqu'à la barque. Ceux-ci nous firent divers petits présens, consistans en pain, en Dattes, en eau de vie qu'on tire du même fruit, &c. Nous leur donnâmes en revanche des Images, des Chapelets de Jérusalem, & d'autres bagatelles, qui leur firent plaisir.

Nous prîmes congé d'eux, & nous partîmes, par un très-beau tems, qui dura jusqu'à cinq heures du soir. Le vent se leva alors & devint très-fort. Cela nous fit mettre à terre à

MORAGA.

Le Nil avoit emporté la moitié de ce Village. Comme cet accident étoit arrivé dans l'année, le Reys ne sçavoit pas que les ruïnes avoient formé divers bancs dans le Nil. Lorsque nous mîmes à la rame, au bout de quelques heures, nous donnâmes sur un de ces bancs. Nos Gens essayèrent d'abord de dégager la barque; mais quand ils virent que leurs efforts étoient inutiles, ils allèrent se coucher.

Vis-à-vis de Moraga, les Montagnes s'approchent très-près du Fleuve; & on y voit quantité de Grottes.

SAMEDI, 15. Fevrier.

Dès la pointe du jour, nos Gens se jettèrent à la nage, pour gagner la terre, afin de

retirer

retirer notre barque, par le moyen d'une corde. Ils y réuſſirent. Nous fîmes route alors, & nous eûmes biontôt paſſé

REJEYNA.

J'avois accordé avec le Reys, qu'il s'arrêteroit à

GAU-SCHERKIE.

Je voulois y voir un ancien Temple, qui eſt dans cet endroit. L'imprudence de nos Matelots me fruſtra de cette eſpérance, dont je m'étois flatté. Les Habitans des divers Villages, ſitués le long du Nil, ont un ſobriquet, dont ont ſe ſert pour les railler. En approchant de Gau-Scherkie, nos Rameurs raillèrent de cette ſorte quelques Habitans du Lieu, qu'ils appercevoient au bord du Nil. Ceux-ci picquès de l'inſulte, en appellèrent d'autres; &, en moins de rien, il parut au bord du Fleuve, plus de cinquante Arabes, armés de bons bâtons. Ils nous invitèrent à deſcendre chez eux, & nous dirent tout net, de quelle maniére ils avoient intention de nous régaler. Nos Rameurs, qui ne trouvoient pas la partie égale, & qui ſçavoient que les Arabes de Gau-Scherkie n'entendent pas raillerie, ne voulurent, jamais y mettre à terre. Je ne les preſſai pas non plus de le faire. Je n'avois pas grande envie de me mêler de leur querelle. Nous paſſâmes donc au-delà, & nous arrivâmes, de nuit, à

NECHCHEELE.

Nous eſſayâmes preſque auſſi-tôt d'en partir. Mais nous ne connoiſſions pas le fonds du Nil. Il avoit changé cette année. Nous donnâmes d'abord ſur quelques pierres, & peu après ſur d'autres. Nous nous en dégageâmes néanmoins; & pour éviter de pareils inconvéniens, & peut-être quelque malheur plus grand, nous jettâmes le grapin, à environ un quart de lieuë de-là, afin d'y attendre que le jour vînt.

DIMANCHE, 16. Fevrier.

Nous levâmes le grapin, dès que le jour commença à paroître: nous continuâmes notre route, & nous paſſâmes devant

CATEA.

Nous remarquâmes que preſque la moitié du Village avoit été emportée par le Nil, cette même année. Nous appercevions, en quelques endroits les cimes des Palmiers & les toits des maiſons, qui perçoient au deſſus de l'eau. Il paroît, que les Arabes ne ſe ſoucient pas beaucoup de la perte de leurs maiſons. Il n'en eſt pas de même des terres, que le Fleuve leur enléve, & qu'il va poſer ailleurs. Ils les regrettent beaucoup, & cela cauſe de grands procès, & quelquefois même des guerres entre les Princes Arabes.

A dix heures du matin, nous arrivâmes à

SIOUTH.

Il devoit s'y tenir un Bazar. Nous y allâmes; mais il étoit encore de trop bonne heure; & le tems d'ailleurs étoit trop beau pour le perdre. Nous retournâmes donc sur nos pas, & nous fîmes d'abord mettre au large.

A soleil couchant, nous nous trouvâmes entre deux Isles, & le passage y est assez dangereux, tant à cause du Courant, qui s'y trouve très-fort, que parce qu'il s'y rencontre divers bancs de sable. Nous y vîmes une barque, qui y avoit péri depuis peu.

A dix heures du soir, nous étions près de

MONFALUTH.

Dès que la Barque de la Douane nous apperçut, elle tira un coup de fusil, pour nous avertir de mettre à terre. Si nous n'avions point eu de marchandises, dans notre barque, nous aurions été expédiés sur le champ; mais les malheureuses dattes nous arrêtèrent jusqu'au lendemain.

LUNDI, 17. *Fevrier*.

Le matin, les droits de la Douane étant payés, nous mîmes au large; & nous gagnâmes bien-tôt

UMEL-GUSUER.

Les Habitans de ce lieu ne passent pas pour de fort honnêtes-gens. Il ne fait pas fort sûr avec eux.

Le Reys voulut mettre à terre à

GALANISCH.

Son dessein étoit d'y attendre quelques barques, afin de passer en compagnie devant

STABLEANTOR.

Il craignoit les Habitans de ce Lieu, qui sont renommés pour leur piraterie. Nous avions en effet laissé plus de 20. Barques à Galanisch, qui attendoient le jour, pour passer l'endroit en question. Nous le passâmes néanmoins, sans que personne nous dit mot; &, à onze heures du soir, nous mîmes à terre au bord Occidental du Nil, près de

NEZLET ELL RARAMU.

Nous vîmes, dans cet endroit, plus de trente barques, qui, comme celles que nous avions laissées à Galanisch, attendoient le jour pour passer devant Stableantor.

MARDI, 18. *Fevrier.*

Dès la pointe du jour, nous mîmes au large, & nous continuâmes notre route. Vers les dix heures, nous paſſâmes devant

SCHECH ABADE.

C'eſt dans cet endroit qu'étoit autrefois la Ville d'Antinopolis. Il en reſte quelques Edifices. Nous les apperçûmes en partie de la barque; mais il n'y avoit pas moyen de mettre à terre. Nous paſſâmes à la gauche de l'Iſle de

ELL MOTTA GHARA.

Elle eſt vis-à-vis d'un Territoire de même nom, qui a tout le long du Nil un excellent Boſquet, dont le Fleuve avoit pourtant emporté, cette année, une grande partie. Nous vîmes pluſieurs Grottes pratiquées dans les montagnes, & ſurtout vers Sauuada. Il y en a qui ont de grandes portes par leſquelles on y entre. Le ſoir à huit heures, nous nous arrêtâmes devant le même Village de

SAUUADA.

Il eſt ſitué ſur la Rive orientale du Fleuve; &, tout auprès, il y a un Moulin à ſucre.

MECREDI, 19. *Fevrier.*

Lorſque le jour ſe leva, nous traverſâmes le Nil, pour nous rendre à

MENIE.

Notre Reys y paya la Douane de ſes Dattes. Cette douane n'eſt pas forte. Elle n'eſt deſtinée qu'à faire ſubſiſter un Aga, que le Bacha tient dans ce lieu, afin de ramaſſer le bled néceſſaire pour la ſubſiſtance des Soldats du Cayre. Il eſt auſſi chargé d'envoyer le tribut à Conſtantinople.

Quand nous arrivâmes à Menie, il faiſoit un brouillard ſi épais, qu'on ne pouvoit rien appercevoir de trente pas. Nous mîmes pied à terre pour voir la Ville, qui eſt maintenant défenduë d'une bonne digue de pierres, contre les débordemens du Nil. Cette Digue n'étoit achevée que depuis quelque tems.

En reprenant notre route, nous paſſâmes devant le Couvent de

Ste MARTHE.

Il eſt ſitué au ſommet d'une Montagne. Nous y vîmes des milliers de Cormorans, & une grande quantité de Poules de Pharaon. Au nord, & aſſez près, il paroît qu'il y a comme des ruïnes d'une Ville entiére, qui avoit été creuſée dans le roc. Le ſoir nous mîmes à terre à

COLOSSANO.

JEUDI,

JEUDI, 20. *Février.*

A l'aube du jour nous quittâmes ce lieu, & nous fîmes bonne route à la faveur d'un grand calme. Nous nous arrêtâmes un peu à

BENEMHAMMED.

C'étoit pour y faire quelques provisions; & nous y trouvâmes ce que nous souhaitions.

A quatre heures après midi nous passâmes

SCHERONA.

VENDREDI, 21. *Février.*

Nous mîmes au large de grand matin; & nous fîmes encore bonne route. Mais en approchant de Benesoef, nous nous trouvâmes embarrassés au milieu d'une petite Flotte de barques, chargées de bled pour le Cayre. Quelques-unes d'entre elles étoient aggravées; & il nous en seroit arrivé de même si nous n'avions trouvé le moyen de gagner le Courant, qui nous conduisit dans peu à

BENESOEF.

Il nous falut mettre à terre dans cet endroit, pour y payer 25. Parats, somme que l'on exige de chaque Barque. Nous n'y restâmes qu'une heure: après quoi nous continuâmes notre route. Nous rencontrâmes, fort près de Benesoef, une autre Barque aggravée. Elle avoit été attaquée la nuit précédente par des Voleurs; & comme elle n'étoit pas en état de se défendre, elle avoit coupé sa corde, & s'étoit laissé emporter par le Courant, qui l'avoit jettée sur le sable. Nous gagnâmes après cela

ESCHMEND ELL-ARAB.

Nous jettâmes le grapin au midi de cette place, & nous passâmes la nuit dans l'endroit.

SAMEDI, 22. *Février.*

Nous partîmes avec le jour, & nous arrivâmes à Midi à

SAUVIED ELL MASLUUB.

Le Caymakan étoit de notre connoissance: nous envoyâmes pour le saluer; mais nous apprîmes, qu'il avoit depuis quelque tems quitté cet endroit avec sa famille, & qu'il s'étoit rendu au Cayre, pour se mettre au service d'Osman Bey; qui devoit conduire la Caravane à la Mecque. Nous remîmes donc d'abord à la voile, & nous passâmes les sept Isles. Nous approchâmes de la terre dans un endroit, d'où on voyoit de bien près les Pyramides de Sakarra. Nous continuâmes ensuite à faire route jusqu'à neuf heures du soir, que la barque donna rudement sur des pierres, où elle demeura engagée. On essaya en vain de la dégager: on ne put pas en venir à bout; mais vers la mi-nuit elle se debarassa d'elle même. Nous mouillâmes à une petite distance de-là, vis-à-vis de

COFFERLOGAD.

DIMANCHE, 23. Fevrier.

Nous prîmes, de grand matin les rames, & nous dépêchâmes bien le chemin, jusqu'à midi, que le vent devint très-fort. Nous aggravâmes à la vuë du Cayre. Malgré tous nos efforts, & quoique nous eussions mis le Grappin dehors, nous ne pûmes mettre la Barque à flot, que vers le soir. Nous gagnâmes alors, dans peu, le Vieux Cayre, où nous attachâmes précisément dans l'endroit d'où nous étions partis le 18. de Novembre de l'année précédente. Nous envoyâmes aussi-tôt donner avis de notre arrivée au Cayre, afin qu'on nous vînt prendre le lendemain.

LUNDI, 24. Fevrier.

Ce jour-là en effet nous fûmes pourvus d'une quantité suffisante de Chameaux, pour nous conduire à la Ville, avec notre bagage. Il étoit Midi, quand nous y arrivâmes.

FIN
du second & dernier Tome.

TABLE DES MATIERES.

A.

Abubada. Voyez *Arabes.*
Ababe. Pag. 126
Abadu. 226
Abbaed. 126
Abufode. Voyez Montagnes.
Abuhandel. 225
Abunumerus. 113
Abuschkaff. 127
Abuschera. 190
Abuseid. 126
Abutschorche. 127
Accroissement du Nil. Voyez *Nil.*
Achemuneim, autrefois *Hermopolis.* 132
Achmiin 146. 271. Le Prince d'Achmiin 142. 146. 148. 269
Adam. Figuiers d'Adam 59. Allusion à la chute d'Adam. 171
Aga, son pouvoir & sa charge 64. 65. *Aga-Ibrahim*, son honnêteté 193 -- 95. 198. 203--4. 208. sa mort. 251. son Fils. Voyez Fils de l'Aga. son Frére. Voyez Frére de l'Aga.
Aiguiére. 60
Alagi. 219
Aléxandre le Grand. son Tombeau 23
Aléxandrie. 2. 28. ses Chateaux 4. Voyez *Pharillon.* Ports. 4. 5. 16. Mole du Port. 4. 5.
Aléxandrie l'Ancienne 4. 7--9. ses Antiquitez, ensévelies sous la terre 17. transportées en Europe. 20. Bains. 16. Bibliothéque. 4 5. Buttes. 24. Construction, Décadence & Ruine 18--22. ses Colonnes 11. 12. 22. Eglises. 10. Fauxbourg. 15. Grottes sépulcrales 16. Museum 23. Obélisques 5. 6. 102. Tours & Boulevards 8.
Aléxandrie la Nouvelle. 4. 5. 27. sa Douane 28. Magasin à poudre. 5. Anglois à Aléxandrie 31. 35. François. 31. 34. & Juifs. 28. 29
Alkilluug. 155

Amada. 224
Ammien-Marcellin, cité 132
Amuden. 130
Amungar. 187
Anachorétes 131. 134
Ange. Voyez Raphaël.
Angora. 221
Animaux embeaumés. Voyez *Labyrinthe.*
Antinoë, voyez *Schech-Abade.*
Antiquitez, les Arabes n'en font point de cas 141. 180. 181. 184. Ils en sont pourtant jaloux 161. 180-81. v. Conjectures.
Apollinopolis, voyez *Edfu.*
Arabes, leur mepris & leur Jalousie pour les belles Antiquitez. Voyez *Antiquitez.* Ils sont superstitieux 107. 181. Révolte de quelques Arabes. 108
Arabes appellés *Ababuda* 181. Bedouins. 13. 63. 64. 66-68. *Felaques*, 66. 67. *Havara.* 138. 157. & *Schoraffa* 159
Areb. 221
Arega. 221
Arment, autrefois *Hermonthis.* 176
Armoniac (Sel) 123
Arroser. Maniére d'arroser la terre. Voyez Calisch.
Asmodi relegué par l'Ange Raphaël. 144
Assaffs. 64
Assalie 159
Ass-Fuun 178. 262
Asserat 149
Atter-Ennabi 57. 113
Attuaen. 183
Auteur, son arrivée & séjour au Cayre. 107. sa Maladie au même Lieu; 107. 108. à Lukkoreen, 176. à Esnay. 180. son Départ pour la Haute Egypte 113. son retour au Cayre 276. Danger, qu'il court au Cayre 110. à Lukkoreen 168. à Esnay 180. près de Scherch-Girge 217. à Derri 227-38. Le

Aaaa jour-

journal de son Voyage dans la Haute Egypte. 112-13. sa Lettre à Msr. le Chevalier de Folkes. 89

B.

Bacha d'Egypte, son pouvoir & sa charge. 63
Bacchus. Tête de Bacchus 174
Backfisch, ce qu'il signifie 168
Baghanes. 154
Bagher-Jusef. Voyez Califch.
Bagjura 155. 268
Bains. Voyez Aléxandrie.
Bamban. 187
Bannanas. Voyez Figuiers d'Adam.
Bancs de sable au milieu du Nil 129. 182. 268. 269. 271
Baram-Cacheff. Voyez Cacheff.
Baranga 125
Barasbura. 146
Barbe, serment par la barbe 164. 228. 260
Bardakes. 59. 60
Bardis 154. 269
Barque, frétée au Cayre pour mener l'Auteur à Essuaen III. donne sur des bancs de sable 129. 182. une autre frétée à Essuaen pour la 2de Cataracte. 200. 224. 228. 231. 233. Elle donne sur un écueil. 217. une troisième frétée à Essuaen pour le Cayre 249. 251. Elle est construite de Sicomore 252. & donne sur des bancs de sable 268. 269. 271
Barques. Maniére de faire descendre les Barques par la Cataracte 251
Bassatim. 113
Bebe. 125
Bedaeg. 125
Bedouins. Voyez Arabes.
Beneamraen 133
Benegamet; 226
Benebgasein. 125
Benemasaeg. 127
Benembammed 127. 130. 275
Benebassein. 130. 131
Benefoef. 123. 124. 275
Benge 142

Beniberfa. 154
Benifees. 140
Benimuur. 138
Belliene. 154. 269
Bennebadder. 122
Benniali. 123
Bennier-Akaep. 154
Benuup-Ell-Haman. 136
Berbetuud. 214
Berdenis. 141
Beys, leur pouvoir & leur charge 63. 64. Hossan-Bey. 124. Omer Bey. 109. 111. Osman-Bey. 124. 160. 161. 179. Bey-Soliman & Bey-Schierres. 127. Le Bey de Girge 64. 147. 159. 189. 232
Beyjadie. 124
Beyjadie-Ell Kebira. 132
Bibar. 146
Bogas. 14
Bokkier. 38
Boulac. 55.
Bourbes, espéce d'Argent. 181
Briques, cuites au Soleil. La fausse Pyramide en est construite. 87. 90
Brouillard, survenu dans la Haute Egypte. 272
Brumbul. 121
Bubebaed. 220
Bueeb. Voyez Ell-Bueeb.
Buusch. 123

C.

Cacheff. Baram-Cacheff, son caractére. 224. 233. il tend une piége à l'Auteur & à ses Compagnons, 227. 232. 233. se mocque du Gouvernement Turc. 229. Il est superstitieux 229. Il change, tous les Momens, de conduite 228-36. se laisse enfin gagner à force des présents 235. 236. se pique de Générosité 228. aussi bien que de rendre la justice 237. accompagne nos Voyageurs à une certaine distance 236. 237. son Dessein dévelopé par le Frere de l'Aga d'Essuaen 250. Cacheff Ibrim, nouveau Cacheff de Nubie 189. sa conduite 203. 204. Il se laisse enfin gagner. 208. 222. Présents qui lui

TABLE DES MATIERES.

lui sont faits 189. 256-58. & ceux qu'il fait. 257. *Cacheff-Salem*, chef des Rébelles. 108. *Cacheff d'Esnay*. 179. Présents qui lui sont faits. 256-58. & ceux qu il fait. 257

Cadis, Juge des Procès. 256. 266

Caffetan, 65. 189

Caffetiéres. 60

Caisses de Momies. 252

Ca'isch, canal creusé pour y garder l'eau du Nil, après son débordement. 48. 54. 62. 63. 131. 143. 154. 155. le Calisch de *Cléopatre* 11. 13. 14. 19. Calisch, dit *Bagher Jusef* 131. *Ell-Subadschia* 143. *Mabarakka*. 155. Calisch au *Cayre* 48. & près de *Bardis*. 154.

Cambyse, enléve le cercle d'Or d'Osumandyas. 91. de son tems on ne connoissoit plus les Hiéroplyphes 91

Campement du Bey de Girge 147

Camps Volans de Bedouins. 13

Canaux de la Ire Pyramide. 79. 80. 83. 85

Caravanes. 108. 132. 137

Carnac, autrefois *Thèbes* 164. ses Antiquitez 164-173

Carpes. Peche de Carpes au milieu de la Ire Cataracte 205

Carullo-Mersel. 38

Cassarna. 157

Casse sistulee, dessinée. 59

Catacombes 13

Cataracte. *La prémiére* Cataracte 193. sa discription 202. 205. sa plus grande chute. 205. son Port Voyez *Morada*. *La seconde* Cataracte, dernier but du voyage de l'Auteur 191. 200. 228

Catea. 138. 272

Cathérine (Ste), son Eglise & sa Butte à Aléxandrie 10. 11

Cayre. *Le grand* Cayre 47. Marchandises du Grand Cayre. 53. Monnoyes, Poids & Mesures, qui y ont cours 48-53. Arrivée de l'Auteur au Cayre 107. 108. son départ pour la Haute Egypte. 107. 112. son retour au Cayre. 276. *Le vieux* Cayre 53

Cercle d'Or *d'Osumandyas*. 91

César. Le Palais de César. 5. 6.

Chaîne. La Montagne de la Chaîne. 185. 238

Chambres dans la Ire Pyramide 79. 80. 98. sur la Montagne Tscebat-Ell-Kosseri. 137

Chameau, Rocher dit le Chameau 125. Chameaux d'eau. 119. Dromadaires 200

Champ de Bataille de Senschiacs. 127

Chancelier françois à Aléxandrie 31

Chapelets pour l arrosement de la terre. 61

Charuë. Dessein d'une Charuë pour labourer la terre 61. Charruë attelée de six boeufs 177

Chateaux de *Bokkier*. 38. Chateaux fortifies, comb en il y en a en Egypte. 65. Chateaux des Ports d'Aléxandre 4.

Chauve-Souris. 79. 83. 119

Cheops, fondateur de *la fausse* Pyramide 90

Chemin depuis le Nil jusqu'à la Mer Rouge 158. 159

Cimetiére des Sarasins 202. des Chrétiens de de Girge 149

Citernes d'Aléxandrie 14. 15

Cléopatre. Obélisque & Palais de Cléopatre 5. 6

Cofferloyad. Voyez *Kofferloyad*.

Cofte. Voyez *Copte*.

Collossano 128. 274

Colombiers dans la Haute Egypte. 122. 123. 193. loy pour les bâtir & leur usage 123

Colonne de Pompée. Voyez *Pompée*. Colonne graduee du Mokkias. Voyez Mokkias.

Colosses avec des Inscriptions Grecques & Latines 166. 167. 169. Colosses Mitrés 165. Autres Colosses 173. Tête Colossale de Sphinx. Voyez *Sphinx*.

Combat, entre Bey Soliman & Bey Schierres. Voyez *Bey*. entre quelques Barbarins. 252. 253

Confins de l'Egypte & de la Nubie 214

Conjecture de l'Auteur sur la conservation des Antiquitez d'Egypte. 229. sur l'ancienne Memphis 56. sur les Pyramides de Sacarra, 88. de Mr. Graeves sur le sépulcre d'Osumandyas 91. de Mr. Scheuchzer sur les Pyramides. 76. 77

Conquête d'Egypte, faite par Selim Prémier 69

Con-

Conful François à Aléxandrie 31. 34. 35.

Coptes à Aléxandrie 30. à Negadi. 161. 162. Patriarche des Coptes 31. Prêtre Copte, Compagnon du Voyage de l'Auteur 119. 138. 139. Siége des Evêques Coptes 135. 137. 150. 161. Couvents Coptes 114. 115. 122. 127. 128. 132. 134. 135. 146. Voyez *Deir*. Priviléges des Coptes dans le territoire du Prince d'Achmiin 148

Coquillages 76

Cormorans. 140. 274

Crocodile, animal pacifique & craintif 243. le premier vû auprès de Sallaem 136. d'autres vûs à diverses fois 157. 163. 176. 225. 259. 262. quelques-uns de cinquante pieds de longueur 163

Crocodilopolis. Voyez *Demegraed*.

Couffins, appellés *Dereira* 59

Couvent. Voyez *Deir*. Couvent de Figues 57. de St. Michel. 125. de la Poulie 135

Cyprès du Vieux Cayre 59

D.

Dagjour 116. 117

Dame. Courage d'une Dame 109-111

Demamuun. 163

Dandera, autrefois *Tentyra* 158. ses Antiquitez 267

Dattiers. 13. 122. 262. 264

Deboude, ses Antiquitez 212

Deckke. 218

Debefchne 157

Deiir, ou *Tschibel Ell Deiir*, autrefois *Schiron* 128. 129

Deir. Voyez Couvent.

Deir-Abuichhanna. 132. *Abufaifeen* 115. *Ell-Abbiat* 146. *Ell-Adovia*. 114. *Ell-Hodie* 114. *Ell-Melac* 149. *Etiin* 57. 113. *Meymund*. 122. *Omali* 178

Delta ou la Basse Egypte 39. plus cultivée que la Haute. 61

Déluge. Vestige de Déluge Universel 134. s'il a inondé les Pyramides ? 76. 77

Demegraed, l'ancienne *Crocodilopolis* 177

Demsiig. 162

Dembiid. 213

Diminution du Nil. Voyez *Nil*.

Dendour, ou *Scherck Dendour* 215. 242

Dereira. Voyez Couffins.

Derrau 188

Derri ou *Dir* 112. 227. 228

Derriminna. 113

Deruth, ou *Derut Ell Scheriff*. 38. 133

Desnele. 140. Voyez Eunuques.

Diane. Tête de Diane. 174

Digues. Voyez *Giffer*.

Diodore de Sicile, cité. 51. 93. 95. 99. 100

Diospolis la Petite. Voyez *Gau Scherkie*.

Dimmel. 213.

Dinedera. 157

Dir. Voyez *Derri*.

Dirmimund. Voyez *Deir-Meimund*.

Dirp. 156

Dischne. Voyez *Debeschne*.

Divan. 226

Docteurs de la Loy, leur Charge. 66

Douane d'Aléxandrie 28

Douanier de la Iᵉ Cataracte. 199. de Girge 170

Drogman François à Aléxandrie. 31

Dromadaires. Voyez Chameau.

Dulab. 128

Dueeg. 181. 262

Dueer-Ait. 141

E.

Ebbenuut. 159. 266

Ebne Ghaziim. 130

Edahab. Voyez *Giesret Edahab*.

Edfu, autrefois *Apollinopolis*. 183. 184

Eglises de St. Marc & de Ste Cathérine. 10

Egypte, inondée par le Nil. 55. 61. 81. 159. son Gouvernement. 63-66

Elephantine. Voyez *Ell-Sag*.

Elfugaye. 125

Ell-Adeine. 182

Ell Akabbe. 190

Ell-Akalita. 164

Ell-Akluraes. 156

Ell-Ardie. 178. 261

Ell-Assauvie 182

TABLE DES MATIERES.

Ell-Auvanie. 182
Ell-Ballaes. 160
Ell-Baruut. 159
Ell-Bedari. 141
Ell-Bebera. 184
Ell-Bellabiifch. 154
Ell-Berfchel. 133
Ell-Beffali. 182
Ell-Bueeb ou Seraik. 184
Ell-Burtfchen. 129
Ell-Ekrat. 136
Ell-Gaefer. 156
Ell-Ganasm. 182
Ell-Gaptara, ou Gaptara. 190
Ell-Ghoraen. 149
Ell-Gliid. 186
Ell-Gouafa. 155
Ell-Gouraen. 219
Ell-Gufia. 133
Ell-Gufuer, ou Um-Ell-Gufuer. 134. 273
Ell-Hamaen. 184
Ell-Haigua. 149
Ell-Hauvie. 149
Ell-Heiff, la Phile des Anciens, fes ruïnes. 207-211. 219. 243. 273
Ell-Heiks. 182
Hll-Hella. 160. 266
Ell-Kabunia. 189
Ell-Kaeb. 183
Ell-Kajudfche. 184
Ell-Kalabfche. 214
Ell-Kallaba. 114
Ell-Kerne. 163
Ell-Kilg. 183
Ell-Kiman. 178
Ell-Kgharaffi. 114
Ell-Kgufuer. 134
Ell-Maabda. 135
Ell-Maafrata. 137
Ell-Mabamadie. 135
Ell-Magfh. 154
Ell-Motmer. 138
Ell-Mottaghara, ou Metaghera. 130. 274
Ell-Nechcheele. 138-140. 272
Ell-Retfegaet. 177

Ell-Sag, autrefois l'Isle Eléphantine. 195
Ell Sauvie. 146
Ell-Schech-Amer, ou Schech Hamer. 188
Ell-Suhadfchia. 143
Ell-Tfchelame. 176
Ell-Tfchibbeleen. 178
Ell-Toff, ou Teffel. 190
Ell-Wokf. 157
Ell-Umbiir. 155
Erreurs de quelques Anciéns, fur la 4me Pyramide. 99. d'un Conful François fur la Colonne de Pompée. 12. du Pere Lucas. 12. d'un autre Auteur. 23
Efchmend Ell-Arrab. 122. 123. 275
Efnay, autrefois Latopolis 179. 181. 260. 261
Effuaen, autrefois Syene 97. 193. l'Aga d'Effuaen. Voyez Aga.
Etangs, pour y conferver l'eau du Nil après l'inondation. 159
Etrangers, voyagants en Egypte, comment ils s'y doivent comporter. 39-44. foupçonnés par les Gens du Païs d'être des Magiciens. 181. 196. 249. 257. d'en vouloir à leur Païs. 220. 229. & à leurs Tréfors cachés. 249. d'emporter de grands Tréfors. 161. 198. 232. 234. 235
Ettuefa. 189
Eutfeeg. 118. 119
Eunuques, le Métier des Habitans de Defnele eft de faire des Eunuques. 140

F.

Fanal. Voyez Pharillon.
Fatira 186
Fau. 156
Fauxbourgs de l'ancienne Aléxandrie. 15
Felaques. Voyez Arabes.
Fendoucli, forte de Monnoyes 49
Fefchn. 126
Fête des Turcs en coupant le Califch au Cayre 48. de Circoncifion 109. de Pâques. 252. de Ramedan 200. 230
Femmes, Egyptiennes, portent des Chemifes bleuës. 148. leur maniére de porter l'eau du Nil. 58

Bbbb   Fient

Fient des Colombes, on én fume les terres 123
Figues de Sicomore 57
Figuiers d'Adam. 59
Fils de l'Aga *Ibrahim*. 195. 203. 245. 246. 249. succéde au Gouvernement de son Pére 251. Il n'eft pas si honnête que lui. 200. 244. 246. 252. 253. 255
Fille de joie à la Foire de Meschie. 148
Filtrer l'eau du Nil. Voyez Vase.
Folkes. Lettre de l'Auteur à Msr. le Chevalier de Folkes. 89
Forêt de Dattiers. 13. de Palmiers 130
Foffés à Aléxandrie. 17
Fours, où l'on fait éclorre les Poulets 58
Francs. Les Francs, regardés en Egypte comme des Gens mal-intentionnés, très-riches, & Magiciens. 160. 161. 196. Voyez Etrangers.
Frére de l'Aga d'Effuaen 250. fidéle Compagnon de l'Auteur 194. 222. 232. 238. Il dévelope le mauvais deffein de Baram Cacheff. 150
Fragment de Marbre, remarquable 59
François, à Aléxandrie 31. 34
Fumier de Betail, confervé avec foin. 123

G.

Gabt Ell Abiid. 220
Galanifch 133. 273
Gallagis. 189
Galefmund. 149
Gamafe Ellogoira. 117
Gamafe Ell Kebira. 117
Gamola. 162. 265
Gannaeg. 190
Gaptara. Voyez Ell Gaptara.
Garanduul. 131
Garbe Abohuer 226. *Dendour* 216. *Girche* 217. *Merie* 216. *Merruvau.* 216
Garbelthees. 208
Gafcheile. 182
Gafferufejaed. 156
Gau Ell Gerbie. 142
Gau-Scherchi, anciennement la Petite *Diofpolis.* 141. 272
Géans, si les Géans ont bâti les Pyramides 75
Gees. 127

Genzerli, efpéce de Monnoye 49
Gerera. 178
Gefch-Stobne. 218
Gharaffe. 149
Ghattara. 160
Ghofaem. 164
Gibbaeg. 177
Giende. 127
Giene. 158. 159
Gierajoes. 162. 266
Giefiret. Voyez Isle.
Giefiret-Abdelkadir. 154. *-Barrakaed.* 121. *-Beherifs.* 190. *-Edahab.* 113. *-Ella Zale* 116. *-Ell Gurmand.* 121. *-Ell Heiff.* Voyez *Ell Heiff.* *-Eutfeeg.* 120. 121. *-Mabues.* 213. *-Ell Manforia.* 187. 256. *-Metera*, autrefois *Tabenna.* 162. *-Nejagheye.* 155. *-Schendoviil.* 143. *-Terfaye* 116. *-Toma* 141. *-Vuladbaggid.* 135
Giomez. Voyez *Sicomore.*
Gilfan. 143
Girbe. 189
Girche ou *Scerck Girche* 217
Girgares. 131
Girge ou *Tfchirfche.* 150. Le Bey de Girge. Voyez *Bey.*
Giffer, Digues pour empêcher l'eau du Nil de s'écouler après son débordement. 62. 63
Gize, ci-devant *Memphis.* 56. 76
Gouvernement, établi en Egypte par Selim I. 63-66
Gouverneurs des Fortereffes. 65. 66
Granite. Les Obélifques en font ordinairement faits 102. Rochers de Granite le long du Nil 219
Grenier. Le Grenier de Jofeph. 54
Greaves. Remarques fur la Pyramidographie de Msr. Greaves. 89-101
Grottes des SSts. *Anachorétes* 131. 134. de la Montagne de *la Chaîne* 185. 186. & de la Montagne *Tfchebat Ell. Kofferi*, appellées *Sebabinat.* 137. d'où l'on a tiré les pierres, dont les Pyramides font conftruites 77. 91. autres aux-environs des Pyramides, & marquées d'Hiéroglyphes 82. Grottes fepulcrales de l'ancienne Aléxandrie 15. Grotte, dite

TABLE DES MATIERES.

dite *Stableantor* 133. Grotte, où la Ste Vierge s'est reposée, en se retirant en Egypte 53
Guad Ell Arrab. 221
Gubbebaed. 118
Gurta. 219. 241

H.

Habu, ou *Medinet Habu.* 163
Hallabia. 126
Hallabie. 124
Hambdie. 177
Haradschie. 160
Hassaja. 225
Havara. Voyez *Arabes.*
Hau. 156. 267. 268
Hellal 182
Helle. 179
H-lovan. 116
Hermonthis. Voyez *Arment.*
Hermopolis. Voyez *Achemuneim.*
Hérodote, cité 90. 95. 97. 98. 100
Hindau. 213
Hiéroglyphes, sur le front des Sauterelles 58. sur un fragment de Marbre 12. 59. sur quelques Grottes Sépulcrales. 82. sur tous les Obélisques 102. mais point sur les Pyramides 74. 75. sur les Ruines. 163. 165. 173. 179. 185. 197. 202-204. 210. 211. 215. 224. Hiéroglyphes peints. 103. 104. 163. La connoissance des Hiéroglyphes déjà perdue du tems de Cambyse. 91
Hoku-r. 218
Hospice des Peres de la Propaganda 146. 150. 156
Hvoddi. 118
Huali. Voyez Maître de Police.
Huasta 121
Huvaed 213. 214
Hydraulique (Machine) Voyez Machines.

I.

Janissaires, Corps de Milice, 64. 65. Ils se croyent plus privilégiés que les autres sujets. 166. Ils accompagnent ordinairement ceux, qui vont voir les Pyramides. 86. un d'entre eux accompagnoit l'Auteur dans la Haute Egypte & lui rendit de grands services. 156. 166-168. Différence entre les Janissaires & les Assafs. 64. avanture d'un Janissaire à Aléxandrie. 32-34
Jarres de terre 60
Jasenie 156
Ibis des Anciens, apparemment la Poule de Pharaon. 59
Ibrahim Aga. Voyez Aga.
Ibrim Cacheff. Voyez Cacheff.
Idoles, trouvées auprès des Pyramides 82
Inondation du Nil. Voyez *Nil.*
Inschalla, ce que signifie ce mot. 161
Inscription sur les Pyramides, faussement avancée par Hérodote & Diodore de Sicile. 100. Inscription Arabe sur le Mokkias 56. Grecque sur les deux Colosses à Luxxor. 167. 159
Joseph. Le Grenier de Joseph. 54. le puits de Joseph. 49
Isiaque. Figures Isiaques. 166-169
Isles, formées par le Nil. 271. 272
Isles, dites *Ell-Sag.* 195. *Melia* 187. *Mottaghara* 130. Isle de *Phare* 4. de *Rodda* 55. 56. *Scherona.* 126. *Sohorra.* 129. Voyez *Giesiret.*
Israëlites, leurs ouvrages de briques en Egypte 90
Juifs à Aléxandrie 28-30
Juvenal, cité. 172

K.

Kardous. 141
Killabie. 182
Kenauvie. 158
Keravaschie 226. 237
Kiaja ou Kieche, Colonnels des Turcs 65
Kiene. Voyez *Giene.*
Kirkar. 131
Knuphis. Le Serpent Knuphis 195
Kosserloyad. 117. 276
Koft. 160
Kombusch. 125
Komgeride. 122
Komombu 187. ses Antiquités. 258
Koroskof. 222
Kos. 160
Kubaen. 218
Kudjuhed. 225

Kufr-Benem-Hamed. 127
Kufr-Solu 127
Kumbeer. 182
Kurnabilal. 164. 176

L.

Labourer; Maniére de labourer la terre 61. 139
Labyrinthe à Sakarra, on y enterroit des oyseaux & des Animaux embaumés. 115
Lagfas. 117
Lampes & Lanternes. 60
Latopolis. Voyez *Esnay.*
Lettre de l'Auteur à Msr. le Chevalier *de Folkes* 89
Lettres de Recommendation des Chefs du Gouvernement 111. 124. 160. 161. 193. de l'Aga d'Essuaen. 195. 222. de Cacheff-Ibrim 208. 222
Lucas. Le Pere Lucas cité. 12
Lucien, cité. 172
Lukkoreen ou *Luxxor,* l'ancienne *Thébes* 164. ses Antiquités 164-173

M.

Machines Hydrauliques pour arroser la terre 61 pour traverser le Nil 59
Magaga. 126
Mayana. 126
Magazin à poudre à Aléxandrie. 5
Magdscher. 158. 163
Magdscheradome 178. 262
Magdschergarona. 177
Magsara. 128
Magsera. 132. 133
Mahamiid. 178
Maharakka. Voyez *Califch.*
Mahbub, espéce de Monnoye 49
Mahsara. 115
Maidins, espéce de Monnoye 49
Maisons de Campagne, de l'Aga d'Essuaen. 245. 246. du Schorbatschie en Nubie 222. 223. Maisons d'eau au vieux Cayre 53. de plaisance à Aléxandrie. 16
Maître. Grand Maître de Police des Turcs, son pouvoir. 66
Malki. 221

Mangabar. 135
Manjelmusa. 114
Mankaritsche. 123
Mansoria. Voyez *Giesiret.*
Maraga. 142. 143. 271
Marbre; Piéce de Marbre ressemblant au Porphyre 98. autre piéce chargée d'Hiérogly. phes. 12. 13. 22
Marc. Eglise de St. Marc à Aléxandrie 10
Marcassite, on en veut tirer l'argent. 257
Marchandises au Cayre 57
Marthe. Couvent de Ste Marthe. 274
Masser. 47
Mattai. 127
Medinet Habu. Voyez *Habu.*
Meduun. 119
Meimund 122
Melia. Voyez *Isle.*
Mellaghie. 125
Mellavie. 132
Memnon. Le Palais de Memnon. 173. la Statuë de Memnon 169. 172. 173
Memphis, si elle étoit bâtie de Ruïnes de Thébes 91. si elle fut fondée après l'erection des Pyramides. 91. au lieu, où est aujourdhui le Village de Gize 58. & si elle avoit dans son circuit les Pyramides de *Sakarra?* 88
Menahuad 114
Menie 130. 274
Meneschia. 162
Menjelkarag 118
Meraschdeh. 157
Mercuriales Tumuli. 93. 94
Merkeb, sorte de barques. 58. 208
Merreschis. 141
Meschiel-Dabes. 131
Meschte. 142
Mesguna. 116
Messauvie 182
Messchie. 95. 146-148. 270
Metaghera. Voyez *Ell-Mottaghara.*
Mettani. Voyez *Vallée.*
Michel. St. Michel. 131
Mikkias. Voyez *Mokkias.*
Milice. Corps de Milice introduit par Selim I. 64. 65

Misara.

TABLE DES MATIERES.

Misare. 133

Missanda. 117

Missionaires. Péres Missionaires, Compagnons du Voyage de l'Auteur. 112. 179. 195. 198. 227. 229-235. 257.

Moharaka. 219

Moissonner. Maniére de Moissonner. 139

Mokkias, on y fait des Observations par rapport à l'accroissement du Nil 55. Son Inscription Arabe. 56. Le Mokkias d'Antinoë 131

Mole. Le Mole des Ports d'Aléxandrie. 4. 5. Ses deux Ziczacs. 5

Momies. La terre des Momies. 82. Commerce de Momies. 115

Monfaluut. 134. 135. 273

Monnoyes, courantes au Cayre. 49. 50

Montagnes. d'*Abufode* 134. des SSts. Anachorétes, ou de *Benehossein*. 131. 134. de la Chaîne, ou *Tschibal-Esselsele* 185. 186. 258. de *Komombu*. 187. 188. de *Neslet-Abonuur*. 125. de *Scherck Uladiachcbia* 153. de *Tschebat-Ell-Kesseri*. 137. de *Tschibel-Mona* 165

Mont-Sina. Si on a transporté du Mont Sina les pierres, employées à la structure des Pyramides ? 97

Morada. port de la Ire Cataracte 199. 203. 207. 208. 248

Moudre. Maniére de moudre le bled. 147

Moulins, servants à l'arrosement des terres. 61

Musti, son pouvoir & sa politique. 66

Mugna 114

Museum. Le Museum de l'ancienne Aléxandrie. 23

Mustapha, Frére d'Osman Bey. 121. 122

N.

Nagadi. 160

Naggel-Abdeddein. 184

Naghal-Hadjemuse. 220

Nechcheele. Voyez *Ell-Nechcheele.*

Nerarnisch. 154

Neslet-Abonuur. Voyez Montagnes. *-Ameris.* 176. *-Asscherif* 154. *-Ell-Hemma*. 141. *-Ell-Raramu*. 132. 273. *-Tobasis*. 127

Netschaschiellava. 136

Netsche-Ell-Abiid 157

Nil; Son accroissement & sa diminution s'observe sur le Mokkias. 55. Tems de son accroissement 82. Son inondation, cause de la fertilité du pays. 61. Ce Fleuve ne roule aucun Coquillage dans tout son cours. 76. Son passage, le plus périlleux 217. Il forme toutes les années de nouvelles Isles dans son cours 271. 272. Maniére singuliére de traverser le Nil. 225. 243

Nubie, commencement & fin de la Nubie 214. Cacheff de Nubie. Voyez Cacheff *Ibrim*.

O.

Obélisques de *Cléopatre*. 5. 6. de *Pompée* 5. autres Obélisques à *Carnac* & *Lukkoreen*. 103. 104. 164. à *Essuaen* 103. sur l'Isle *Ell Heiff*. 103. à *Matareen* 104. Observations sur les Obélisques & leur déscription 102-104. 245

Omarne. Voyez *Beneamraen*.

Omelut. 188

Omer-Bey. Voyez Bey.

Oschar. 207

Osman Bey. Voyez Bey.

Osumandyas; le cercle d'Or sur son Tombeau, apparement à *Lukkoreen* 91

P.

Pacome. St. Pacome. 162

Palais de *Césor*. 6. de *Cléopatre*. 5. 6. 9. 20. de *Memnon* 173

Palmiers. Forêt de Palmiers. Voyez Forêt.

Pâques des Turcs. 252

Passages difficiles & dangéreux sur le Nil. 133. 134. 135. 214. 217. 218. 225. 273

Patriarche Copte, sa présomption. 31

Pausanias, cité 172

Peintures de la Trinité, des Apôtres &c. sur les murailles d'un ancien Temple Egyptien 224

Perdrix; sorte de Perdrix au bord du Nil. 120

Phare. Voyez Isle.

Pharillon, le Grand. 4. 15. le Petit. 4. 23.

Philé des Anciens. Voyez *Giesfret Ell Heiff*.

Philostrate, cité. 171. 172

Piastre. Piastre imaginaire au Cayre 49. La valeur d'une Piastre. 208

Picque, marque de Dignité 168. 254. 255
Piedeftal de la Colonne de Pompée. 12. 22. de quelques Obélisques. 102
Pirates fur le Nil. 124. 133, 134. 273
Plaider. Maniére de plaider en Nubie. 222
Pline, cité. 98. 99. 158. 196
Pluye dans la Haute Egypte 95. 122. 272
Politique des Turcs 69. 70. des Muftis & des Gouverneurs de la Loy. 66
Pompée; la Colonne de *Pompée* 5. 11. 12. 22
Pomponius Mela, cité. 95
Ponts aux environs des Pyramides 94. 95. autres Ponts, ouvrages des Sarafins. 85. 86. 90
Port d'*Afrique* & d'*Afie*. 4. 15. 16. Port d'*Aléxandrie*. 4. 5. Port de la Ire Cataracte. Voyez *Murada*.
Portes. Claffes Militaires Turcques 64
Portique admirable de l'ancienne *Thèbes*. 170
Poule de Pharaon. 59. 258. 274
Poulets. Maniére de les faire éclorre. 58
Poulie. Couvent de la Poulie 135
Préfents, faits à l'Aga d'Effuaen. 194. 195. 198. à fon Fils. 151. 152. 256. à fon Frére. 251. à Baram Cacheff. 228. 230--232. 235--238. au Cacheff d'Efnay 189. 256-258. au Schorbatfchie de Nubie 222. 223
Prêtre Copte, Compagnon du Voyage de l'Auteur. 111. 119. 138. 139
Prévention des Egyptiens à l'égard des Francs, qui voyagent dans leur Pays 107. 160. 161. 180. 181. 196. 198. 220. 229. 248. 249. 257
Prix des Provifions. 148. 197. 215. 242. de la Poudre, du Plomb. 124. & du Bois. 198
Proclus, cité. 95
Propaganda. Péres de la Propaganda. Voyez Hofpice.
Puits de Joseph 49. Puits dans la Ire Pyramide. 97. 98. dans une autre Pyramide. 82
Pyramides, mifes au nombre des fept merveilles du monde & leur defcription. 73-101. Promenades pour voir les Pyramides. 82-87. On n'en voit que depuis le *Cayre* jufqu'à *Meduun*. 74. Leur fituation & leur élévation. 74. 76. Leur figure 77. 92. Matiéres, dont elles font conftruites. 77. 100.

Leur deftruction auffi difficile, que leur élévation. 77. Elles n'ont ni Infcriptions ni Hiéroglyphes. 100. Caufes de leur fondation. 92. 95. & de leur conftruction 74. 75. 90. 91. 92
Pyramides de Memphis; il y en a quatre principales. 76. Defcription de la Prémière: fon ouverture, fon entrée, fes Canaux, fes Chambres &c. 77-80. 94. Defcription de la Seconde. 81. 82. 85. 92. 95. & de deux autres grandes Pyramides. 81. 82
Pyramides de Dagjour, près de *Sakarra*. 87. 88. 101. La plus méridionale, dite la *Fauffe* Pyramide près de *Meduun*. 87. 90. 119
Pyramidographie. Voyez Greaves.

Q.

Quai antique, près de Scherck Abohuer. 215

R.

Raccaba. 188
Radeaux, faits de cruches de terre 59. & de paille fupportés par des Callabaffes. 163
Rammadan. Voyez Fête.
Raphuël. Voyez Ange.
Redefie. 184
Regles, pour les Voyageurs en Egypte. 39. 44. 108. 223
Rejeyna. 142. 272
Rejefie. 157. 267
Réjouiffances au Cayre, en coupant le Grand Califch. 48
Refervoirs. Voyez Citernes.
Rigga. 118
Ris. Maniére de battre le Ris. 58
Rodda. 131
Rocher, dit le Chameau. Voyez Chameau.
Romadie. 184
Rofette. 11. 38
Roug, ce qu'il fignifie. 233

S.

Sabagura 218
Sababinath. Voyez Grottes.
Sabua 220. 221
Sachet 138

TABLE DES MATIERES.

Saeida. 157
Sabdaeb. 213
Sagh Ell Bagjura 155
Saide. 183
Saint-Arabe, appellé *Schech Haridi.* Son Histoire & son Tombeau 143-146. Tombeau d'un autre Saint. 216. Plusieurs Tombeaux de Saints Mahométans 189. Plaisante Bénédiction d'un Saint Mahométan 198. Deux Saints, courants tous nuds. 148. Quatre cens Saints, qui tiennent un Congres 158
Saïque, sorte de Vaisseau Turc. 38
Sakarra, ses Pyramides, son Labyrinthe & son Commerce de Momies. 115
Sakiedmusa. 131
Sakkietmekki. 113
Salamaleck, salutation ordinaire des Mahométans. 189. 203
Salchie. 118
Salem Cacheff. Voyez Cacheff.
Sallaem & *Sallaem Ell-Odder.* 136
Samaluud. 128
Sambuud. 154
Sandwig. Mylord *Sandwig* cité. 100. 101
Sarcophage dans la Ire Pyramide. Voyez Urne.
Sarulsch-Ell-Farras. 212
Sauuada. 130. 274
Sau Adne. 154
Sauaggel. 155
Sauterelle, portant des Hiéroglyphes sur le front. 58
Sauvied Ell Masluub. 121. 275
Sauvied Ell Tschiedame. 126
Scechsiath. 126
Schachtamisch. 136
Schagab. 178. 262
Scharaque. 149
Schaurie. 156
Schech. Un Schech Arabe respecte les Recommendations d'Osman Bey. 160. 161. Un autre veut empêcher l'Auteur de faire ses observations à Lukkoreen. 168. Un autre lui rend visite à Essuaen. 255. Un autre à Carnac 264. Un autre trouve les papiers, de l'Auteur. 265

Schech-Abade, anciennement *Antinoë* 131. 272. -*Atmaen* 115. -*Bereeck.* 154. -*Flaeck.* 148. *Ghadder.* 38. -*Hamer.* Voyez *Ell-Schech-Amer.* Schech *Haridi* voyez Saint Mahométan. Schech-*Hie* 160. 266. -*Mebadir* 155. -*Seinetdien* 142. -*Tschiberim.* 184
Schemede-Reschied. 219
Schemt Ell Uah. 212
Schenduie. 123
Schenhyer. 163
Scherarbie. 126
Scherauna. 182
Scherck-Abouuer. 214. -*Dendour* 216. 242. -*Girche,* voyez *Girche.* -*Merie.* 216. -*Merruvau.* 216. -*Seliin.* 140. -*Uladiachchia.* Voyez Montagnes.
Schereina. 128
Scherona. 126. 276. Voyez Isle.
Scheuchzer, cité. 76. 77
Schiaturma. 221
Schiim. 116
Schiud. 138
Schobach. 117
Schoraffa. Voyez Arabes.
Schorbatschies, leur pouvoir & Charge. 65. Le Schorbatschie de *Nubie,* 222. décide plaisamment un procès. 222. assemble les Puissances de Nubie à *Derri* 227. gâte tout ce qu'on avoit traité chez Baram Cacheff. 228. 234. comblé de présents il ne s'oppose plus. 236
Schuregia 134
Scirce. 125
Sciron, aujourdhui *Deiir.* 128. 229
Secheresse extrême. 62
Segale. 131
Selemie. 156
Selim Premier fait la Conquête de l'Egypte 63. y établit une nouvelle forme de Gouvernment. 63-66
Seluah. 184
Senabo. 133
Senaepsi. 157
Senemie. 177
Senschiaks, Champ de Bataille des Senschiaks.

127. Un Senſchiak, trompé par des Pirates. 133
Seraik. Voyez *Ell Bueeb.*
Serapeum. Voyez Aléxandrie.
Serniig 181
Serpent. Le Serpent Knuphis. Voyez *Knuphis.* Le Serpent Schech-Haridi. Voyez *Schech-Haradi.*
Serrerie. 128
Sibbaye 182
Siccard. Le Pére Siccard, cité 93. 259. 261
Sicomore, l'arbre de Sicomore, 57. 198. 252
Simplicité de Coptes. 144-146. d'un Barbarin 220. d'un Valet de l'Aga d'Eſſuaen. 197. 248
Singari 221
Sious, appellés communément les *Têtes Noires*, Officiers Turcs. 65
Siu-Siugua. 227
Siuuth. 137. 273
Soes. 162. 265
Soft. 119
Schorra. 129
Söll. 121
Sou-a-ma. 142
Sphinx. Le célèbre Sphinx au-devant de la seconde Pyramide. 82. 85. 97
Stableantor. Voyez Grotte.
Strabon, cité 91. 93. 98. 99. 158. 165. 172. 196
Suhaedſch. 143
Sylpha. 140
Syene, l'Ancienne, aujourdhui *Eſſuaen.* 97. ſes Ruïnes. 196

T.

Teſſa. 214
Tent. 140
Tentyra l'Ancienne. Voyez *Dendera.*
Terfaye. Voyez *Gieſiret.*
Terre. Maniére d'arroſer & de labourer la terre. Voyez Arroſer & Labourer. La terre des Momies. 82
Têtes Noires. Voyez *Sious.*
Thébes l'Ancienne, apparemment autrefois au lieu, où ſont aujourdhui Luxxor & Carnac. 164. ſes Ruïnes. 164-173

Tiſmend. 124
Tiuraet. 159
Tobie. Le Livre de Tobie, cité. 144
Toma. 141
Tomas. 227
Tombeau de Schech Haridi. 143. 144. 145. Pluſieurs Tombeaux de Saints Mahométans. 189. Tombeau d'Aléxandre le Grand. 23. De quelque Grand-Seigneur à Aléxandrie. 17. Tombeaux entre Eſſuaen & Morada. 201
Tot, autrefois *Typhium.* 177
Traditions des Prêtres Mahométans 144. Tradition ſur l'Iſle de Rodda. 55. ſur une Grotte au vieux Cayre. 53. ſur des Géans conſtructeurs des Pyramides. 75. ſur la Montagne de la Chaîne 185. Autre Tradition 92. Traditions touchant les Francs, qui viendront conquérir l'Egypte. 229
Tſchabel- ou *Tſchibal-Eſſelſele.* Voyez Montagne.
Tſchebbal Ell Teir ou *Tſchibbel Ell Deiir.* Voyez *Deiir.*
Tſchebat Ell Kofferi. Voyez Montagne.
Tſchibel-Mona. Voyez Montagne.
Tſchirche. Voyez *Girge.*
Tumaeg 182. 260
Turrag. 115
Typhium, voyez *Tot.*

V.

Vallée. La Vallée de *Mettani.* 178
Vaſe pour filtrer l'eau du Nil 59
Ubſchiir. 212. 243
Udwab. 118
Vergues, ſortes de Navires Turcs. 38
Umbarakaeb. 214
Um Ell Guſuer. Voyez *Ell-Guſuer.*
Umhendi. 219
Voyageurs. Voyez Etrangers.
Urne antique, apportée d'Egypte 59. Urne ou Sarcophage dans la Ire Pyramide. 75. 80. 92. 173
Vuladbaggid. Voyez *Gieſiret.*

Z.

Ziczacs. Les Ziczacs du Mole du Port d'*Aléxandrie.* 5

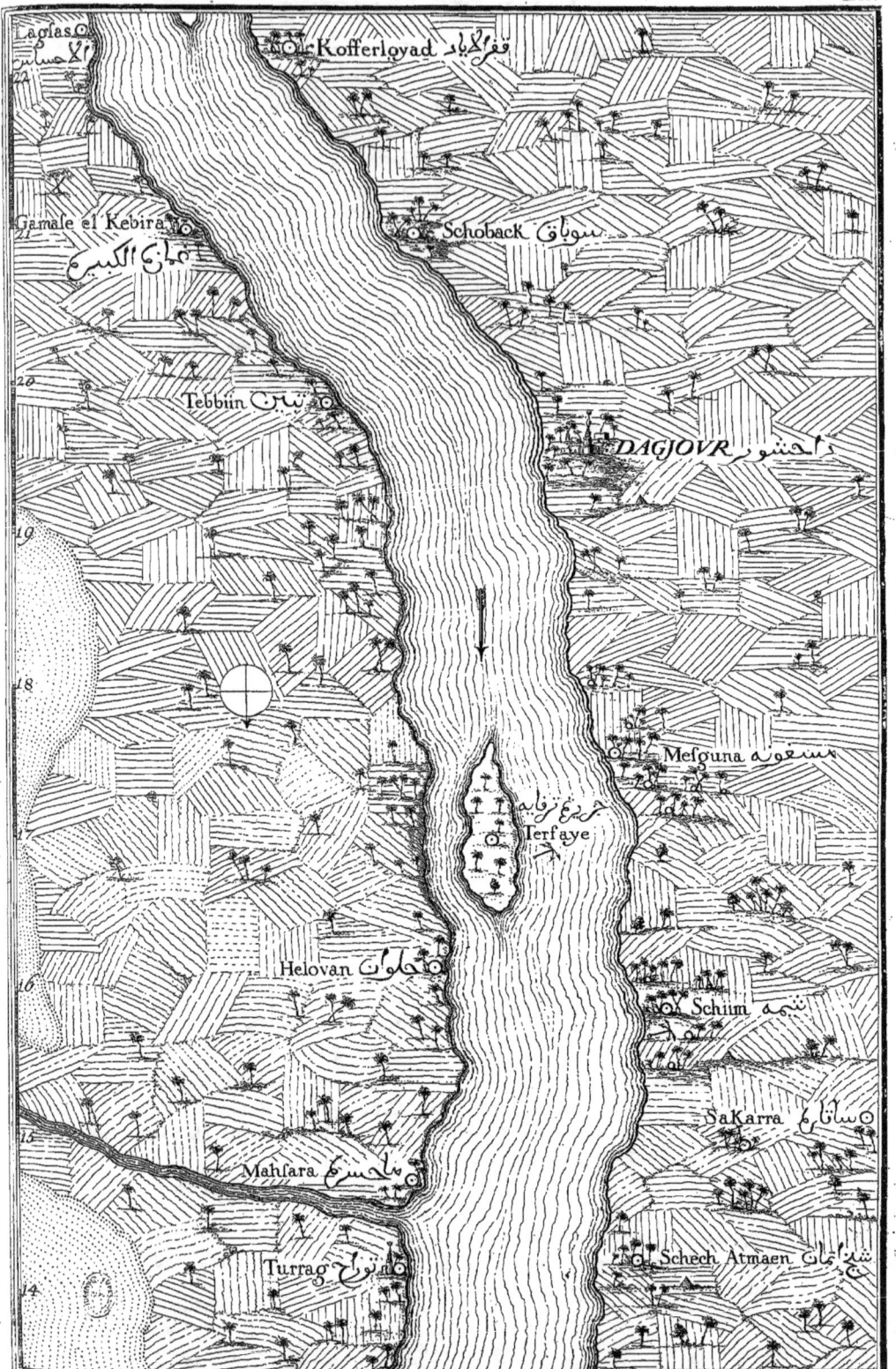

Seconde Partie de la Carte du cours du Nil, avec ses Environs, depuis Deir Abusaiffeen, jusqu'à Kofferloyad.

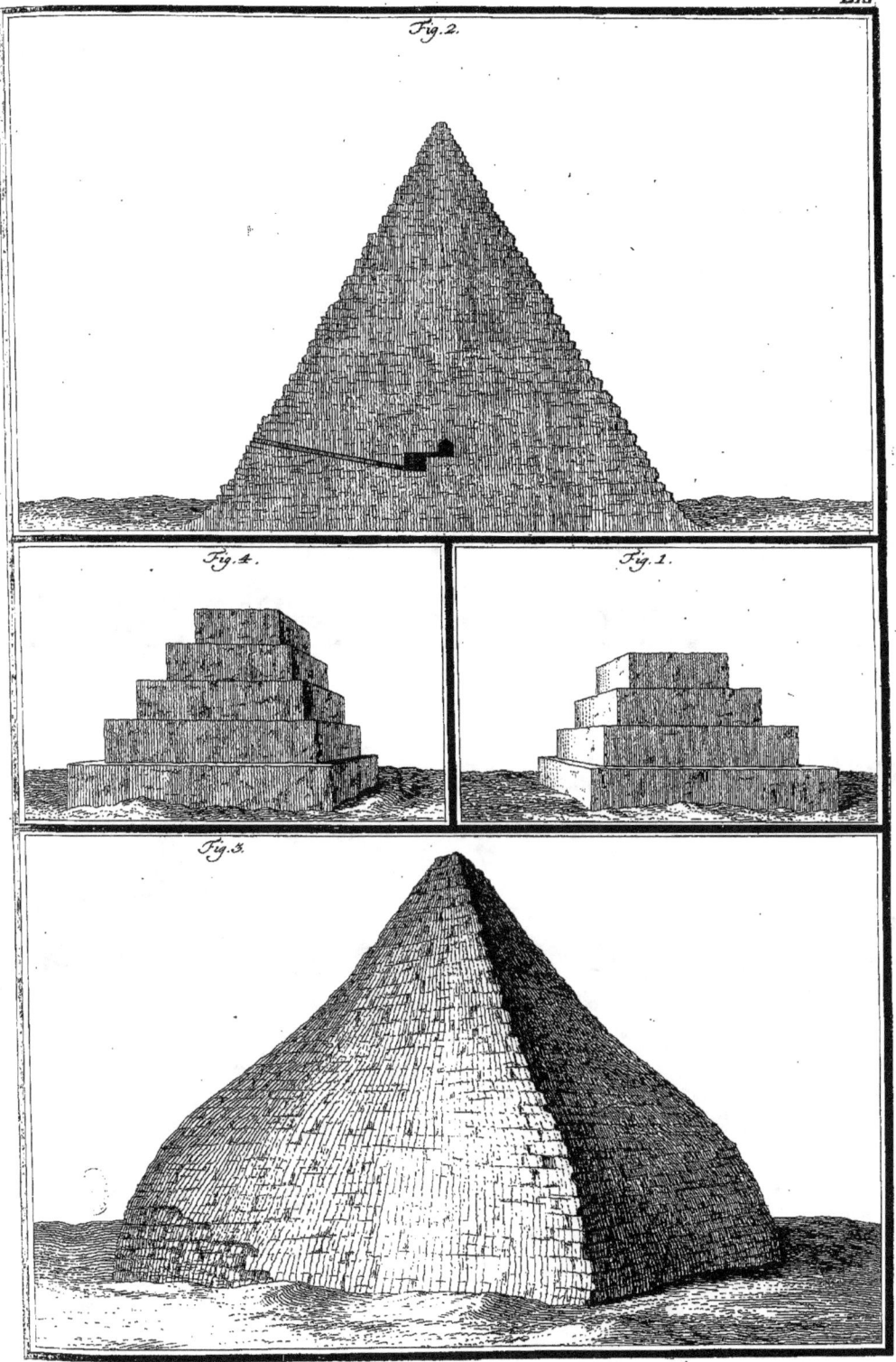

Differentes Pyramides, près de Sakkara en Egypte.
Fig. 1. Premiere Pyramide vers le Nord. Fig. 2. Seconde Pyramide, elle est ouverte, et de la même construction et hauteur que celles de Memphis. Fig. 3. Troisieme Pyramide, elle n'est pas ouverte, mais elle est plus haute que la seconde. Fig. 4. Pyramide entre les Villages d'Abounumerus et Manjelmusa.

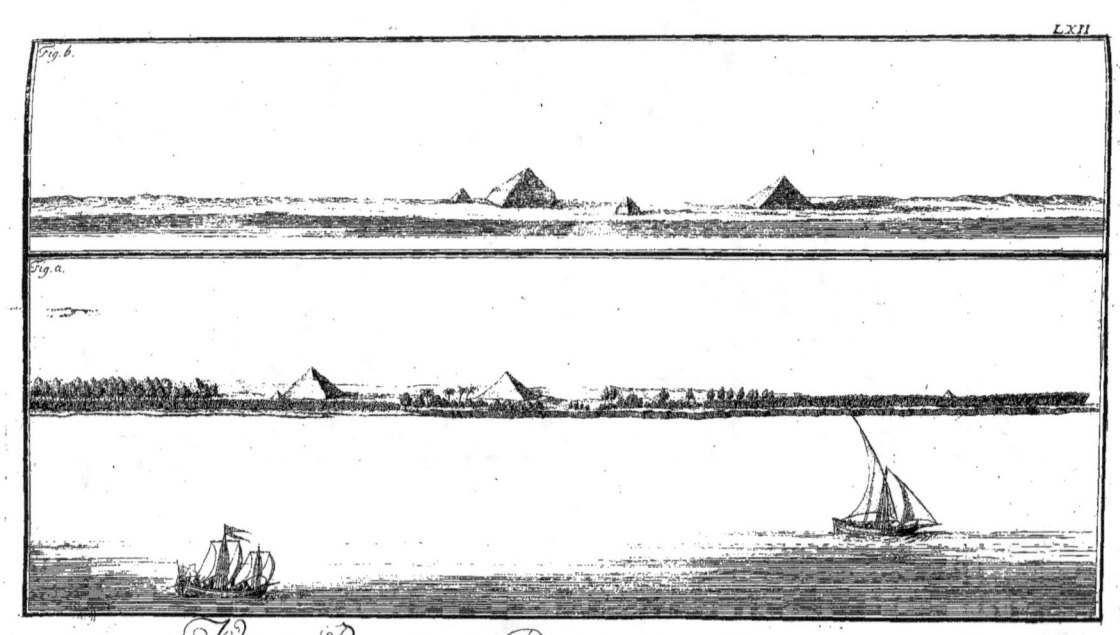

Fig. a. Vüe des Pyramides de Dagjour, qui sont les troisièmes, qu'on trouve, en
Fig. b Pyramides vers de Dagjour.

venant du Caire. Elles sont élevées entre Schüm, Mesguna, et Dagjour.
Fig.c.Troisième représentation des mêmes Pyramides.

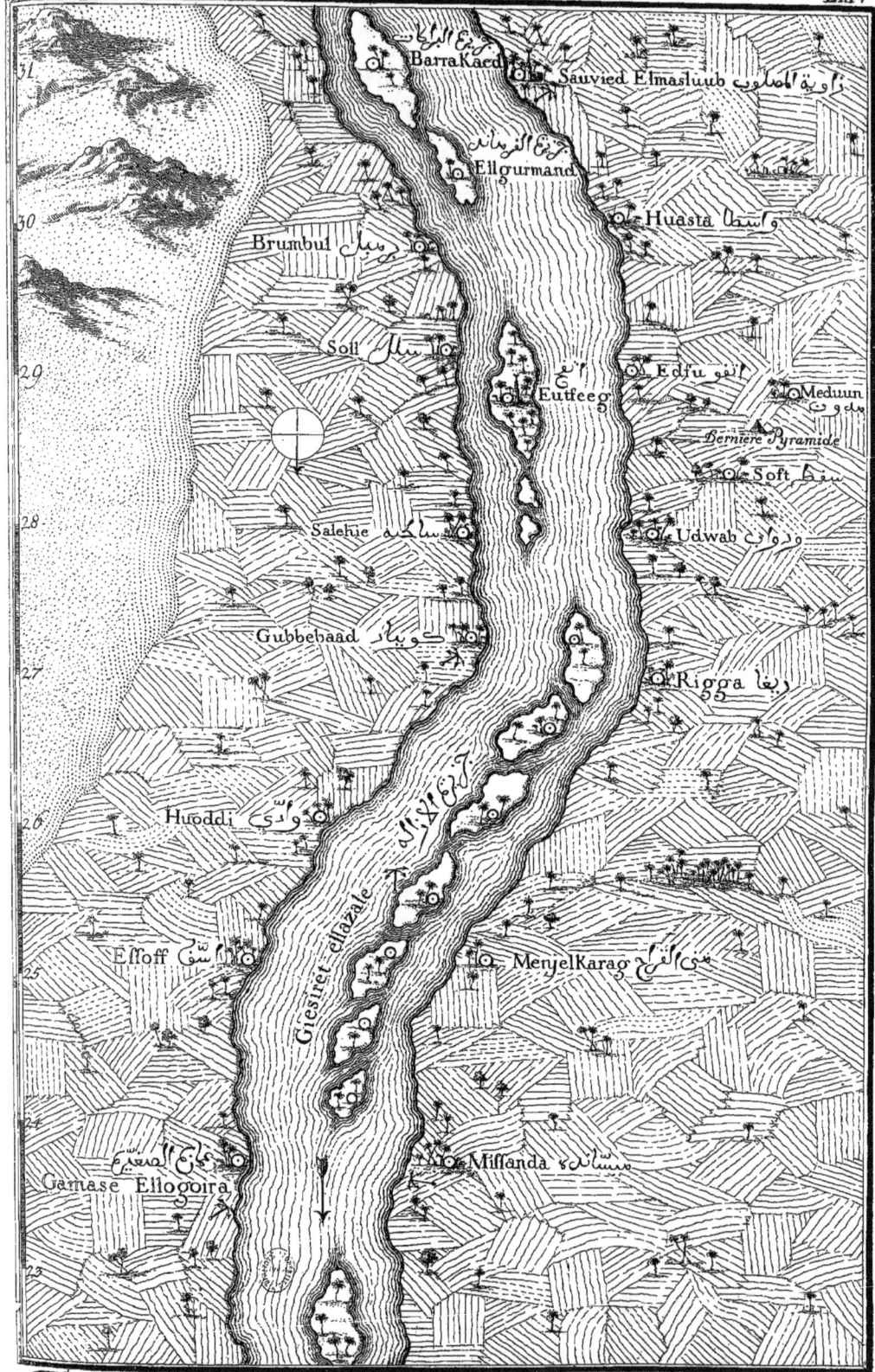

Troisiéme Partie de la Carte du cours du Nil, depuis Kofferloyad, jusqu'a Sauvied Almasluub.

Vüe de l'Isle et du Village d'Eutfeeg, entre Sol et Edfu.
a. Tente des Arabes.

Meduun et de ses Environs.
Meduun.

Vüe de la Pyramide de
a, Salhaye. b Soft et

Autre Vüe de la Pyramide de Meduun, et de ses Environs.
a. Dessein particulier de la Pyramide. b. Salhara. c. Rigga. d. Udwab. e. Soft. f. Meduun. g. Trajet du Nil à l'aide d'une vache.

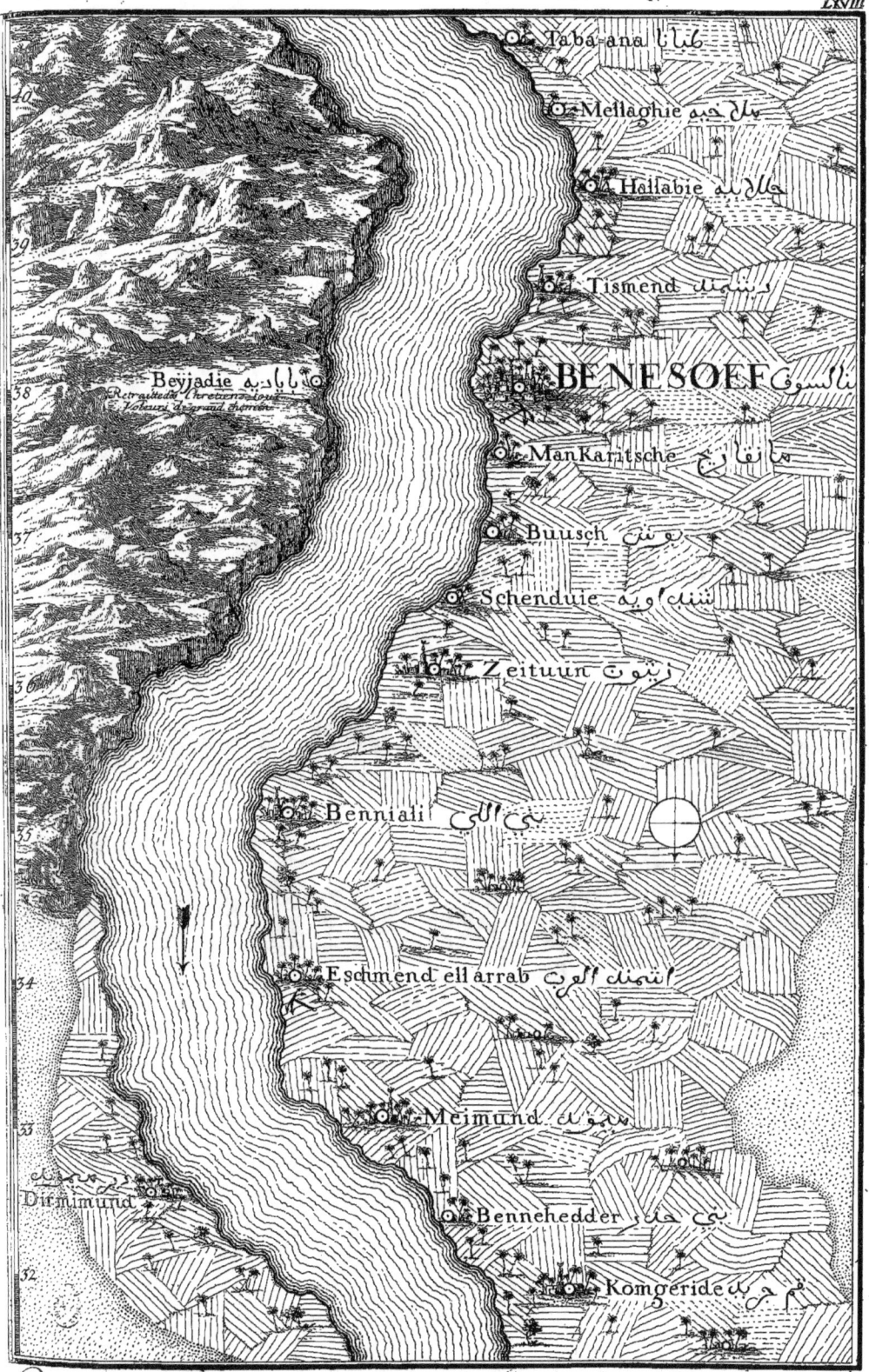

Quatrième Partie, de la Carte du cours du Nil, avec ses bords, depuis Sauvied Almastuub, jusqu'a Taba=ana.

Vüe du Couvent Copte, appellé Deir Meymund.
a. Tombeau d'un Saint de la Mecque, proche du Couvent.

Maisons ordinaires des Arabes, ou plutôt leurs colombiers et qui donnent une Idée générale de leur Architecture.

Cinquiéme Partie de la Carte du cours du Nil, depuis Taba-ana jusqu'a Schereina

(a.) Vue et Perspective de Nezlet Abonour.

(b.) du Village de Bebe.

Vüe de Neslet Abanour, avec ses Montagnes remarquables.
a. Neslet Abanour. b. Rocher qu'on appelle le Chameau.

Vüe de Tschibel Ell Deïr.

a. Couvent Cophte de Notre Dame. b. Village ruiné. c. Escaliers pratiqués dans le Rocher. d. Espece d'un Aqueduc antique. e. Embouchure d'où on a oté les pierres pour batir. f. Sortie des Escaliers. g. Carrieres et Grottes.

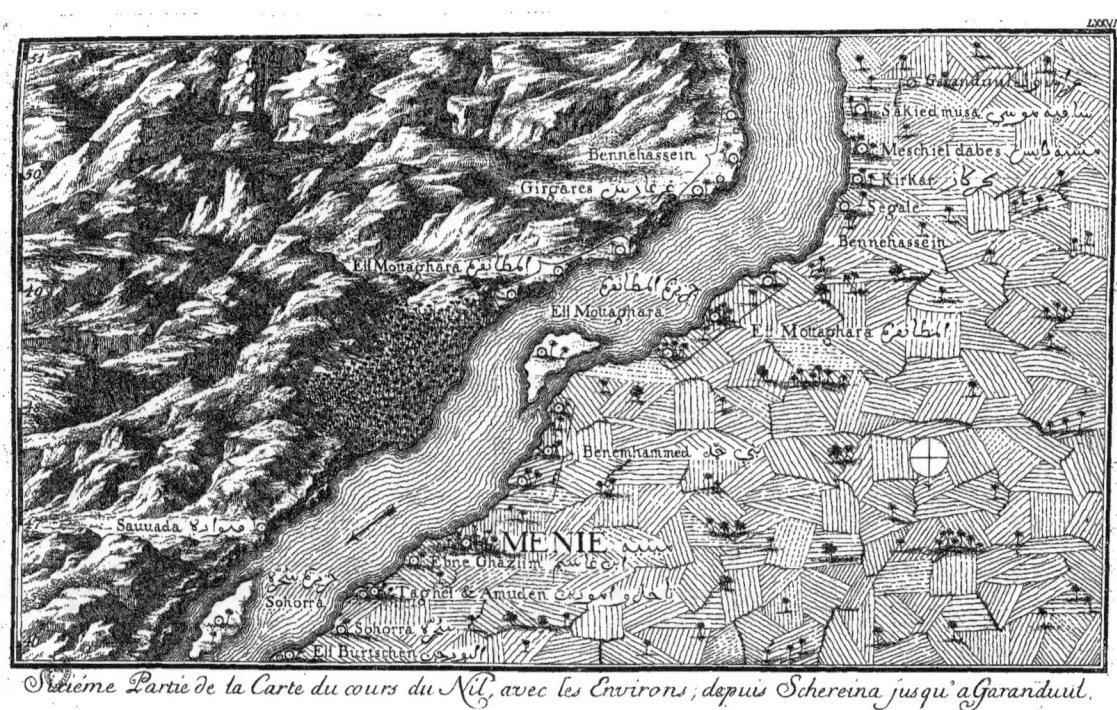

Sixième Partie de la Carte du cours du Nil, avec les Environs, depuis Schereina jusqu'à Garanduul.

Prospect de l'Isle de Methaghera, et de la Forêt de Palmiers, de trois Lieües de Longueur.
a. Methaghara. b. Bennchaſſein. c. Isle de Methaghera.

Vuë de Rejeyna et de ses Environs.
a. Schech Haridi. b. la Chapelle du Serpent.

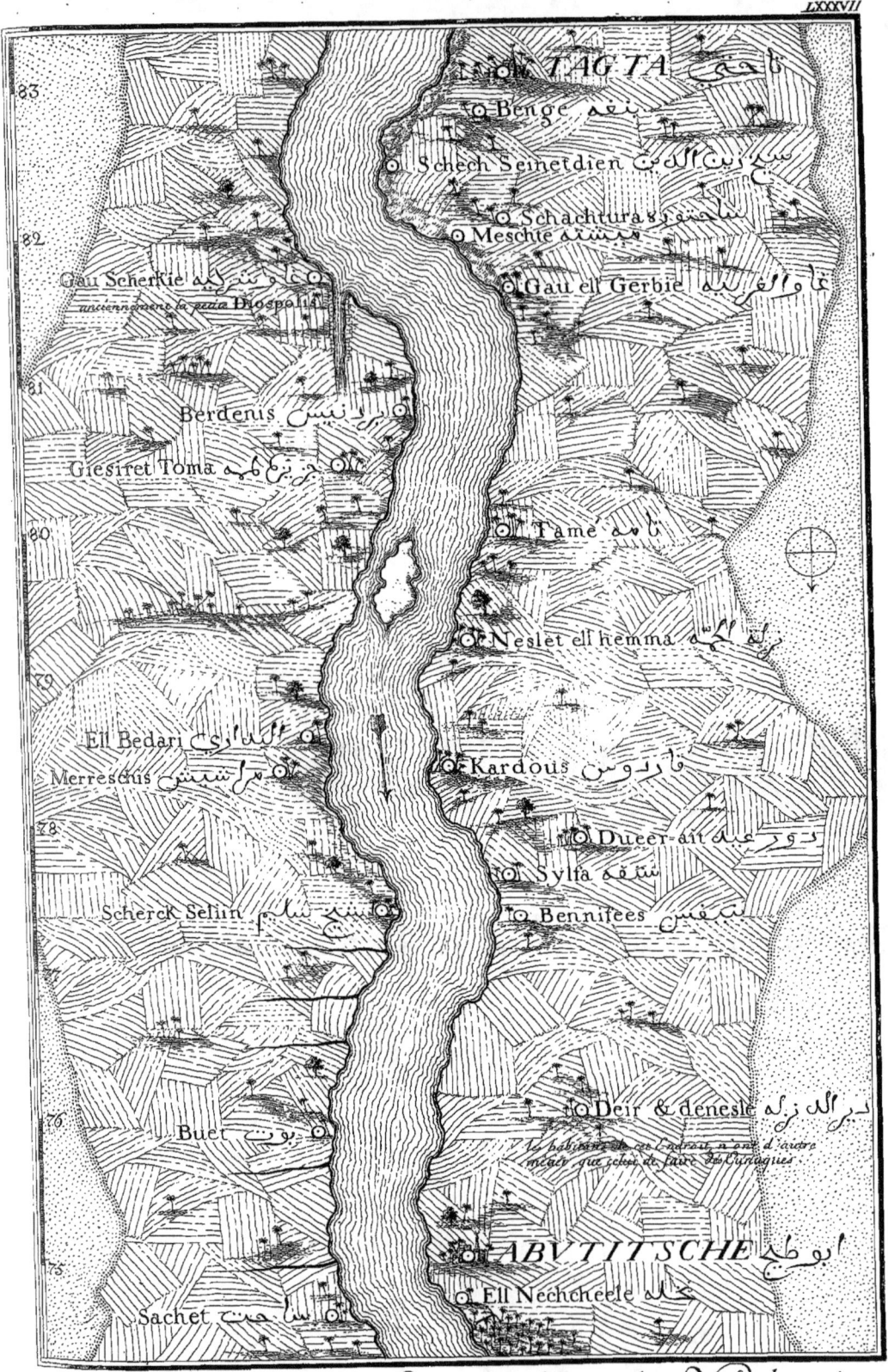

Dixiéme Partie de la Carte du Cours du Nil, depuis Kotmar, jusqu'a Tagta.

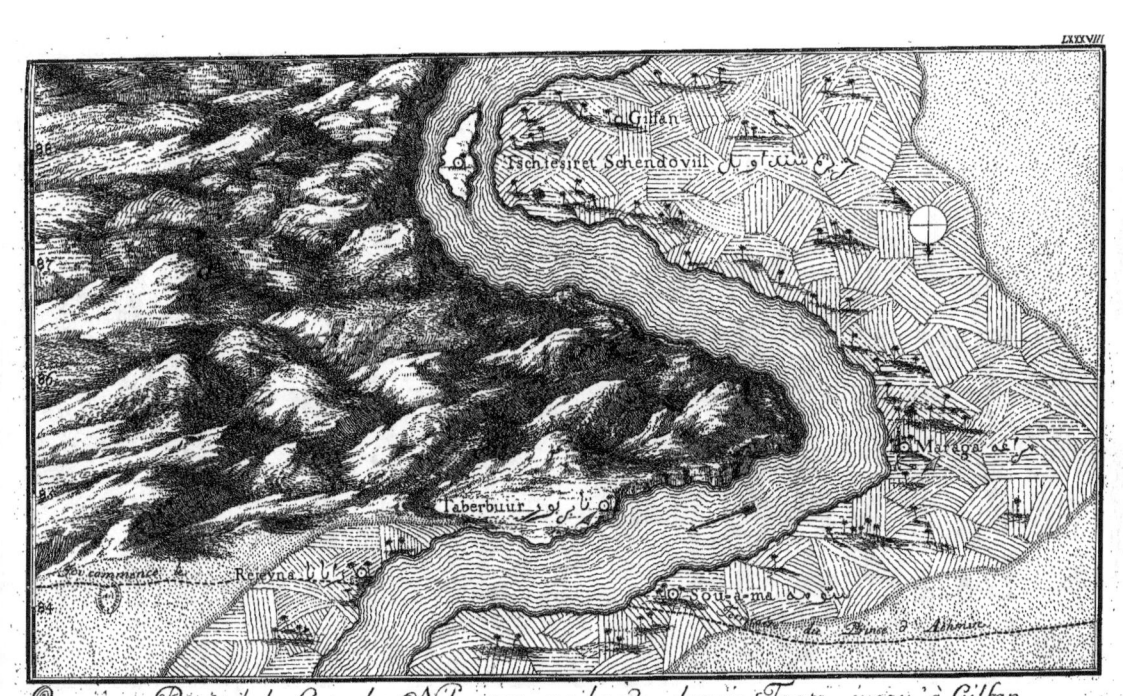

Onzième Partie de la Carte du Nil, avec ses bords, depuis Tagra, jusqu'à Gilfan.

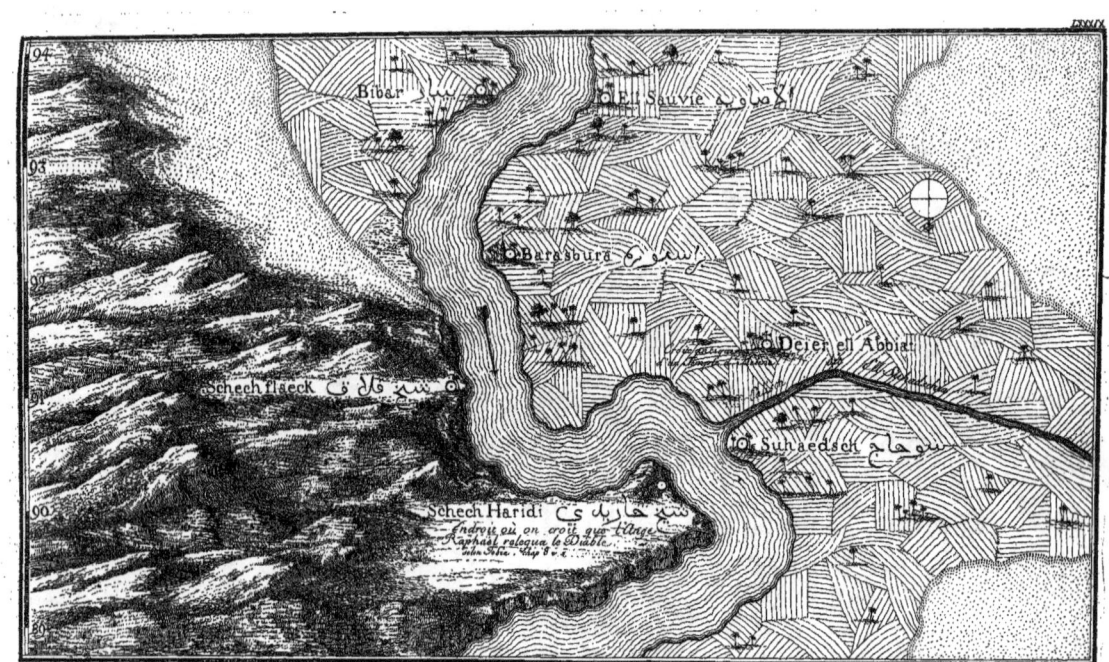

Douzième Partie de la Carte du Nil, depuis Gilfan, jusqu'à Ell Sauvie.

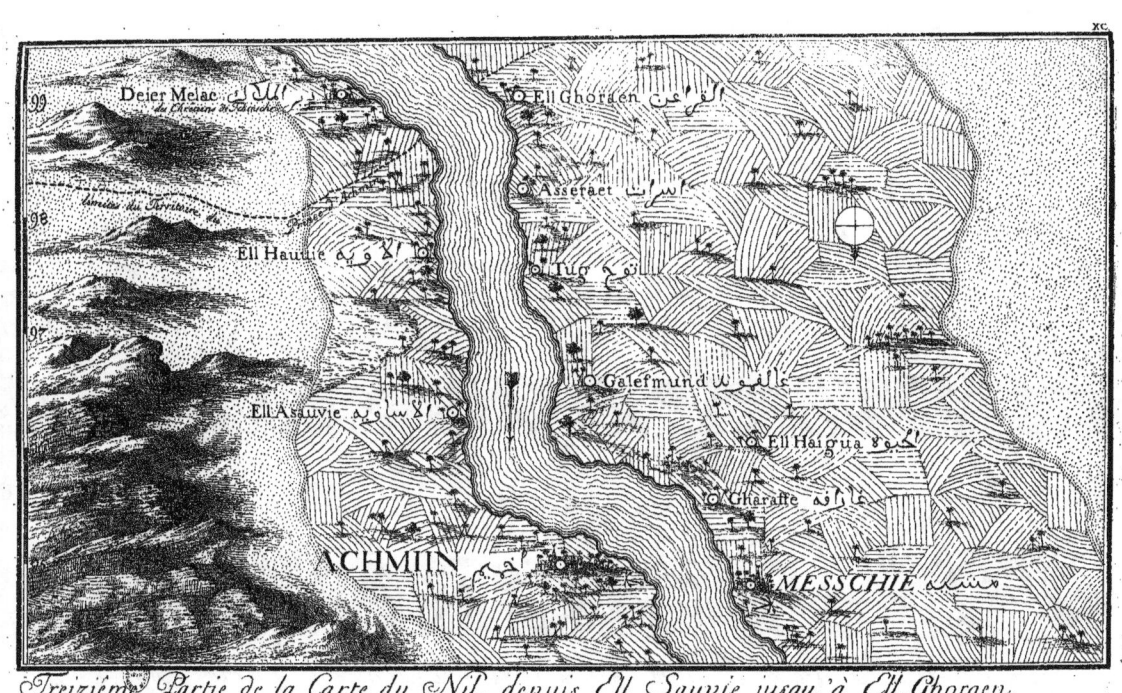

Treizième Partie de la Carte du Nil, depuis Ell Sauvie jusqu'à Ell Ghoraen.

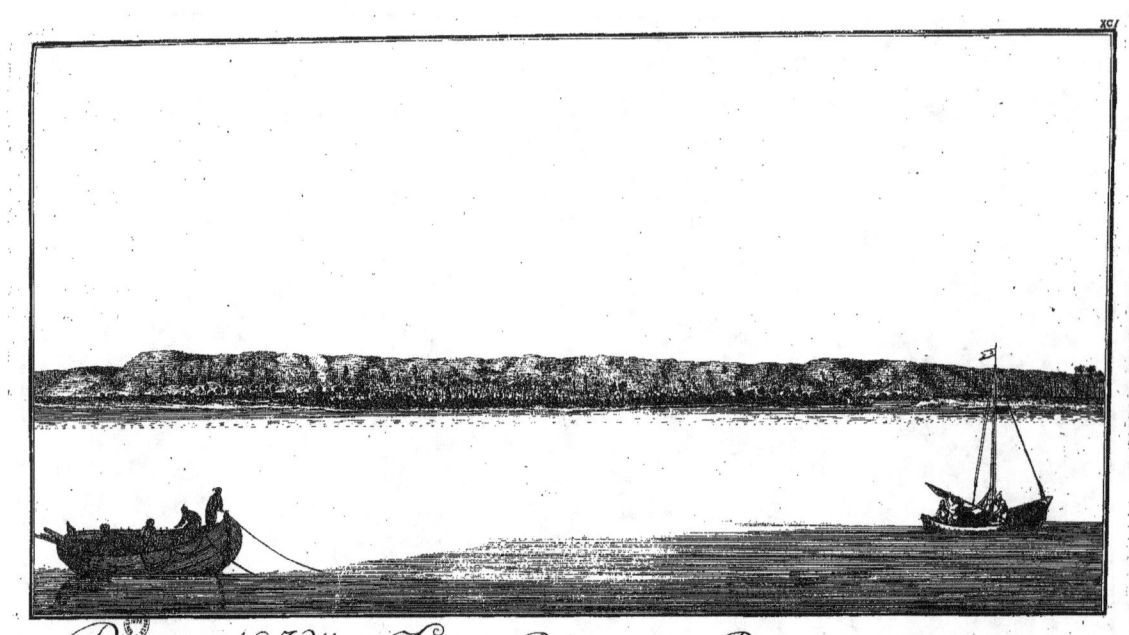

Prospect de la Ville d'Akmin, Résidence du Prince de même Nom.

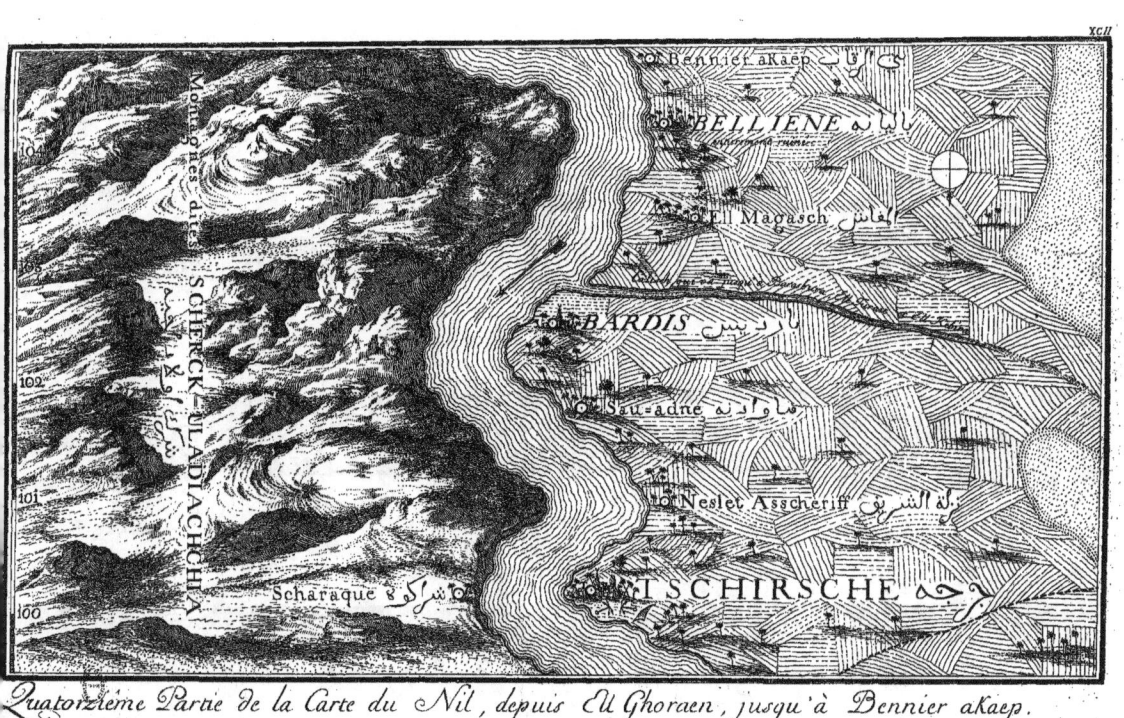

Quatorzième Partie de la Carte du Nil, depuis El Ghoraen, jusqu'à Bennier aKaep.

Partie de l'extremité orientale de Tschirsche, Capitale de l'Egypte Supérieure.
a. Fragment dessiné à Tschirsche.

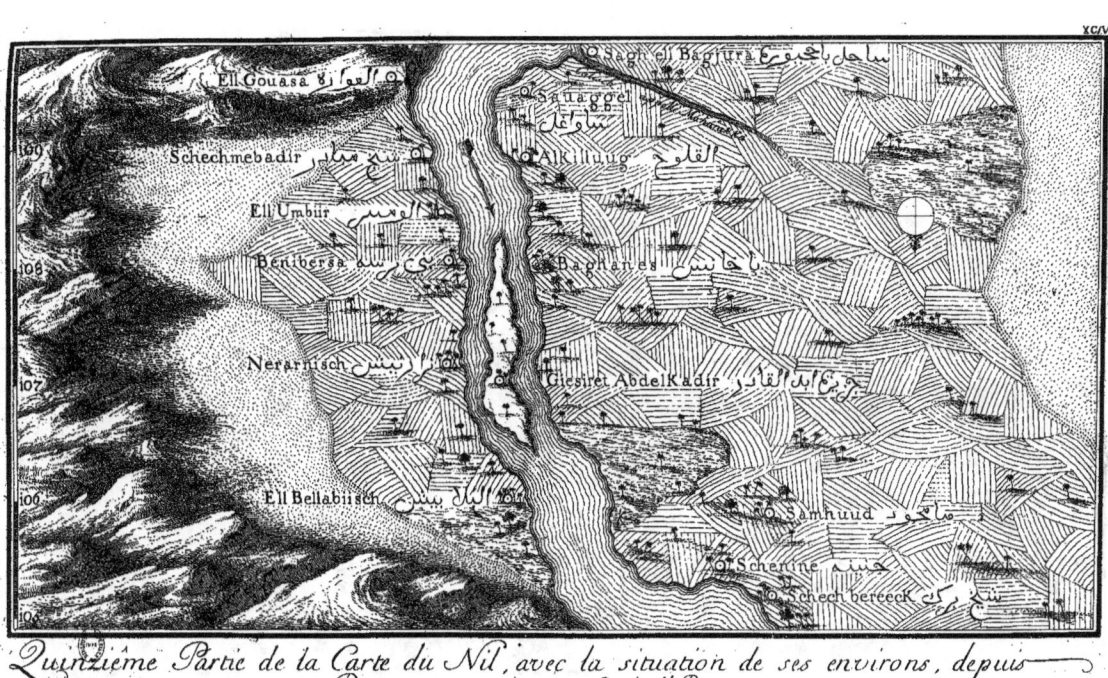

Quinzième Partie de la Carte du Nil, avec la situation de ses environs, depuis Bennier aKaep, jusqu'à Sagh ell Bagjura.

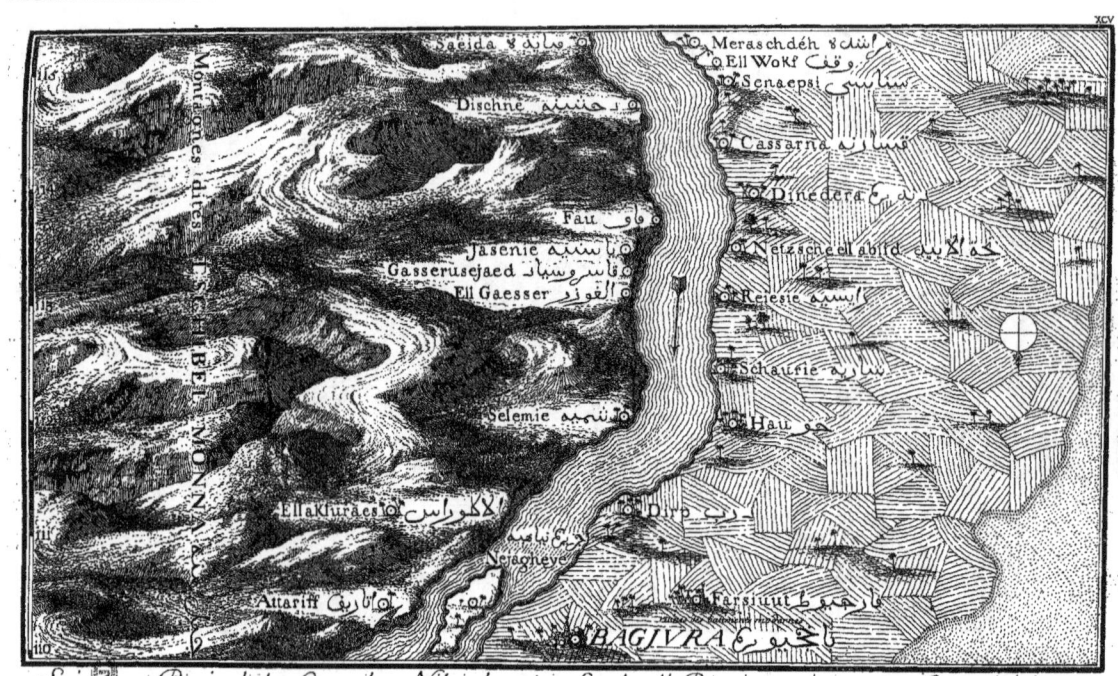

Seizième Partie de la Carte du Nil, depuis Sagh ell Bàgjura, jusqu'à Meraschdeh.

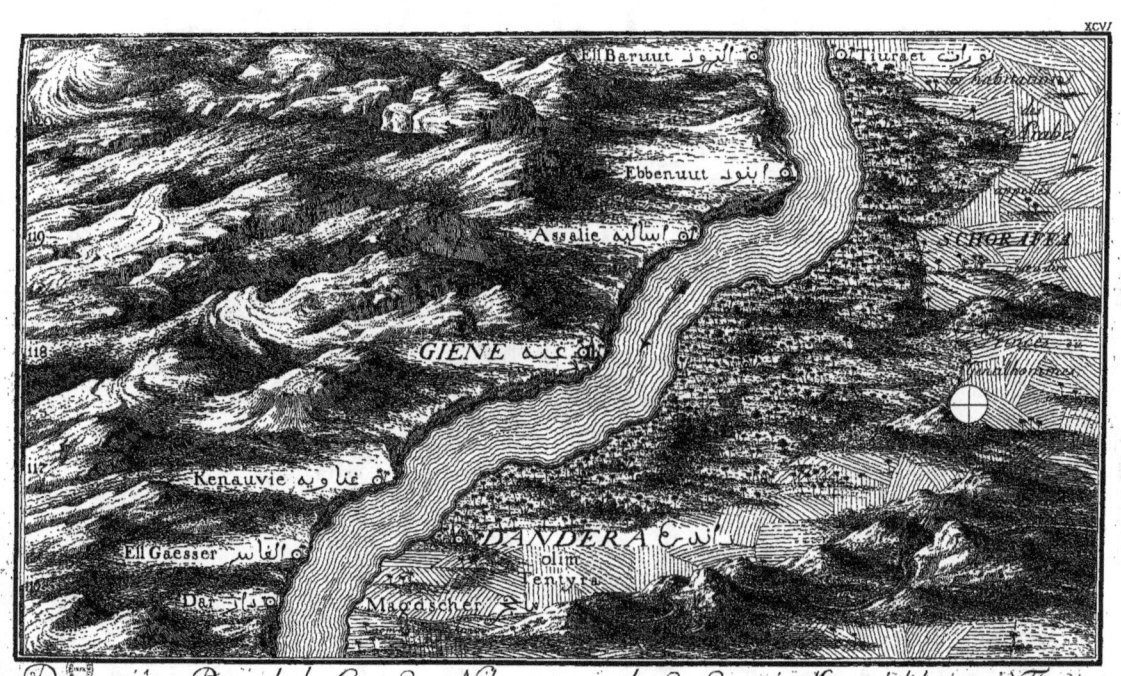

Dixseptiéme Partie de la Carte du Nil, avec ses bords, depuis Meraschdeh, jusqu'à Turaet.

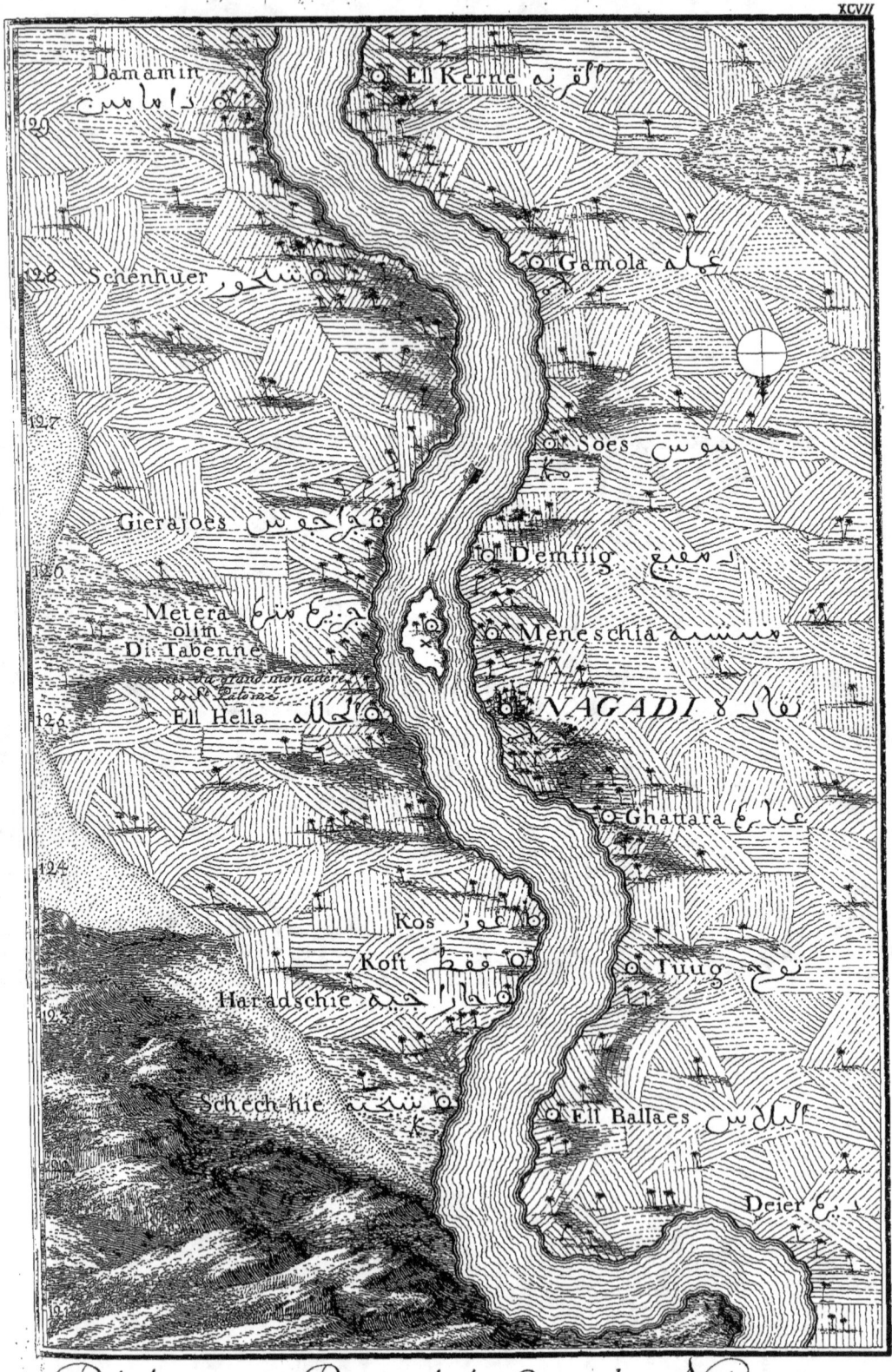

Dixhuitième Partie de la Carte du Nil, avec ses bords, depuis Tiuraet, jusqu'à Ell Kerne.

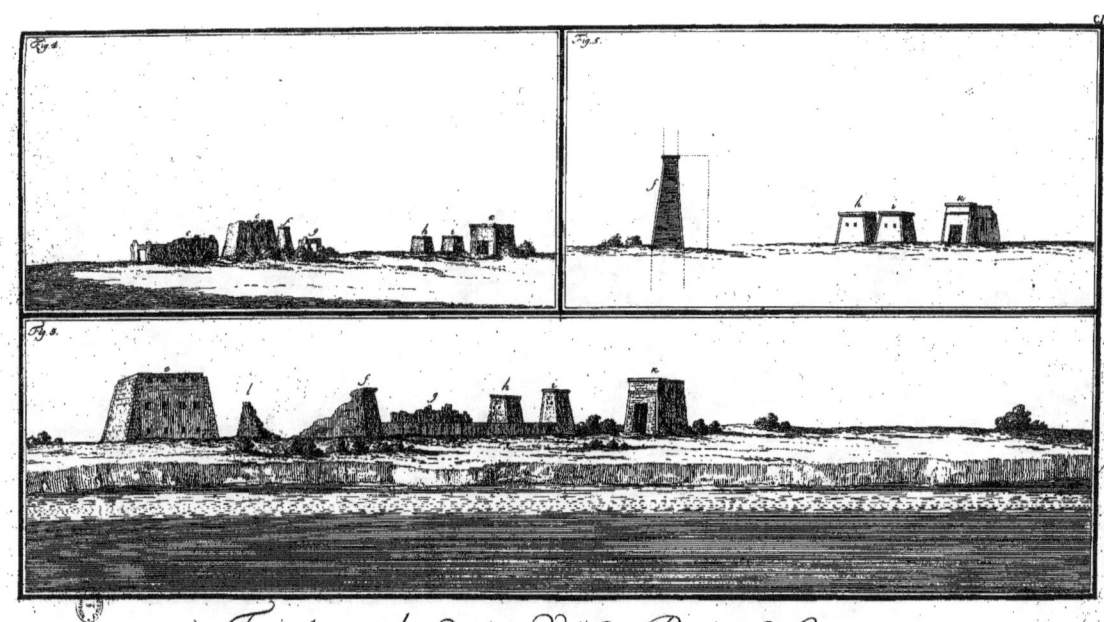

Fig. 3. Troisième et plus distincte Vue des Ruines de Carnac.
Fig. 4. Quatrième Vue de mêmes Ruines. Fig. 5. Dessein particulier de f. h. i. k.

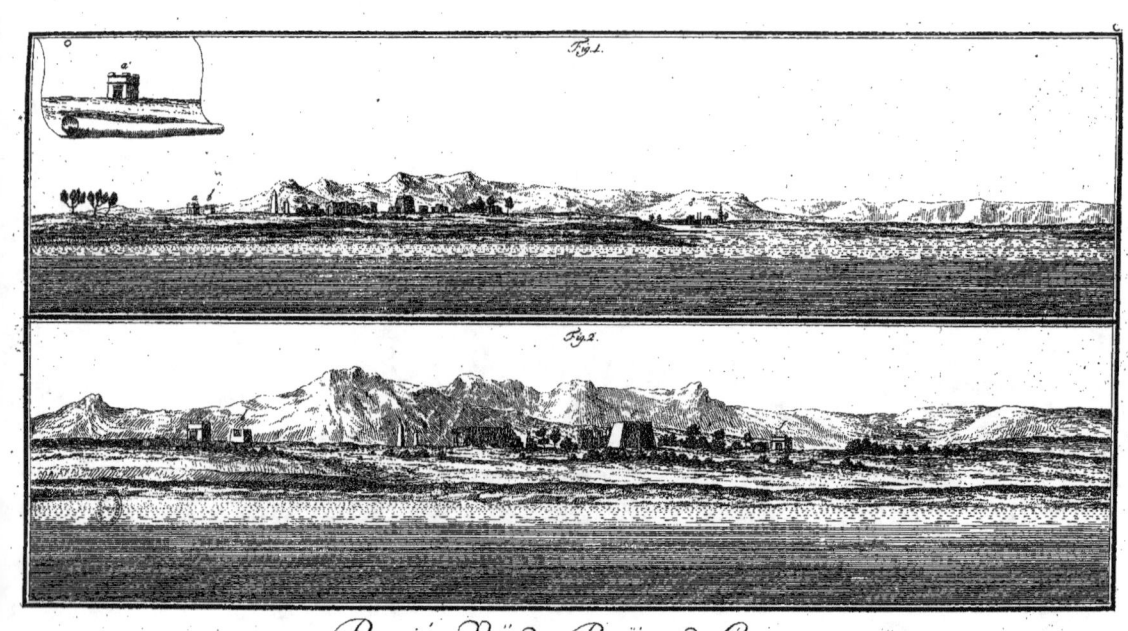

Fig.1. Première Vüe des Ruines de Carnac. et Luxxor.
ᵒ Dessein particulier de a.
Fig.2. Seconde Vüe des memes Ruines.

Portail antique et bien conservé, plein de Hiéroglyphes en couleurs, et dont les Arabes
se sont servi pour une Porte de la Ville de Habu, à present entièrement ruinée.
a. Première muraille. b. Seconde muraille. c. Troisième muraille chargée de Hieroglyphes.

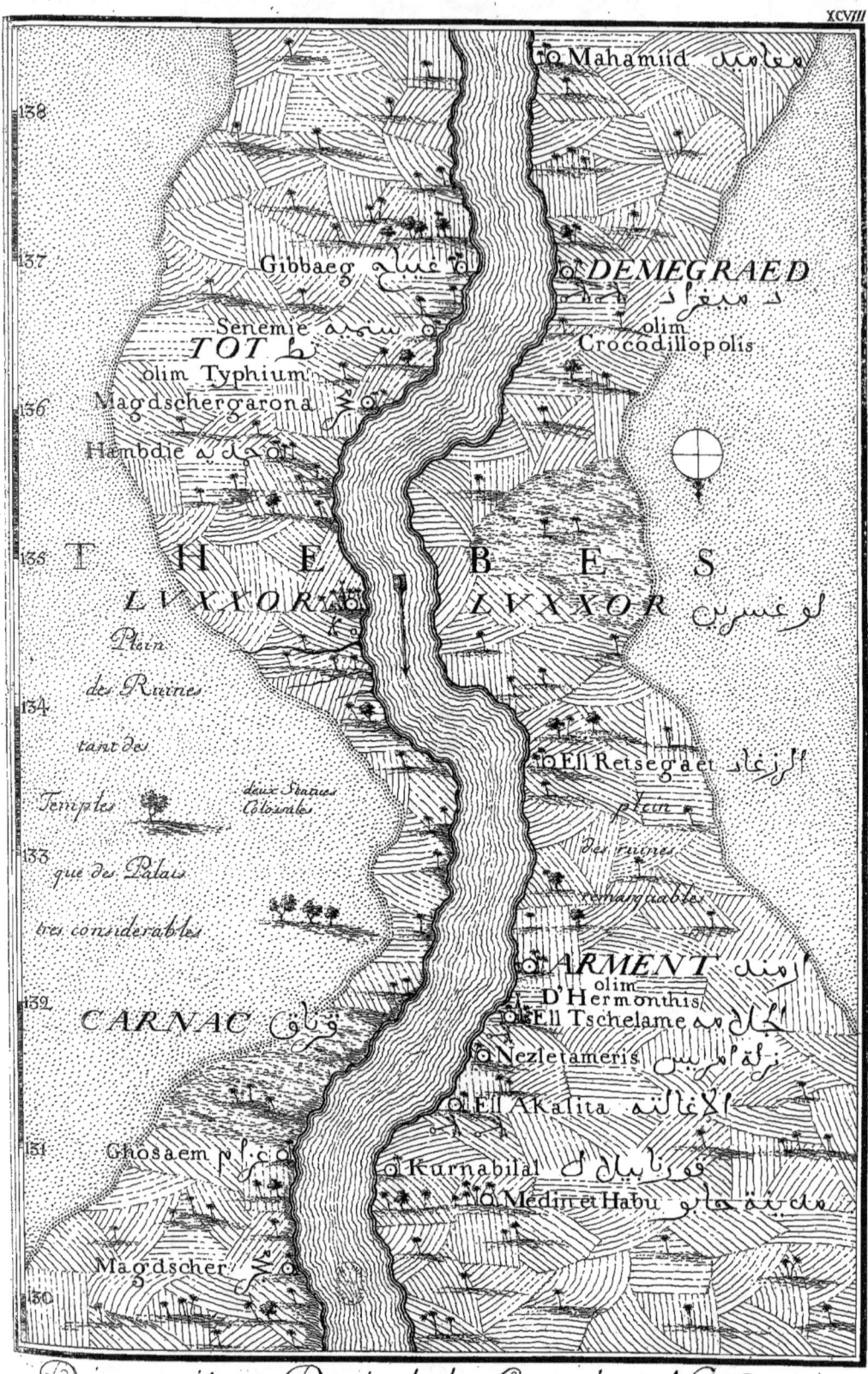

Dixneuvième Partie de la Carte du Nil, depuis Ell Kerne, jusqu'à Mahamiid.

Vue des Antiquités superbes à Luxxor, vulgairement tenu pour l'ancienne Thebes.
a, Obelisques. c, Portail. e, Grande Colonade. f, Petite Colonade.

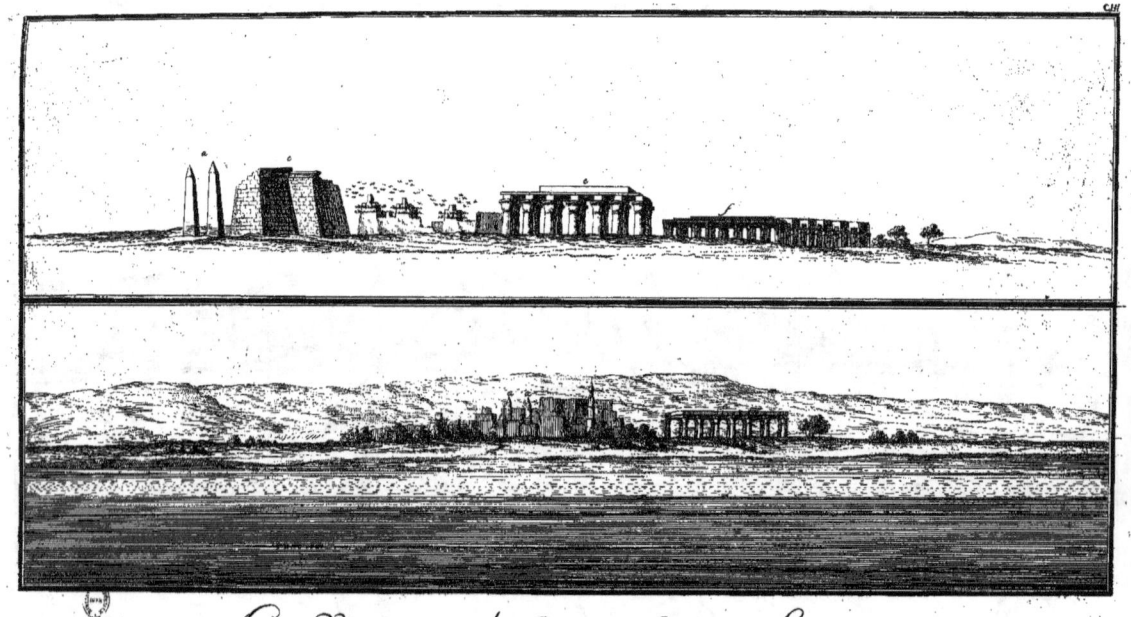

Autres Vuës des superbes Restes des Edifices de Luxxor.
a, Obélisques. c. Portail. e. Grande Colonade. f. Petite Colonade.

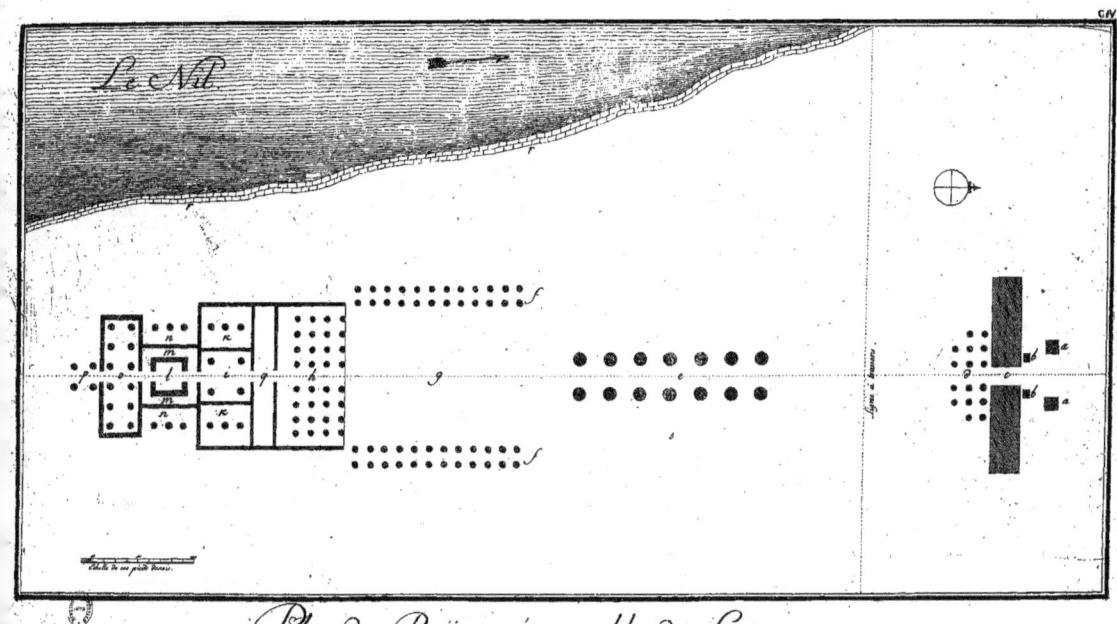

Plan des Ruines remarquables de Luxxor.

a, Deux Obélisques. b, Deux Statues Colossales. c, Portail. d, Partie d'un Portique. e, La grande Colonade. f, Petite Colonade. g, Avant-cour. h, Portique. i, Salon.
k, Chambres. l, Temple couvert. m, Corridor. n, Galeries fermées. o, Vestibule. p, Portique. q, Vestibules. r, Digue de pierres de taille. s, Fondemens des Ruines couvertes et incertaines.

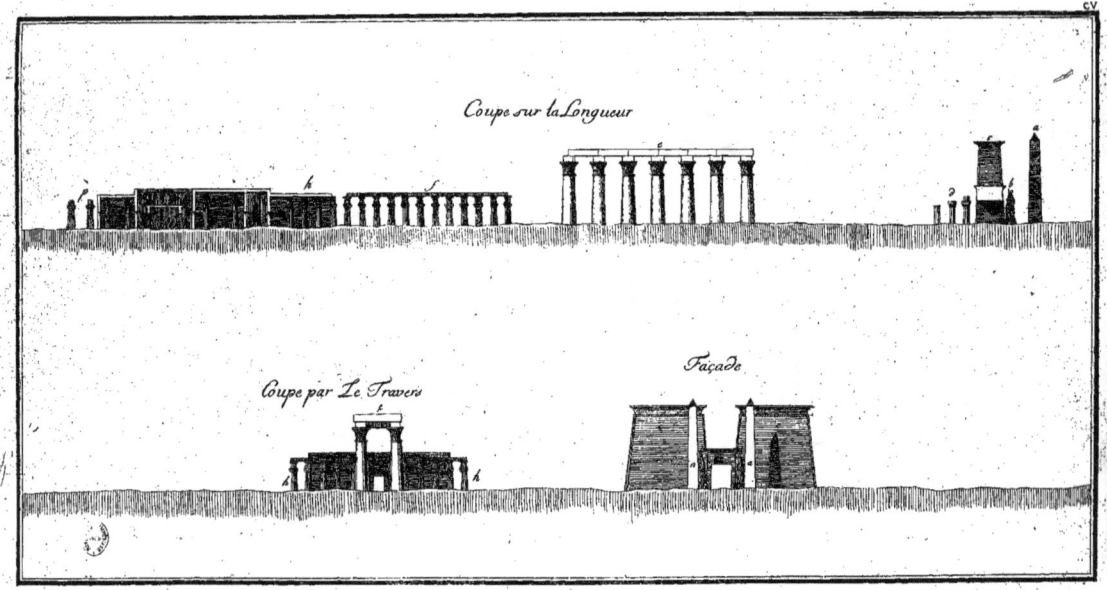

Coupe et Profil de magnifiques batiments de Luxxor.
a. Obelisque. b. Statüe colossale. c. Portail. d. Partie d'un Portique. e. La grande Colonade. f. Petite Colonade. h. Portique. i. Salon. l. Temple couvert. m. Corridor. o. Vestibule. p. Portique. q. Vestibule.

Fig. 1. *Les deux Colosses b. en particulier.*
Fig. 2 *Vüe du Portail principal des Antiquités de Luxxor.*
a. Obélisques. b. Colosses. c. Portail. d. Partie d'un Portique. e. Grande Colonade.

Superbes Restes de Luxxor.

c, Chapiteau d'une des colonnes de la grande Colonnade. h, Chapiteau d'une des colonnes du Portique
o, Chapiteau d'une des colonnes du Vestibule.

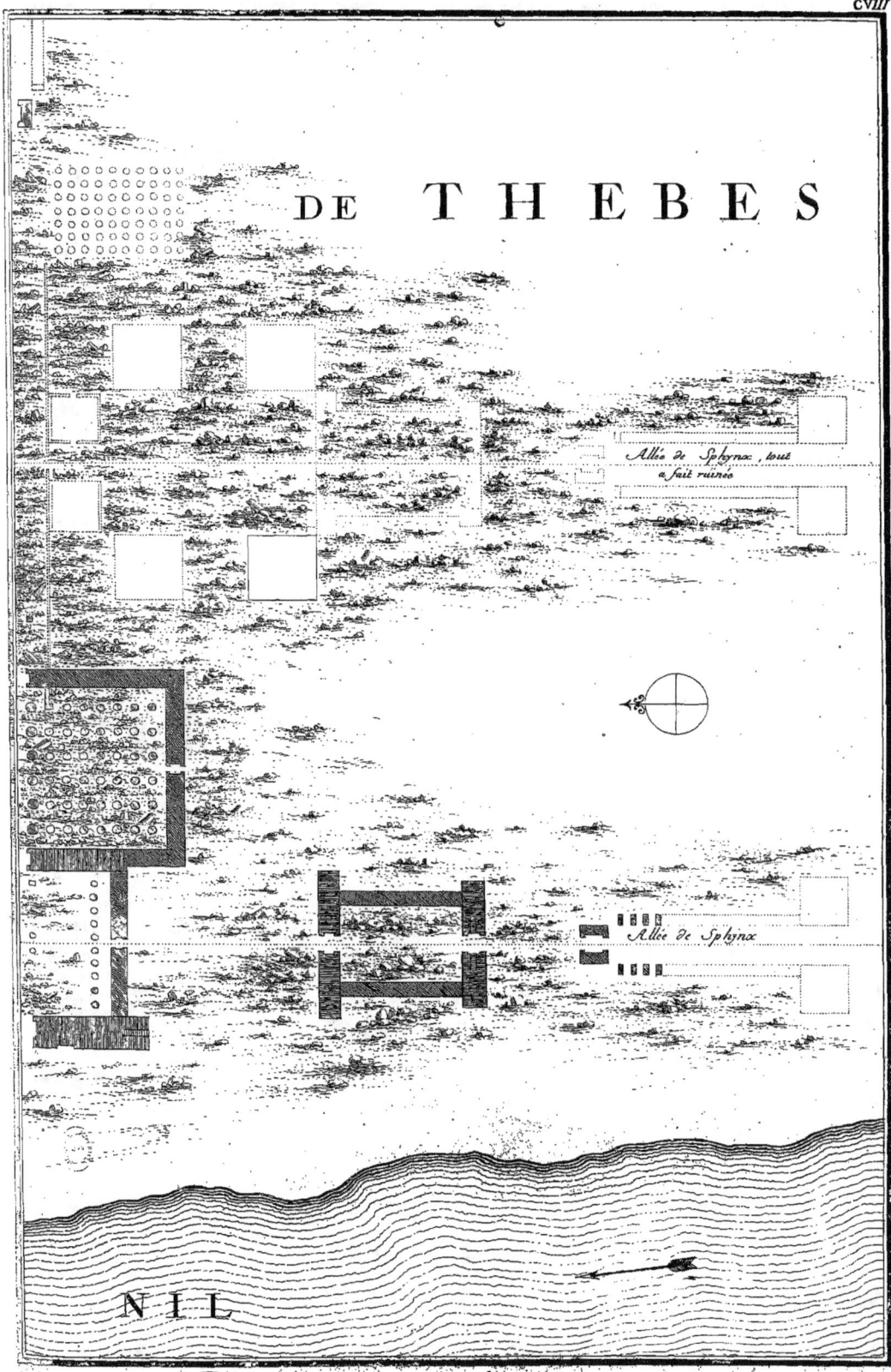

d'une Partie de Thebes.

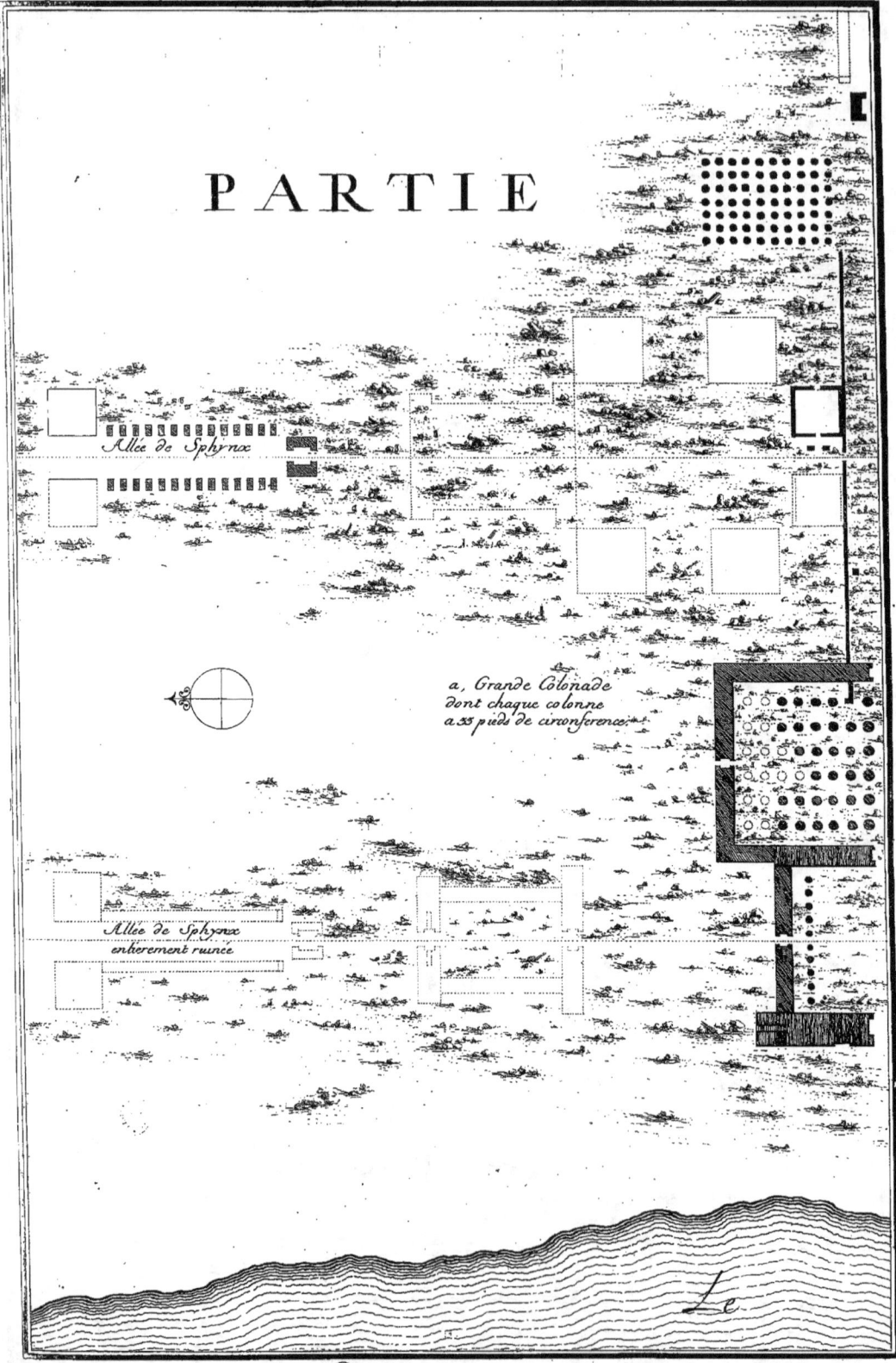

Carte particuliere des Ruines

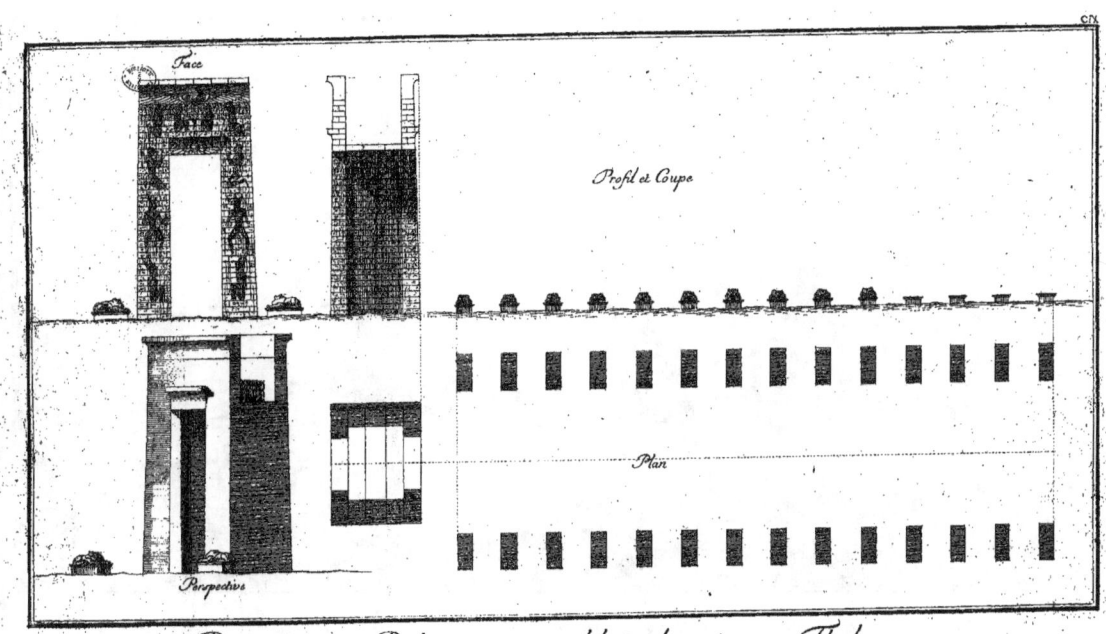

Restes d'un Portique admirable de l'ancienne Thèbes

Deux Statues Colossales avec les Ruines du Palais de Memnon, vis-à-vis de Carnac et de Luxxor.

a. Statue d'un Homme. b. Statue d'une Femme, toutes deux de 50 pieds Danois de hauteur. c. Ruines d'un Temple. d. Pilastres avec des Termes. e. Pilastres opposés de la même façon. f. Muraille derrière la Galerie. h. Colosse renversé et entier. g. Colosse brisé et renversé, tenu pour la Statue sonante de Memnon. i. Tête colossale. K. Grottes coupées dans les montagnes. l. Montagnes qui separent l'Egypte de la Lybie.

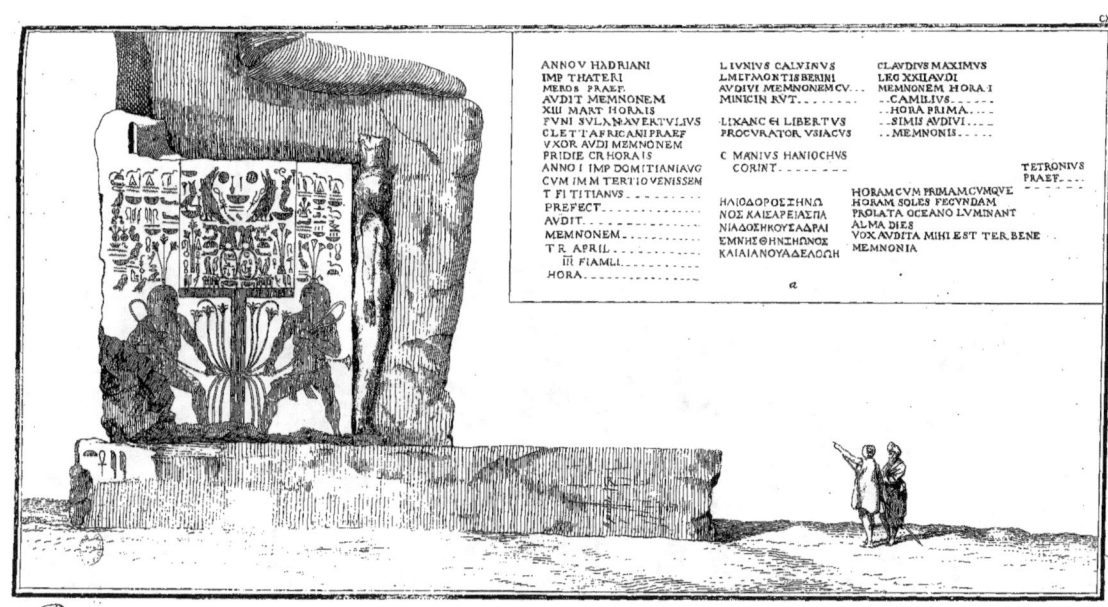

Dessein particulier des Hieroglyphes remarquables, gravés sur les chaises des Statues Colossales, proche de Luxxor et Carnac.

a. Neuf Inscriptions grecques et latines, tirées des jambes des ditte Colosses, et qui y ont été gravées anciennement pour tesmoiner qu'on avoit entendu la voix de Memnon.

Ruines du Palais de Memnon, toutes chargées d'hieroglyphes.

C. Portique d'un Temple, dont la colonne a. est de 24 pieds Danois de circonference. D. et E. appartement la Gallerie, autour de la Cour, en quelle anciennement étoit placée la Statue Colossale de Memnon, qui rendoit le son, au lever du Soleil. F. Muraille derriere la Gallerie. G. Fragment de la dite Statue, faite du Granit noir, dans la même attitude, que les precedentes A. et B. H. Un Colosse entier, d'une seule piece de Granit, de la même attitude, renversé. I. Tête colossale coeffée a l'Egyptienne.

Plan des Statuës Colossales, et des Ruines du Palais de Memnon, dans l'ancienne Thebes.

a. Statuë d'un homme de grandeur colossale. b. Statuë d'une femme. c. Portique d'un Temple. d. Pilastres avec des Termes. e. Pilastres compagnons. f. Muraille derriere ces Pilastres. g. Colosse renversé et qu'on prend pour Memnon. h. Colosse moins grand. i. Tête colossale.

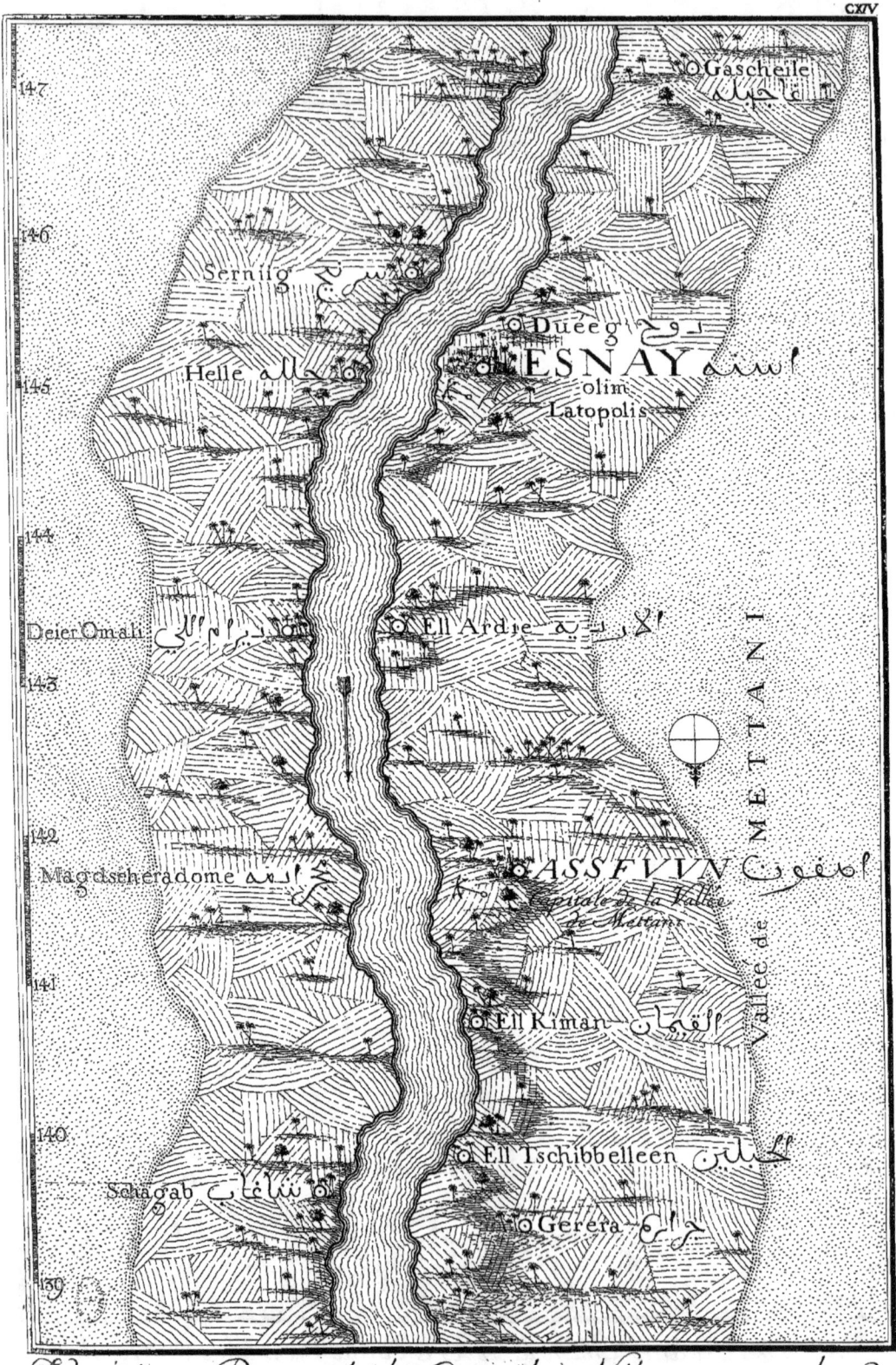

Vintième Partie de la Carte du Nil, avec ses bords depuis Mahamüd, jusqu'a Gascheile.

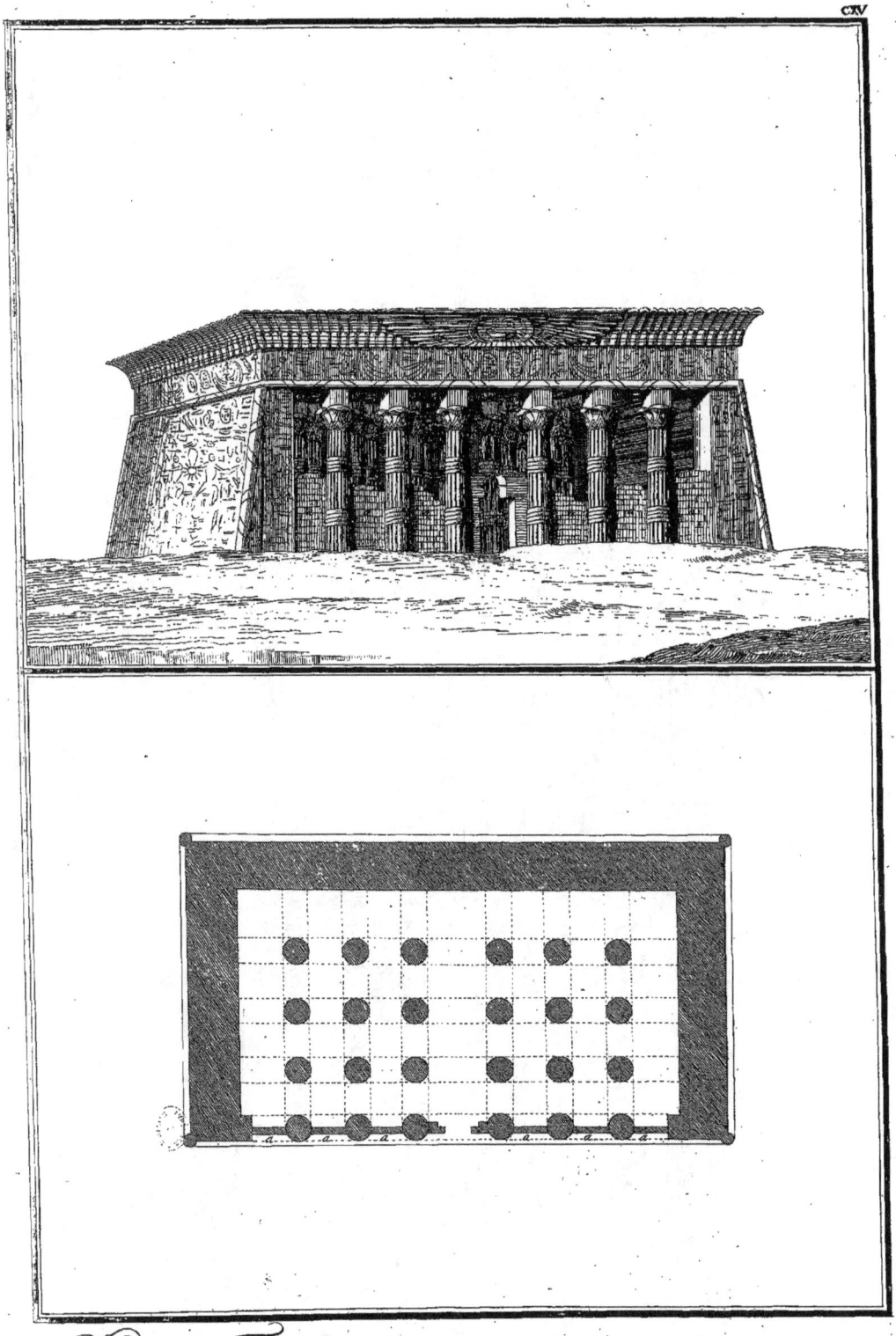

Ancien Temple, au milieu de la ville d'Essenay, et bien conservé, dans toutes ses parties, a l'exception du Portail. L'entre deux des colonnes a. a été rempli, par les Arabes, d'une muraille, afin de pouvoir y enfermer leur betail.

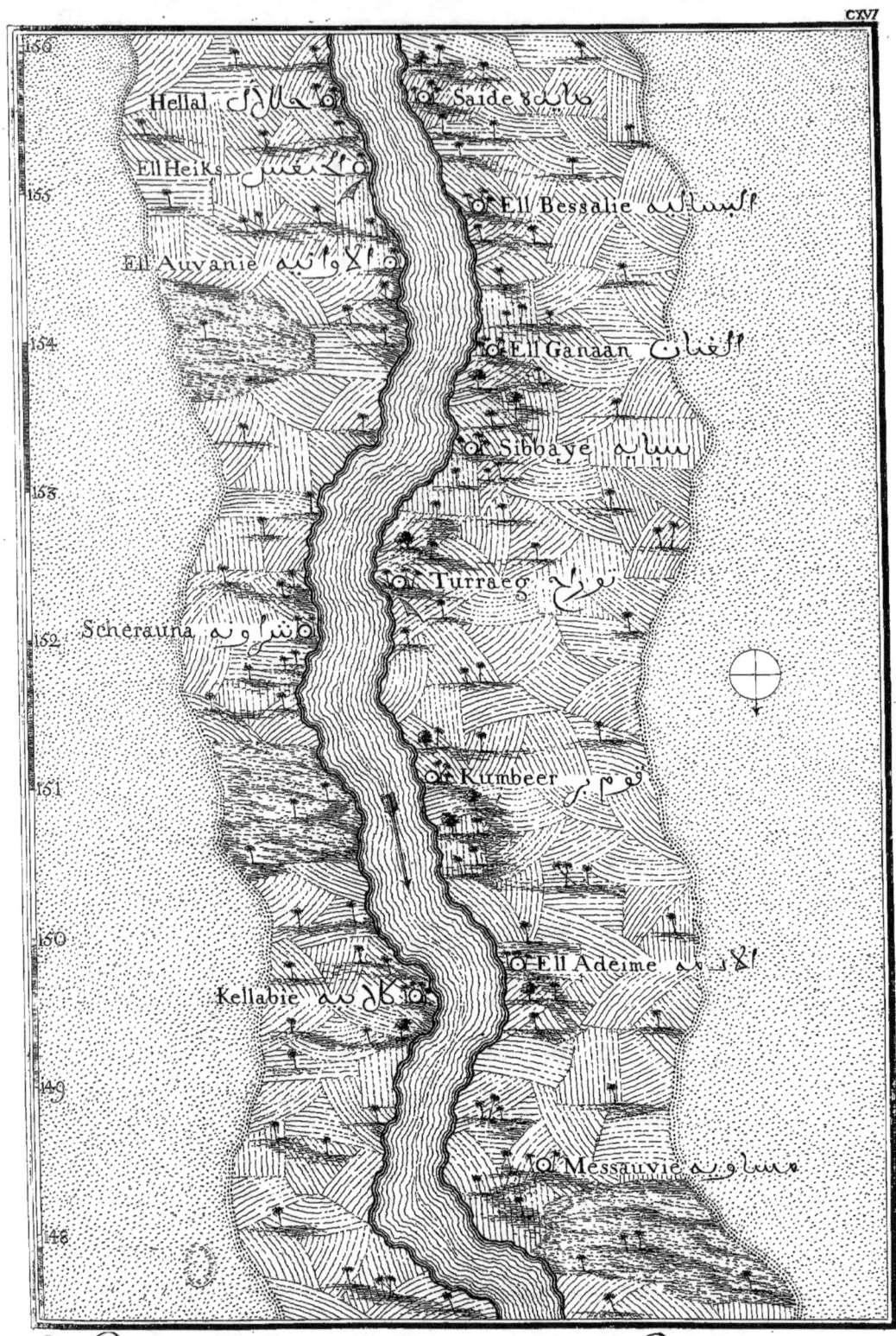

Vingt-unième Partie de la Carte du Nil, avec ses bords depuis Gascheile, jusqu'à Saide.

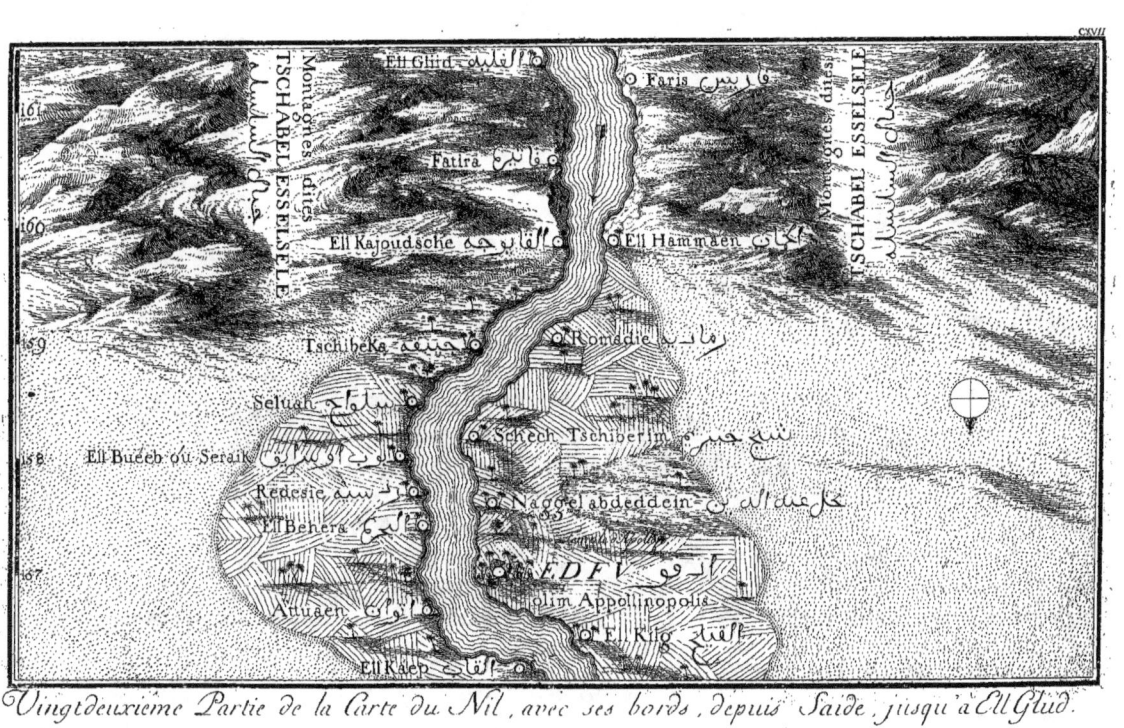

Vingtdeuxième Partie de la Carte du Nil, avec ses bords, depuis Saide, jusqu'à Ell Glud.

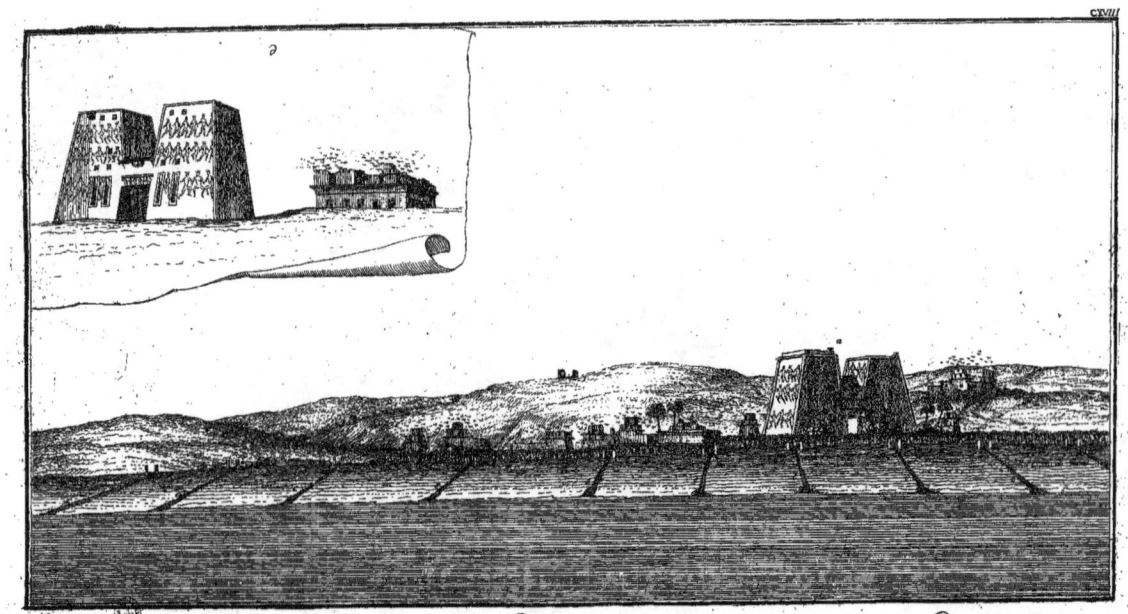

Vüe de la Ville d'Edfu, avec ses Antiquités magnifiques, que les Arabes d'àprésent ont converties en colombiers.

a. Entrée principale du Temple d'Apollon. b. Ruines du Temple. c. Petits canaux. d. Dessin particulier du Temple et de son Portail.

Vuë de la ville de Bueéb, autrement Seraix, présentement toute ruinée

Vué de Tschibal Esselsele, ou de la montagne de la chaîne, appellée de la sorte, parcequ'anciennement on fermoit ici, l'entreé du Nil, par une chaîne, qui étoit attachée à chaque bout, aux deux colonnes, qu'on voit ci-dessus.

Fig.1. a. Représentation de la Pierre à laquelle selon la tradition étoit attachée une chaine pour fermer le Nil. b. Masse de Granit pleine de hieroglyphes. c. Petites Chapelles. d. Rochers de Granit.
Fig.2. Vuë de la Ville d'Esnay, dans l'Egypte Supérieure.

Fig. 1. Tschabel Gselsele, c'est-à-dire Montagne de la Chaîne.
Fig. 2. Desfein particulier de la Pierre, à laquelle selon la tradition
a. Trous pour pouvoir monter. étoit attachée la chaîne, pour fermer le Nil. b. Rocher de

Vüe des Chapelles taillées dans le roc, près de la Pierre de la Chaîne à Tshibel Esselsele.
a. La dite Pierre. b. Bloc de Granit, avec une inscription en Hieroglyphes. c. Chapelles pleines de Hieroglyphes. d. Rochers de Granit.

Vuë générale des Grottes, qui se trouvent à Tschibel Eßelsele, vis-à-vis la Pierre à laquelle on attachoit autrefois une chaîne, pour fermer le Nil.

a, Grotte, ou il y a quatre Statues assises.

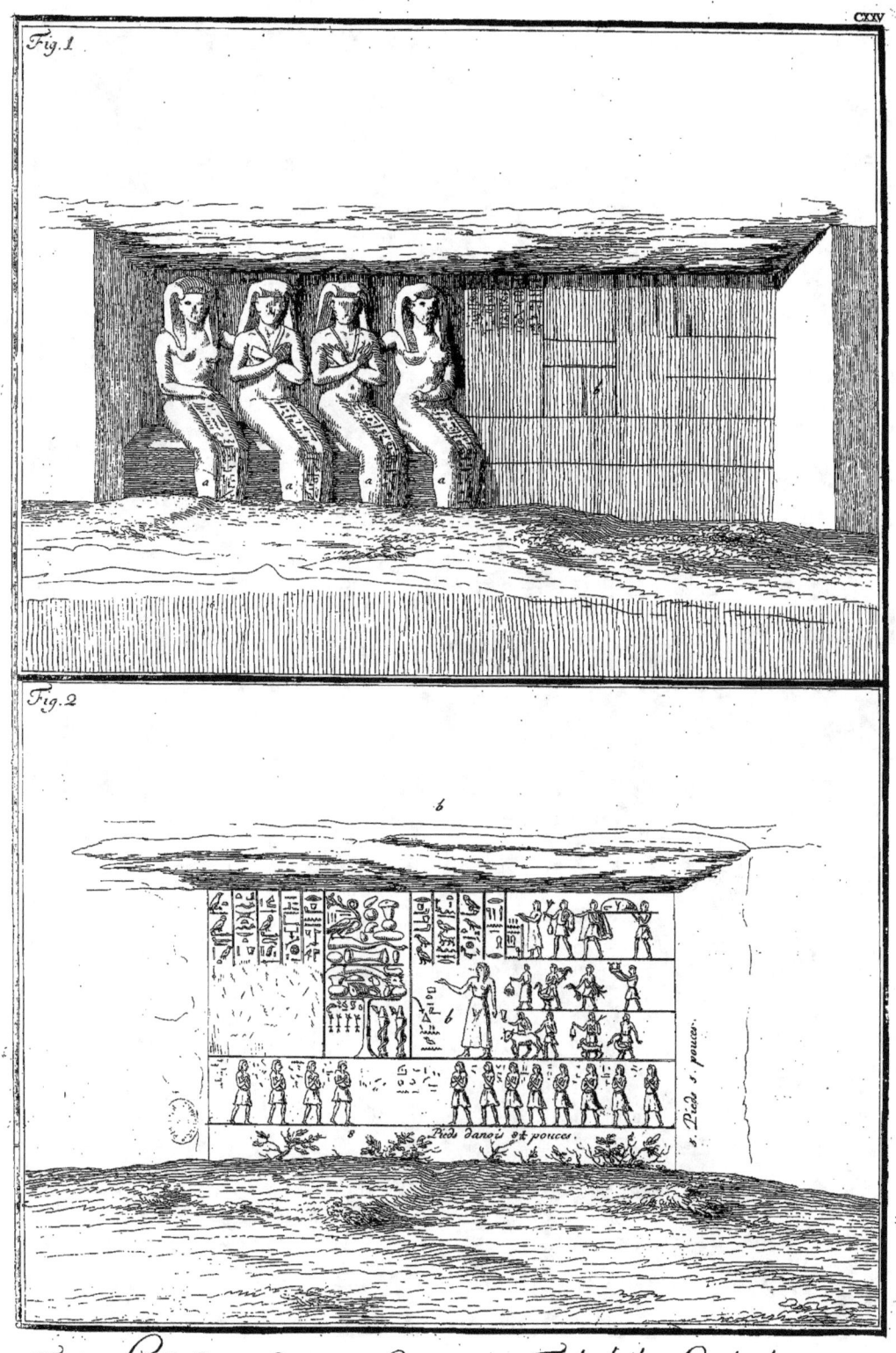

Fig. 1. Le dedans d'une Grotte à Tschibel Esselsele.
a Statues de grandeur naturelle.
Fig. 2. Epitaphes de ceux qui étoient enfermés dans cette grotte.

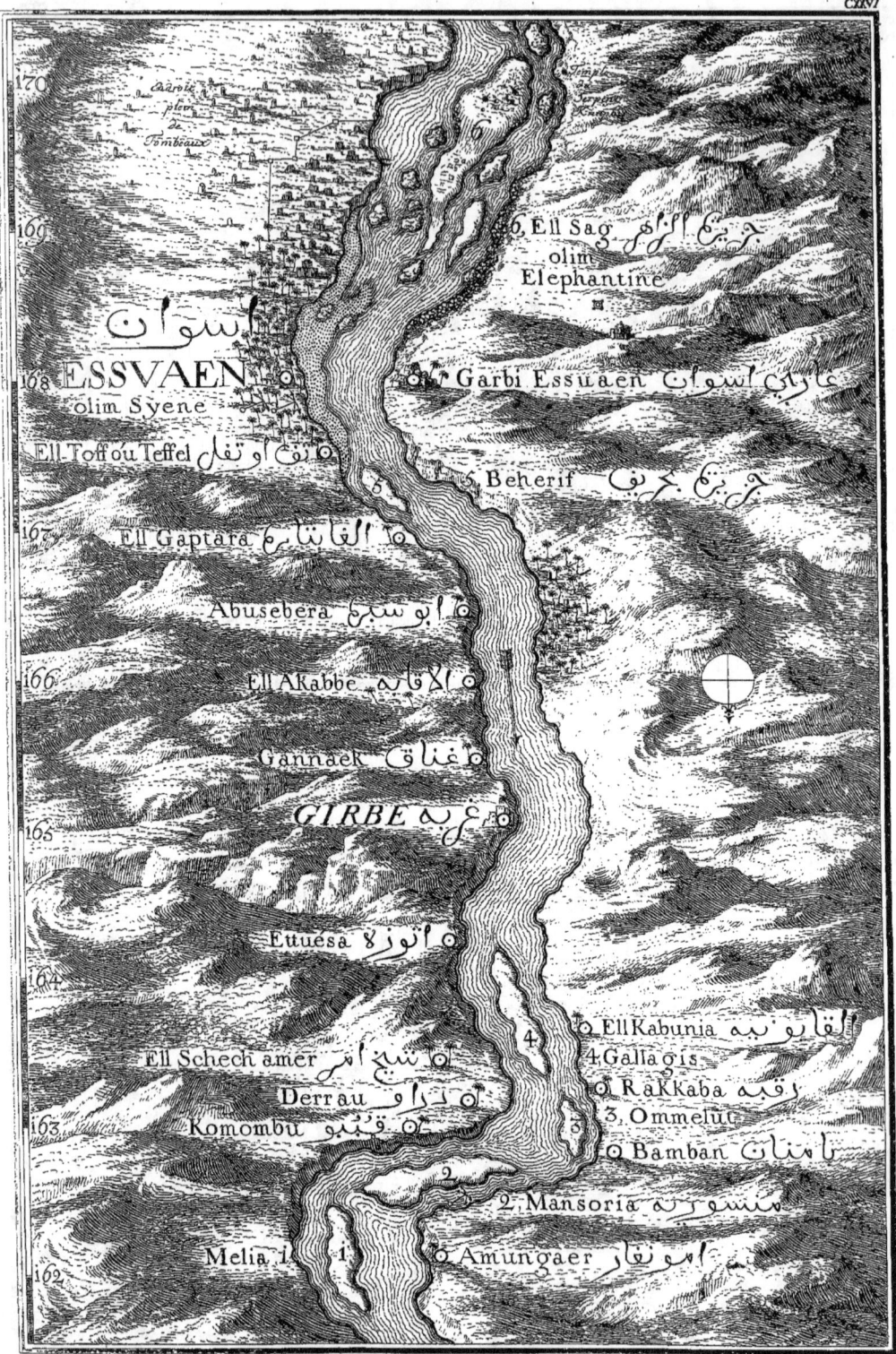

Vingt troisième Partie de la Carte du Nil, avec ses environs, depuis Ell Glud, jusqu'à Ell Sag.

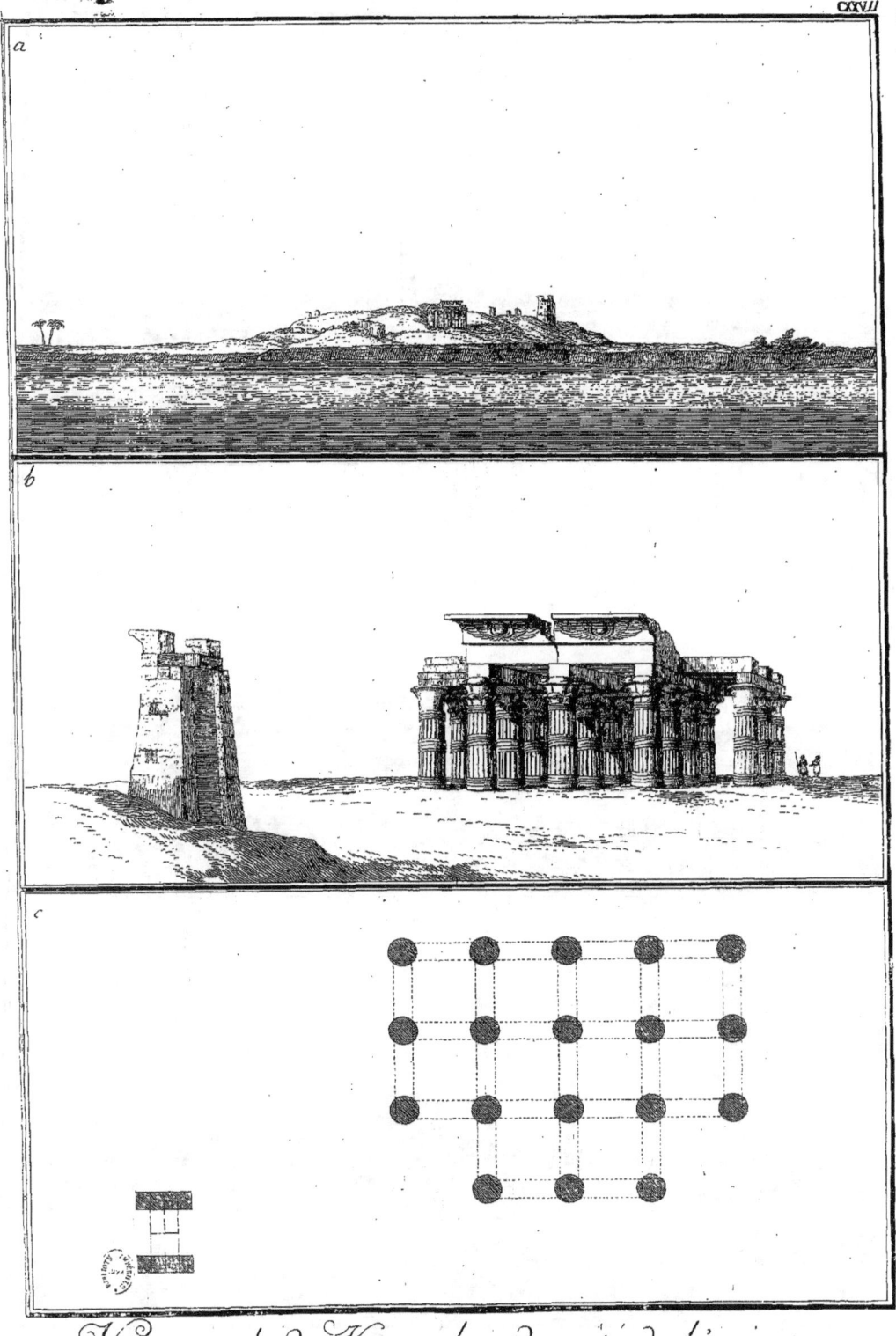

a, Vue generale de Komonbu, du coté de l'orient
b, Les antiquités de Komonbu.
c, Plan des mêmes antiquités.

Fig.1. Vue du Village de Scheck Hamer. a, Ruines d'un batiment moderne.
Fig.2. Vue du Village de Girbe, avec ses antiquités. b.
Fig.3. Girbe, vu d'un autre coté. c, Ruines antiques.

Vüe de l'ancienne Siene aujourdhuy Esuaen, et de l'Isle Elephantine, à l'entrée de la première Cataracte.
a, Ruines de la ville moderne d'Esuaen. b, Muraille antique, ou Rampart de l'isle. i. c.d.e, Vestiges d'une Ville. f, Route pour aller par eau à la Cataracte. g, Ruines d'une Citadelle. h, Mosquée à moitié ruinée.

Vue des Rochers de Granit, au bord du Nil, et qui servoient de fondement à l'ancienne Siene, aujourd'hui Esuaen.
a. Rocher de Granit chargé de Hiéroglyphes. b. Niche avec une espèce de colonne au milieu, qui anciennement aura rendu le même service que le Mixxias du Vieux Caire. c. Ruines d'édifices modernes. d, u e. Mesures gravées sur le Granit. f. Muraille antique faite de grosses masses de pierres. g. Hiéroglyphes sur un Granit aux fondemens de la même muraille. h. Chemin qui conduit à la première Cataracte. i. Autre Granit plein de Hiéroglyphes.

Vüe des Tombeaux près de la Ville d'Esuaen.
a, La ville d'Esuaen.

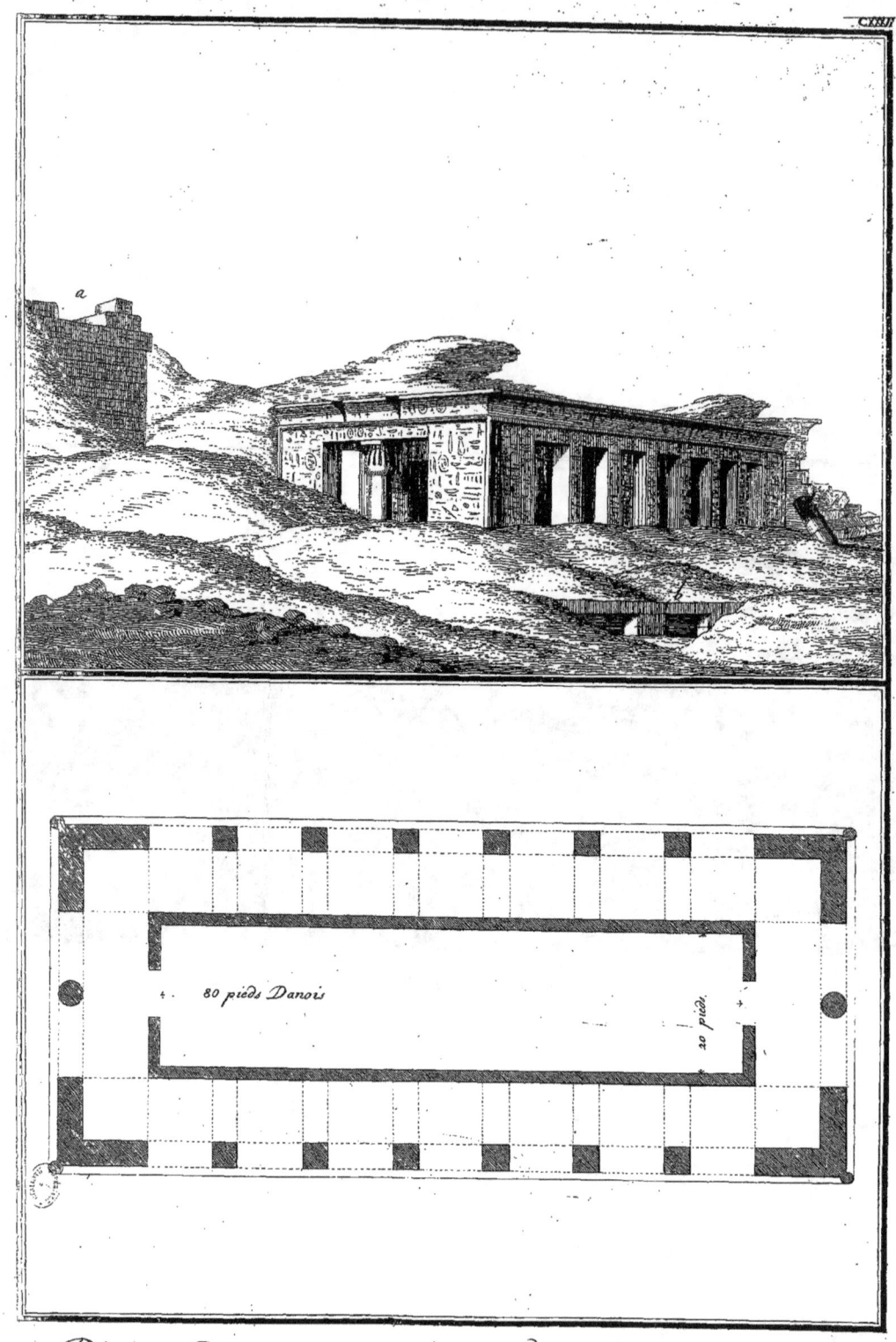

Plan et Perspective de l'ancien Temple du Serpent Knuphis
sur l'Isle Elephantine.
a, Espece d'un Piedestal couvert d'Inscriptions Greques. b, Souterrain.

CXXIII

Ubschiir اوبشير

الخيف Ell Heiff, olim Philæ

Garbelthees جربلثيس

Morrada مرّادة

TROPIQUE DU CANCER

Premiere Cataracte formant des chutes d'eau.

Cataracte Turque

Vintquatriéme Partie de la Carte du Nil, avec ses bords, depuis Gascheile, jusqu'à Ubschiir

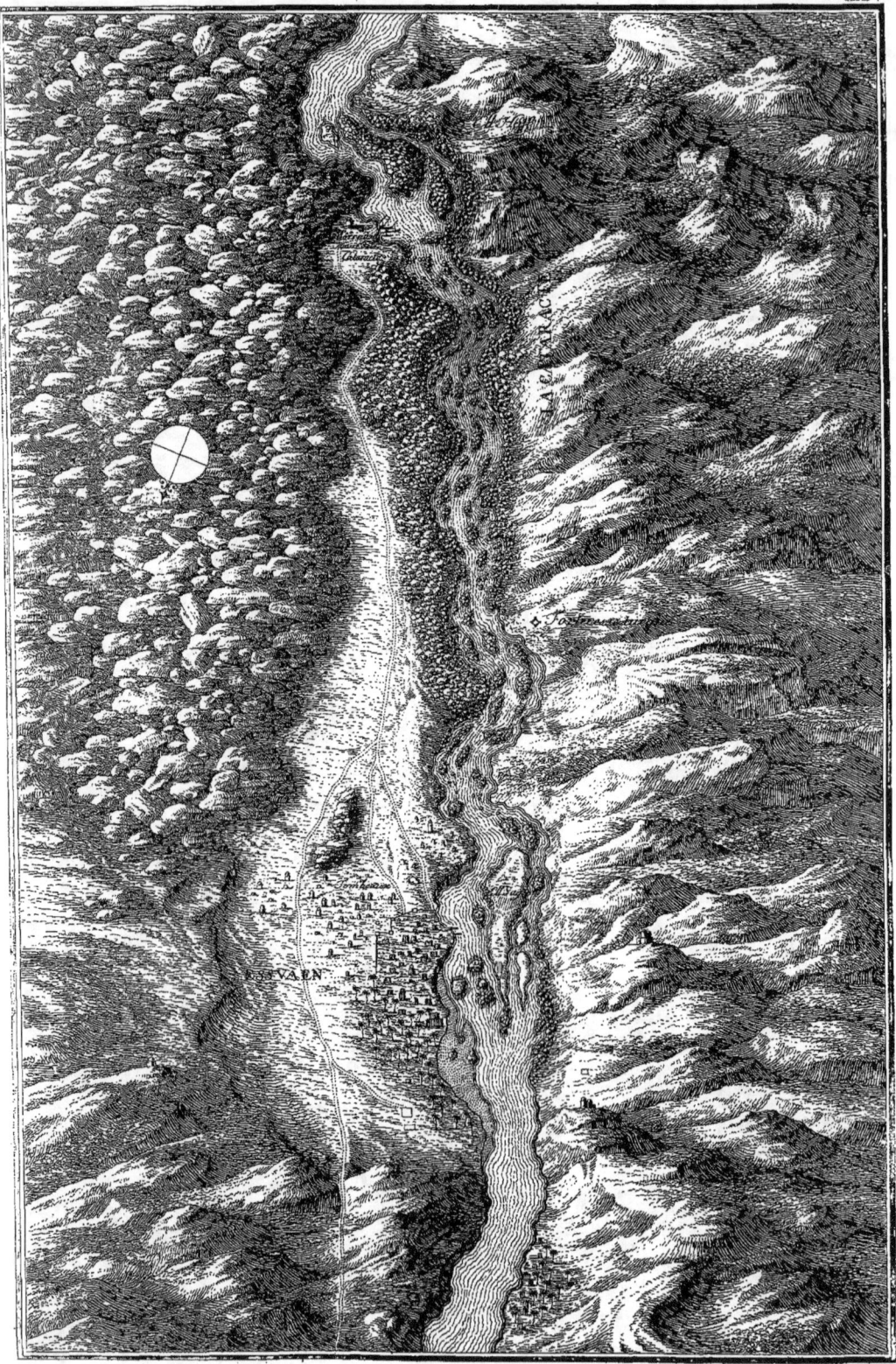

Carte et Plan de la premiére Cataracte du Nil.

Vuë de Morrada, ou du Port, au dessus de la premiere cataracte du Nil.
a. et b. Deux passages du port. c. L'isle, entre les deux passages. d. Ancrages. e. Pointe de l'isle Ell Haiff, remarquable par ses antiquités.

Vuë de l'Isle Ell Heyff, telle qu'elle se présente, quand on sort du Port de la première Cataracte.
a. Temple de l'Epervier. c. Entrée principale du Temple d'Isis. g. Fanal.

Vuë et Perspective sur l'Isle Ell Heiff anciennement Phile.

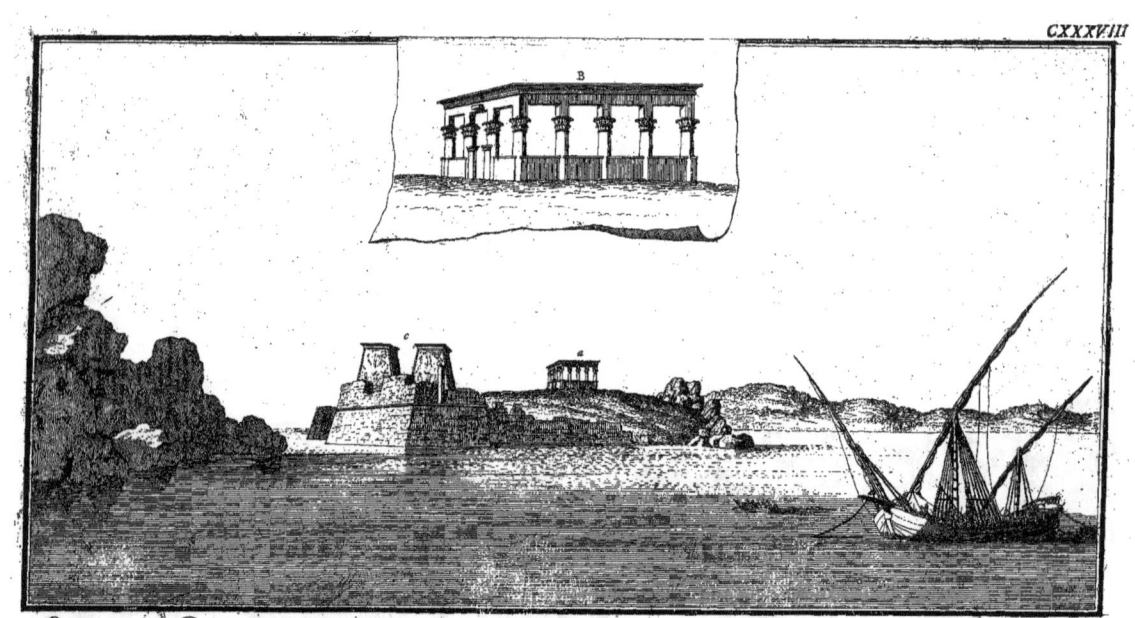

L'Isle Ell Heiff, anciennement Phile, vüe du côté du midi, avec ses admirables antiquités.
a. Temple de l'Epervier. B. Dessein particulier du même Temple. c. Entrée principale du Temple d'Iris.

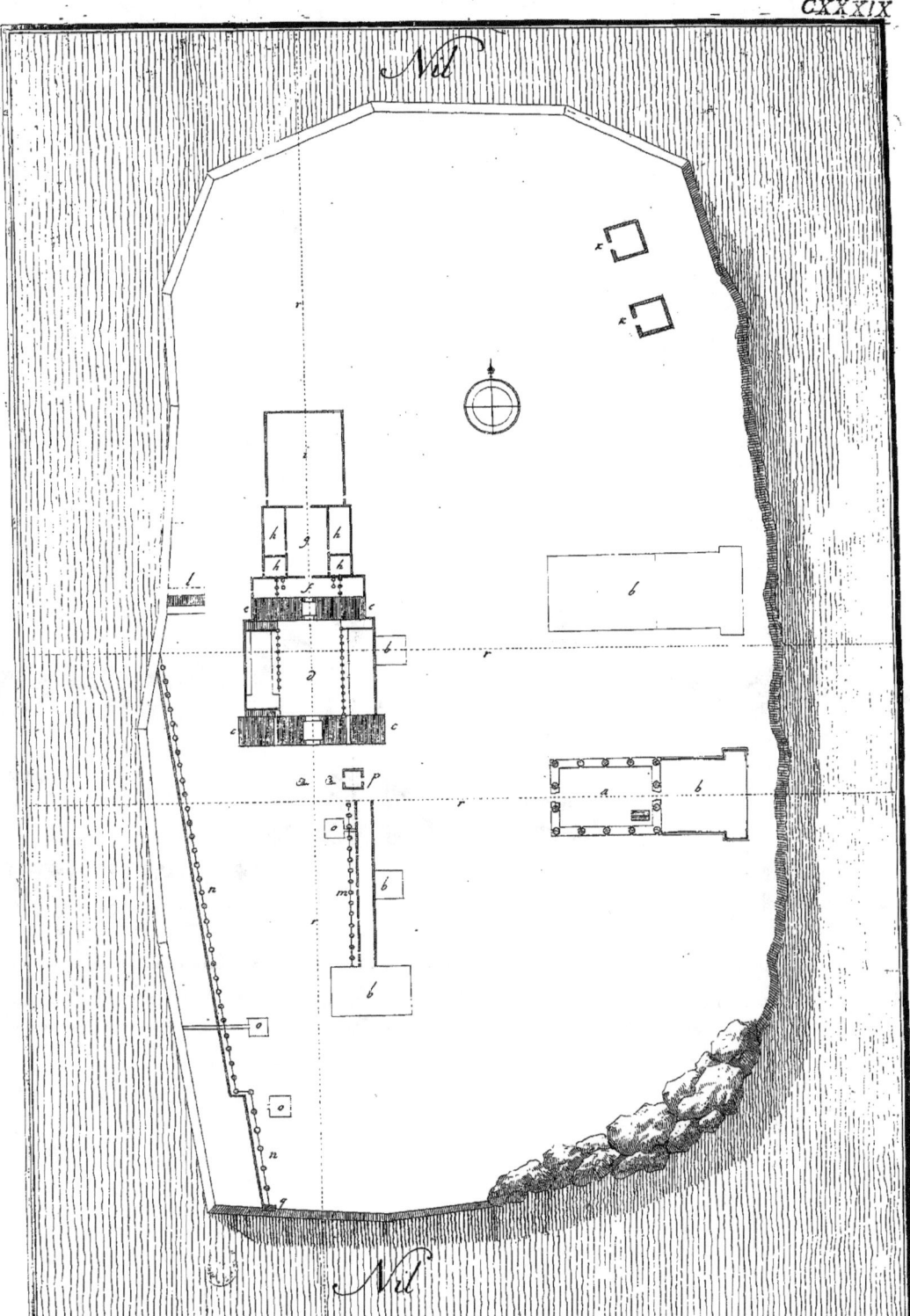

Plan des superbes Edifices sur l'Isle Ell Heiff, autrement Phile, vis-a-vis de la premiere Cataracte du Nil.

a, Plan du Temple de l'Epervier. b, Ruines incertaines. c, Entrée principale du Temple d'Isis. d, Cour intérieure. e, Seconde Entrée. f, Vestibule. g, Bassecour. h, Chambres. i, Cour extérieure. k, Temples. l, Escalier. m, Portique de l'Avant cour. n, Portique. o, Souterrains. p, Petit Temple. q, Fanal. r, Lignes d'Intersection pour les Coupes.

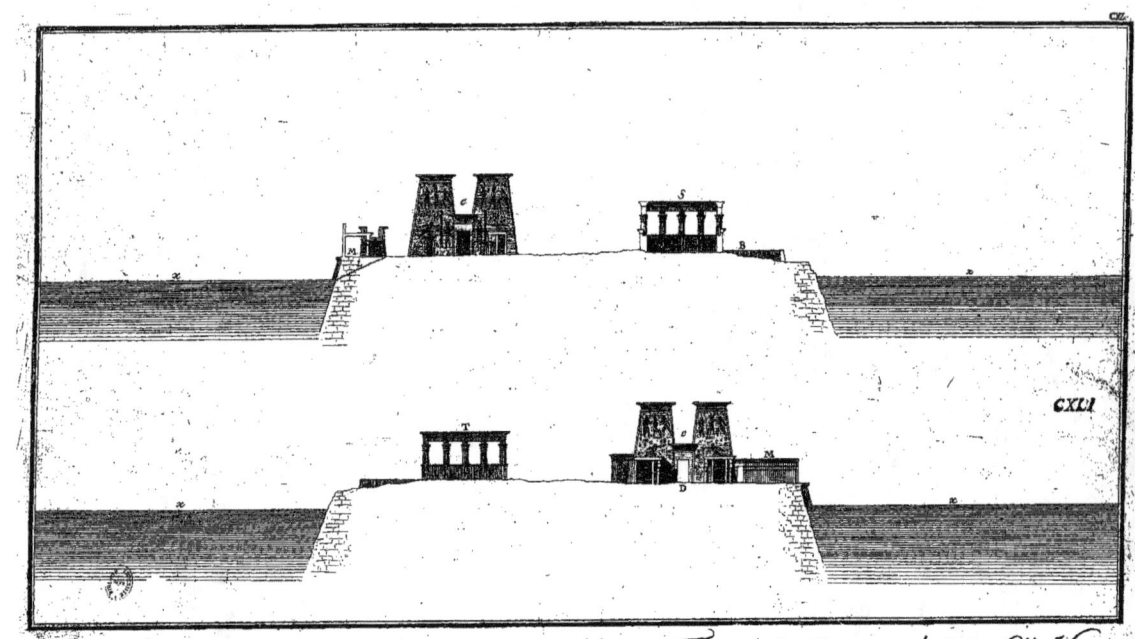

Deux coupes, au travers des Ruines admirables du Temple d'Isis, sur l'Isle Ell Heyff.
c, Entrée principale du Temple. B, Ruines incertaines. S, Coupe du Temple de l'Epervier. T, Profil du même Temple. M, Portique. L, Escalier. D, Cour intérieure. x, Surface du Nil.

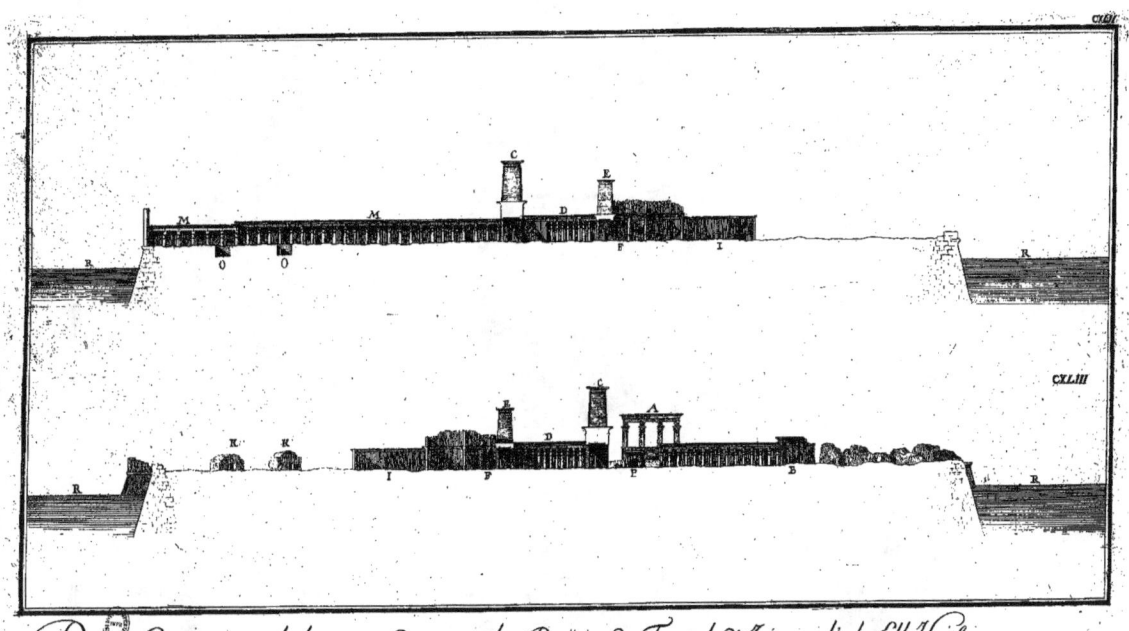

Deux Coupes sur la longueur des superbes Ruines du Temple d'Isis, sur l'isle Ell Heijf.
B. Ruines incertaines. C. Entrée principale du Temple. D. Cour intérieure. E. Seconde Entrée. F. Vestibule. G. Basse-cour H. Chambres. I. Cour extérieure. K. Temple.
L. Escalier. M. Portique. N. Portique de l'avant-cour. O. Souterrains. P. Petit Temple. Q. Fanal. R. Surface du Nil.

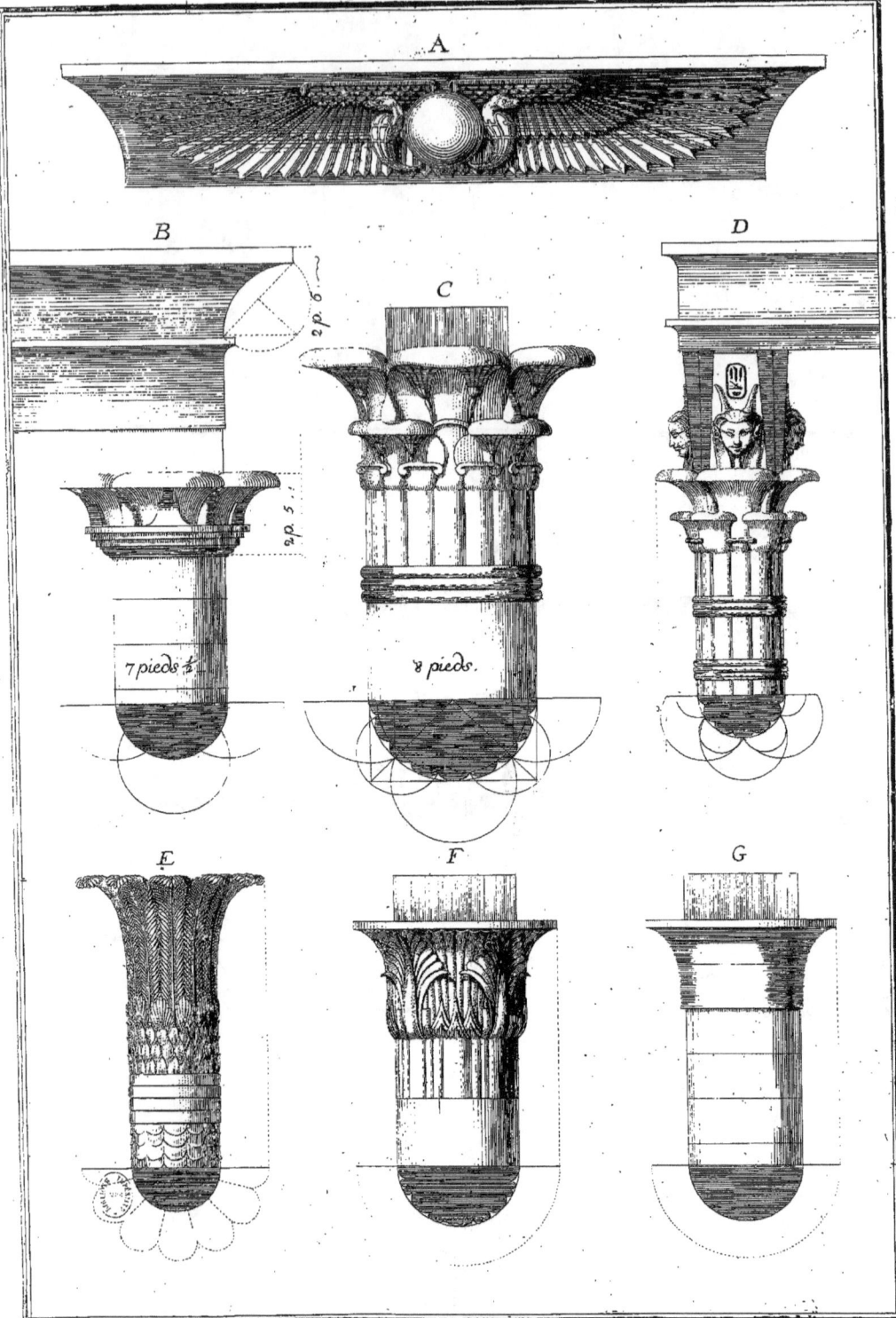

Divers Chapiteaux employés aux Batimens sur l'Isle
Ell Keiff.

A. Ornement sur l'Entrée principale des dits Batimens, et sur presque toutes les Portes Egyptiennes.
B. Chapiteau et Entablement du Porche marqué (a). C. Chapiteau des colonnes du Temple d'Isis. c.D. Chapiteau et Entablement du Xyste de la Cour interieure. d. E. Fragment d'une colonne qui se trouve sur la dite Isle. F. Chapiteau de la Galerie de la Cour principale. e. G. Chapiteau du Xyste de l'avant-cour.

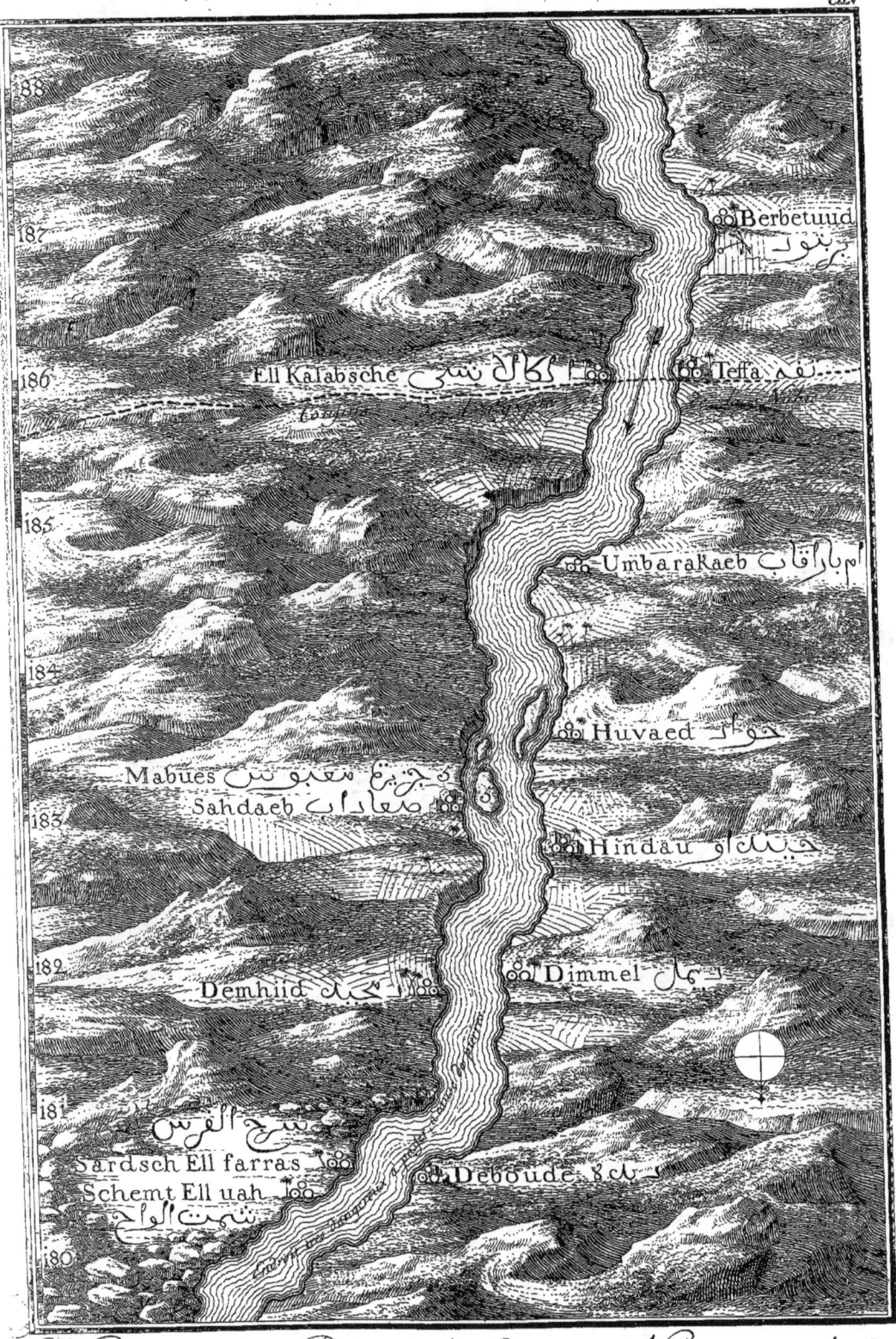

Vingt cinquième Partie de la Carte du Nil, avec ses bords, depuis Ubschiir jusqu'à Berbetuud.

Antiquités de Deboude, à dix lieuës au delà de la prémiére cataracte du Nil.
a. Le Temple. b. Trois portails, au devant du Temple.

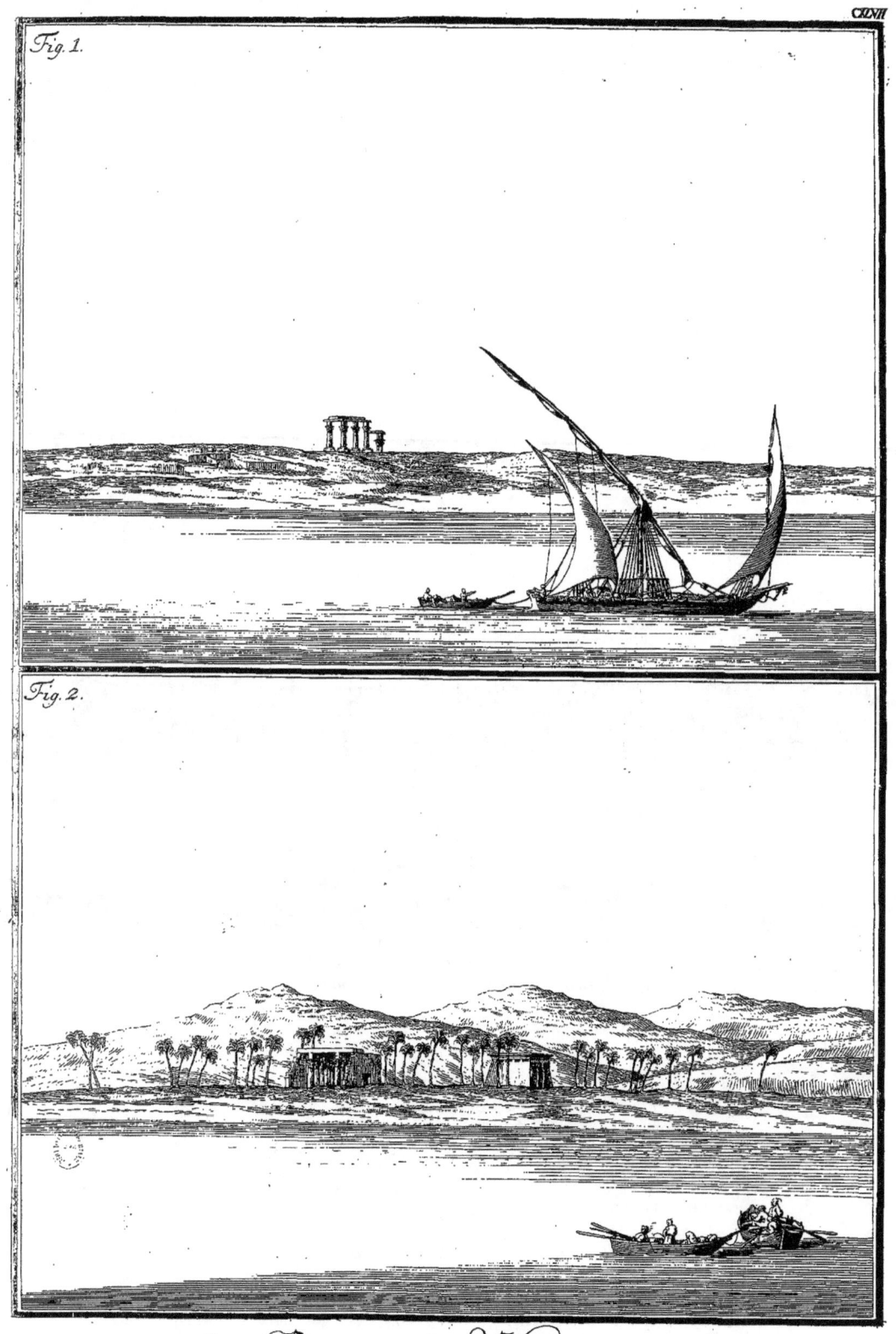

Fig. 1. Ruines de Hindau.
Fig. 2. Anciens batimens de Taëffa.

Antiquités de Sahdaeb.
a six lieuës au de-la de la premiére Cataracte du Nil, vis-à-vis de Hindau, dans la Nubie.

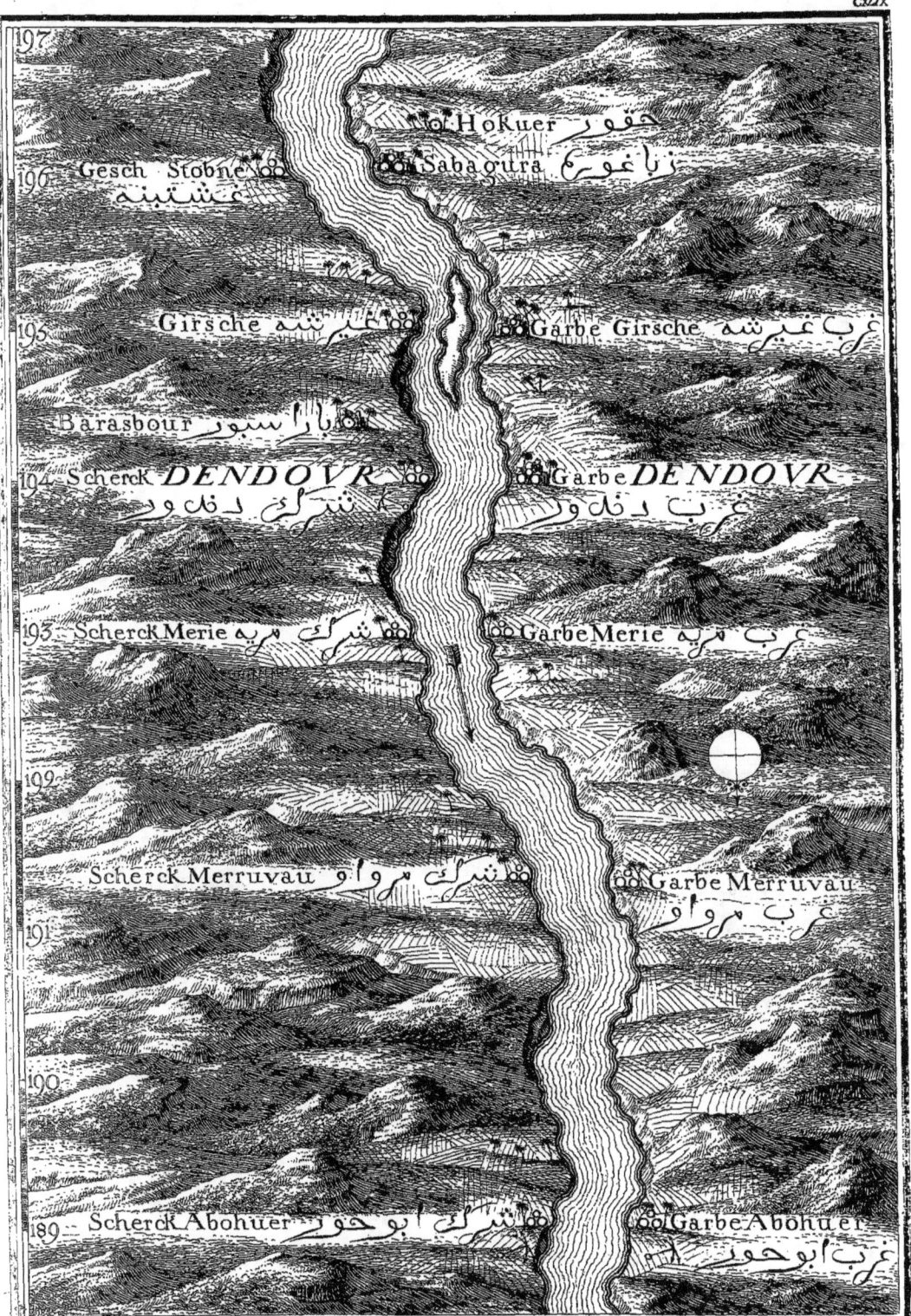

Vingtsixième Partie de la Carte du Nil, avec ses bords, depuis Berbetuud, jusqu'à Hokuer.

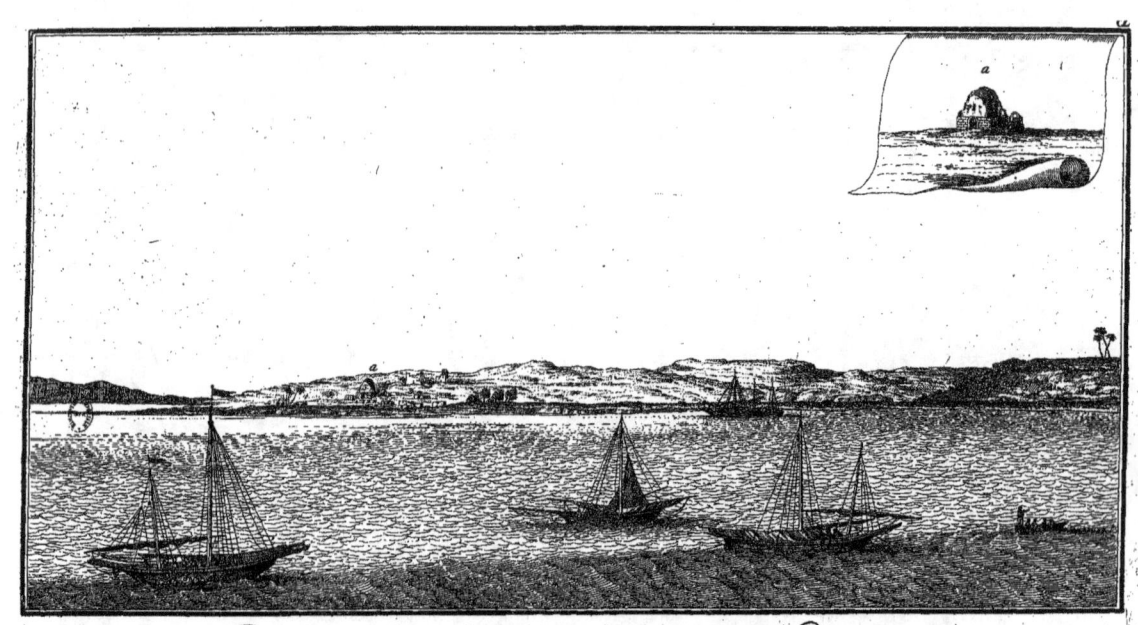

Prospect du Village Garbe Merie, dans la Nubie.
a. Ruines d'un Edifice antique.

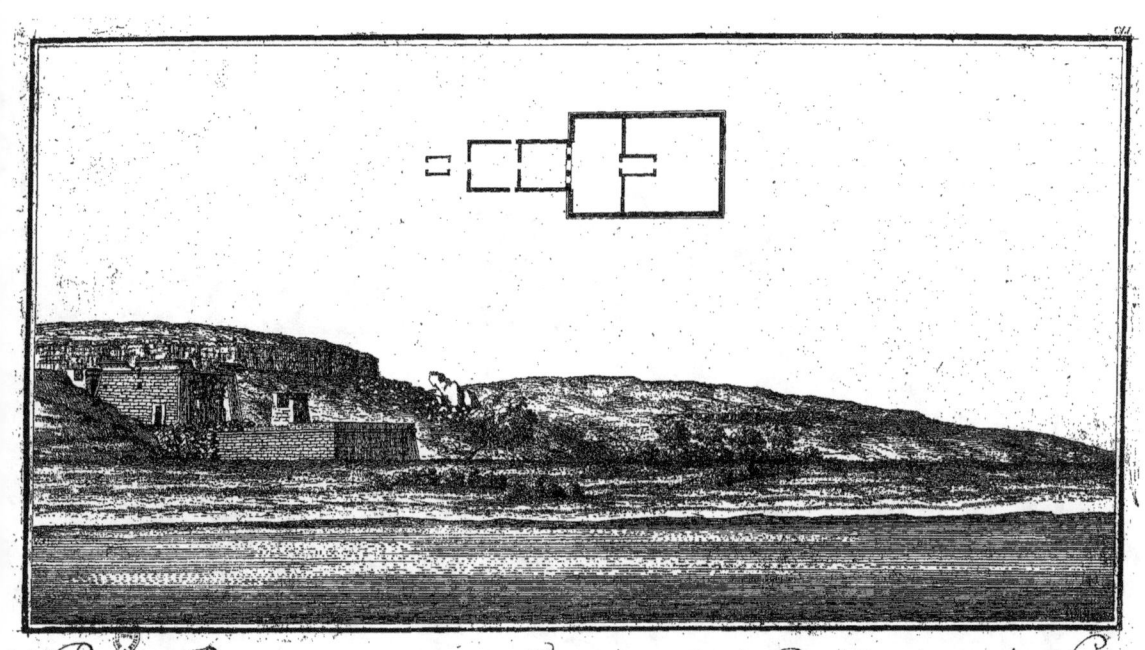

Plan et Perspective de l'ancien Temple de Garbe Dendour, dans la Nubie.

a. Vüe des Antiquités de Garbe Girsche. b. Representation particuliére de ces Antiquités.
c. Scherr Girsche, ville située vis-à-vis de ces Antiquités.

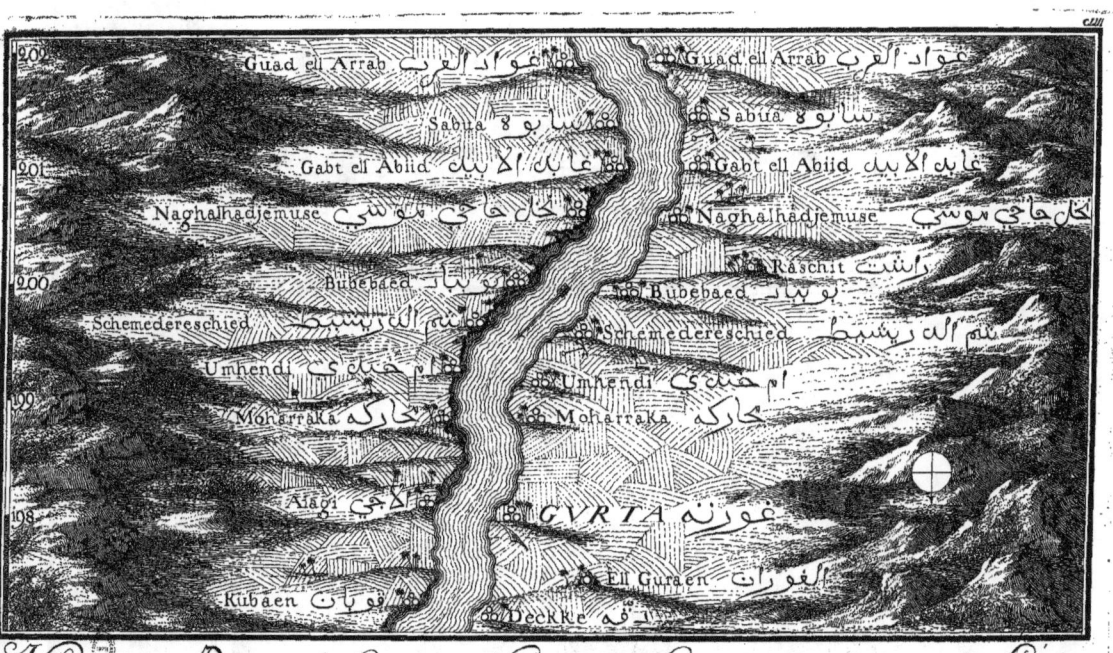

Vintseptième Partie de la Carte du Nil, depuis Hokuer, jusqu'à Guad ell Arrab.

Deux Vües différentes des Restes d'un Temple antique à Dekke, dans la Nubie, et qu'on appelle Ell Guraen.

Ruines remarquables de Sabua.

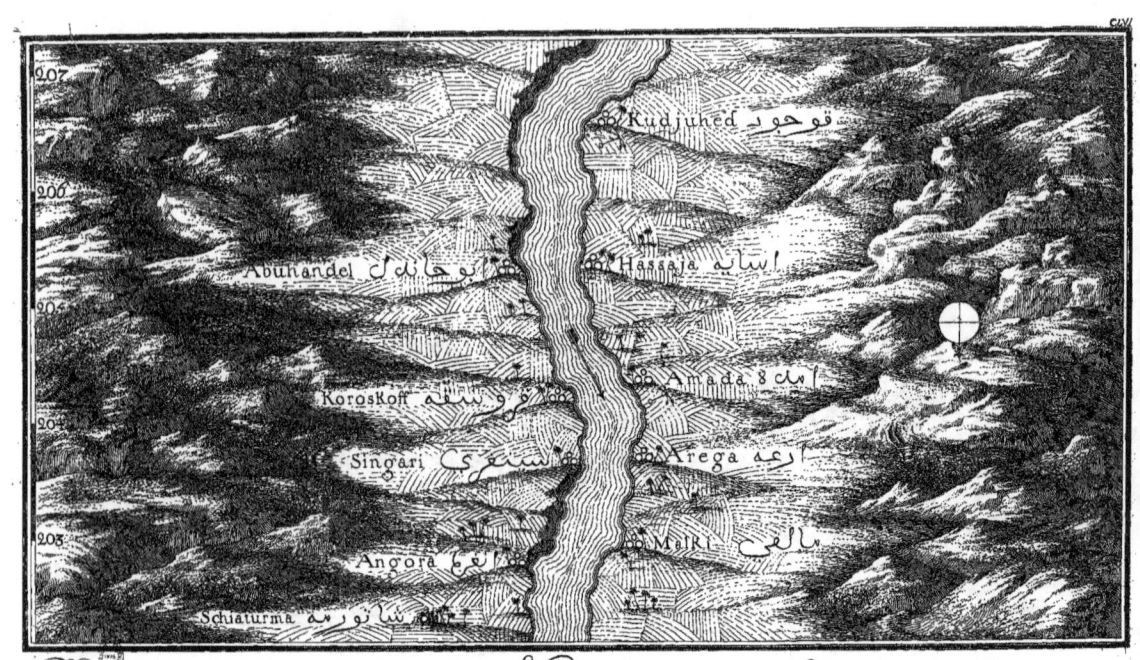

Vingthuitième Partie de la Carte du Nil, depuis Guad ell Arab, jusqu'à Kudjuhed.

Plan et Perspective du Temple antique à Amada, dans la Nubie, fort remarquable par les peintures de la Trinité et des Saints qu'on y voit exprimées.

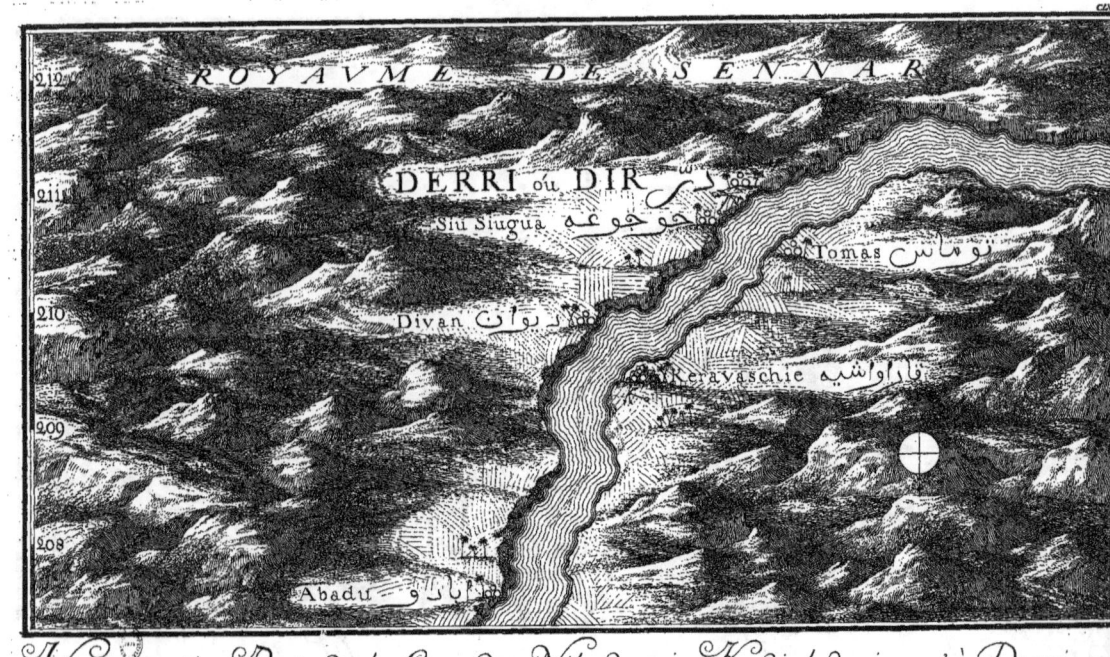

Vingtneuvième Partie de la Carte du Nil, depuis Kudjuhed, jusqu'à Derri.

Vuë de Derri.

www.ingramcontent.com/pod-product-compliance
Lightning Source LLC
Chambersburg PA
CBHW060237230426
43664CB00011B/1682